L'égal accès des femmes et des hommes
à la vie politique en France et au Sénégal

Tambadian DEMBÉLÉ

L'égal accès des femmes et des hommes à la vie politique en France et au Sénégal

Préface de Bernard Dolez

© L'Harmattan, 2018
5-7, rue de l'Ecole-Polytechnique, 75005 Paris

http://www.editions-harmattan.fr

ISBN : 978-2-343-14853-3
EAN : 9782343148533

À mes parents (Dembélé & Dansoko) ;
À ceux qui m'ont aidé au cours de mes études ;
À ma femme.

PRÉFACE

La rédaction de la préface d'une thèse s'apparente parfois à un exercice convenu. En l'espèce, c'est une source de plaisir et même de fierté pour le rédacteur de ces lignes, qui peut souligner les qualités de l'ouvrage publié et celles de son auteur.

M. Tambadian Dembélé a choisi de s'attaquer à un sujet d'actualité, l'égal accès des femmes et des hommes à la vie politique, dont l'intérêt évident ne se limite pas au champ académique mais fait aussi écho à des préoccupations tant politiques que sociales, en France comme sur le continent africain.

M. Tambadian Dembélé n'a pas choisi la facilité. Il a privilégié une démarche comparative qui l'a conduit à arpenter des chemins escarpés. Son ambition de départ a été contrariée : son travail devait initialement le conduire à comparer les dispositifs paritaires au Mali, dont il originaire, et au Sénégal avec, en simple contrepoint, le droit français. Le contexte politique en a décidé autrement et la recherche s'est progressivement recentrée sur le Sénégal, induisant ainsi un changement de perspective, l'idée d'une comparaison terme à terme entre la France et le Sénégal s'installant graduellement.

Pour mener à bien son étude, M. Tambadian Dembélé a non seulement mené sa recherche en France, mais il a également effectué plusieurs séjours de recherche au Sénégal. Il nous livre finalement une très belle comparaison sur les dispositifs paritaires en France et au Sénégal, soit deux systèmes juridiques qui lui étaient à l'origine étrangers.

Au terme d'une démarche simple et élégante, qui le conduit à se pencher successivement sur le principe d'égal accès (première partie) et sa mise en œuvre (seconde partie) tant en France qu'au Sénégal, M. Tambadian Dembélé nous livre de façon très claire une vision exhaustive tant des débats et controverses qui ont précédé l'adoption des dispositifs paritaires que de leur contenu et de leur application concrète. Le résultat est à la hauteur de l'ambition : M. Tambadian Dembélé mène sa démonstration avec « dextérité et rigueur », pour reprendre l'expression du professeur El Hadj Mbodj, qui avait bien voulu me faire l'amitié d'examiner sa thèse.

M. Tambadian Dembélé démontre non seulement sa capacité à saisir toutes les subtilités des droits positifs français et sénégalais mais aussi des contextes politiques et sociaux dans lesquels ils s'inscrivent. Il n'hésite pas, pour cela, à étayer sa démonstration en sollicitant l'histoire des idées politiques ou en s'appuyant sur des travaux récents qui relèvent de la sociologie politique.

Au-delà de l'analyse de dispositifs juridiques très proches, voire mimétiques, M. Tambadian Dembélé démontre avec beaucoup de finesse que ceux-ci sont le fruit de processus socio-politiques différents et que leurs usages – et leur avenir – sont également différents.

Ainsi, l'ouvrage de M. Tambadian Dembélé ne couronne pas seulement un parcours doctoral brillant. Il constitue le premier travail scientifique d'un jeune chercheur promis à un bel avenir académique.

Bernard Dolez
Professeur à l'Université Paris 1 Panthéon-Sorbonne

PRINCIPAUX SIGLES ET ABRÉVIATIONS

Al. : Alinéa

AOF : Afrique occidentale française

C.C. : Conseil constitutionnel

C.E. : Conseil d'État

CE : Conseil de l'Europe

CEDAW : Convention sur l'Élimination de toutes les formes de Discrimination à l'égard des Femmes

La CÉNA : La Commission électorale nationale autonome

CGCT : Code général des collectivités territoriales

CJCE : Cour de justice des Communautés européennes

COSEF : Conseil sénégalais des femmes

DDHC : Déclaration des Droits de l'Homme et du Citoyen du 26 août 1789

DUDH : Déclaration Universelle des Droits de l'Homme du 10 décembre 1948

EPCI : Établissement public de coopération intercommunale

HCCT : Haut conseil des collectivités territoriales

HCEFH : Haut conseil à l'égalité entre les Femmes et les Hommes

J.O.R.F. : Journal officiel de la République française

J.O.R.S. : Journal officiel de la République du Sénégal

M. Monsieur

MM. Messieurs

Mme : Madame

ONP : Observatoire national de la parité

ONU : Organisation des Nations-Unies

OPFH : Observatoire de la parité entre les Femmes et les Hommes

P. : Page

PDS : Parti démocratique sénégalais

PP. : Pages

PRG : Parti radical de gauche

PS : Parti socialiste

RDSE : Rassemblement démocratique et social européen

RPR : Rassemblement pour la République

TUE : Traité sur l'Union européenne
UA : Union africaine
UAEL : Union des associations des élus locaux
UCAD : Université Cheikh Anta Diop de Dakar
UDF : Union pour la démocratie française
UJTL : Union des jeunesses travaillistes libérales
UPS : Union progressiste sénégalaise
URD : Union pour le renouveau démocratique

SOMMAIRE

PRÉFACE..7
PRINCIPAUX SIGLES ET ABRÉVIATIONS................................9
INTRODUCTION GÉNÉRALE..13

PREMIÈRE PARTIE
LE PRINCIPE D'ÉGAL ACCÈS DES FEMMES ET DES HOMMES AUXMANDATS ET FONCTIONS ÉLECTIFS EN FRANCE ET AU SÉNÉGAL..45

TITRE PREMIER
LA PARITÉ EN DÉBAT, EN FRANCE PUIS AU SÉNÉGAL......................49

Chapitre I : La France. Universalisme versus communautarisme et essentialisme..51

Chapitre II : Le Sénégal. Universalisme versus tradition et « droit positif »..87

Conclusion du titre premier 122

TITRE SECOND
LA CONSÉCRATION CONSTITUTIONNELLE DU PRINCIPE DE PARITÉ EN FRANCE, PUIS AU SÉNÉGAL..125

Chapitre I : La consécration constitutionnelle du principe de parité en France..131

Chapitre II : La consécration constitutionnelle du principe de parité au Sénégal..153

Conclusion du titre second 171

CONCLUSION DE LA PREMIÈRE PARTIE 173

SECONDE PARTIE
LA MISE EN ŒUVRE DES DISPOSITIFS PARITAIRES EN FRANCE ET AU SÉNÉGAL..175

TITRE PREMIER
LES AVANCÉES DE LA PARITÉ DANS LE CHAMP POLITIQUE..................177

Chapitre I : Les progrès de la parité en France................................179

Chapitre II : Les progrès de la parité au Sénégal 217

Conclusion du titre premier 247

TITRE SECOND
LA DYNAMIQUE PARITAIRE EN FRANCE ET AU SÉNÉGAL..................249
  Chapitre I : La France : l'extension de la logique paritaire au champ économique et social..................*253*
  Chapitre II : Sénégal. La parité, limitée au champ politique............*285*
  Conclusion du titre second *300*
CONCLUSION DE LA SECONDE PARTIE ………………………..301

CONCLUSION GÉNÉRALE …………………………………...303
ANNEXES……………………………………………………....307
SOURCES PRINCIPALES…………………………………….353
BIBLIOGRAPHIE GÉNÉRALE ………………………………359
TABLE DES MATIÈRES……………………………………...377

INTRODUCTION GÉNÉRALE

« La paix est le but que poursuit le droit, la lutte est le moyen de l'atteindre. Aussi longtemps que le droit devra s'attendre aux attaques de l'injustice – et cela durera tant que le monde existera – il ne sera pas à l'abri de la lutte. La vie du droit est une lutte : lutte des peuples, de l'État, des classes, des individus. »
JHERING (Rudolf Von), présentation d'Olivier JOUANJAN, [traduction et préface par O. De MEULENEARE], *La lutte pour le droit*, Paris : Dalloz, 2006, p.1.

Rudolf Von Jhering affirme que le droit s'acquiert et s'exerce par la lutte mais il ne renseigne pas sur les manifestations concrètes de la lutte pour le droit et encore moins sur les manifestations du droit en lutte. Or, ce sont là des aspects dont la connaissance contribue à la compréhension du droit et de la pratique qui en est faite. La compréhension de ces manifestations revêt à la fois un intérêt théorique et pratique en ce qu'elle permet aux théoriciens d'en conceptualiser et aux praticiens de s'en inspirer. C'est pourquoi nous avons voulu interroger le droit de l'égal accès des femmes et des hommes à la vie politique en France et au Sénégal.

Ce droit a été affirmé dans ces deux pays *« dans le contexte d'une mobilisation croissante de plusieurs institutions supranationales en faveur de la promotion des femmes dans les lieux de pouvoir »*[1]. À l'échelle supranationale, cette promotion a nécessité l'adoption des instruments juridiques invitant les États à prendre des mesures, au besoin positives, afin de lutter efficacement contre les discriminations dont sont victimes les femmes de par le monde.

Au sein de l'Organisation des Nations Unies (ONU), la Convention sur les droits politiques de la femme du 20 décembre 1952 a posé le principe de l'égalité de droits des hommes et des femmes dans la vie publique[2]. Le respect de ce principe devrait permettre de protéger les femmes contre les

---

[1] BERENI (Laure) ; LÉPINARD (Eléonore), « ''Les femmes ne sont pas une catégorie''. Les stratégies de légitimation de la parité en France », *Revue française de science politique*, V.54, N°1, 2004, pp. 71-98.
[2] SÉNAC-SLAWINSKI (Réjane), *La parité*, Paris : Presses universitaires de France, Collection Que sais-je ?, 2008, p. 13. Les articles premier à III contiennent l'essentiel des dispositions dans ce sens. Ils disposent : *« Article premier : Les femmes auront, dans des conditions d'égalité avec les hommes, le droit de vote dans toutes les élections, sans aucune discrimination. Article II : Les femmes seront, dans des conditions d'égalité avec les hommes, éligibles à tous les organismes publiquement élus, constitués en vertu de la législation nationale, sans aucune discrimination. Article III : Les femmes auront, dans des conditions d'égalité, le même droit que les hommes d'occuper tous les postes publics et d'exercer toutes les fonctions publiques établis en vertu de la législation nationale, sans aucune discrimination. »*

discriminations dans ce domaine. Tel ne fut pas toujours le cas, du moins partout. Constatant dès 1967 qu'en dépit de l'existence de nombreux textes adoptés en son sein et « *des progrès accomplis en ce qui concerne l'égalité des droits, les femmes continuent de faire l'objet d'importantes discriminations* »[1], l'ONU a lancé en 1975 la décennie de la femme pour y faire face. Lancée à Mexico en 1975, la décennie de la femme « *a accéléré le processus d'institutionnalisation de la question de l'égalité des sexes ainsi que l'internationalisation des réseaux des militantes, d'experts et de bureaucrates. Cette dynamique [a été] poursuivie jusqu'à la quatrième conférence mondiale sur les femmes des Nations Unies tenue à Pékin en 1995* »[2].

Les actions menées au sein de l'ONU ont permis de faire la lumière sur l'ampleur des discriminations dont sont victimes les femmes de par le monde et de prendre conscience de la nécessité d'agir pour les faire cesser. Il apparut alors nécessaire de réaffirmer l'égalité de droits des hommes et des femmes et les droits inaliénables de la femme dans une convention particulière assortie des mécanismes de contrôle de son respect. Le respect de l'égalité de droits des hommes et des femmes n'étant pas toujours de nature à venir à bout des discriminations de fait et des inégalités structurelles, la nécessité de permettre l'adoption des mesures de discrimination positive[3] en faveur des femmes s'imposa également.

---

[1] ONU, Déclaration sur l'élimination de la discrimination à l'égard des femmes du 7 novembre 1967 (A/6952), préambule.
[2] LÉPINARD (Eléonore), *L'égalité introuvable. La parité, les féministes et la République*, Paris : Presses des Sciences Po, 2007, p. 32.
[3] Selon Delphine Tharaud, « *La notion de discrimination positive constitue un des meilleurs exemples de ces expressions qui, bien qu'utilisées couramment, n'ont jamais fait l'objet d'un effort sérieux de définition* ». Cf. THARAUD (Delphine), *Contribution à une théorie générale des discriminations positives*, Thèse de doctorat en Droit privé, Université de Limoges, 2006, p. 4. Gwénaële Calvès dénombre trois définitions possibles de la notion de discrimination positive : « *La discrimination positive est, selon la première définition, identifiée purement et simplement à une technique, celle de quota. […]. Une deuxième définition pose quand à elle que l'expression ne renvoie pas à une technique en particulier, mais désigne un objectif politique : l'intégration des personnes issues de l'immigration, des immigrés, des musulmans, des femmes, ou encore des handicapés… Selon la troisième et dernière définition, qui est également la plus large, l'expression s'applique en fait à n'importe quelle règle d'application sélective, voire simplement différenciée.* » Cf. CALVÈS (Gwénaële), *La discrimination positive*, 3ème édition mise à jour, Paris : Presses universitaires de France, Collection Que sais-je ?), 2010, pp. 3-4. La meilleure définition reste cependant celle donnée par F. Mélin-Soucramanien selon laquelle la discrimination positive est toute « *différenciation juridique de traitement, créée de manière temporaire, dont l'autorité normative affirme expressément qu'elle a pour but de favoriser une catégorie de personnes physiques ou morales au détriment d'une autre afin de compenser une inégalité de fait préexistante entre elles* ». Cité par DAVID (Franck), *La notion de discrimination en droit public français*, Thèse de doctorat en Droit public, Université de Poitiers, 2001, p. 37.

Ces considérations ont conduit à l'adoption de la Convention sur l'élimination de toutes les formes de discrimination à l'égard des femmes (CEDAW) du 18 décembre 1979. Comme son nom l'indique, la convention vise l'élimination de toutes les formes de discrimination à l'égard des femmes. L'expression « discrimination à l'égard des femmes » est définie à l'article premier comme *« toute distinction, exclusion ou restriction fondée sur le sexe qui a pour effet ou pour but de compromettre ou de détruire la reconnaissance, la jouissance ou l'exercice par les femmes, quel que soit leur état matrimonial, sur la base de l'égalité de l'homme et de la femme, des droits de l'homme et des libertés fondamentales dans les domaines politique, économique, social, culturel et civil ou dans tout autre domaine »*.

La voie royale de lutte contre les discriminations à l'égard des femmes est réaffirmée à l'article 3 de la convention. Elle consiste pour les États parties à garantir aux femmes, *« dans tous les domaines, […] l'exercice et la jouissance des droits de l'homme et des libertés fondamentales sur la base de l'égalité avec les hommes »*. Dans la vie politique et publique, ils doivent prendre des mesures assurant aux femmes, *« dans des conditions d'égalité avec les hommes, le droit : a) De voter à toutes les élections et dans tous les référendums publics et être éligibles à tous les organismes publiquement élus ; b) De prendre part à l'élaboration de la politique de l'État et à son exécution, occuper des emplois publics et exercer toutes les fonctions publiques à tous les échelons du gouvernement ; c) De participer aux organisations et associations non gouvernementales s'occupant de la vie publique et politique du pays »* (art. 7).

Dans les cas où les actions entreprises dans cette voie laissent subsister des inégalités de fait, la convention prévoit une voie dérogatoire, celle des mesures positives, que les États parties peuvent prendre pour lutter contre ces inégalités. L'usage de cette voie doit rester exceptionnel pour que la dérogation ne soit pas instituée en règle et, partant, ne reproduise pas la discrimination. En plus de cette dérogation, la convention prévoit une autre. Elle ne le dit pas mais les mesures prises dans cette voie peuvent rester permanentes en cas de nécessité. La raison de la possible permanence des mesures prises dans ce cadre est que leur institution n'emporte aucune discrimination à l'égard des hommes. En plus, leur contrepartie sociale et humaine est beaucoup plus importante que d'éventuelles discriminations qui en résulteraient pour les hommes. Les deux dérogations sont prévues à l'article 4 de la convention. La première autorise les États parties à prendre des *« mesures temporaires spéciales afin d'accélérer l'instauration d'une égalité de fait entre les hommes et les femmes »*. De telles mesures ne sont pas considérées comme une discrimination au sens de la convention. La deuxième les autorise à prendre des mesures spéciales visant à protéger la maternité.

Dans la continuité et parallèlement au travail qui se faisait au sein de l'ONU en faveur des droits des femmes et de la lutte contre les discriminations dont elles sont victimes, le Conseil de l'Europe (CE) s'est engagé résolument pour *« l'égalité entre les sexes, en particulier dans la vie politique »* au *« milieu des années 1970 »*[1]. Le premier acte majeur de cet engagement est la *« Déclaration sur l'égalité des femmes et des hommes (adoptée par le Comité des Ministres du Conseil de l'Europe, le 16 novembre 1988), texte où se trouve affirmé solennellement le principe de l'égalité des sexes en tant que condition essentielle de la démocratie »*[2]. Cette déclaration a été suivie d'un séminaire qui eut lieu les 6 et 7 novembre 1989 à Strasbourg à l'initiative du Conseil de l'Europe[3] sur le thème *« La démocratie paritaire : quarante années d'activités du CE »*[4].

En plus du Conseil de l'Europe, d'autres institutions européennes ont également œuvré en faveur d'une meilleure participation des femmes à la vie politique dans les années qui suivent. Il en est ainsi de la Commission des communautés européennes et du Conseil de l'Union européenne. La première est à l'initiative du sommet européen qui eut lieu à Athènes en novembre 1992 sur le thème *« Femme au pouvoir »*[5]. La déclaration finale de ce sommet mentionne que *« parce que les femmes représentent plus de la moitié de la population, la démocratie impose la parité dans la représentation et l'administration des nations »*[6]. La seconde est à l'initiative d'un autre sommet européen qui a réuni *« quatorze femmes ministres »* à Rome *« les 16, 17 et 18 mai 1996 »* sur le thème *« Les femmes pour le renouvellement de la politique et de la société »*[7]. À la fin de ce sommet, les ministres qui y participaient signèrent un document dénommé *« Charte de Rome »* dans lequel elles *« constatent un « déficit démocratique » caractérisé par l'insuffisance de la représentation féminine aux postes de pouvoir »*[8]. À la suite de ce constat, elles ont lancé *« un appel pour un renouveau de la politique et de la société qui doit passer par l'apport commun et la participation égale des femmes et des hommes »*[9].

L'Union africaine (UA) s'est inscrite dans la même dynamique en adoptant à Maputo, le 11 juillet 2003, le Protocole à la Charte africaine des

---

[1] SINEAU (Mariette), *Parité. Le Conseil de l'Europe et la participation des femmes à la vie politique*, Strasbourg, Éditions du Conseil de l'Europe, 2004, p. 19.
[2] *Ibid.*, p. 47.
[3] MOSSUZ-LAVAU (Janine), *Femmes/hommes pour la parité*, Paris : Presses de Science Po, Collection La Bibliothèque du citoyen, 1998, p. 35.
[4] SINEAU (Mariette), *op. cit.*, p. 47.
[5] MOSSUZ-LAVAU (Janine), *op. cit.*, p. 36.
[6] *Ibid.*, p. 36.
[7] *Ibid.*, pp. 36-37.
[8] *Ibid.*, p. 37.
[9] *Ibid.*, p. 37.

droits de l'homme et des Peuples, relatif aux droits de la femme[1]. Son article 9, *Droit de participation au processus politique et à la prise de décisions*, mentionne expressément la participation paritaire des hommes et des femmes aux processus électoraux. Il dispose que *« les États entreprennent des actions positives spécifiques pour promouvoir la gouvernance participative et la participation paritaire des femmes dans la vie politique de leurs pays, à travers une action affirmative et une législation nationale et d'autres mesures de nature à garantir que : a) les femmes participent à toutes les élections sans aucune discrimination; b) les femmes soient représentées en parité avec les hommes et à tous les niveaux, dans les processus électoraux; […] »*.

C'est dans ce terreau qu'émergent en France et au Sénégal des revendications en faveur de l'instauration de la parité entre les femmes et les hommes dans la vie politique. Ces revendications étaient motivées, entre autres, par le fait que, comme dans la plupart des pays du monde, les femmes étaient largement sous représentées dans la vie politique en dépit de la reconnaissance de l'égalité de droits des hommes et des femmes et du fait que les femmes représentent un peu plus de la moitié de la population et de l'électorat.

I - De la revendication au droit et à ses suites en France

La reconnaissance de l'égalité de droits des Hommes, pris comme individus, remonte en France à la Déclaration des Droits de l'Homme et du Citoyen (DDHC) du 26 août 1789. L'article premier de cette Déclaration dispose : *« Les hommes naissent et demeurent libres et égaux en droits. Les distinctions sociales ne peuvent être fondées que sur l'utilité commune. »* Cet article pose le fondement d'un nouvel ordre social. Cet ordre social doit être réalisé dans le cadre d'un nouvel ordre politique énoncé par les révolutionnaires à l'article 3 en ces termes : *« Le principe de toute Souveraineté réside essentiellement dans la Nation. Nul corps, nul individu ne peut exercer l'autorité qui n'en émane expressément. »* Ces deux articles opèrent un changement d'échelle par rapport à l'Ancien Régime. Le premier substitue au *« système féodal, ses ordres et ses privilèges […] un [nouveau] système fondé sur les droits individuels »*[2]. Le second procède à un transfert de souveraineté du Roi à la Nation[3]. Les révolutionnaires ne s'arrêtèrent pas

---

[1] La Charte africaine des droits de l'Homme et des Peuples a été adoptée à Nairobi, Kenya, le 27 juin 1981 par l'Organisation de l'unité africaine créée en 1963. Quant au Protocole à la Charte africaine des droits de l'Homme et des Peuples relatif aux droits de la femme en Afrique, il a été adopté à Maputo, Mozambique, le 11 juillet 2003 par l'Union africaine.

[2] SCOTT (Joan Wallach) ; Traduit de l'anglais par RIVIÈRE (Claude), *La parité !: l'universalisme et la différence des sexes,* Paris : Albin Michel, Collection Bibliothèque Albin Michel des idées, 2005, p. 24.

[3] *Ibid.*, p. 24.

là. Ils précisèrent les conditions dans lesquelles l'égalité de droits proclamée doit être assurée et comment les Hommes déclarés égaux en droits doivent participer à l'élaboration de la loi et à la gestion des affaires publiques. Ces précisions sont données à l'article 6 qui dispose : « *La loi est l'expression de la volonté générale. Tous les Citoyens ont droit de concourir personnellement, ou par leurs Représentants, à sa formation. Elle doit être la même pour tous, soit qu'elle protège, soit qu'elle punisse. Tous les Citoyens étant égaux à ses yeux sont également admissibles à toutes dignités, places et emplois publics, selon leur capacité, et sans autre distinction que celle de leurs vertus et de leurs talents.* »

Il s'en suit comme l'affirme Pierre Rosanvallon que, « *sur le plan des principes, l'égalité politique s'impose [...] avec la force de l'évidence en 1789* »[1]. Dans les faits cependant, les révolutionnaires apportèrent des restrictions à la citoyenneté politique. Ils opérèrent, dans une disposition de la *loi du 22 décembre 1789 relative à la constitution des assemblées primaires et des assemblées administratives*[2], une distinction entre citoyens actifs et citoyens passifs en n'accordant le droit de vote et d'éligibilité qu'aux premiers. Les deux types de citoyens sont distingués selon « *deux principes : le fait de pouvoir opiner librement, principe qui exclut les femmes (perçues comme dépendante de leur mari) et les serviteurs (dépendants de leur maître) de la représentation, et le fait de payer des impôts* »[3].

Pour le cas particulier des femmes, Pierre Rosanvallon affirme qu'« *elles sont spontanément évincées des droits civiques, comme s'il s'agissait d'un fait d'évidence, ne méritant pas d'être discuté, prêtant aussi peu à contestation que la mise à l'écart des mineurs* ».[4] Cette situation « *résulte en effet à la fois du poids des préjugés de l'époque sur la nature de la femme et de la perception de la frontière entre l'espace privé et l'espace public, l'ordre des rapports naturels et l'ordre des rapports sociaux* »[5]. Ils ont conduit, au XIVe siècle, à énoncer dans la loi salique « *que la couronne*

---

[1] ROSANVALLON (Pierre), *Le sacre du citoyen : l'histoire du suffrage universel en France*, Paris : Gallimard, Collection Folio. Histoire, 2001, cop. 1992, p. 56.
[2] Dispositions constitutionnalisées dans la Constitution de 1791, Titre III – Chapitre premier- Section II – Article 2 « *- Pour être citoyen actif, il faut : - Être né ou devenu Français ; - Être âgé de vingt-cinq ans accomplis ; - Être domicilié dans la ville ou dans le canton depuis le temps déterminé par la loi ; - Payer, dans un lieu quelconque du Royaume, une contribution directe au moins égale à la valeur de trois journées de travail, et en représenter la quittance ; - N'être pas dans un état de domesticité, c'est-à-dire de serviteur à gages ; - Être inscrit dans la municipalité de son domicile au rôle des gardes nationales ; - Avoir prêté le serment civique.* »
[3] ACHIN (Catherine) ; LÉVÊQUE (Sandrine), *Femmes en politique,* Paris : La Découverte, Collection REPÈRES (Maspero), 2006, p. 12.
[4] ROSANVALLON (Pierre), *op. cit.*, pp. 169-170.
[5] *Ibid.*, pp. 169-170.

ne [peut] *revenir qu'à un individu mâle »*¹. Cette disposition a d'ailleurs été reprise dans la Constitution de 1791 sous la forme suivante : *« La Royauté est indivisible, et déléguée héréditairement à la race régnante de mâle en mâle, par ordre de primogéniture, à l'exclusion perpétuelle des femmes et de leur descendance »*².

En dépit de l'exclusion officielle des femmes des droits politiques, la France est l'un des pays européens où elles ont le plus participé à la gestion du pouvoir à la fois sous l'Ancien Régime et après la Révolution française³.

Au demeurant, des voix se sont élevées pendant la Révolution *« en faveur de l'inclusion politique des femmes »*⁴. En réplique à la DDHC qu'elle trouvait centrée sur l'homme mâle, Olympe de Gouges rédigea un texte dénommé *Déclaration des droits de la femme et de la citoyenne* qu'elle adressa à la reine en septembre 1791. Elle dénonce à l'article X de cette déclaration un déni qui lui sera par la suite appliqué pour avoir été guillotinée avant que les droits politiques soient reconnus aux femmes. Dans cet article, *« elle affirme : « La femme a le droit de monter à l'échafaud ; elle doit avoir également le droit de monter à la tribune » »*⁵. En plus, des révolutionnaires hommes se sont également insurgés contre l'exclusion des femmes des droits politiques⁶.

Les voix en faveur de l'extension des droits politiques aux femmes sont restées cependant minoritaires et impuissantes. L'exclusion des femmes des droits politiques a été encore confirmée par la Constitution jamais appliquée du 24 juin 1793 qui reconnaît la citoyenneté à tout français âgé de vingt-et-un ans accomplis et aux étrangers résidents en France et remplissant certaines conditions⁷. Elle l'a été aussi implicitement en 1848 lorsqu'à la

---

¹ MOSSUZ-LAVAU (Janine), *op. cit.*, p. 23.
² Constitution de 1791, Titre III – Chapitre II – Section première – Article 1.
³ Sous l'Ancien Régime, *« les femmes pouvaient assister aux assemblées provinciales et même élire des députés aux États généraux, non en tant que personnes, mais en tant qu'héritières d'un fief pour la noblesse, en tant qu'abbesses pour le clergé ou en tant que membres de corporation féminines pour le tiers état. De même, les femmes du peuple, si elles étaient chefs de famille, c'est-à-dire si elles étaient veuves, pouvaient participer aux assemblées des communautés d'habitants [Fraisse, 1995]. Enfin, certaines aristocrates ont pu être chefs de guerre dans les armées régulières ou lors de la Fronde […] »*. Sur ce point *Cf.* ACHIN (Catherine) et alii, *Sexes, genre et politique,* Paris : ECONOMICA, Collection Études politiques, 2007, pp. 1-2. Pour l'après Révolution, *Cf.* Assemblée nationale, Onzième législature, *Rapport n°1240 du 2 décembre 1998 de Mme Catherine TASCA sur le projet de loi constitutionnelle (985) relatif à l'égalité entre les femmes et les hommes,* p. 24.
⁴ MARQUES-PEREIRA (Bérengère), *La citoyenneté politique des femmes,* Paris : A. Colin, Collection Compact. Civis), 2003, p.37.
⁵ *Ibid.*, p. 40 ; ACHIN (Catherine) ; LÉVÊQUE (Sandrine), *op. cit.*, p. 13.
⁶ MARQUES-PEREIRA (Bérengère), op. cit., p. 37 ; ACHIN (Catherine) et alii, *Sexes, genre et politique,* Paris : ECONOMICA, Collection Études politiques, 2007, p. 2.
⁷ ACHIN (Catherine) ; LÉVÊQUE (Sandrine), *op. cit.*, p. 12 ; Constitution du 24 juin 1793 – *« Article 4. - Tout homme né et domicilié en France, âgé de vingt-et-un ans accomplis ; - Tout*

faveur de la Révolution, le Gouvernement provisoire institue le « suffrage universel », mais seulement masculin, par un décret du 5 mars 1848[1]. Pour l'occasion, *« un petit mouvement se manifeste en faveur du suffrage des femmes »*[2] mais il ne réussit pas à faire passer sa demande.

Après cette deuxième période révolutionnaire, la question du droit de vote des femmes mobilise les suffragettes à partir de la fin des années 1870. Leur mouvement était *« porté par Aubertine Auclert dès la fin des années 1870, puis par Madeleine Pelletier, fondatrice en 1908 de « La suffragiste ».»*[3] Les militantes du mouvement suffragiste sont rejointes par les modérées de *« l'Union française pour le suffrage des femmes, créée en 1909 et dirigée par Cécile Brunschvig »*. Elles bénéficient aussi à la veille de la première Guerre Mondiale du *« soutien de leaders politiques masculins venus du Parti radical »*[4].

Au sortir de la première Guerre Mondiale, *« le 8 mai 1919, […] une proposition de loi sur le droit de vote des femmes est discutée pour la première fois au Parlement et adoptée par la Chambre des députés »*[5]. Elle *« est repoussée par le Sénat en 1922, qui considère que le vote des femmes, sous l'emprise du clergé, constitue un danger trop important pour le pays »*[6]. Par la suite, *« entre 919 et 1936, la question est évoquée 77 fois mais la proposition de loi est systématiquement rejetée au Sénat, en raison du refus conjugué des radicaux et des chrétiens de droite »*[7].

C'est finalement le 23 juin 1942 que le Général de Gaulle promit de donner le droit de vote aux femmes après la Libération[8]. Il promulgua le 21 avril 1944 une *ordonnance relative à l'organisation des pouvoirs publics en France après la Libération*[9] comportant des dispositions dans ce sens. Aux termes de l'article premier de cette ordonnance, *« une Assemblée nationale*

étranger âgé de vingt-et-un ans accomplis, qui, domicilié en France depuis une année - Y vit de son travail - Ou acquiert une propriété - Ou épouse une Française - Ou adopte un enfant - Ou nourrit un vieillard ; - Tout étranger enfin, qui sera jugé par le Corps législatif avoir bien mérité de l'humanité - Est admis à l'exercice des Droits de citoyen français. »
[1] ROSANVALLON (Pierre), op. cit., pp. 372-373 ; GARRIGOU (Alain), « Le brouillon du suffrage universel. Archéologie du décret du 5 mars 1848 », In : Genèses, 6, 1991. *Femmes, genre, histoire*, Sous la direction de AGRI (Susanna) et VARIKAS (Éléni), pp.161-178.
[2] *Ibid.*, p. 525.
[3] ACHIN (Catherine) et alii, *op. cit.*, p. 5.
[4] *Ibid.*, p. 5.
[5] ACHIN (Catherine) ; LÉVÊQUE (Sandrine), *op. cit.*, p. 14.
[6] ACHIN (Catherine) et alii, *op. cit.*, p. 5.
[7] ACHIN (Catherine) ; LÉVÊQUE (Sandrine), *op. cit.*, p. 14.
[8] Assemblée nationale, Onzième législature, *Rapport n°1240 du 2 décembre 1998* de Mme Catherine TASCA *sur le projet de loi constitutionnelle (985) relatif à l'égalité entre les femmes et les hommes*, p. 12.
[9] Disponible sur le site de la Digithèque de matériaux juridiques et politiques de l'Université de Perpignan : http://mjp.univ-perp.fr/france/co1944-2.htm. Publiée d'après le site à Alger au JO n° 34 du 22 avril 1944, p. 325-327.

constituante sera convoquée dès que les circonstances permettront de procéder à des élections régulières [...]. Elle sera élue au scrutin secret à un seul degré par tous les Français et Françaises majeurs, sous la réserve des incapacités prévues par les lois en vigueur. » L'article 17 explicite cette dernière phrase en prévoyant que *« les femmes sont électrices et éligibles dans les mêmes conditions que les hommes ».*

Différentes interprétations sont faites du choix du Général de Gaulle. Certains avancent qu'il visait à récompenser la participation des femmes à la Résistance[1]. D'autres y voient *« outre le souci d'aligner la situation de la France sur celle des alliés au regard de la citoyenneté politique, l'idée que le vote des femmes constituerait un utile contrepoids à une poussée communiste, attendue autant que redoutée »*[2]. La première de ces interprétations semble moins pertinente parce que le Général de Gaulle n'a pas, après la Libération, posé d'acte fort allant dans ce sens[3]. Les deux autres semblent en revanche plus pertinentes. La crainte communiste du Général de Gaulle a été fréquemment soulignée[4]. Il en est de même de l'alignement de la citoyenneté de la femme en France sur celle des pays alliés. Le fait que la France ait reconnu le droit de vote aux femmes *« longtemps après la Finlande (1906), la Norvège (1913), le Danemark (1915), l'Irlande (1918), les Pays-Bas (1919), l'Allemagne (1919), les États-Unis (1920), le Canada (1920), la Suède (1921), le Royaume-Uni (1928) et l'Espagne (1931) »*[5] sert à étayer cette hypothèse.

Plusieurs hypothèses sont également avancées pour expliquer le retard de la France à reconnaître le droit de vote aux femmes. Pierre Rosanvallon les recense comme suit : *« le poids culturel du catholicisme, les craintes*

---

[1] ACHIN (Catherine) et alii, op. cit., p. 6 ; ACHIN (Catherine) ; LÉVÊQUE (Sandrine), op. cit., p. 16.
[2] GASPARD (Françoise), « Le genre et les travaux sur la citoyenneté en France », In BARD (Christine) ; BAUDELOT (Christian) ; MOSSUZ-LAVAU (Janine), Sous la direction de, *Quand les femmes s'en mêlent : genre et pouvoir,* Paris : Éditions La Martinière, pp. 105-126.
[3] Mariette Sineau avance, parlant du Général de Gaulle : *« Il spéculait beaucoup moins sur l'usage intensif qu'elles feraient de leur droit d'être élues, et d'exercer elles aussi la souveraineté populaire. N'est-il pas significatif que dans les deux premiers gouvernements qu'il constitue, sous la Quatrième République, Charles de Gaulle ne nomme aucune femme ministre ? (Il n'en nommera pas davantage dans le dernier gouvernement de la Quatrième République, qu'il forme le 1er juin 1958.) Choisir une grande résistante à un poste ministériel important eût été pourtant un acte symbolique fort, qui aurait marqué sa volonté de reconnaître qu'en cette seconde moitié du XXe Siècle, les femmes avaient un rôle politique à jouer, et qu'était bien révolu leur statut de « filles illégitimes de la République » ».* Cf. SINEAU (Mariette), *Femmes et pouvoir sous la Ve République : de l'exclusion à l'entrée dans la course présidentielle,* 2e édition, Paris : Presses de Sciences Po, 2011, p. 23.
[4] On peut ajouter à l'article de François Gaspard entre autres : ACHIN (Catherine) et alii, op. cit., p. 6 ; ACHIN (Catherine) ; LÉVÊQUE (Sandrine), *op. cit.*, p. 16.
[5] SÉNAC-SLAWINSKI (Réjane), « Évaluation des lois sur les quotas et sur la parité », In BARD (Christine) ; BAUDELOT (Christian) ; MOSSUZ-LAVAU (Janine), *op. cit.*, p.142-170.

politiques des républicains, le blocage institutionnel du Sénat »[1]. Par contre, il ne trouve lui-même aucune de ces hypothèses pertinentes. D'un côté, il soutient que *« la référence à la prégnance du catholicisme s'inscrit dans une rhétorique de justification, et non pas dans une logique de démonstration »*[2]. De l'autre, il affirme que *« pendant près d'un demi-siècle, le Sénat symbolise institutionnellement la résistance républicaine, assimilant le vote des femmes à la menace de la prise du pouvoir par les partis cléricaux »*[3]. Il trouve néanmoins qu'il s'agit là de calculs politiciens qui ne suffisent pas à expliquer le retard français[4]. Pour preuve, il avance que *« dans bien d'autres pays, y compris protestants, la gauche redoutait les conséquences politiques du suffrage féminin, sans pour autant opérer un blocage aussi déterminé que celui des radicaux en France »*[5]. C'est pourquoi, il propose *« une interprétation, moins circonstancielle, permettant d'expliquer la spécificité française »*[6]. Celle-ci tiendrait pour lui au fait qu'en France *« le droit du suffrage [...] est dérivé du principe d'égalité politique entre individus »*[7]. Ce point de vue emporte notre conviction. Il apparaît donc que *« l'universalisme à la française constitue dans ce cas un obstacle au suffrage des femmes : la femme est privée du droit de vote en raison de sa particularité, parce qu'elle n'est pas un vrai individu abstrait, qu'elle reste trop marquée par les déterminations de son sexe »*[8].

Il reste que *« l'obtention tardive du droit de vote s'accompagne jusqu'à la fin du XXe siècle d'une sous représentation des femmes dans la vie politique française »*[9]. Il est apparu que *« jusqu'aux années 1970, la représentation des femmes reste faible à tous les niveaux (en moyenne inférieure à 5%). Et si l'on observe un « décollage » dans les années 1970 et 1980 aux élections municipale, régionale et européenne, il n'en est rien pour les assemblées nationales et départementales »*[10].

Cette situation résulte *« des facteurs structurels dépendants du fonctionnement du champ politique et des facteurs symboliques liés aux représentations des rôles de sexe et du métier politique »*[11]. Pour y faire face,

---

[1] ROSANVALLON (Pierre), *op. cit.*, p. 519.
[2] *Ibid.*, p. 520.
[3] *Ibid.*, P. 521.
[4] *Ibid.*, p. 521.
[5] *Ibid.*, p. 521.
[6] *Ibid.*, p. 522.
[7] *Ibid.*, p. 522.
[8] *Ibid.*, p. 522 et suivante.
[9] GÉNISSON (Catherine), *La parité entre les femmes et les hommes,* Rapport au Premier ministre de l'Observatoire de la parité entre les femmes et les hommes, La Documentation française, 2003, p. 7.
[10] ACHIN (Catherine) et alii, *op. cit.*, p. 6.
[11] ACHIN (Catherine) ; LÉVÊQUE (Sandrine), op. cit., p. 72. *Cf.* aussi à ACHIN (Catherine) et alii, *op. cit.*, p.6.

des femmes politiques commencèrent vers la fin des années 1970 à s'insurger contre le traitement qui leur est fait dans les partis politiques[1]. Un premier projet de loi fixant à 80% au minimum le nombre de candidats du même sexe sur les listes de candidatures aux élections municipales dans les communes de 9 000 habitants et plus vit le jour en 1979 sous le gouvernement de Reymond Barre[2]. Il a été adopté par l'Assemblée nationale mais ne fut pas soumis au Sénat en raison de la proximité de la fin de la session parlementaire[3].

« *L'idée est reprise par le groupe socialiste de l'Assemblée nationale* »[4] en 1982 à l'occasion des discussions sur le « projet de la loi modifiant le code électoral et le code des communes et relatif à l'élection des conseillers municipaux et aux conditions d'inscription des Français établis hors de France sur les listes électorales ». Mme Gisèle Halimi propose un amendement à ce texte qui instaure un seuil de 30% de l'un et l'autre sexe sur les listes électorales dans les communes de 3 500 habitants et plus[5]. M. Alain Richard lui emboîte le pas en proposant un autre amendement « *abaissant ce seuil à 25%...qui sera finalement adopté par l'Assemblée* » malgré la réticence du Gouvernement et le doute de l'opposition sur la constitutionnalité de la disposition[6]. Après l'adoption de la loi, des députés de l'opposition saisirent le Conseil constitutionnel de l'inconstitutionnalité d'une autre de ses dispositions relative à la répartition des sièges aux élections municipales[7].

Par décision n°82-146 DC du 18 novembre 1982[8], le Conseil constitutionnel déclara leur prétention mal fondée. Il étendit d'office son contrôle à la disposition issue de l'amendement instaurant un seuil de 25% de l'un et l'autre sexe sur les listes électorales dans les communes de 3 500 habitants et plus qu'il déclare contraire à la Constitution. Il a fondé l'inconstitutionnalité

---

[1] GASPARD (Françoise), « Le genre et les travaux sur la citoyenneté en France », In BARD (Christine) et alii, *op. cit.*, pp. 105-126.
[2] GASPARD (Françoise), « Le genre et les travaux sur la citoyenneté en France », In BARD (Christine) et alii, *op. cit.*, pp. 105-126 ; DEMBÉLÉ (Tambadian), *L'impact de la loi n°2010-1563 du 16 décembre 2010 de reforme des collectivités territoriales sur l'égal accès des hommes et des femmes aux mandats électoraux et fonctions électives*, Mémoire de Master 2 recherche en Droit public interne et européen, Université Paris 13, 2011, p. 2.
[3] *Ibid.*, p. 105-126 ; p. 2.
[4] *Ibid.*, p. 105-126.
[5] LOSCHAK (Danièle), « Les hommes politiques, les « sages »(?)...et les femmes (à propos de la décision du Conseil constitutionnel du 18 novembre 1982) », *Droit social*, N°2-février 1983, pp. 131-137.
[6] LOSCHAK (Danièle), article précité ; MOSSUZ-LAVAU (Janine), *op. cit.*, p. 30.
[7] LOSCHAK (Danièle), article précité.
[8] Conseil constitutionnel, *Décision n°82-146 DC du 18 novembre 1982, Loi modifiant le code électoral et le code des communes et relative à l'élection des conseillers municipaux et aux conditions d'inscription des Français établis hors de France sur les listes électorales*, J.O.R.F. du 19 novembre 1982, p. 3475. *Cf.* Annexes sur la France, Annexe 1.

de cette disposition sur l'article 3 de la Constitution de 1958 et l'article 6 de la DDHC. Il a d'abord rappelé que « *considérant qu'aux termes de l'article 3 de la Constitution : La souveraineté nationale appartient au peuple qui l'exerce par ses représentants et par la voie du référendum. Aucune section du peuple ni aucun individu ne peut s'en attribuer l'exercice. Le suffrage peut être direct ou indirect dans les conditions prévues par la Constitution. Il est toujours universel, égal et secret. Sont électeurs, dans les conditions déterminées par la loi, tous les nationaux français majeurs des deux sexes, jouissant de leurs droits civils et politiques* »[1]. Ensuite, il a souligné « *qu'aux termes de l'article 6 de la Déclaration des droits de l'homme et du citoyen : Tous les citoyens étant égaux aux yeux de la loi sont également admissibles à toutes dignités, places et emplois publics, selon leur capacité et sans autre distinction que celles de leurs vertus et de leurs talents* »[2]. Il a, enfin, estimé que « *du rapprochement de ces textes il résulte que la qualité de citoyen ouvre le droit de vote et l'éligibilité dans des conditions identiques à tous ceux qui n'en sont pas exclus ni pour une raison d'âge, d'incapacité ou de nationalité, ni pour une raison tendant à préserver la liberté de l'électeur ou l'indépendance de l'élu ; que ces principes de valeur constitutionnelle s'opposent à toute division par catégories des électeurs ou des éligibles ; qu'il en est ainsi pour tout suffrage politique, notamment pour l'élection des conseillers municipaux* »[3].

En raison de la décision du Conseil constitutionnel, une révision constitutionnelle était nécessaire pour permettre l'instauration de quotas sexuels dans la vie politique. Cette révision ne fut demandée qu'une décennie plus tard. Entre temps, un quota de 20% de femmes alors existant au Parti socialiste pour la formation de son bureau est resté en vigueur[4]. Les Verts ont aussi prévu dans leurs statuts constitutifs de 1984 « *la parité aux postes de responsabilité et aux élections* »[5]. À part ces initiatives, l'essentiel du travail est fait au sein du Conseil de l'Europe et de la Commission des communautés européennes à fin de la décennie 1980 et au tout début de la décennie 1990. Le travail au sein de ces institutions a renforcé et alimenté les mobilisations en France tout comme dans d'autres pays européens. Les acteurs se sont organisés pour demander la révision de la Constitution afin d'y inscrire une disposition permettant non plus l'adoption des quotas mais l'instauration de la parité à partir 1992. L'acte majeur pouvant être considéré comme fondateur de cette demande est la publication en 1992 du livre de Françoise Gaspard, Claude Servan-Schreiber et Anne Le Gall intitulé *Au*

---

[1] Conseil constitutionnel, *Décision n°82-146 DC du 18 novembre 1982*, considérant 6.
[2] Conseil constitutionnel, *Décision n°82-146 DC du 18 novembre 1982*, considérant 6.
[3] Conseil constitutionnel, *Décision n°82-146 DC du 18 novembre 1982*, considérant 7.
[4] ACHIN (Catherine) et alii, op. cit., p. 8 ; SÉNAC-SLAWINSKI (Réjane), op. cit., p. 61.
[5] SÉNAC-SLAWINSKI (Réjane), op. cit., p. 61.

pouvoir citoyenne ! Liberté, égalité, parité[1]. Les auteurs de ce livre dressent un diagnostique de la place faite à la femme dans la vie politique et demandent que soit inscrite dans la Constitution une disposition selon laquelle *« les assemblées élues, au niveau territorial comme au niveau national, sont composées d'autant de femmes que d'hommes »*[2]. La publication de ce livre a été suivie de la mise en place du *« premier réseau dédié à la parité « Femmes pour la parité » [...] début 1993 »*[3]. C'est à l'instigation de ce réseau que le Manifeste de 577 pour la parité a été publié dans le Monde du 10 novembre 1993[4]. *« Suite à une scission fin 1993 du réseau « Femmes pour la parité »*, un autre réseau a été créé *« sous l'appellation « Demain la parité » »*[5]. Des bulletins d'information sont aussi mis en place et des revues scientifiques et médias alimentés[6].

À partir de là, *« la prise de conscience de la sous-représentation des femmes dans la vie politique et la volonté d'y remédier se sont largement diffusées. Elles ont ensuite gagné l'opinion publique qui témoigne désormais, dans de nombreux sondages, de son attachement à l'expression de l'égalité entre les femmes et les hommes dans la vie politique »*[7]. C'est alors que Michel Rocard, premier secrétaire du parti socialiste, pose un premier acte fort en profitant des sondages favorables pour déposer une liste paritaire aux élections européennes de 1994[8]. À l'occasion des élections présidentielles de 1995, les leaders politiques sont également invités à prendre position sur la demande de parité. Jacques Chirac prit l'engagement en faveur de la parité en ces termes : *« Il faut se fixer des objectifs clairs en matière de représentation des femmes. Pour moi, ce ne peut être que la parité »*[9]. Lionel Jospin lui emboîte le pas en s'engageant pendant la

---

[1] GASPARD (Françoise) ; SERVAN-SCHREIBER (Claude) ; LE GALL (Anne), *Au pouvoir citoyenne ! Liberté, égalité, parité,* Paris : Seuil, 1992, 184 p.
[2] *Ibid.*, p. 129.
[3] SÉNAC-SLAWINSKI (Réjane), *op. cit.*, p. 68.
[4] SERVAN-SCHREIBER (Claude), La parité, histoire d'une idée, état des lieux, In MARTIN (Jacqueline), Sous la direction de, Préface de CRESSON (Édith), *La parité : enjeux et mise en œuvre,* Toulouse : Presses universitaires du Mirail, 1998, pp. 35-40 ; MOSSUZ-LAVAU (Janine), *op. cit.*, p. 38.
[5] MOSSUZ-LAVAU (Janine), op. cit., p. 40 ; SÉNAC-SLAWINSKI (Réjane), *op. cit.*, p. 70.
[6] BERENI (Laure) ; LÉPINARD (Eléonore), « ''Les femmes ne sont pas une catégorie'', article précité.
[7] GILLOT (Dominique), *Vers la parité en politique,* Rapport à M. le Premier Ministre de l'Observatoire de la parité entre les femmes et les hommes, La Documentation française, 2001, p. 19.
[8] SÉNAC-SLAWINSKI (Réjane), « Évaluation des lois sur les quotas et sur la parité », In BARD (Christine) ; BAUDELOT (Christian) ; MOSSUZ-LAVAU (Janine), *op. cit.*, p. 142-170.
[9] MOSSUZ-LAVAU (Janine), *op. cit.*, p. 53.

compagne aux élections législatives anticipées de 1997 à inscrire dans la Constitution l'objectif de parité hommes-femmes[1].

Devenu Premier ministre à la suite de ces élections, Lionel Jospin déclare dans son discours de politique générale devant l'Assemblée nationale : « *Il faut d'abord permettre aux françaises de s'engager sans entraves dans la vie publique [...]. Une révision de la Constitution afin d'y inscrire l'objectif de la parité entre les femmes et les hommes, sera proposée* »[2].

La révision constitutionnelle annoncée eut lieu le 8 juillet 1999. Elle permit d'ajouter à l'article 3 de la Constitution une disposition selon laquelle « *la loi favorise l'égal accès des femmes et des hommes aux mandats électoraux et fonctions électives* » et à l'article 4 une autre prévoyant qu' « *ils* [les partis politiques] *contribuent à la mise en œuvre du principe énoncé au dernier alinéa de l'article 3* [celui qui précède] *dans les conditions déterminées par la loi* »[3].

La demande qui a conduit à cette révision constitutionnelle a donné lieu à de controverses discursives entre défenseurs et adversaires de la parité. En dehors de la scène parlementaire, les défenseurs de la parité usèrent des « *arguments des féministes différentialistes*[4]*, des républicains* [5] *paritaires et des égalitaristes pragmatiques*[6] »[7]. Quant aux adversaires, ils étaient répartis en deux groupes : les féministes universalistes[8] et les républicains universalistes. Sur le plan discursif, les adversaires ont soutenu la décision du Conseil constitutionnel estimant que la parité remet en cause

---

[1] *Ibid.*, p. 61.
[2] *Ibid.*, p. 11.
[3] *Loi constitutionnelle n°99-569 du 8 juillet 1999 relative à l'égalité entre les femmes et les hommes,* J.O.R.F. n°157 du 9 juillet 1999, p. 10175. *Cf.* Annexes sur la France, Annexe 3.
[4] Les féministes différentialistes sont ceux qui considèrent que l'humanité est composée de deux sexes différents et soutiennent des revendications de droit pour les femmes au nom de cette différence. Par exemple, « *l'argument différentialiste a servi de fondement aux revendications de droits politiques pour les femmes au nom même de leur différence ou de leur complémentarité avec les hommes* ». *Cf.* ACHIN (Catherine) ; LÉVÊQUE (Sandrine), *op. cit.*, p. 18.
[5] Les intellectuels républicains « *ont en commun d'avoir participé, de manière plus ou moins centrale, par leurs travaux académiques, leurs interventions dans la presse, leurs essais ou leurs activités d'expertise, à l'édification d'un cadre d'interprétation du monde que l'on peut appeler la doxa républicaine...* » *Cf.* BERENI (Laure), *De la cause à la loi. Les mobilisations pour la parité politique en France (1992-2000),* Thèse de doctorat en Science politique, Université Paris 1 Panthéon – Sorbonne, 2007, p. 279.
[6] Les égalitaristes pragmatiques sont ceux qui défendent la parité sur la base des arguments factuels afin de lutter contre les discriminations dont sont victimes les femmes dans la vie politique. *Cf.* ACHIN (Catherine) ; LÉVÊQUE (Sandrine), *op. cit.*, p. 83.
[7] ACHIN (Catherine) ; LÉVÊQUE (Sandrine), *op. cit.*, p. 83.
[8] « *La position universaliste repose sur l'affirmation selon laquelle tous les êtres humains sont des individus au même titre, indépendamment des différences secondaires de sexes, de races, de langues etc.* » *Cf.* ACHIN (Catherine) ; LÉVÊQUE (Sandrine), *op. cit.*, p. 18.

l'universalisme¹ abstrait. Les républicains universalistes soutinrent que cette remise en cause risque d'entraîner des revendications communautaires². Les féministes universalistes avancèrent de leur côté qu'elle risque d'entraîner une « renaturalisation » des rôles sexués ou d'essentialiser la femme³. Les défenseurs mobilisèrent des arguments qui ont évolué dans le temps. Nous allons nous en tenir à ce stade aux seuls arguments factuels et aux arguments théoriques qui restèrent permanents tout au long du processus. Les arguments factuels leur sont communs. Par ces arguments, ils soutinrent la parité en ce qu'elle permet de lutter contre la sous représentation des femmes dans la vie politique en contraste avec leur importance numérique dans la population et dans l'électorat, l'élévation de leur niveau d'étude et leur entrée massive dans la population active⁴. S'y ajoute le mauvais positionnement de la France par rapport à d'autres pays en matière de participation des femmes à la vie politique et l'adhésion de l'opinion publique à la demande⁵. L'argument théorique appelle au nécessaire parachèvement de l'universalisme par la consécration de son caractère dual dans la mesure où ils considèrent que l'universalisme abstrait a été construit contre les femmes et où cette consécration n'emporte aucun risque de communautarisme⁶ et d'essentialisme⁷. Les arguments des deux camps restèrent inconciliables et le Conseil constitutionnel réaffirma sa décision du 18 novembre 1982 dans une décision du 14 juillet 1999⁸. Lors des discussions sur le projet de loi constitutionnelle, les parlementaires reprirent les arguments des défenseurs et des adversaires pour les soutenir ou les contester. Ils restèrent eux aussi inconciliables sur le plan théorique mais

---

¹ En droit interne, l'universalisme revêt deux sens. En premier lieu, c'est une conception selon laquelle la garantie de l'égalité des Hommes en droits proclamée à l'article 1ᵉʳ de la DDHC passe par leur indistinction dans la loi qui ne peut être assurée que si, suivant l'article 6, la loi est la même pour tous qu'elle protège ou qu'elle punisse. En second lieu, c'est une conception qui pense la Souveraineté, le Peuple et la République dans l'unité et l'indivisibilité. Les lois censurées par les juridictions constitutionnelles l'ont été en ce qu'elles contreviennent à des dispositions matérielles de cet idéal universaliste.
² JULLIARD (Jacques), « Les femmes ne sont pas des produits laitiers », In AMAR (Micheline), Textes réunis par, *Le piège de la parité : arguments pour un débat,* Paris : Hachette littérature, Collection Pluriel, 1999, p. 58.
³ TRAT (Josette), « La loi pour la parité : une solution en trompe-œil », *Nouvelles questions féministes,* V.16, N°2, 1995, pp. 129-138.
⁴ MOSSUZ-LAVAU (Janine), *op. cit.,* pp. 11-26 ; ACHIN (Catherine) ; LÉVÊQUE (Sandrine), op. cit., pp. 60-72 ; GASPARD (Françoise), « Le genre et les travaux sur la citoyenneté en France », In BARD (Christine) et alii, *op. cit.,* pp. 105-126.
⁵ Assemblée nationale, Onzième législature, *Rapport n°1240 de Mme Catherine TASCA sur le projet de loi constitutionnelle (985) relatif à l'égalité entre les femmes et les hommes.*
⁶ BERENI (Laure) ; LÉPINARD (Eléonore), article précité.
⁷ MOSSUZ-LAVAU (Janine), *op. cit.,* p. 73.
⁸ Conseil constitutionnel, *Décision n° 98-407 DC du 14 janvier 1999, Loi relative au mode d'élection des conseillers régionaux et des conseillers à l'Assemblée de Corse et au fonctionnement des Conseils régionaux,* J.O.R.F. du 20 janvier 1999, p. 1028. *CF.* Annexes sur la France, Annexe 2.

acceptèrent de souscrire à la révision constitutionnelle en raison des considérations factuelles.

Le nouveau principe constitutionnel a été mis en œuvre de façon progressive et différenciée à travers plusieurs lois. Pour avoir rapidement un aperçu général de celles-ci, il faut partir de la loi de base, celle du 6 juin 2000[1] dite loi sur la parité, et la compléter par celles qui sont intervenues par la suite. Les dispositions de cette loi portant sur les scrutins de liste ont prévu de faire figurer :

1) alternativement un candidat de chaque sexe sur les listes électorales aux élections européennes, alternance stricte imposée par la loi du 11 avril 2003[2], et aux élections sénatoriales dans les départements où les sénateurs sont élus à la représentation proportionnelle, ceux élisant alors cinq sénateurs et plus, seuil abaissé à trois par la loi du 10 juillet 2000[3] puis relevé à quatre par celle du 30 juillet 2003[4] et rabaissé à trois par la loi du 2 août 2013 qui prévoit également un suppléant de sexe différent pour tout candidat se présentant dans les départements où l'élection a lieu au scrutin uninominal[5] ;

2) un nombre égal des candidats de chaque sexe au sein de chaque groupe entier de six candidats dans l'ordre de présentation de la liste aux élections régionales et municipales dans les communes où l'élection a lieu au scrutin de liste, celles en ce moment de 3 500 habitants et plus. Pour les élections régionales, la loi du 11 avril 2003 impose une alternance stricte entre les candidats de l'un et l'autre sexe sur les listes électorales. La loi du 18 décembre 2003[6] étend cette obligation à l'assemblée de Corse.

La même obligation est imposée dans les communes de 3 500 habitants et plus, dans leurs exécutifs ainsi que dans les exécutifs des régions par la loi

---

[1] *Loi n°2000-493 du 6 juin 2000 tendant à favoriser l'égal accès des femmes et des hommes aux mandats électoraux et fonctions électives,* J.O.R.F. n°131 du 7 juin 2000, p. 8560. Cette loi a été étendue par la *Loi n°2000-612 du 4 juillet 2000 tendant à favoriser l'égal accès des femmes et des hommes aux mandats de membre des assemblées de province et du congrès de la Nouvelle-Calédonie, de l'assemblée de la Polynésie française et de l'assemblée territoriale des Îles Wallis-et-Futuna,* J.O.R.F. n°154 du 5 juillet 2000, p. 10127.

[2] *La loi n°2003-327 du 11 avril 2003 relative à l'élection des conseillers régionaux et des représentants au Parlement européen ainsi qu'à l'aide publique aux partis politiques,* J.O.R.F. n°87 du 12 avril 2003, p. 6488.

[3] *Loi n° 2000-641 du 10 juillet 2000 relative à l'élection des sénateurs,* J.O.R.F. n°159 du 11 juillet 2000, p. 10472.

[4] *Loi n° 2003-697 du 30 juillet 2003 portant réforme de l'élection des sénateurs,* J.O.R.F. n°175 du 31 juillet 2003, p. 13017.

[5] *Loi n° 2013-702 du 2 août 2013 relative à l'élection des sénateurs,* J.O.R.F. n°179 du 3 août 2013, p. 13258.

[6] *La loi n°2003-1201 du 18 décembre 2003 relative à la parité entre hommes et femmes sur les listes de candidats à l'élection des membres de l'Assemblée de Corse,* J.O.R.F. n°293 du 19 décembre 2003, p. 21678.

du 31 janvier 2007[1]. Le scrutin de liste avec obligation de parité à la fois pour les élections aux conseils et aux exécutifs a été étendu aux communes de 1 000 habitants et plus par la loi du 17 mai 2013[2]. Dans ces mêmes communes, cette loi impose une obligation de parité sur les listes de candidats aux élections communautaires.

Les élections législatives sont les seules élections au scrutin uninominal à avoir fait l'objet de réglementation par la loi sur la parité du 6 juin 2000. Cette loi a prévu de réduire sous certaines conditions la dotation que chaque parti ou groupement politique doit recevoir pour son score au premier tour des élections législatives dès lors qu'il présente des candidats dans au moins cinquante circonscriptions. Elle prévoit essentiellement de réduire à hauteur de la moitié de l'écart avec la parité la dotation de tout parti ou groupement politique lorsque l'écart entre le nombre de candidats de chaque sexe dépasse 2% du nombre total de ses candidats. La loi du 31 janvier 2007 augmente la réduction aux trois quarts de cet écart et celle du 4 août 2014 à 150% de cet écart « *sans que cette diminution puisse excéder le montant total de la première fraction de l'aide* »[3].

Quant aux élections départementales (anciennement cantonales) qui se déroulaient au scrutin uninominal, la loi du 31 janvier 2007 a mis en place un système de suppléance du candidat par une personne de sexe opposé qui le remplace dans certains cas. La loi du 26 février 2008[4] généralise le remplacement du conseiller général par son suppléant. Pour la première fois enfin, la loi du 17 mai 2013 institue un scrutin binominal paritaire pour l'élection des désormais conseillers départementaux.

Le renforcement progressif de la contrainte paritaire par ces lois successives a permis d'atteindre une quasi-parité dans les communes de 1 000 habitants et plus, dans les départements, dans les régions et parmi les représentants français au Parlement européen. Des progrès ont été réalisés également au Sénat soumis partiellement à des dispositifs paritaires contraignants, à l'Assemblée nationale soumise à des dispositifs paritaires incitatifs, dans les établissements publics de coopération intercommunale (EPCI) soumis partiellement à des dispositifs paritaires contraignants et dans

---

[1] *Loi n° 2007-128 du 31 janvier 2007 tendant à promouvoir l'égal accès des femmes et des hommes aux mandats électoraux et fonctions électives,* J.O.R.F. n°27 du 1er février 2007, p. 1941.
[2] *Loi n° 2013-403 du 17 mai 2013 relative à l'élection des conseillers départementaux, des conseillers municipaux et des conseillers communautaires, et modifiant le calendrier électoral,* J.O.R.F. n°0114 du 18 mai 2013, p. 8242.
[3] *Loi n° 2014-873 du 4 août 2014 pour l'égalité réelle entre les femmes et les hommes,* J.O.R.F. n°0179 du 5 août 2014, p. 12949.
[4] *Loi n° 2008-175 du 26 février 2008 facilitant l'égal accès des femmes et des hommes au mandat de conseiller général,* J.O.R.F. n°0049 du 27 février 2008, p. 3370.

les communes de moins de 1 000 habitants qui ne sont soumises à aucune obligation paritaire.

En plus de la vie politique, le législateur a adopté des lois dans le même sens pour les responsabilités professionnelles et sociales mais le Conseil constitutionnel les a censurées estimant que la révision constitutionnelle ne concernait que la vie politique[1]. Cette situation amena le constituant à étendre la disposition de l'article 3 aux responsabilités professionnelles et sociales et à déplacer celle-ci à l'article premier à l'occasion de la révision constitutionnelle de 2008[2].

À la suite de cette révision, plusieurs lois sont intervenues en faveur de la réalisation de l'objectif de parité dans ces domaines[3]. L'évaluation partielle qui leur a été faite montre qu'elles ont également permis un renforcement considérable de la participation des femmes à la gestion des affaires dans les domaines des responsabilités professionnelles et sociales.

II - De la revendication au droit et à ses suites au Sénégal

Les fondements actuels de la citoyenneté politique au Sénégal reposent sur les principes proclamés dans la DDHC du 26 août 1789 et réaffirmés dans les constitutions successives que la France a connues depuis notamment celles des 27 octobre 1946 et 4 octobre 1958. Sa consécration dans les faits a eu lieu progressivement. En premier lieu, la loi du 24 avril 1833 reconnaît aux personnes libres des colonies, notamment celles de l'ancien Sénégal, les droits civils et politiques[4]. En deuxième lieu, la citoyenneté politique a été reconnue aux habitants des quatre communes de plein exercice (Saint-Louis, Gorée, Rufisque et Dakar) sous réserve de masculinité, de nationalité française ou de résidence à Saint-Louis ou Rufisque depuis cinq années à partir de l'instauration du suffrage universel et de l'abolition de l'esclavage

---

[1] DRAGO (Guillaume), « Parité et politique », *Revue de droit d'Assas,* n°2 octobre 2010, pp. 47 et 48.

[2] *Loi constitutionnelle n° 2008-724 du 23 juillet 2008 de modernisation des institutions de la Ve République,* J.O.R.F. n°0171 du 24 juillet 2008, p. 11890.

[3] *Loi n°2011-103 du 27 janvier 2011 relative à la représentation équilibrée des femmes et des hommes au sein des conseils d'administration et de surveillance et à l'égalité professionnelle,* J.O.R.F. n°0023 du 28 février 2011, p. 1680 ; *Loi n°2012-347 du 12 mars 2012 relative à l'accès à l'emploi titulaire et à l'amélioration des conditions d'emploi des agents contractuels de la fonction publique, à la lutte contre les discriminations et portant diverses dispositions relatives à la fonction publique,* J.O.R.F. n°0062 du 13 mars 2012, p. 4498 ; *Loi n°2013-660 du 22 juillet 2013 relative à l'enseignement supérieur et à la recherche,* J.O.R.F. n°0169 du 23 juillet 2013, p. 12235 ; *Loi n°2014-873 du 4 août 2014 pour l'égalité réelle entre les femmes et les hommes,* J.O.R.F. n°0179 du 5 août 2014, p. 12949.

[4] LARCHER (Silyane), Préface BALIBAR (Étienne), *L'autre citoyen,* Paris : Armand Colin, 2014, pp. 32, 209-229, 136.

en 1848[1]. La loi du 19 septembre 1916 reconnaît la citoyenneté française aux natifs de ces communes ainsi qu'à leurs descendants à l'exception des femmes[2]. En troisième lieu, la citoyenneté politique a été reconnue aux femmes sous la colonisation à la suite de l'ordonnance du Général de Gaulle du 21 avril 1944. Cette reconnaissance ne concernait de fait que les femmes des quatre communes de plein exercice ainsi que celles jouissant du statut de citoyenne française. Les autres femmes et les hommes non citoyens français étaient considérés dans la colonie comme des indigènes jouissant du statut de sujets français et privés de droits politiques[3]. En quatrième lieu, la Constituante *« a voté le 7 mai 1946 une loi qui accorda la citoyenneté française à tous les « ressortissants des territoires français d'Afrique noire » »*[4]. L'article 81 de la Constitution du 27 octobre 1946 constitutionnalise cette loi en affirmant que *« tous les nationaux français et les ressortissants de l'Union française ont la qualité de citoyen de l'Union française qui leur assure la jouissance des droits et libertés garantis par le préambule […] »*. La citoyenneté de l'Union française était alors une nouvelle citoyenneté dont le contenu restait à définir. L'article 80 de la Constitution laissa apparaître cela en prévoyant : *« Tous les ressortissants des territoires d'outre-mer ont la qualité de citoyen, au même titre que les nationaux français de la métropole ou des territoires d'outre-mer. Des lois particulières établiront les conditions dans lesquelles ils exercent leurs droits de citoyens »*. L'article 39 de la loi du 5 octobre 1946[5] dispose pour les territoires d'outre-mer que *« les électeurs et électrices seront groupés soit dans des collèges uniques, soit dans deux collèges (citoyens de statut français et autochtones) suivant la nature des territoires […] »*[6]. En cinquième et dernier lieu, la citoyenneté politique a été complètement étendue avec l'institution du suffrage universel et du collège unique dans les territoires d'outre-mer par la loi cadre du 23 juin 1956[7].

---

[1] CISSÉ (Khayrou), Préface de SECK (Mamadou), *Dictionnaire bibliographique et événementiel des Députés du Sénégal (1914-2012)*, Tome I, Dakar, Éditions Araigné, 2014 ?, p. 16. L'esclavage a été aboli par le Décret du 27 avril 1848.
[2] SAADA (Emmanuelle), Préface de NOIRIEL (Gérard), *Les enfants de la colonie. Les métis de l'Empire français entre sujétion et citoyenneté,* Paris : La Découverte, Collection Espace de l'histoire, 2007, p. 120.
[3] HARDY (Julie), *Les Sénégalaises et la vie politique sous la colonisation, de 1944 à 1960,* Mémoire de master en Histoire, Université Paris 1 Panthéon Sorbonne, 2006, p. 2.
[4] DIARRA (Abdoulaye), *Démocratie et droit constitutionnel dans les pays francophones d'Afrique noire : le cas du Mali depuis 1960,* Paris : Éditions Karthala, Collection Hommes et sociétés, 2010, p. 28.
[5] DJIBO (Hadiza), *La participation des femmes africaines à la vie politique : les exemples du Sénégal et du Niger,* Paris : L'Harmattan, Collection Sociétés africaines et diaspora, 2001, p. 95.
[6] *Loi n°46-2151 du 5 octobre 1946 relative à l'élection des membres de l'Assemblée nationale,* J.O.R.F. n°235 du lundi 7 et mardi 8 octobre 1946, p. 8494.
[7] Pierre ROSANVALLON, *Le sacre du citoyen : histoire du suffrage universel en France,* Paris : Gallimard, Collection Folio. Histoire, 1992, p. 576 ; Article 10 de la *Loi n°56-619 du*

La République du Sénégal a réaffirmé les principes de la citoyenneté politique issus de ces textes dans la Constitution du 24 janvier 1959 sous la Fédération du Mali puis dans les constitutions successives avec une référence explicite à la DDHC du 26 août 1789. Quant aux droits de l'homme en générale et en particulier ceux de la femme, elle a fait référence à la DUDH du 10 décembre 1948, à la CEDAW du 18 décembre 1979 et à la Charte africaine des droits de l'Homme et des Peuples du 27 juin 1981 dans le préambule de ses constitutions successives.

Notons au passage que la Fédération du Mali vit le jour le 4 avril 1959[1]. Elle regroupait *« d'abord quatre pays : le Dahomey, la Haute Volta, le Sénégal et le Soudan, puis, après deux mois d'existence le Sénégal et le Soudan »*[2]. C'est formée des deux derniers pays qu'elle accéda à l'indépendance le 20 juin 1960 mais éclata le 20 août 1960[3].

Au Sénégal, la participation des femmes à la vie politique avant la révision constitutionnelle du 7 août 2008[4] a évolué suivant quatre grandes étapes. La première étape correspond à la période précoloniale ; la deuxième à la période coloniale ; la troisième au premier temps de la période postcoloniale ; la quatrième au second temps de la période postcoloniale.

Pendant la période précoloniale, aucune interdiction d'accès à la vie politique ne leur frappait. Depuis la Charte du Mandé[5], Constitution de l'Empire du Mali (XIIIe – XVIIe siècle)[6] qui comprenait le Sénégal avant la

---

23 juin 1956 autorisant le gouvernement à mettre en œuvre les réformes et à prendre les mesures propres à assurer l'évolution des territoires relevant du ministère de la France d'outre-mer, Journal officiel de la Polynésie française du 15 août 1957 (page LEXPOL p. 1 sur 3), p. 433. Cf. http://lexpol.cloud.pf/LexpolAfficheTexte.php?texte=264603.

[1] KEÏTA (Aoua), *Femme d'Afrique : la vie d'Aoua Keïta racontée par elle-même*, Paris : Présence africaine, 1975, p. 392 ; SIDIBÉ (Oumou), *Le rôle des femmes dans l'Union Soudanaise du Rassemblement Démocratique Africain (US-RDA) dans la lutte pour l'Indépendance et pour le Code du mariage au Mali*, Mémoire de Master en Histoire, Université Paris 1 Panthéon-Sorbonne, 2010, p. 7.

[2] KEÏTA (Aoua), op. cit., p. 392.

[3] *Ibid.*, p. 392.

[4] *Loi constitutionnelle n°2008-30 du 7 août 2008 modifiant les articles 7, 63, 68, 71 et 82 de la Constitution*, J.O.R.S. n°6420 du vendredi 8 août 2008. *Cf.* Annexes sur le Sénégal, Annexe 2.

[5] SIMONIS (Francis), *L'Afrique soudanaise au Moyen Âge : le temps des grands empires (Ghana, Mali, Songhaï)*, CRDP de l'académie d'Aix-Marseille, 2010, p. 26 ; DIARRA (Abdoulaye), *Démocratie et droit constitutionnel dans les pays francophones d'Afrique noire : le cas du Mali depuis 1960*, Paris : Éditions Karthala, Collection Hommes et sociétés, 2010, p. 21.

[6] BOULÈGUE (Jean), *Les royaumes wolof dans l'espace sénégambien (XIIIe - XVIIIe siècle)*, Paris : Karthala, 2013, p. 53 ; *Histoire et tradition orale. Projet boucle du Niger (L'Empire du Mali, L'Empire du Ghana, L'Empire Songhay)*, Actes du troisième colloque international (Niamey 30 novembre – 6 décembre 1977) de l'Association ASCOA, Paris : Association ASCOA, 1980, p. 21.

fondation de l'Empire Jolof (XIIIᵉ - XVIᵉ siècle)[1], la règle voulait qu'en plus de leurs occupations quotidiennes elles soient associées à la gestion des affaires publiques. Elles l'ont réellement été dans les royaumes qui ont succédé à l'Empire Jolof entre le XVIᵉ - XVIIIᵉ siècle (le Jolof, le Waalo, le Kajoor et le Bawol)[2]. Elles pouvaient même prétendre au poste suprême dans le royaume du Waalo[3]. Dans tous les cas, une fonction de deuxième personnage était accordée à une femme dans la cour royale appelée *Lingeer*[4] qui jouait le rôle de ministre des Finances et s'occupait en plus de toutes les affaires des femmes dans le royaume.

Pendant la deuxième étape, l'islamisation progressive et la colonisation française ont contribué *« au recul de la complémentarité* [des hommes et des femmes] *en vigueur dans les institutions anciennes et à sa transformation progressive en une prééminence masculine plus marquée »*[5]. Néanmoins, les femmes ont joué un rôle politique très important sous la colonisation en tant qu'agents d'animation électorale bien avant que le droit de vote leur soit reconnu[6]. Elles se sont aussi révélées très actives sur la scène politique de l'obtention du droit de vote à l'accession du Sénégal à l'indépendance[7].

Dans le premier temps de la période postcoloniale, le rôle politique de la femme a reculé par rapport à ce qu'il était avant 1960[8]. Deux raisons sont généralement avancées pour expliquer cela. La première tiendrait à l'analphabétisme et à la dépendance économique[9]. La deuxième tiendrait au renforcement progressif de l'idéologie que les populations ont eue des femmes sous le double effet de l'islamisation et de la colonisation[10]. Ce sont ces raisons qui expliquent que l'Assemblée nationale du Sénégal ne comptait aucune femme députée sous la Iᵉʳᵉ législature (1960-963), seulement une femme sous la IIᵉ législature (1963-1968) et deux sous la IIIᵉ législature (1968-1973)[11].

---

[1] BOULÈGUE (Jean), *Le Grand Jolof (XIIIᵉ - XVIᵉ siècle)*, Blois : Éditions Façades, Diffusion Paris : Karthala, 1987, 207 p.
[2] *Ibid.*, p. 7 ; BOULÈGUE (Jean), *op. cit.*, 503 p.
[3] DJIBO (Hadiza), *La participation des femmes africaines à la vie politique : les exemples du Sénégal et du Niger,* Paris : L'Harmattan, Collection Sociétés africaines et diaspora, 2001, p. 51.
[4] *« Le titre de Lingeer revenait dans les royaumes traditionnels du Kajoor, du waloo (en pays wolof) ou du Sine (Pays sereer) à la mère ou à la nièce (du côté du lignage maternel) du Buur (souverain) qui avait charge de la choisir ». Cf.* DJIBO (Hadiza), op. cit., p. 50.
[5] *Ibid.*, p. 71.
[6] *Ibid.*, p. 89.
[7] JULIE (Hardy), *Les Sénégalaises et la vie politique sous la colonisation, de 1944-1960,* Mémoire de master en Histoire, Université Paris 1 Panthéon Sorbonne, 2006, 86 p.
[8] DJIBO (Hadiza), *op. cit.*, p. 141.
[9] *Ibid.*, p. 14.
[10] *Ibid.*, p. 14.
[11] ONU Femmes, *Parité à l'Assemblée nationale du Sénégal : Au-delà des chiffres. Rapport Bilan 2012-2014*, Dakar, 2014, p. 9.

Dans le second temps de la période poste-coloniale, l'alphabétisation croissante, l'inscription de la lutte contre les discriminations à l'égard des femmes dans l'agenda des organisations internationales et l'engagement subséquent des femmes sénégalaises en faveur du renforcement de leur participation à la vie politique permirent d'accroître régulièrement leur nombre à l'Assemblée nationale à partir de la IXe législature (1998-2001)[1]. L'évènement fondateur du regroupement des femmes sénégalaises en vue de faire pression pour l'amélioration de leur participation à la vie politique a été les « journées d'étude et de réflexion sur le thème *« Femme en démocratie » organisées par l'Institut africain pour la démocratie »* en septembre 1994[2]. Ces journées ont eu lieu en marge de *« la Cinquième Conférence régionale africaine des femmes de Dakar »* du 13 au 23 novembre 1994[3]. Cette conférence était elle-même destinée à préparer pour la région Afrique la Conférence mondiale des Femmes de Beijing de 1995. Ces évènements ont poussé les femmes sénégalaises à mettre en place une structure transpartisane dénommée COSEF (Conseil sénégalais des femmes) dont la vocation était de veiller à la mise en œuvre des recommandations de ces rencontres[4].

Le COSEF a d'abord revendiqué la mise en place des quotas pour les femmes lors des deux premières campagnes qu'il a organisées. La première eut lieu en 1998 sur le thème *« Démocratie où es-tu ? »* et la seconde en 2001 sur le thème *« Campagne citoyenne »*[5]. Elle a ensuite adopté le mot parité en juin 2005 avec le lancement de la campagne *« Avec la parité consolidons la démocratie »*[6]. Cette campagne a été marquée par le lancement d'*« une pétition réclamant la parité comme critère de recevabilité des listes de candidatures aux élections législatives et locales […qui] a recueilli des milliers de signatures dans toutes les régions du Sénégal »*[7].

Le Président de la République, Abdoulaye Wade, avait cependant pris position en faveur de la parité avant cette campagne. Lors de la création de l'Union africaine à Durban en 2002, celui-ci prit fait et cause pour les activistes de l'ONG Femme Africa Solidarité (FAS) qui demandaient l'application d'un quota de *« 30% de femmes au sein de l'Union*

---

[1] *Ibid.*, p. 9.
[2] COSEF, *Combats pour la parité : La campagne "Avec la parité consolidons la démocratie"*, Dakar : COSEF/AECID, 2011, p. 11.
[33] SOW (Fatou), « La Cinquième Conférence régionale africaine des femmes de Dakar », *Recherches féministes* n°81 (1995), pp. 175-183.
[4] COSEF, *Combats pour la parité : La campagne "Avec la parité consolidons la démocratie"*, op. cit., p. 12.
[5] *Ibid.*, p. 13.
[6] *Ibid.*, p. 13.
[7] CAMARA (Fatou Kiné), « La goutte d'eau qui fait déborder le vase : la décision du Conseil constitutionnel du 29 avril 2007 », *Walfadjri quotidien* du 4 mai 2007.

africaine »[1]. Au lieu de 30%, le Président Abdoulaye Wade proposa à ses pairs un amendement portant inscription de la parité absolue homme-femme dans la composition de la Commission de l'Union africaine qui fut validé[2]. Il reçut de cette ONG *« le « African Gender Award » à Dakar, en avril 2005 »* et s'engagea pour l'occasion à *« appliquer la parité au Sénégal »*[3]. Avant cet engagement, il avait même donné l'exemple en 2004 en nommant 13 femmes sur les 25 personnes *« qu'il lui revenait de nommer au Conseil de la République pour les Affaires économiques et sociales (CRAES) »*[4].

Dans le cadre de la campagne *« Avec la parité consolidons la démocratie »*, la coalition mise en place sous l'égide du COSEF organisa un *« sit-in devant l'Assemblée nationale, le 1ᵉʳ décembre 2006, à l'occasion d'un débat en plénière sur la modification du Code électoral »*[5] pour exiger d'y inscrire la parité. Leur demande ne fut pas satisfaite mais les députés votèrent une disposition prévoyant *« la prise en compte de la dimension "Genre" dans la composition des listes d'investiture présentées pour le scrutin proportionnel et majoritaire aux élections législatives, municipales et rurales »*[6] dans le code électoral issu de la loi n°2006-41 du 11 décembre 2006. En outre, ils adoptèrent la Résolution 2006-03 du 1ᵉʳ décembre 2006 en faveur de la parité. Par cette résolution, l'Assemblée nationale affirme son soutien au *« plaidoyer initié par le Comité de suivi pour l'application de la parité au Sénégal comme stratégie de participation politique et sociale »*[7].

À la suite de cette résolution, le Président de la République adressa un message à l'Assemblée nationale, le 8 décembre 2006, dans lequel il lance *« un appel solennel aux députés et à tous les partis politiques pour faire plus de place aux femmes dans la composition de leurs listes pour les élections législatives de février 2007 et au-delà »*[8]. Il souligna pour soutenir sa

---

[1] COSEF, *Combats pour la parité : La campagne "Avec la parité consolidons la démocratie"*, *op. cit.*, p.18.
[2] Message du Président de la République à l'Assemblée nationale, 8 décembre 2006, In COSEF, *Combats pour la parité : Actes du Séminaire d'élaboration d'un modèle de loi sur la parité,* Dakar, COSEF/AECID, 2011, p. 108-110.
[3] COSEF, *Combats pour la parité : La campagne "Avec la parité consolidons la démocratie"*, *op. cit.*, p.19.
[4] *Ibid.*, p.19.
[5] COSEF, *Combats pour la parité : Actes du Séminaire d'élaboration d'un modèle de loi sur la parité, op. cit.*, p.13.
[6] *Ibid.*, p.13.
[7] Assemblée nationale du Sénégal, Résolution n°2006-03 du 1ᵉʳ décembre 2006 en faveur de la parité, In COSEF, *Combats pour la parité : Actes du Séminaire d'élaboration d'un modèle de loi sur la parité, op. cit.*, p. 106-107.
[8] Message du Président de la République à l'Assemblée nationale, 8 décembre 2006, In COSEF, *Combats pour la parité : Actes du Séminaire d'élaboration d'un modèle de loi sur la parité, op. cit.*, p. 108-110.

proposition : « *Notre histoire nous y prédispose. Nos valeurs traditionnelles nous le permettent. Les normes internationales nous le recommandent.* »[1].

Le vote de la « *Loi constitutionnelle n°2007-06 du 12 février 2007 créant un Sénat* »[2] fut la première occasion d'inscrire un quota en faveur des femmes dans la loi. L'article 9 de cette loi dispose en effet que « *deux cinquième au moins des sénateurs sont des femmes* ». Sous l'effet de cette disposition, le Sénat comportera 40 femmes sur un total de 100 sénateurs soit 40%[3].

En même temps que cette loi était en discussion au Parlement, le COSEF travaillait sur un projet de séminaire scientifique afin de proposer « *au législateur sénégalais un modèle de loi sur la parité immédiatement transformable en projet de loi...ou en proposition de loi* »[4]. Le séminaire eut lieu les 13 et 22 mars 2007. Il a regroupé des « *experts et expertes traditionalistes, juristes, historiens et philosophes* »[5] qui ont démontré la conformité de la parité aux réalités socio-historiques et à la Constitution du Sénégal. Il permit l'élaboration d'un « *avant projet de loi sur la parité rédigé par les experts mandatés par le COSEF* »[6] ainsi que son adoption par les militantes des organisations membres du réseau « *Avec la parité consolidons la démocratie* ». Les arguments qui y ont été soutenus renforcèrent ceux jusqu'alors mobilisés pour défendre la demande de parité. Ceux-ci tiennent à la défaillance de la représentation démocratique en raison de la disproportion entre l'importance numérique des femmes dans la population et dans l'électorat et leur faible présence parmi les élus[7].

L'avant projet de loi sur la parité propose l'application de la parité à toutes les assemblées électives notamment l'Assemblée nationale, les conseils régionaux, les conseils municipaux et les conseils ruraux. Il fut remis au Président de la République, le 23 mars 2007, lors d'une marche blanche entre la place de l'Indépendance et le Palais de la République à

---

[1] *Ibid.*, p. 108-110.
[2] *Loi constitutionnelle n°2007-06 du 12 février 2007 créant un Sénat,* In FALL (Ismaïla Madior), Réunis et présentés par, Préface de MBODJ (El Hadji) ; Postface de SALL (Alioune), *Textes constitutionnels du Sénégal de 1959 au 15 mai 2007,* Dakar, CREDILA, 2007, p. 230-241.
[3] COSEF, *Combats pour la parité : La campagne "Avec la parité consolidons la démocratie", op. cit.*, p. 30.
[4] COSEF, *Combats pour la parité : Actes du Séminaire d'élaboration d'un modèle de loi sur la parité, op. cit.*, p. 17.
[5] *Ibid.*, p. 9.
[6] *Ibid.*, p. 91-101.
[7] COSEF, *Combats pour la parité : La campagne "Avec la parité consolidons la démocratie", op. cit.*, p. 61 ; SOW SIDIBÉ (Amsatou), « Pourquoi une loi sur la parité au Sénégal ? », In COSEF, *Combats pour la parité : Actes du Séminaire d'élaboration d'un modèle de loi sur la parité, op. cit.*, pp. 53-56.

laquelle ont pris part *« près d'un millier de femmes »*[1]. Le Président de la République s'engagea séance tenante à appliquer la proposition des femmes et leur fit savoir qu'il avait lui-même un projet dans ce sens.

Quatre jours après, l'Assemblée nationale adopte la *« Loi n°23-2007 du 27 mars 2007 portant introduction de la parité sur la liste des candidats au scrutin de représentation proportionnelle pour les élections législatives »*. L'adoption de cette loi par l'utilisation de la procédure d'urgence a outré l'opposition parlementaire qui y voyait *« un acte de manœuvre politique démagogique de la part du Président de la République destiné à perturber les investitures dans leurs rangs»*[2] lors des élections législatives prévues pour juin 2007.

Pour contrer ce qu'ils considéraient comme une manœuvre, 12 députés de l'opposition saisirent le Conseil constitutionnel, le 2 avril 2007, aux fins de déclarer contraire à la Constitution ladite disposition en ce qu'elle viole d'une part le Préambule de la Constitution qui proclame *« l'accès de tous les citoyens sans distinction, à l'exercice du pouvoir à tous les niveaux ;…à tous les services publics »* et, d'autre part, l'article premier de la Constitution qui dispose : *« La République du Sénégal assure l'égalité devant la loi de tous les citoyens sans distinctions de race, de sexe, de religion… »*[3].

Le Conseil constitutionnel leur donna raison en déclarant la disposition contraire à la Constitution par la décision N°1/C/2007 du 27 avril 2007. Toutefois, le Conseil constitutionnel n'a retenu dans leurs arguments que le moyen tiré de la violation de l'article premier de la Constitution sur la base duquel il déclare *« que toute discrimination fondée sur le sexe est expressément exclue ; que le principe d'égal accès au pouvoir, bien que de valeur constitutionnelle, ne saurait déroger à cette règle »*[4]. Il s'est également fondé sur l'article 3 de la Constitution sénégalaise du 22 janvier 2001 calqué sur l'article 3 de la Constitution française et l'article 6 de la Déclaration des Droits de l'Homme et du Citoyen de 1789 pour conclure qu'il résulte de ces dispositions *« que la qualité de citoyen qui ouvre le droit d'être candidat aux élections politiques, sous réserve des incapacités prévues par le code électoral, est indivisible ; que les candidats sont égaux devant le suffrage universel ; que les principes de valeur constitutionnelle ci-*

---

[1] COSEF, *Combats pour la parité : La campagne "Avec la parité consolidons la démocratie"*, op. cit., p. 34.
[2] FALL (Ismaïla Madior), commentaire sous Décision N°97/2007-Affaires N°1/C/2007 du 27 avril 2007, Parité sur les listes de candidats aux élections législatives, In FALL (Ismaïla Madior), Rassemblés et commentés sous la direction de, Préface de KANTÉ (Babacar), *Les décisions et avis du Conseil constitutionnel du Sénégal*, Dakar, CREDILA, 2008, p.525.
[3] Conseil constitutionnel, *Décision N°97/2007-Affaires n°1/C/2007 du 27 avril 2007, Loi instituant la parité dans la liste des candidats au scrutin de représentation proportionnelle pour les élections législatives.*CF. Annexe sur le Sénégal, Annexe 1.
[4] Conseil constitutionnel, *Décision N°97/2007-Affaires N°1/C/2007 du 27 avril 2007*, considérant 3.

dessus rappelés s'opposent à toute division par catégories des citoyens éligibles ; que, dès lors, la loi qui impose une distinction entre candidats en raison de leur sexe est contraire à la Constitution »[1].

La censure de cette loi a été suivie des réactions de la part des défenseurs de la parité et de quelques universitaires. Les défenseurs de la parité réaffirmèrent son l'ancrage dans les réalités socio-historiques et dénoncèrent le Conseil constitutionnel d'avoir copié la décision du Conseil constitutionnel français alors que la Constitution du Sénégal permet l'adoption de telle loi[2]. Elles ont été suivies sur ce dernier point par des universitaires qui relevèrent le mimétisme[3]. D'autres universitaires soutinrent cependant que la décision du Conseil constitutionnel est juridiquement fondée[4]. Ces derniers avancèrent également que l'adoption d'une loi en faveur de la parité est dangereuse en ce qu'elle emporte un risque de communautarisme dans un État en proie à des allégeances multiples[5].

Les débats se poursuivirent à l'Assemblée nationale au cours des discussions sur le projet de loi constitutionnelle soumis au Parlement par un décret du 02 novembre 2007[6]. Ils mobilisèrent, outre les arguments factuels, certains des arguments théoriques présentés ci-dessus et des nouveaux arguments venus de certains milieux religieux[7]. Ils aboutirent à l'adoption de la loi constitutionnelle du 7 août 2008[8] non pas en considération des arguments théoriques mais des données factuelles. Cette loi insère après l'alinéa 4 de l'article 7 de la Constitution un nouvel alinéa selon lequel *« la*

---

[1] Conseil constitutionnel, *Décision N°97/2007-Affaires N°1/C/2007 du 27 avril 2007*, considérant 5.
[2] CAMARA (Fatou Kiné), « La goutte d'eau qui fait déborder le vase : la décision du Conseil constitutionnel du 27 avril 2007 », *Walfadjri quotidien* du 4 mai 2007 ; CAMARA (Fatou Kiné), « La parité au Sénégal : entre modèle autochtone et modèle importé », *Revue internationale de droit africain (EDJA)*, janvier-février-mars 2009a, N°80, pp. 63-80.
[3] FALL (Ismaïla Madior), commentaire sous Décision N°97/2007-Affaires N°1/C/2007 du 27 avril 2007, précité.
[4] DIONE (Maurice Soudieck), « Parité, État de droit et démocratie : réponse à Fatou Kiné CAMARA », contribution publiée progressivement dans *Walfjri quotidien* du lundi 14, mardi 15, mercredi 16 et vendredi 18 mai 2007.
[5] *Ibid.*
[6] Assemblée nationale, *Projet de loi constitutionnelle n°40/2007 modifiant les articles 7, 63, 68, 71 et 82 de la Constitution.*
[7] Assemblée nationale, XIème législature, *Rapport* de M. Seydou DIOUF *sur le Projet de loi constitutionnelle n°40/2007 modifiant les articles 7, 63, 68, 71 et 82 de la Constitution* ; Sénat, *Rapport fait au nom de la commission des lois, de la décentralisation, du travail et des droits humains sur le Projet de loi constitutionnelle n°40/2007 modifiant les articles 7, 63, 68, 71 et 82 de la Constitution* ; SY (Hamadou Tidiane), « La parité dans la Constitution », Inter Press Service News Agency (IPS) du 12 décembre 2007. Cf. http://ipsinternational.org/fr/_note.asp?idnews=3896.
[8] *Loi constitutionnelle n°2008-30 du 7 août 2008*, précitée.

loi favorise l'égal accès des femmes et des hommes aux mandats et fonctions ».

Afin de mettre en œuvre cette disposition, le législateur sénégalais a adopté une loi dénommée *« Loi instituant la parité absolue Homme-Femme »* le 28 mai 2010[1]. Cette loi a été précisée par un décret d'application du 16 juin 2011 qui détermine les institutions concernées[2]. La *« loi instituant la parité absolue Homme-Femme »* a été intégrée au code électoral par la loi du 3 janvier 2012[3] pour les élections à l'Assemblée nationale, au Sénat et aux assemblées locales puis par la loi du 14 juillet 2016[4] pour les élections au Haut conseil des collectivités territoriales (HCCT). Les règles relatives aux autres élections, celles des membres des bureaux de ces institutions (pour le bureau de l'Assemblée nationale jusqu'à la loi du 28 août 2015)[5] et celles des membres du Conseil économique social et environnemental (CESE) et de son bureau n'ont pas été modifiées pour prendre en compte la loi sur la parité.

Par conséquent, les élections qui ont eu lieu depuis ont laissé apparaître deux situations. La première situation est caractérisée par le respect de la parité, à une exception, aux élections dont les règles ont été adaptées à la loi. La deuxième situation est marquée par le non-respect de la parité aux autres élections. La situation d'ensemble est oscillante mais des avancées considérables ont été réalisées. Le législateur a même rectifié le tir en soumettant le bureau de l'Assemblée nationale au respect du dispositif paritaire. Hormis ce cas et celui du Haut conseil des collectivités territoriales récemment créé[6], les règles régissant les autres élections n'ont pas encore été modifiées pour prendre en compte la loi sur la parité. La loi sur la parité n'a pas non plus été étendue en dehors de la vie politique.

III - Approche méthodologique

Dans le cadre de ce travail, nous avons principalement recouru à la méthode juridique traditionnelle de collecte et d'analyse des données

---

[1] *Loi 2010-11 du 28 mai 2010, instituant la parité absolue homme-femme*, J.O.R.S. n°6544 du 4 septembre 2010.
[2] *Décret n°2011-819 du 16 juin 2011 portant application de la Loi instituant la parité absolue homme-femme*, J.O.R.S. n°6544 du 17 septembre 2011.
[3] *Loi n°2012-01 du 3 janvier 2012 abrogeant et remplaçant la loi n°92-16 du 07 février 1992 relative au code électoral, modifiée*, J.O.R.S. n°6636 du mardi 3 janvier 2012.
[4] *Loi organique n°2016-25 du 14 juillet 2016 modifiant le Code électoral et relative à l'élection des Hauts conseillers*, J.O.R.S. n°6946 DU 15 juillet 2016.
[5] *Loi n°2015-19 du 28 août 2015 modifiant la loi n°2002-20 du 15 mai 2002, modifiée, portant Règlement intérieur de l'Assemblée nationale*, J.O.R.S. n°6871 du vendredi 21 août 2015.
[6] Le Haut conseil des collectivités territoriales a été créé par la *Loi constitutionnelle n°2016-10 du 05 avril 2016 portant révision de la Constitution*, J.O.R.S. n°6926 du jeudi 07 avril 2016.

documentaires et informatiques, et à la méthode comparative. Toutefois, dans le cas du Sénégal, l'insuffisance de la documentation à répondre efficacement à quelques questions restées pendantes à la suite de nos recherches documentaires et informatiques nous a obligé à mener des échanges plus ou moins formalisés avec des administrateurs, des universitaires, des militantes et des politiques pour compléter et éclairer les données recueillies.

L'importance de la méthode comparative en droit est telle que Roland Drago écrit : « *...tout juriste est et doit être un comparatiste. Il y gagnera une faculté d'approfondissement des notions fondamentales et une certaine modestie à l'égard de son droit national* »[1]. C'est une évidence relèvent d'autres auteurs en affirmant qu'en tant qu'outil épistémologique la comparaison permet de « *découvrir les discontinuités entre règle et définition ou entre énoncé et application, et à mettre en évidence les données profondes et constantes de chaque système (ou, en d'autres termes, ses caractères généraux)*»[2].

La comparaison des droits de différents pays peut porter sur différents niveaux. Il peut s'agir de comparer des droits régissant des matières spécifiques ou des systèmes juridiques. Gilles Cuniberti[3] qualifie le premier de niveau micro-juridique et le second de niveau macro-juridique. D'un côté, Gilles Cuniberti explique qu'« *à un niveau micro-juridique, il est tout d'abord possible de comparer des institutions particulières, ou des questions particulières. Par exemple, il est possible de comparer les droits des contrats ou les droits de la responsabilité civile de plusieurs États. Plus particulièrement, il est possible de comparer les réponses apportées à des questions particulières par différents ordres juridiques* »[4]. De l'autre, il précise qu' « *il est encore possible de comparer non pas des institutions particulières, mais des systèmes juridiques. A ce niveau macro-juridique, la comparaison a alors pour objet le fonctionnement des systèmes juridiques, et leurs caractéristiques fondamentales. En particulier, il s'agit de comparer le mode de production des normes et le fondement des systèmes considérés* »[5].

Le présent travail s'inscrit dans le cadre micro-juridique. Il vise à analyser les solutions apportées au problème de sous représentation des femmes dans la vie politique en France et au Sénégal. En clair, il porte sur

---

[1] DRAGO (Roland), « Droit comparé », In ALLAND (Denis) et RIALS (Stéphane), Sous la direction de, *Dictionnaire de la culture juridique*, Paris : Lamy : Presses universitaires de France, Collection Quadrige. Disco poche, 2003, pp. 453-457.
[2] GAMBARO (Antonio), SACCO (Rodolfo), VOGEL (Louis), *Traité de droit comparé : Le droit de l'occident et d'ailleurs*, Paris : LGDJ - Lextenso éditions, 2011, p. 3.
[3] CUNIBERTI (Gilles), *Grands systèmes de droit contemporains. Introduction au droit comparé,* Issy-les-Moulineaux : LGDJ - Lextenso, Collection Manuel, 2015, p. 21.
[4] *Ibid.*, p. 21.
[5] *Ibid.*, p. 21.

les processus qui ont conduit aux révisions constitutionnelles dans les deux pays ainsi que sur la mise en œuvre des nouvelles dispositions constitutionnelles dans la vie et au-delà en France où il y a eu une extension de la disposition constitutionnelle. Notre objectif est de ressortir leurs ressemblances et leurs différences, d'en expliquer les raisons et d'en tirer des enseignements théoriques.

IV - Hypothèses de travail

La proclamation de l'égalité des Hommes en droit eut pour conséquence celle de leur égale admissibilité aux emplois publics parmi lesquels figurent les mandats électoraux et fonctions électives. L'interprétation restrictive de ces principes à l'égard des femmes conduisit à les priver de droits politiques. Leur admission aux droits politiques devrait leur permettre d'exercer efficacement ces droits mais ce ne fut pas le cas. C'est alors que des propositions intervinrent pour prendre des mesures de discrimination positive en leur faveur. Les lois auxquelles ces propositions aboutirent furent censurées par les juges constitutionnels sur la base des principes matériels de l'idéal universaliste. À la suite de ces censures, les revendications se poursuivirent afin de réviser la Constitution pour y introduire le principe de parité. La révision acquise de part et d'autre permit l'intégration dans la Constitution du principe d'égal accès des femmes et des hommes aux mandats électoraux et fonctions électives. Des dispositions normatives intervinrent par la suite pour la réalisation concrète des nouvelles dispositions constitutionnelles. Le langage populaire a dénommé ces dispositions de lois sur la parité qu'elles comportent ou non des dispositions instituant la parité. Au sens strict, la parité n'est autre que l'égalité numérique entre les femmes et les hommes comme en appelaient ses défenseurs[1]. Au sens large, la parité *« recouvre l'idée d'équilibre dans la représentation, comme un idéal à atteindre, qui ne correspond pas nécessairement à la réalité du corps social »*[2]. C'est pourquoi, les nouvelles dispositions constitutionnelles sont réputées avoir institué le principe de parité ou l'objectif de parité.

Ce qui précède procède d'une même situation de sous représentation des femmes dans la vie politique dans les deux pays. Il renseigne sur ce qui a été fait de part et d'autre pour y remédier mais ne rend pas compte du fond des choses. Concrètement, il ne permet pas de percer le mystère des tiraillements observés çà et là autour de la demande de parité ni de savoir

---

[1] GASPARD (Françoise) ; SERVAN-SCHREIBER (Claude) ; Le GALL (Anne), *Au pouvoir citoyennes ! : Liberté, égalité, parité*, Paris : Seuil, 1992, p. 129.
[2] DRAGO (Guillaume), « Parité et politique », *Revue de droit d'Assas,* N°2, octobre 2010, pp. 45-50.

comment les nouvelles dispositions constitutionnelles ont été mises en œuvre et avec quels résultats.

Se pose alors la question de savoir quels sont les tenants et aboutissants des solutions apportées au problème de sous représentation des femmes dans la vie politique en France et au Sénégal. Cette question se décompose. D'un côté, on peut se demander comment les acteurs sociaux se sont emparés de la question de la parité et en considération de quoi les constituants ont traduit leurs demandes en dispositions constitutionnelles. De l'autre, on peut interroger les lois adoptées en application des nouvelles dispositions constitutionnelles et mesurer les effets qu'elles ont produits. La comparaison aidant, les réponses à ces questions vont nous permettre de ressortir leurs ressemblances et leurs dissemblances, d'en expliquer les raisons et d'en tirer les enseignements théoriques. Concrètement, nous allons partir de ces cas pour poser des principes généraux qui pourront gouverner l'affirmation et la réalisation du droit.

En premier lieu, nous avons relevé que des revendications ont émergé de part et d'autre en vue d'inscrire en droit le principe de parité sur le fondement des arguments théoriques et factuels.

En France, la revendication a émergé après la décision du Conseil constitutionnel du 18 novembre 1982. Ses acteurs se sont théoriquement inscrits dans le cadre de cette décision pour montrer les limites des principes invoqués par le Conseil constitutionnel et appeler à leur dépassement par la parité. Ils se confrontèrent à l'opposition d'autres acteurs qui soutinrent la décision du Conseil constitutionnel et appelèrent à ne pas inscrire la parité dans la Constitution pour éviter des revendications communautaires et une « renaturalisation » des rôles sexués. Les arguments théoriques mobilisés par les défenseurs et les adversaires restèrent inconciliables à la fois en dehors du Parlement et au Parlement ce qui n'a pas empêché les parlementaires de souscrire à la révision constitutionnelle en raison des considérations factuelles.

Au Sénégal, la revendication a émergé avant la décision du Conseil constitutionnel du 27 avril 2007. Sur le plan théorique, ses acteurs soutinrent d'abord qu'elle est conforme aux réalités socio-historiques et à la Constitution du Sénégal. Après la censure par le Conseil constitutionnel de la première loi adoptée en faveur de leur demande, ils accusèrent celui-ci d'avoir mal interprété la Constitution et réaffirmèrent l'ancrage de la revendication dans les réalités socio-historiques. Certains constitutionnalistes soulignèrent également le mimétisme de la décision avec celle du Conseil constitutionnel français alors que cette solution ne s'imposait pas. En revanche, d'autres trouvèrent la décision juridiquement fondée en raison de la similitude des règles constitutionnelles. Ces derniers s'insurgèrent également contre la demande de parité pour son inopportunité dans la mesure où elle emporte des risques communautaires dans un État fragile. Ces arguments contre n'ont pas été mobilisés au Parlement mais la contrariété de la revendication avec l'Islam, religion de l'écrasante majorité des Sénégalais, y a été soulignée. Des arguments pour ont été remobilisés au Parlement mais avec un accent moins contestataire. Les parlementaires souscrivirent au final à la révision de la Constitution en raison, là encore, des considérations factuelles.

En second lieu, les dispositions constitutionnelles ont été mises en œuvre de part et d'autre.

La France a procédé à une mise en œuvre progressive encore non achevée (mandats électoraux avec renforcement et extensions progressifs et fonctions électives avec extension progressive) et différenciée (dispositions incitatives pour les élections à l'Assemblée nationale et dispositions contraignantes pour les élections aux autres mandats et fonctions). Ce procédé n'a pas encore permis de réaliser la parité dans la vie politique mais d'importants progrès ont été faits. En plus, la loi constitutionnelle a été étendue aux responsabilités professionnelles et sociales. Les lois intervenues dans ces domaines ont également permis de réaliser des progrès.

Le Sénégal a adopté une seule loi pour toutes les institutions totalement ou partiellement électives mais l'inadaptation des textes régissant certaines de ces institutions n'a pas permis une application correcte de cette loi. Des défaillances ont été relevées aussi dans l'application de la loi là où les textes avaient été adaptés. Malgré ces situations, des avancées notoires ont été constatées dans la vie politique. La loi s'arrête pour le moment à ce domaine.

Il ressort donc que l'affirmation constitutionnelle du principe d'égal accès des femmes et des hommes aux mandats électoraux et fonctions électives fait suite à d'importants tiraillements entre partisans et adversaires de la parité **(Première partie).** La mise en œuvre des dispositions constitutionnelles a permis des avancées réelles mais perfectibles dans la vie politique de part et d'autre ainsi que dans les domaines des responsabilités professionnelles et sociales en France **(Seconde partie)**. Sur ce dernier point, la présente étude s'arrête au 1er septembre 2017.

<u>Première partie</u> - Le principe d'égal accès des femmes et des hommes aux mandats et fonctions électifs en France et au Sénégal

<u>Seconde partie</u> - La mise en œuvre des dispositifs paritaires en France et au Sénégal

PREMIÈRE PARTIE
Le principe d'égal accès des femmes et des hommes aux mandats et fonctions électifs en France et au Sénégal

> « *Le pouvoir politique ne fait pas des lois pour le plaisir de manifester sa puissance. Il est la source de la loi, mais la source ne jaillit que sous la pression des nappes d'eau souterraines qu'il est intéressant de découvrir. Il est beaucoup de causes de la naissance d'une loi et souvent des causes très éloignées. Toutes les forces sociales entrent en lutte pour sa création. La loi n'est que l'expression de la force la plus impérieuse dont elle consacre le succès.* »
>
> RIPERT (Georges), *Les forces créatrices du droit*, 2ème édition, Paris : Librairie générale de droit et de jurisprudence, 1955, p. 80.

La loi, qu'elle soit ordinaire, organique ou constitutionnelle, est généralement l'aboutissement d'un long et complexe processus au cours duquel interviennent des nombreux acteurs. Les acteurs et les différentes étapes de la procédure législative sont déterminés à l'avance par la Constitution, les lois organiques et les règlements des assemblées parlementaires[1]. Toutefois, la seule lecture de la procédure législative ne permet pas de percer toute la réalité des conditions d'élaboration d'une loi tant sont parfois multiples les logiques et les acteurs impliqués. Certains acteurs sont formellement identifiés et leur intervention réglementée tandis que d'autres n'interviennent que de façon épisodique pour susciter le recourt à la loi ou exercer une influence sur une procédure législative en cours afin qu'elle aboutisse dans le sens de la sauvegarde de leurs intérêts. Ces derniers sont communément appelés lobbies, groupes de pression ou groupes d'intérêt. En plus des acteurs institutionnels et des lobbies, le processus normatif mobilise également les médias et les intellectuels qu'ils soient militants ou non. Les médias sont des relais d'information et d'éclairage pour le public mais ils peuvent aussi être utilisés comme moyen de pression. Les intellectuels médiatiques, les juristes experts ou spécialistes, les militants et les politiques s'affrontent par médias interposés pour éclairer l'opinion publique et, le plus souvent, pour la faire adhérer à leurs positions.

Il importe de préciser cependant que l'étude du rôle des groupes d'intérêt et des médias dans la formation du droit relève traditionnellement

---

[1] Pour une vision complète, *Cf.* AVRIL (Pierre) ; GICQUEL (Jean) ; GICQUEL (Jean-Éric), *Droit parlementaire*, 5ème édition, Issy-les-Moulineaux, LGDJ-Lextenso éditions, Collection Domat Droit public, 2014, 398 p.

de la sociologie et de la science politique. Les juristes s'intéressent le plus souvent à la procédure c'est-à-dire l'étape qui part de l'initiative de la loi à sa promulgation. Ce qui les intéresse là dedans, c'est le respect des règles de compétence et de procédure ainsi que les arguments avancés par les acteurs institutionnels qui détermineront le sens de la future loi. Or, ces arguments peuvent être empruntés à d'autres acteurs tout comme d'autres acteurs peuvent emprunter les arguments des acteurs institutionnels pour les légitimer ou les délégitimer. Dans ce cas, l'étude du discours de légitimation du droit peut s'inscrire dans un cadre global afin de comprendre ces interactions. Ce travail s'inscrit dans ce cadre.

Au demeurant, les mobilisations en faveur de l'introduction du principe de parité dans la Constitution en France et au Sénégal ont émergé hors du champ politique. Elles ont été enclenchées par les militantes des droits de la femme et essentiellement portées par elles. Elles ont été ensuite soutenues par les femmes politiques et quelques intellectuels indépendants. Des hommes politiques, souvent de poids, se sont aussi ralliés à leur cause. Certains l'ont fait par volonté ou par opportunisme, d'autres sous contrainte.

Elles ont émergé pour pallier à la sous représentation des femmes dans la vie politique qui d'ailleurs était unanimement reconnue comme une tare de la démocratie représentative. La révision de la Constitution s'imposait de part et d'autre en raison de l'inconstitutionnalité prononcée contre les premières mesures législatives prises en faveur d'une meilleure participation des femmes à la vie politique.

Les demandes de révision ont rencontré des résistances d'une intensité différente de part et d'autre. En outre, partisans et adversaires ont recouru à des stratégies différentes dans les deux pays pour légitimer leurs positions.

En France, les défenseurs et les adversaires de la parité se sont majoritairement placés sur le terrain des principes républicains invoqués par le Conseil constitutionnel pour démontrer le bien-fondé de leurs positions. Pour les uns ces principes doivent être sauvegardés dans l'intérêt de la République et des femmes alors que pour les autres ils doivent être revus parce que non seulement ils ont été historiquement construits contre les femmes mais aussi parce que leur révision pour les femmes ne menace aucunement la République. En outre, il est remarquable de constater qu'en France l'opposition à la parité était tellement importante qu'on peut parler, dans une certaine mesure, de balance avec l'alliance pour la parité.

Au Sénégal en revanche, le discours théorique dominant a soutenu la revendication pour sa conformité aux réalités socio-historiques et juridiques et a dénoncé l'inadaptation de la décision du Conseil constitutionnel. Les quelques voix qui ont dénoncé la revendication ont démontré la cohérence de la décision du Conseil constitutionnel ou soutenu qu'elle contrevient aux règles de l'Islam.

Au cours des discussions au Parlement, les partisans et les adversaires ont reproduit les arguments théoriques en France mais certains ont été moins mobilisés et utilisés différemment. Des logiques différentes ont prévalu au Sénégal. Certains arguments théoriques mobilisés n'ont pas été reproduits devant le Parlement. Ceux qui y ont été reproduits l'ont été différemment. Aussi, de nouveaux arguments y sont apparus.

Les positions théoriques étaient telles qu'elles étaient inconciliables. Il n'empêche que les révisions constitutionnelles demandées ont été obtenues. Elles l'ont été en raison des considérations factuelles qui n'ont en commun dans les deux pays que la nécessité reconnue de recourir à des mesures positives pour permettre une meilleure participation des femmes à la vie politique. Le texte adopté en France améliore l'article unique du projet présenté par le Gouvernement et l'enrichit d'un article. Il ajoute à l'article 3 de la Constitution un 5ème alinéa selon lequel *« la loi favorise l'égal accès des femmes et des hommes aux mandats électoraux et fonctions électives »* et à l'article 4 une dispose selon laquelle *« ils* [les partis politiques] *contribuent à la mise en œuvre du principe énoncé au dernier alinéa de l'article 3 dans les conditions déterminées par la loi »*[1]. Le texte adopté au Sénégal adoucit la rédaction du projet initial du Gouvernement. Il ajoute un 5ème alinéa à l'article 7 de la Constitution selon lequel *« la loi favorise l'égal accès des femmes et des hommes aux mandats et fonctions »*[2].

Il s'en suit que le principe de parité a été constitutionnalisé dans les deux pays **(Titre second)** à la suite des débats intenses **(Titre premier)**. Il l'a été en France par la loi constitutionnelle du 8 juillet 1999 et au Sénégal par la loi constitutionnelle du 7 août 2008.

Titre premier - La parité en débat, en France puis au Sénégal

<u>Titre second</u> - La consécration constitutionnelle du principe de parité, en France puis au Sénégal

---

[1] *Loi constitutionnelle n°99-569 du 8 juillet 1999,* précitée. *Cf.* Annexes sur la France, Annexe3.
[2] *Loi constitutionnelle n°2008-30 du 7 août 2008*, précitée.

TITRE PREMIER
La parité en débat, en France puis au Sénégal

Pour mémoire, le Conseil constitutionnel français et sénégalais ont, respectivement par décision n°82-146 DC du 18 novembre 1982 et décision n°1/C/2007 du 27 avril 2007, soutenu que l'article 3 de la Constitution et l'article 6 de la Déclaration des Droits de l'Homme et du Citoyen du 26 août 1789 s'opposent à toute division par catégorie des électeurs ou des éligibles. Par conséquent, ils ont déclaré contraire à la Constitution les dispositions des lois qui leur avaient été déférées en tant qu'elles comportent des mesures dans ce sens.

Il faut préciser que ces deux articles comportent des principes qui sont au fondement de l'ordre républicain. Les principes dits républicains se rapportent à une philosophie juridico-politique commune appelée universalisme. C'est ce qui explique la centralité de l'universalisme dans le débat sur la parité en France. L'universalisme a été opposé à la demande de parité par crainte que l'instauration de celle-ci n'entraîne le communautarisme ou l'essentialisme. De même, la parité a été soutenue par des personnes qui sont également attachées à l'universalisme mais ne craignent aucunement qu'elle soit facteur de communautarisation ou d'essentialisation de la femme **(Chapitre I)**. Au Sénégal, le mot universalisme n'a pas été utilisé mais les principes qui le fondent ont été opposés à l'instauration des quotas sexuels dans la vie politique par le Conseil constitutionnel ainsi que par les adversaires de la parité à l'exception des religieux. Quant aux défenseurs de la parité, ils contestèrent la décision du Conseil constitutionnel pour mauvaise interprétation de la Constitution et soutinrent leur revendication en tant qu'elle est conforme aux règles traditionnelles de partage du pouvoir *(***Chapitre II**).

Chapitre I - La France. Universalisme versus communautarisme et essentialisme

Chapitre II - Le Sénégal. Universalisme versus tradition et « droit positif »

Chapitre I -
La France.
Universalisme versus communautarisme et essentialisme

À partir de 1992, les revendications pour la parité ont replacé la décision du Conseil constitutionnel du 18 novembre 1982 au centre des débats. Les arguments mobilisés pour ou contre soutinrent ou dénoncèrent ses fondements à l'exception de ceux des paritaires dits pragmatiques.

Plusieurs associations de femmes ont mené un lobbying alliant construction théorique, pressions politiques, protestations médiatiques et manifestations publiques pour imposer l'inscription du principe de parité homme-femme dans la Constitution. Elles entraînèrent l'adhésion à leur cause des intellectuels, des femmes et d'hommes politiques ainsi que l'opinion publique majoritaire.

En face, elles se confrontèrent à une opposition d'intellectuels, de femmes et d'hommes politiques qui soutinrent le maintien des principes qui servirent de fondement à la décision du Conseil constitutionnel. Les opposants à la révision constitutionnelle adhèrent cependant *« au constat du « scandale » de la sous-représentation politique des femmes »*[1]. Ils reconnurent la nécessité de permettre à la femme d'accéder à égalité avec l'homme à la vie politique mais s'opposèrent aux défenseurs de la parité sur les moyens à mettre en œuvre pour y arriver. Comme l'a souligné Élisabeth Badinter *« s'il y a unanimité sur le diagnostic du mal, les divergences sur les remèdes sont fondamentales, car elles mettent en jeu deux philosophies irréconciliables de la citoyenneté et de la femme ».*[2]

Ces philosophies ont été développées par chaque camp pour étayer sa position. Elles se rapportent toutes, d'une façon ou d'une autre, à une philosophie juridico-politique commune qui fonde et « garantit » l'ensemble des principes sur le fondement desquels le Conseil constitutionnel a censuré la disposition litigieuse. Il s'agit de l'universalisme. Consacré par la Révolution française de 1789 à la suite des débats théoriques d'une profondeur jamais égalée en France[3], l'universalisme est perçu comme un patrimoine national. Les débats sur la parité ont constitué la seule occasion, après la période révolutionnaire, où il a été discuté dans tous ses fondements.

---

[1] BERENI (Laure), *op. cit.*, p. 183.
[2] BADINTER (Élisabeth), « Non aux quotas des femmes », In AMAR (Micheline), Textes réunis par, *Le piège de la parité : arguments pour un débat,* Paris : Hachette littérature, Collection Pluriel, 1999, p. 18.
[3] *Cf.* CAPORL (Stéphane) ; Préface de FAVOREU (Louis), *L'affirmation du principe d'égalité dans le droit public de la Révolution française : (1789-1799),* Aix-en-Provence : Presses universitaires d'Aix-Marseille ; Paris : Economisa, 1995, IV-339 p ; BADINTER (Élisabeth), Présentées par, *Paroles d'hommes (1790-1793) : Condorcet, Prudhome, Guyomar...,* Paris : P.O.L., 1989, p. 150.

Les arguments théoriques ont été soutenus par des données factuelles sur la féminisation de la vie politique et de toute sorte de pression pour faire plier les responsables politiques. Dans ce tour de force, les sondages ont joué un grand rôle. En effet, dans l'exercice démocratique en France, démontrer la faveur de l'opinion pour une mesure est plus efficace pour faire plier le monde politique que tout autre argument.

Les adversaires de la parité, conformément à la décision du Conseil constitutionnel, s'opposèrent à la révision de la constitution pour y introduire le principe de parité par crainte qu'elle ne mette à mal l'universalisme abstrait gage de sécurité pour la république et arme contre les discriminations. Ils se répartirent caricaturalement en deux groupes : les féministes universalistes et les républicains universalistes les uns craignant l'essentialisme et les autres le communautarisme **(Section I)**.

Les partisans de la parité réfutèrent ces arguments par la dénonciation de l'universalisme qui n'était à leurs yeux que masculin et source de discrimination déguisée et le « soi-disant » communautarisme que la parité ne risque pas de provoquer dans la mesure où les femmes ne sont pas une catégorie comme les autres **(Section II)**.

Section I. L'invocation de l'universalisme contre la parité

L'universalisme est, selon les adversaires de la parité, à préserver à tout prix parce qu'il est gage de sécurité pour la République et arme contre les discriminations. Il est considéré ainsi parce qu'il structure à la fois l'ordre juridique et l'espace politique de la République. Comme structure de l'ordre juridique, il assure l'égalité de droit entre les individus et, comme structure de l'espace politique, il garantit l'unité du Peuple seul détenteur de la Souveraineté nationale, elle aussi indivisible tout comme la République au sein de laquelle elle s'exerce.

La conception juridique de l'universalisme existe de principe dans presque tous les pays du monde. La règle universelle est celle *« qui s'applique à tous les individus dans une société donnée, sur le modèle du principe posé par la Déclaration des droits de l'homme : « la loi doit être la même pour tous, soit qu'elle protège, soit qu'elle punisse », mais aussi celle qui s'applique dans tous les pays du monde. Seront de la même façon qualifiés d'universels des droits qui, soit sont reconnus à tous, sans discrimination, dans une société donnée, soit peuvent être revendiqués par l'ensemble des habitants de la planète »*[1].

---

[1] LOSCHAK (Danièle), *Le droit et les paradoxes de l'universalité*, Paris : Presses universitaires de France, 2010, p. 50.

L'universalisme est cependant posé comme un moyen qui doit permettre de parvenir à une fin : l'extinction des discriminations institutionnalisées sous l'Ancien Régime et l'interdiction perpétuelle d'entériner en droit toute autre forme de distinction discriminatoire. D'où le principe d'égalité de droit selon lequel le droit doit faire abstraction des différences et poser des règles générales qui s'appliquent également à tous.

Comme structure de l'espace politique, l'universalisme est incarné par une trilogie unitaire, indissociable et abstraite : La République, la Souveraineté nationale et le Peuple ou l'universalité des Citoyens. La citoyenneté est un attribut du Citoyen c'est-à-dire l'Homme ou l'individu public. L'égalité de droit a un caractère civique. Elle s'applique aux individus dans la vie civile. Lorsque l'individu pénètre dans l'espace public, il devient citoyen. La citoyenneté ne lui enlève pas ses droits civils mais lui en donne. Ainsi, de l'article 6 de la DDHC selon lequel *« tous les Citoyens étant égaux à ses yeux (aux yeux de la loi) sont également admissibles à toutes dignités, places et emplois publics, selon leur capacité, et sans autre distinction que celle de leurs vertus et de leurs talents ».*

Il ne s'agit pas là seulement d'une transposition mais de l'imposition d'un double degré.

C'est dans son exercice que l'on comprend mieux le concept de « Souveraineté nationale ». L'article 3 de la Constitution du 4 octobre 1958 dispose que *« la souveraineté nationale appartient au peuple qui l'exerce par ses représentants et par la voie du référendum. Aucune section du peuple ni aucun individu ne peut s'en attribuer l'exercice ».* C'est donc un principe abstrait parce que l'abstraction universaliste est posée pour déterminer son détenteur et son mode d'exercice. Il en est de même pour la République que l'article premier de la Constitution du 4 octobre 1958 qualifie d'indivisible.

La double dimension de l'universalisme fut au cœur des arguments des adversaires de la parité. Ceux qui se fondent sur la dimension politique, rejetèrent la parité par peur du communautarisme dangereux pour la République **(Paragraphe I)**. Ceux qui se fondent sur la dimension juridique rejetèrent la parité par crainte de l'essentialisme sur la base de laquelle les femmes ont été discriminées dans le passé **(Paragraphe II).**

Paragraphe I. L'invocation de l'universalisme comme garantie contre le communautarisme

Les partisans de l'universalisme républicain souscrivirent au constat de la sous représentation des femmes dans la vie politique tout en s'opposant à l'inscription dans la Constitution du principe de parité. Ils concédèrent à l'adoption d'autres mesures pour favoriser l'accès accru des femmes à la vie politique. La plupart d'entre eux soutinrent que la meilleure façon d'y arriver est de conditionner l'acquisition d'une quote-part importante du financement public des partis politiques à la mise en œuvre par ceux-ci des mesures favorisant l'accès égal des femmes et des hommes à la vie politique.

Pour eux, modifier l'universalisme c'est porter atteinte à l'unité de l'ordre républicain **(I)** établie à la suite de longue lutte et semer le chaos **(II)**.

I – La théorie universaliste au fondement de la République

L'universalisme républicain à la française, au sens de structure de l'espace politique, est un concept qui renvoie à une triple unité : unité de la République, unité de la Souveraineté nationale et unité du Peuple. Les trois concepts sont interdépendants et ont toujours été également affirmés en France depuis la Révolution.

À l'unité du Royaume dans la Constitution de 1791 puis de la République dans la Constitution du 24 juin 1793 à la Constitution du 4 novembre 1848 a été toujours accolée l'indivisibilité. Les constitutions du 27 octobre 1946 et du 4 octobre 1958 mentionnent seulement l'indivisibilité mais l'esprit d'unité demeure toujours parce que « *l'indivisibilité est l'essence même de l'unité, le signe de son effectivité et de sa durée. Le caractère indivisible de la République est la garantie du maintien et de la permanence de son unité, la projection de cette dernière dans l'avenir* ».[1]

Les concepts d'unité et d'indivisibilité de la République renferment plusieurs sens. « *Ils sont le plus souvent analysés comme postulant un pouvoir normatif centralisé et unique, une structure administrative homogène, l'uniformité du droit applicable sur l'ensemble du territoire national, l'intégrité et l'intangibilité de ce même territoire, voir l'unité sociale et sociologique de la nation française...* ».[2]

En plus de la diversité de sens, l'unité de la République est fondamentale pour les deux autres : celle de la Souveraineté nationale et celle du Peuple. Elle apparaissait à la fois « *comme le corollaire de l'unité et de l'indivisibilité de la souveraineté nationale* »[3] et comme « *la transcription institutionnelle de l'unité de la nation et du peuple.* »[4]

L'indivisibilité de la souveraineté nationale et du peuple est affirmée depuis la Révolution dans un article unique dans toutes les Constitutions. Ainsi, de l'article 3 al. 1 et 2 de la Constitution du 4 octobre 1958 : « *La*

---

[1] ROUX (André), « Une république une et diverse ? », In MATHIEU (Bertrand), Sous la direction de, *1958-2008 : Cinquantième anniversaire de la Constitution française,* Paris : Dalloz, 2008, p. 147.
[2] *Ibid.*, p. 147.
[3] *Ibid.*, p. 147.
[4] *Ibid.*, p. 147.

souveraineté nationale appartient au peuple qui l'exerce par ses représentants et par la voie du référendum. Aucune section du peuple ni aucun individu ne peut s'en attribuer l'exercice. » On retrouve la même idée formulée de façon presque identique à l'article 3 de la Constitution du 27 octobre 1946 : « *La souveraineté nationale appartient au peuple français. Aucune section du peuple ni aucun individu ne peut s'en attribuer l'exercice. Le peuple l'exerce, en matière constitutionnelle, par le vote de ses représentants et par le référendum. En toutes autres matières, il l'exerce par ses députés à l'Assemblée nationale, élus au suffrage universel, égal, direct et secret.* »

Le concept de « *souveraineté nationale part d'un postulat qui est l'existence de la nation, être abstrait mais qui rassemble à la fois les hommes et les femmes d'un État existant, les générations passées et l'idée d'un « vouloir vivre ensemble », au sens où pouvait l'entendre Ernest Renan* »[1]. En ce sens, le concept de nation ne reflète « *pas le peuple réel dans toute sa diversité, mais le peuple pensé dans ce qui fait son unité. La nation ne connaît rien des races, des religions, des croyances, des ethnies ; elle ne connaît que des hommes libres et égaux en droit qui sont citoyens de la République* »[2].

L'indivisibilité de la Souveraineté nationale est le noyau qui relie l'indivisibilité de la République et celle du Peuple. Dans une République indivisible, la souveraineté nationale ne peut être qu'indivisible. Mais, la souveraineté nationale n'est pas seulement indivisible parce qu'elle s'exerce dans une république indivisible. Comme l'écrivait Georges Burdeau, elle est indivisible aussi « *parce qu'elle réside dans la collectivité envisagée globalement, sans qu'il soit tenu compte de la diversité des aspirations locales ou de la variété des tendances des multiples groupements secondaires qu'englobe la société politique* ».[3] La souveraineté nationale est donc indivisible en tant qu'elle réside dans le « peuple français ». Comme tel, « *le concept de « peuple français » apparaît comme l'expression d'une société politique unifiée et homogène de citoyens (article 7 de la Constitution de 1793, repris par les constitutions républicaines de 1795 et 1848 : « le peuple souverain est l'universalité des citoyens français »)*[4].

---

[1] DRAGO (Guillaume), commentaire sous l'article 3 de la Constitution de 1958, In LUCHAIRE (François) ; CONAC (Gérard) ; PRETOT (Xavier), Sous la direction de, *La constitution de la République française. Analyses et commentaires,* 3è édition, Paris : ECONOMICA, 2008, pp. 179-216.
[2] *Ibid.*, p. 167.
[3] ROUX (André), « Une république une et diverse ? », In MATHIEU (Bertrand), Sous la direction de, *op. cit.*, p. 147.
[4] PIERRE-CAPS (Stéphane), « La souveraineté, expression de la singularité de la république », In MATHIEU (Bertrand), Sous la direction de, *op. cit.*, p. 162.

L'unité qui caractérise le détenteur de la souveraineté nationale emporte deux conséquences. La première se rapporte à la nature de la représentation et à la participation au corps politique et la deuxième à l'homogénéité du concept de peuple.

En premier lieu, les révolutionnaires ont mis en place un modèle de représentation et un système de participation au corps politique censé refléter l'unité du peuple. C'est ainsi qu'ils ont instauré « *une nouvelle conception de la représentation politique qui repose sur l'idée que la souveraineté émane du Peuple, saisi dans la figure unitaire de la Nation ; le peuple l'exerce exclusivement par l'intermédiaire de ses représentants, ou concurremment avec ceux-ci par la voie de référendum* ».[1] La nation n'a pas d'existence propre et concrète. Elle est incarnée, dans l'unité, par l'ensemble des représentants du peuple. Contrairement à ce qui prévalait sous l'Ancien Régime, « *le « représentant du peuple » n'est ni le délégué d'un groupe, ni le porte-parole d'une opinion, ni défendeur des intérêts particuliers. Il est seulement porteur d'une fraction de la volonté générale. Il n'a même, d'une certaine façon, aucune existence individuelle : il n'est qu'un membre de l'Assemblée nationale qui peut seule prétendre représenter la nation* ».[2]

Tout sectionnement de la représentation est donc interdit. « *La Constitution reconnaît des représentants qui, tous ensemble, représentent le peuple ; mais elle ne reconnaît pas le représentant un tel. Il y a des représentants, et pas un représentant, résume Roderer. Représentant est un mot qui, dans la langue constitutionnelle, a un pluriel et point un singulier.* »[3]

Il ressort donc qu' « *il s'agit de représenter non pas le peuple compris comme population, dans sa diversité sociologique et culturelle, et dans la pluralité de ses convictions, mais d'abord et avant tout l'unité qu'il forme (l'abstraction Peuple ou Nation), ou plus vraisemblablement l'unité qu'il doit, ou est supposé, former au-delà de ses différences, et notamment de ses différences sociales ou sexées.* »[4] Par conséquent, tout mandat impératif est nul. Condorcet l'exprimait clairement devant la Convention en ces termes : « *Mandataire de mon peuple, je ferai ce que je croirai le plus conforme à ses intérêts. Il m'a envoyé pour exposer mes idées, non les siennes ;*

---

[1] MILLARD (Éric) et ORTIZ (Laure), « Parité et représentation politique », In MARTIN (Jacqueline), Sous la direction de ; Préface de CRESSON (Édith), *La parité : enjeux et mise en œuvre*, Toulouse : Presses universitaires du Mirail, 1998, pp. 189-203.

[2] ROSANVALLON (Pierre), *La démocratie inachevée : histoire de la souveraineté du peuple en France*, Paris : Éditions Gallimard, Collection Bibliothèque des histoires, 2000, p. 57.

[3] *Ibid.*, p. 57.

[4] MILLARD (Éric) et ORTIZ (Laure), « Parité et représentation politique », In MARTIN (Jacqueline), Sous la direction de, *op. cit.* p. 189.

l'indépendance absolue de mes opinions est le premier de mes devoirs envers lui »[1].

C'est dans ce sens qu'il faut lire la décision n°82-146 DC du 18 novembre 1982 dans laquelle le Conseil constitutionnel a estimé qu'il résulte du rapprochement de l'article 3 de la Constitution de 1958 et de l'article 6 de la DDHC que *« la qualité de citoyen ouvre le droit de vote et d'éligibilité dans des conditions identiques à tous ceux qui n'en sont exclus ni pour une raison d'âge, d'incapacité ou de nationalité, ni pour une raison tendant à préserver la liberté de l'électeur ou l'indépendance de l'élu, sans que puisse être opérée aucune distinction entre électeurs ou éligibles en raison de leur sexe ».*[2]

En second lieu, la notion de « peuple français » transcende les différences sociales et postule l'unité de l'appellation « peuple français » sur l'ensemble du territoire de la République et l'homogénéité du corps social que cette notion reflète. Sur l'unité d'appellation, le Conseil constitutionnel a souligné dans sa décision *Statut de la Corse* du 9 mai 1991 *« que la référence faite au « peuple français » figure depuis deux siècles dans de nombreux textes constitutionnels et qu'ainsi le concept juridique de « peuple français » a valeur constitutionnelle*[3] *».* Sur cette base, il a déclaré une disposition faisant référence au *« peuple Corse, composante du peuple français »* contraire à la Constitution en ce que celle-ci *« ne connaît que le peuple français, composé de tous les citoyens français sans distinction d'origine, de race ou de religion ».* La référence faite par le Conseil constitutionnel au concept juridique de « peuple français » postule l'idée que *« la Vème République comme ses devancières n'accepte pas de corps intermédiaires entre le citoyen et le peuple français, susceptibles en tant que tels d'introduire un fractionnement du pouvoir ; et qu'elle ne connaît qu'une seule corporation : celle du peuple français ».*[4]

Cette conception a cependant connu quelques réserves dans le passé. Ainsi, l'article 1er de la Constitution du 4 octobre 1958 faisait référence aux « peuples des territoires d'outre-mer » avant la révision constitutionnelle du 4 août 1995. Aussi, dans sa décision du 4 mai 2000 relative à la loi organisant une consultation pour la population de Mayotte, le Conseil constitutionnel a déclaré que *« la Constitution de 1958 a distingué le peuple*

---

[1] *Ibid.*, p. 189.
[2] Assemblée nation, Treizième législature, *Rapport n°2512* du 12 mai 2010 de M. Bruno LE ROUX *sur la proposition de loi (n°2422) visant à renforcer l'exigence de parité des candidatures aux élections législatives*, p. 3.
[3] Conseil constitutionnel, *Décision n°91-290 DC du 09 mai 1991*, J.O.R.F. du 14 mai 1991, p.6350.
[4] MILLARD (Éric) et ORTIZ (Laure), « Parité et représentation politique », In MARTIN (Jacqueline), Sous la direction de, *op. cit.*, p. 189.

français des peuples des territoires d'outre-mer, auxquels est reconnu le droit à la libre détermination et à la libre expression de leur volonté »[1].

Il semble cependant que cette référence n'est qu'une erreur de plume due à l'histoire dans la mesure où la mention ne figurait pas dans la Constitution depuis la révision constitutionnelle du 4 août 1995. Elle était même devenue inopérante depuis l'accession à l'indépendance des territoires membres de la Communauté. C'est dans ce sens qu'il faut comprendre la décision du Conseil constitutionnel du 7 décembre 2000 relative à *loi d'orientation pour l'outre-mer*[2] dans laquelle il emploie l'expression « populations d'outre-mer ». « *La loi constitutionnelle du 28 mars 2003 confirme à la suite cette approche monolithique du peuple français, puisque désormais, suivant l'article 72-3, il n'est plus question que de « populations d'outre-mer » »*[3].

L'homogénéité du corps social est également la conséquence de l'unicité du « peuple français ». Dans sa décision du 15 juin 1999, *Charte européenne des langues régionales ou minoritaires,* le Conseil constitutionnel reconnut valeur constitutionnelle au *« principe d'unicité du peuple français, dont aucune section ne peut s'attribuer l'exercice de la souveraineté nationale».*[4] Il a déclaré notamment que cette Charte *« porte atteinte aux principes d'indivisibilité de la République, d'égalité devant la loi et d'unicité du peuple français en ce qu'elle confère des droits spécifiques à des « groupes » de locuteurs des langues régionales ou minoritaires, à l'intérieur de « territoires » dans lesquels ces langues sont pratiquées ».*[5] Selon le Conseil constitutionnel, *« ces principes fondamentaux s'opposent à ce que soient reconnus des droits collectifs à quelque groupe que ce soit, définis par une communauté d'origine, de culture, de langue ou de croyance »*[6].

C'est ce qui explique la réserve faite par la France sur l'article 27 du *Pacte international relatif aux droits civils et politiques* selon lequel *« dans les États où il existe des minorités ethniques, religieuses ou linguistiques, les personnes appartenant à ces minorités ne peuvent être privées du droit d'avoir, en commun avec les autres membres de leur groupe, leur propre vie culturelle, de professer et de pratiquer leur propre religion, ou d'employer*

---

[1] Conseil constitutionnel, *Décision n°2000-428 DC du 4 mai 2000, Loi organisant une consultation pour de la population de Mayotte,* J.O.R.F. du 10 mai 2000, p. 6976.
[2] Conseil constitutionnel, *Décision n°2000-435 DC du 7 décembre 2000, Loi d'orientation pour l'outre-mer,* J.O.R.F. du 16 décembre 2000, p. 19830.
[3] LEMAIRE (Félicien), « La notion de peuple dans la Constitution de 1958 », In CHAGNOLAUD (Dominique) Textes réunis par, Préface de BALLADUR (Édouard), *Les 50 ans de la Constitution : 1958-2008,* Paris : Litec : Lexis Nexis, 2008, p. 43.
[4] Conseil constitutionnel, *Décision n°99-412 DC du 15 juin 1999, Charte européenne des langues régionales ou minoritaires,* J.O.R.F. du 18 juin 1999, p. 8964.
[5] *Ibid.*, considérant 10.
[6] Conseil constitutionnel, Décision *n°99-412 DC du 15 juin 1999*, considérant 6.

leur propre langue » au motif que *« la France est un pays où il n'y a pas de minorités »*[1]. *« Sur la même base, une réserve a été formulée à propos de l'article 30 de la Convention sur les droits de l'enfant du 20 novembre 1989, et les autorités françaises ont refusé de signer la Convention-cadre sur la protection des minorités nationales adoptée le 10 novembre 1994 par le Comité des ministres du Conseil de l'Europe. »*[2]

Cette construction théorique est à la base de l'opposition de certains intellectuels qualifiés de républicains en raison de leur orientation intellectuelle.

II – Les républicains universalistes contre la parité par crainte du communautarisme

Le discours des républicains universalistes est construit sur l'argument selon lequel l'inscription de la parité dans la Constitution est porteuse de danger pour la République. Ils pensent qu'elle remet non seulement en cause la conception universaliste de la souveraineté nationale et de la représentation qui fonde l'équilibre du système républicain depuis plus de deux siècles mais aussi ce faisant instaure un communautarisme contagieux et néfaste.

La parité est contestée par les partisans de l'universalisme républicain en ce qu'elle porte principalement atteinte à *« l'universalisme de la représentation selon laquelle chaque représentant est choisi en fonction de ses idées, et non de son identité, et représente l'ensemble du corps représenté »*[3]. Telle est la position d'Éléni Varikas pour qui la reconnaissance du *« caractère genré de l'individu »* porterait atteinte *« au substrat de base de la démocratie représentative qui est l'individu abstrait, c'est-à-dire dépourvu de tout attribut particulier (de genre, de valeur, de classe, de culture, de religion, etc.) »*[4]. L'abstraction, règle d'or de la conception française de la démocratie représentative, fait donc obstacle à la représentation de quelque groupe que ce soit en raison de l'appartenance sociale, culturelle, religieuse ou sexuelle de ses membres. Olivier Duhamel énonce clairement la déclinaison juridique de ce principe lorsqu'il écrit que *« s'agissant des principes fondamentaux du droit constitutionnel, la démocratie ne connaît ni Noirs, ni Blancs, ni grands, ni petits, ni intelligents, ni sots, ni riches, ni pauvres, ni hommes, ni femmes »*[5]. Or, s'interroge Danièle Sallenave, *« dire qu'il faut autant de femmes que d'hommes dans*

---

[1] LEMAIRE (Félicien), « La notion de peuple dans la Constitution de 1958 », In CHAGNOLAUD (Dominique), Textes réunis par, *op. cit.*, p. 43.
[2] *Ibid.*, p. 43.
[3] BERENI (Laure), *op. cit.*, p. 284.
[4] Cité par MOSSUZ-LAVAU (Janine), *Op. cit.*, p. 66.
[5] Cité par MOSSUZ-LAVAU (Janine), *op. cit.*, p. 66.

une assemblée, n'est-ce pas sous-entendre qu'un homme ne représente que lui ou sa "communauté" sexuelle, et qu'il faut des femmes pour représenter les femmes ? »[1].

Au-delà de l'altération de la conception française de la représentation, l'atteinte éventuelle à « *la règle de la stricte égalité qui doit régner entre les citoyens et qui ne peut exister justement que si l'on ne reconnaît que des « individus abstraits » et si l'on passe sous silence leurs caractéristiques »*[2] a été évoquée. Louis Favoreu a évoqué cette éventualité en citant « *l'arrêté du 12 septembre 1995 de la Cour constitutionnelle italienne, annulant les lois votées deux ans plus tôt qui instaure des quotas ainsi qu'un dispositif paritaire au motif que « toute différenciation en raison du sexe ne peut qu'apparaître objectivement discriminatoire, puisqu'elle diminue pour certains citoyens le contenu concret d'un droit fondamental au profit d'autres citoyens qui appartiennent à un groupe que l'on estime désavantagé » »*[3].

Néanmoins, les partisans de l'universalisme républicain n'ont pas contesté la parité sur le fondement du principe d'égalité de droit. En plus de l'atteinte à la conception française de la représentation, c'est la menace du communautarisme sur l'ordre républicain qui a suscité les réactions les plus virulentes. « *Si la parité menace l'ordre républicain c'est non seulement parce qu'elle introduirait une logique d'identités collectives, via la consécration juridique de la centralité de la différence des sexes, là où seul l'individu abstrait est légitime, mais aussi en raison de la pente glissante sur laquelle une telle mesure ne manquerait pas d'entraîner la République »*[4]. La première réaction dans ce sens a même eu lieu avant la décision du Conseil constitutionnel de 1982. Ainsi, « *consulté en 1979 sur le premier projet de loi sur les quotas, le doyen Georges Vedel s'était interrogé dans le Monde du 3 février sur le fait de savoir s'il était légitime de ne garantir que l'égalité entre les sexes »*[5]. Ce n'est pas pour autant qu'il va souhaiter garantir cette égalité à tous parce qu'il s'inquiète que « *par une démarche apparemment logique »*, on ne s'achemine « *vers une sorte de corporatisme social qui briserait l'unité du suffrage universel ? »*[6].

Jacques Julliard partage cette inquiétude. Parlant de la parité, il affirme dans son intervention au Nouvel Observateur du 18 février 1999 : « *Je craignais-je crains toujours-que cette première concession faite au communautarisme n'en appelle d'autres. Si l'on accepte maintenant des quotas politiques pour les femmes, pourquoi pas demain pour les vieux, les*

---

[1] Cité par BERENI (Laure), *op. cit.*, p. 284.
[2] MOSSUZ-LAVAU (Janine), *op.cit.*, p. 66.
[3] *Ibid.*, pp. 66-67.
[4] BERENI (Laure), *op. cit.*, p. 285.
[5] *Ibid.*, p. 83.
[6] MOSSUZ-LAVAU (Janine), *op. cit.*, p. 83.

jeunes, les musulmans, les juifs, les Arméniens, les homos, les hétéros, les handicapés, que sais-je ? »[1].

Cette éventualité est également redoutée par Daniel Amson en raison de ses conséquences sur l'unité nationale que la conception universaliste de la représentation garantissait : *« Fausser cette représentation en imposant aujourd'hui des quotas de candidatures féminines aboutirait à entraîner demain la représentation spécifique d'autres "catégories" de citoyens»[2]*. *« Le caractère collectif et indivisible de la nation serait remis en cause, la volonté nationale se verrait fragmentée, le vouloir-vivre collectif céderait progressivement le pas à l'opposition entre les intérêts de chaque catégorie»[3]*.

Pour Élisabeth Badinter, l'argument de la parité, *« qui se veut du simple bon sens est porteur, malgré les dénégations, de dérives mortelles pour notre République laïque et universaliste »[4]*. Il en serait ainsi, dit-elle, d'autant plus que la parité *« engendrera inévitablement de nouvelles revendications paritaires de la part d'autres communautés, raciales, religieuses, voire culturelles ou sexuelles »[5]*. Il s'agit là pour elle d'une inquiétude réelle d'autant qu' *« aux États-Unis, cette guerre-là a déjà commencé dans toutes les sphères de la société civile. »[6]*

Paragraphe II. L'invocation de l'universalisme comme garantie contre l'essentialisme

Tel que formulé, l'universalisme devrait conduire dans ses deux versants, politique et juridique, à accorder la citoyenneté politique aux individus saisis abstraitement afin d'assurer l'égalité de droit entre eux et l'unité du corps politique. Tel ne fut pas toujours le cas. À peine proclamé, les révolutionnaires ont posé des limites à l'universalisme dans le domaine de la citoyenneté politique. Ainsi, la loi du 22 décembre 1789[7] opère une distinction entre citoyens actifs et citoyens passifs en n'accordant le droit de vote qu'aux premiers et en introduisant une hiérarchie entre ceux-ci.

L'acquisition de la citoyenneté active est conditionnée à la réunion de certaines qualités. La loi dispose que *« les qualités nécessaires pour être*

---

[1] JULLIARD (Jacques), « Les femmes ne sont pas des produits laitiers », In (Micheline) AMAR, Textes réunis par, *op. cit.*, p.58.
[2] LÉPINARD Eléonore, *L'égalité introuvable. La parité, les féministes et la République*, Paris : Presses de Sciences Po, (Fait politique), 2007, p., 170.
[3] *Ibid.*, p. 170.
[4] BADINTER (Élisabeth), « Non aux quotas des femmes », In AMAR (Micheline), Textes réunis par, *op. cit.*, p. 18.
[5] *Ibid.*, P. 18.
[6] *Ibid.*, p. 18.
[7] http://www.assemblee-nationale.fr/histoire/images-decentralisation/decentralisation/loi-du-22-decembre-1789-.pdf, consulté le 07 août 2017.

citoyen actif sont : 1° d'être Français ou devenu Français ; 2° d'être majeur de vingt-cinq ans accomplis ; 3° d'être domicilié de fait dans le canton, au moins depuis un an ; 4° de payer une contribution directe de la valeur locale de trois journées de travail ; 5° de n'être point dans l'état de domesticité, c'est-à-dire, de serviteur à gages. »

Les citoyens actifs se réunissent en assemblées primaires pour élire les officiers municipaux et les citoyens éligibles. Sont citoyens éligibles dans les assemblées primaires les citoyens actifs qui paient une contribution directe plus forte, et qui se monte au moins à la valeur locale de dix journées de travail.

Les citoyens éligibles se réunissent en assemblées départementales pour élire les représentants à l'Assemblée nationale, les juges et les membres des administrations des départements. Sont citoyens éligibles à l'Assemblée nationale les citoyens actifs qui paient une contribution directe équivalente à la valeur d'un marc d'argent, et, en outre, ont une propriété foncière quelconque.

Les critères explicitement formulés dans cette loi pour distinguer les citoyens et qui, à première vue, sont en contradiction avec l'universalisme sont relatifs au revenu et à la propriété. Les révolutionnaires en étaient conscients mais ils supposaient que *« le caractère « raisonnable » du citoyen (est lié) à son aisance matérielle et à son indépendance à l'égard d'un maître. L'état de dépendance entraîne l'aliénation de la volonté et ramène celui qui en est soumis dans la catégorie des citoyens passifs »*[1]. Prugnon explicite cette idée en ces termes : *« Pour être électeur, il faut non seulement une volonté libre et raisonnable, mais une volonté que l'on ne puisse soupçonner d'être réduite ou dirigée par une influence quelconque »*[2].

Cette idée ne reçut cependant pas l'unanimité parmi les révolutionnaires. Dans son adresse à l'Assemblée nationale du 5 juin 1790 Condorcet soutint que *« toutes les fois que le peuple sera libre dans son choix, (...) il saura rendre justice aux lumières et aux talents ; il ne confiera point ses intérêts à des hommes incapables de les défendre ; il ne croira point (...) qu'un homme sans instruction, uniquement occupé de ses travaux champêtres, d'un métier ou d'un commerce de détail, soit propre à balancer (...) les intérêts d'un grand peuple »*[3]. Il conclut que *« celui que la pauvreté de ses parents à privé d'une éducation soignée (...) ne demande point à être appelé à des places dont il ne connaîtrait ni ne pourrait exercer les devoirs,*

---

[1] Attal-Galy (Yaël), Préface de MOUTOUH (Hugues), *Droits de l'homme et catégories d'individus,* Paris : LGDJ, Collection Bibliothèque de droit public, 2003, p. 7.
[2] LE COUR GRANDMAISON (Olivier), *Les citoyennetés en révolution : 1789-1794,* Paris : Presses universitaires de France, Collection Recherches politiques, 1992, p.72.
[3] Cité par LE COUR GRANDMAISON (Olivier), *op. ct.*, p. 98.

mais demande à n'en pas être légalement exclu»[1]. Il tranche définitivement sur cette question lors de l'exposé de son projet de Constitution devant la Convention trois ans plus tard. *« Nous n'avons pas cru »*, déclare-t-il, *« qu'il fut légitime de sacrifier un droit naturel avoué par la raison la plus simple à des considérations dont la réalité est au moins incertaine (...). Nous n'avons pas cru qu'il fut possible, chez une nation éclairée de ses droits de proposer à la moitié des citoyens d'en abdiquer une partie ni qu'il fut utile (...) de séparer un peuple activement occupé des intérêts politiques en deux portions, dont l'une serait tout et l'autre rien en vertu de la loi, malgré le vœu de la nature qui, en les faisant hommes, a voulu qu'ils restassent égaux»*[2].

La position de Condorcet était toutefois très minoritaire et la prégnance de l'idée qu'il faut établir des distinctions entre citoyens est restée constante jusqu'à l'instauration du suffrage universel en 1848.

Le critère censitaire n'est pas la seule restriction introduite par les révolutionnaires dans la citoyenneté politique. D'autres personnes ont été exclues non pas en tant qu'individus irrationnels, en raison de leur dépendance à autrui ou de leur pauvreté, mais en tant que membres *« des groupes particuliers, porteurs de caractéristiques les distinguant du reste des citoyens »*[3]. Ce fut notamment le cas des Juifs, des Noirs et des Femmes. Ceux-ci ne se trouvaient certes pas dans des situations comparables mais *« au-delà de l'écart énorme qui sépare leur situation réelle et juridique, tous sont maintenus à l'écart de la Chose publique car tous sont pensés, par les révolutionnaires comme des êtres dont les différences culturelles, cultuelles ou sexuelles sont incompatibles avec leur accès à la citoyenneté »*[4]. Donc, *« ce qui fait problème dans leur cas ce n'est pas l'absence de propriété, leur impossibilité temporaire à s'acquitter du cens ou le défaut de vertu, mais l'existence des traits singuliers les identifiant comme Autres inférieurs, parce qu'ils sont Autres, aux membres de la communauté civique »*[5].

Ce sont donc les différences culturelles des Noirs, cultuelles des Juifs et sexuelles des Femmes qui ont poussé les révolutionnaires à les exclure de la citoyenneté. Contrairement aux Juifs et aux Noirs dont la citoyenneté a fait l'objet de débats houleux, les révolutionnaires ne prirent même pas la peine de discuter le cas des Femmes tant ils pensaient que leur accession à la citoyenneté était contraire à la nature et la raison.

L'universalisme s'est longtemps accommodé de l'exclusion des femmes de la citoyenneté en raison de leur nature différente pour laquelle elles ont

---

[1] *Ibid.*, p. 99.
[2] *Ibid.*, p. 100.
[3] *Ibid.*, p. 189.
[4] *Ibid.*, p. 190.
[5] LE COUR GRANDMAISON (Olivier), *op. cit.*, p. 190.

été assignées à des tâches différentes. Cette situation fut largement dénoncée d'abord par quelques révolutionnaires très minoritaires puis par les féministes qui crient à la violation de l'esprit et des principes de la Révolution par ceux-là mêmes qui les ont proclamés.

L'intégration des femmes à la citoyenneté et la suppression progressive des dispositions sexo-spécifiques contenues dans le droit ont constitué des étapes importantes dans la voie de la « dénaturalisation » des rôles sexués et de la réalisation de l'universalisme conformément à l'esprit et aux principes de la Révolution.

Compte tenu de ces circonstances historiques, certains féministes se sont opposés à la révision de la Constitution pour y introduire l'objectif de parité par crainte que cela n'entraîne une « ré-naturalisation » des rôles sexués. Avant d'exposer leur position **(II)**, il convient de rappeler les arguments naturalistes utilisés par les révolutionnaires pour exclure les femmes de la citoyenneté et qui ont cependant prévalu pendant un demi-siècle **(I)**.

I – Une altérité féminine incompatible avec la citoyenneté ?

L'œuvre révolutionnaire est remarquable en ce qu'elle énonce deux vérités irréfragables dont le respect contribue au bonheur commun. Ce sont : *« la Souveraineté des peuples pour tous les peuples ; les Droits de l'homme pour tous les hommes »*[1]. Mais entre les principes et leur réalisation, il y a eu des dévoiements pendant la période révolutionnaire même. Et ce qui est frappant, c'est que *« tous (les révolutionnaires) se réclament des valeurs républicaines et sont ardents défenseurs des droits de l'homme »*[2]. Ce que nous appelons dévoiement n'était vraiment pas considéré comme tel par l'écrasante majorité d'entre eux. Pour ce qui nous concerne ici, hommes et femmes étaient considérés comme égaux conformément à la disposition de l'article premier de la DDHC selon lequel *« les hommes naissent et demeurent libres et égaux en droit »*. Seulement, ils ne traduisirent pas toujours cette idée par l'application de la même loi aux personnes des deux sexes. Ce fut notamment le cas en matière de l'exercice des droits politiques auquel les femmes ont été exclues.

Dans son rapport à la Convention nationale sur les femmes du 1er novembre 1793, Jean-Pierre-André Amar estime que les femmes ne doivent pas participer à la vie politique parce qu'*« elles seraient obligées d'y sacrifier des soins plus importants auxquels la nature les appelle. Les fonctions privées auxquelles sont destinées les femmes par la nature même*

---

[1] GUYOMAR (Pierre), « Le partisan de l'égalité politique entre les individus ou problème très important de l'égalité en droits et de l'égalité en fait », cité par BADINTER (Élisabeth), Présentées par, *Paroles d'hommes (1790-1793) : Condorcet, Prudhome, Guyomar...*, Paris : P.O.L., 1989, p. 150.
[2] BADINTER (Élisabeth), Présentées par, *op. cit.*, p. 15.

tiennent à l'ordre général de la société ; cet ordre social résulte de la différence qu'il y a entre l'homme et la femme. Chaque sexe est appelé à un genre d'occupation qui lui est propre ; son action est circonscrite dans ce cercle qu'il ne peut franchir, car la nature, qui a posé ces limites à l'homme, commande impérieusement, et ne reçoit aucune loi »[1]. Selon Amar, les hommes et les femmes sont destinés par la nature à des fonctions différentes. La nature de l'homme *« fort, robuste, né avec une grande énergie »*[2] le rend *« propre aux arts, aux travaux pénibles ; et comme il est presque exclusivement destiné à l'agriculture, au commerce, à la navigation, aux voyages, à la guerre, à tout ce qui exige de la force, de l'intelligence, de la capacité, de même il paraît seul propre aux méditations profondes et sérieuses qui exigent une grande contention d'esprit et de longues études qu'il n'est pas donné aux femmes de suivre »*[3]. Les fonctions assignées à la femme *« par les mœurs et la nature »*, ajoute-t-il, sont : *« commencer l'éducation des enfants, préparer l'esprit et le cœur des enfants aux vertus publiques, les diriger de bonne heure vers le bien, élever leur âme et les instruire dans le culte politique de la liberté ; telles sont leurs fonctions, après les soins du ménage ; la femme est naturellement destinée à faire aimer la vertu. Quand elles auront accompli tous ces devoirs, elles auront bien mérité de la patrie »*[4].

À la Commune de Paris, Pierre-Gaspard Chaumette abonde dans le même sens dans un discours prononcé après l'irruption des femmes coiffées du bonnet rouge dans la salle du conseil général en 1793. *« Et ! »*, s'étonne-t-il, *« depuis quand est-il permis d'abjurer son sexe ? Depuis quand est-il décent de voir des femmes abandonner les soins pieux de leur ménage, le berceau de leurs enfants, pour venir sur la place publique, dans les tribunes aux arranges, à la barre du Sénat, dans les files de nos armées, remplir des devoirs que la nature a départis aux hommes seuls ? À qui donc cette mère commune a-t-elle confié les soins domestiques ? Est-ce à nous ? Nous a-t-elle donné des mamelles pour allaiter nos enfants ? »*[5] Il renchérit en décrivant les rôles sexués assignés selon lui par la nature à l'homme et à la femme. *« Elle a dit à l'homme :"Sois homme, les courses, la chasse, le labourage, les soins politiques, les fatigues de toute espèce, voilà ton apanage" »*[6]. *« Elle a dit à la femme : "Sois femme, les tendres soins dus à*

---

[1] AMAR (Jean-Pierre-André), « Le rapport Amar sur les femmes », cité par BADINTER (Élisabeth), Présentées par, *op. cit.*, p. 170.
[2] *Ibid.*, p. 174.
[3] *Ibid.*, p. 174.
[4] *Ibid.*, p. 174.
[5] CHAUMETTE (Jean-Pierre), « Discours de Chaumette à la Commune de Paris », cité par BADINTER (Élisabeth), Présentées par, *op. cit.*, p.180.
[6] *Ibid.*, P. 180.

l'enfance, les détails du ménage, les douces inquiétudes de la maternité, voilà tes travaux »[1].

Pour Anne Verjus, l'exclusion des femmes de la vie politique par les révolutionnaires trouve son origine dans *le « fonctionnalisme sexuel caractéristique de la société holistique de l'Ancien Régime, par opposition à la société individualiste que les révolutionnaires tentent de mettre en place. C'est parce qu'elle pense implicitement les hommes et les femmes comme des époux et des épouses, immédiatement rapportés à l'entité familiale qui les unit, mais aussi les hiérarchise et les distingue, que la Révolution maintient l'inégalité entre les hommes et les femmes dans la Nation »*[2].

Tel est aussi l'avis de Condorcet. Dénonçant cette exclusion, il s'interroge : *« Est-il une plus forte preuve du pouvoir de l'habitude, même sur les hommes éclairés, que de voir invoquer le principe de l'égalité des droits en faveur de trois ou quatre cents hommes qu'un préjugé absurde en avait privés, et l'oublier à l'égard de douze millions de femmes ? »*[3]

Il ressort qu'il y avait un grand consensus sur le bien-fondé de l'exclusion des femmes des droits politiques. Malgré, les révolutionnaires comptaient quelques défenseurs de ces droits. Ils étaient certes très peu nombreux mais les arguments qu'ils ont mobilisés ne manquèrent pas de poids.

Condorcet soutint que *« pour que cette exclusion ne fût pas un acte de tyrannie, il faudra ou prouver que les droits naturels des femmes ne sont pas absolument les mêmes que ceux des hommes, ou montrer qu'elles ne sont pas capables de les exercer »*[4]. *« Or »*, dit-il, *« les droits des hommes résultent uniquement de ce qu'ils sont des êtres sensibles, susceptibles d'acquérir des idées morales, et de raisonner sur ces idées. Ainsi les femmes ayant ces mêmes qualités, ont nécessairement des droits égaux. Ou aucun individu de l'espèce humaine n'a de véritables droits, ou tous ont les mêmes ; et celui qui vote contre le droit d'un autre, quels que soit sa religion, sa couleur ou son sexe, a dès lors abjuré les siens »*[5]. En réponse à ceux qui soutenaient que la grossesse, l'allaitement et le cycle menstruel auxquels les femmes sont sujettes les empêchent de bien exercer ces droits, il demande *« pourquoi des êtres exposés à des grossesses, et à des indispositions passagères, ne pourraient-ils exercer des droits dont on n'a*

---

[1] *Ibid.*, p. 180.
[2] Cité par MARQUES-PEREIRA (Bérengère), *La citoyenneté politique des femmes,* Paris : A. Colin, 2003, p. 34.
[3] CONDORCET, « Sur l'admission des femmes au droit de cité », cité par BADINTER (Élisabeth), Présentées par, *op. cit.*, p. 54.
[4] *Ibid.*, p. 54.
[5] *Ibid.*, p. 54.

jamais imaginé de priver les gens qui ont la goutte tous les hivers, et qui s'enrhument aisément ? »[1]

Tout en se félicitant de l'admission des Noirs au droit de cité, Pierre Guyomar explique : « *La philosophie vient de rendre ces hommes à la grande famille, et la réunion des Noirs et des Blancs fera époque dans les annales du genre humain. Cette réunion tardive des mâles, diversement colorés, fera connaître tout à la fois, et l'imbécilité, et la dépravation humaine, et le triomphe éclatant du philosophe sur les gens à préjugés* »[2]. Selon Guyomar, « *la moitié des individus d'une société n'a pas le droit de priver l'autre moitié du droit imprescriptible d'émettre son vœu ou bien l'immortelle Déclaration des droits contient une mortelle exclusion* »[3]. « *Alors* », conclut-il, « *je vois une caste privilégiée, une aristocratie formelle des hommes ; non, je ne puis le croire, d'après l'idée que je me forme de l'égalité, source pure de la justice, de la raison, de l'humanité* »[4].

Aussi bien fondés que soient ces arguments, ils ne rencontrèrent que silence et indifférence de la part des révolutionnaires. Cela prouve qu'en matière démocratique les poids des arguments importent peu. La raison démocratique se trouve dans le nombre non pas rapporté à la population globale mais au nombre de voix qui s'exprime dans les instances officielles. C'est ce qui explique qu'après la Révolution l'exclusion des femmes des droits politiques a perduré jusqu'en 1944. Leur admission à partir de cette année a constitué la réalisation effective de l'universalisme dans le domaine politique tel que proclamé en 1789 et l'effritement des préjugés naturalistes dans lesquels elles ont été si longtemps encastrées.

L'opposition des féministes universalistes à la révision de la Constitution pour y introduire l'objectif de parité trouve son fondement dans cette histoire. La peur de la « renaturalisation » des rôles sociaux des sexes, voilà le nœud de l'opposition de ces féministes à la parité réclamée.

II – Les féministes universalistes contre la parité

De ce qui précède, il ressort pour reprendre l'expression de Josette Trat que « *la plupart des révolutionnaires de l'époque, y compris ceux appartenant à l'aile la plus radicale, ont théorisé l'exclusion des femmes de la vie politique au nom de leur "nature" spécifique : cette dernière les rendait soi-disant inaptes à participer à la vie publique mais*

---

[1] *Ibid.*, p. 54.
[2] GUYOMAR (Pierre), « Le partisan de l'égalité politique entre les individus ou problème très important de l'égalité en droits et de l'égalité en fait », cité par BADINTER(Élisabeth), Présentées par, *op. cit.*, p. 144.
[3] *Ibid.*, p. 144.
[4] *Ibid.*, p. 148.

particulièrement douées pour régner sur l'espace privé familial »¹. De cette considération découle l'exclusion des femmes des droits politiques. Cet état de choses incline Élisabeth G. Sledziewski à dire que la rédaction de l'article 1ᵉʳ de cette Déclaration *« permettait précisément la coexistence d'un principe d'égalité abstrait et de nouvelles inégalités sociales »²*.

Pourtant, la philosophie révolutionnaire qui fait de l'universalisme la garantie de l'égalité de droit n'a jamais été ébranlée par l'existence de ces nouvelles inégalités qu'elles soient de fait ou entérinées en droit. Ainsi que l'affirme Christine Delphy³, ce ne sont pas les *« principes »* mais *« les incarnations de la démocratie, du fait de son accaparement par une ou des classes précises, qui sont en faute »*. Christine Delphy⁴ souligne à juste titre que *« ces principes ont tout de même l'avantage sur d'autres principes qu'ils permettent justement de critiquer l'application qui en est faite dans le réel »*.

Les dévoiements dans l'application de l'universalisme dans le domaine des rapports sociaux des sexes ont été de fait ou entérinés en droit. Lorsqu'ils ont été de fait comme dans l'accès aux droits politiques le retour à l'universalisme « réel » a été réalisé par une disposition particulière. C'est le cas du décret du général de Gaulle en date du 21 avril 1944 qui dispose que *« les femmes sont électrices et éligibles dans les mêmes conditions que les hommes »*. Lorsqu'ils ont été entérinés en droit comme en matière civile l'universalisme « réel » a été réalisé par la suppression des dispositions sexo-spécifiques. Ainsi, l'égalité de droit entre l'homme et la femme dans le couple *« a été de pair avec l'effacement des références spécifiques au mari ou à la femme : suppression de l'incapacité juridique de la femme mariée (1938) substitution de l'autorité parentale à la puissance paternelle (1970), suppression du droit pour le mari de choisir le lieu de la résidence familiale (1975), disparition de la notion de chef de la communauté et égalité des époux dans l'administration des biens communs (1985) »⁵*.

Il ressort que *« la présence dans la norme juridique des marqueurs du genre, la sexuation des normes, est corrélée à l'attribution de rôles sociaux différenciés et hiérarchisés aux hommes et aux femmes. La prise en compte du genre par le droit a servi pour l'essentiel à organiser l'infériorité juridique des femmes »⁶*. Or, en insérant dans le texte constitutionnel une disposition par laquelle l'homme et la femme accéderont aux mandats

---

[1] TRAT (Josette), « La loi pour la parité : une solution en trompe-œil », *Nouvelles questions féministes,* V.16, N°2, 1995, pp. 129-138.
[2] *Ibid.*
[3] DELPHY (Christine), *Un universalisme si particulier : féminisme et exception française : 1980-2010,* Syllepse, Collection "Nouvelles questions féministes", 2010, p. 315.
[4] *Ibid.*, p. 135.
[5] LOCHAK (Danièle), *op. cit.*, pp.61-62.
[6] *Ibid.*, p. 61.

électoraux et fonctions électives en raison de leur appartenance à tel ou tel sexe est-ce ne pas prendre en compte le genre dans le droit et réveiller le démon du naturalisme des rôles sociaux ?

Françoise Héritier pense que c'est le cas parce que « *par la modification, on reconnaît dans la Constitution et par la loi qu'une différence naturelle, fondamentale, entre les sexes, fait que les porteurs de l'un seraient dans l'incapacité de représenter correctement les porteurs de l'autre. Ainsi le différentialiste constitutionnel ne fait rien d'autre qu'avaliser juridiquement, en lui donnant cohérence, vérité et force consacrées par la loi, le mode d'appréhension des données sensibles par des séries de manipulations intellectuelles qui convenaient à leurs capacités d'observation et d'interprétation élaboratrice* »[1].

Il en est ainsi parce que, explique-t-elle, ce n'est pas « *de l'observation de la différence sexuée visible et de ses effets* » que « *dérivent naturellement de la hiérarchie et du contrôle par le masculin* », mais ce « *contrôle dérive intellectuellement de l'usage symbolique qui fut fait de cette différence. De ce point de vue, asseoir sur la différence sexuelle l'égale capacité des hommes et des femmes à être élus, c'est reconnaître officiellement, même si c'est apparemment à contrario, la validité de cet usage symbolique qui a écarté durablement les femmes du droit à accéder à la capacité de représentation* »[2].

Josette Trat est aussi de ce point de vue. Selon elle, « *vouloir inscrire la différence biologique des sexes dans la Constitution, c'est considérer qu'il y a une continuité directe entre le biologique et le politique ; c'est oublier que l'activité culturelle, politique des individu-e-s est le produit des rapports sociaux complexes, forgés au cours de l'histoire : nous sommes femme ou homme, mais également fils ou fille de paysans ou de citadins ; fille ou fils d'immigrés de première, seconde, énième génération ; salarié-e, chômeur-se ou employeurs, homo ou hétérosexuel-le ; athée ou religieux-se, etc. Vouloir inscrire la différence biologique dans la Constitution, c'est prendre le risque au contraire de légitimer tous les discours visant à enfermer les femmes dans certains domaines réservés (famille) et à les exclure de certains autres (le marché du travail, la politique, etc....)* »[3].

Pour éviter tout retour en arrière de ce genre, les féministes universalistes soutinrent que l'égalité des sexes ne doit pas être fondée sur la différence. Car, souligne toujours Françoise Héritier, « *si l'égalité des sexes n'est pas reconnue comme droit inaliénable dans une optique universaliste et non pas différentialiste...alors la discrimination et l'inégalité dans les*

---

[1] HÉRITIER (Françoise), *Masculin-féminin, dissoudre la hiérarchie*, Paris : Odile Jacob, 2002, p. 263.
[2] *Ibid.*, p. 263.
[3] TRAT (Josette), article précité.

rapports sociaux ne sont pas spontanément conçus comme injustes et condamnables »[1]. « *En conséquence »,* conclut-elle, « *vouloir parvenir à l'égalité en la fondant sur la reconnaissance de la différence sexuée est un leurre car c'est reconnaître en quelque sorte le bien-fondé de la hiérarchie fondée sur cette différence telle qu'elle a été symbolisée au cours des siècles. Ce n'est pas conduire à son déclin cette forme millénaire de représentation puisqu'on en valide les prémisses indissociables de la symbolisation »[2].*

Les défenseurs de la parité vont s'employer à démonter ces arguments pour imposer la réforme.

Section II. La « demande » de parité en dépit de l'attachement à l'universalisme

Les arguments des adversaires de la parité décrits dans la section précédente s'inscrivent dans la ligne des principes républicains invoqués par le Conseil constitutionnel pour s'opposer à l'instauration des quotas entre les hommes et les femmes dans la vie politique. L'obstacle juridique créé par la jurisprudence du Conseil constitutionnel a obligé les défenseurs de la parité à se placer sur le terrain de ces principes pour démontrer leurs limites et appeler à leur dépassement par une révision constitutionnelle. Toutefois, les arguments des défenseurs de la parité dépassent le cadre des principes invoqués par le Conseil constitutionnel.

Laure Bereni et Eléonore Lépinard[3] distinguent quatre types d'arguments mobilisés par les défenseurs de la parité pour légitimer une action positive. « *Le premier* » présente la parité « *comme un moyen de réaliser dans les faits un principe d'égalité des sexes consacré en droit, à travers la mise en œuvre des mesures préférentielles à l'égard des femmes ».* Le deuxième postule « *la représentation accrue des femmes par la nécessité de mieux défendre les intérêts qui leur seraient propres ».* Le troisième prône la parité afin « *de parachever la représentation démocratique, quasi exclusivement masculine et, par-delà même, présumée incomplète ».* Le quatrième et dernier justifie la parité par la nécessité de permettre aux femmes de déployer « *les ressources et les compétences »* qu'elles « *seraient supposées posséder « en tant que femmes » ».*

Le premier de ces arguments n'a tenu qu'une faible place dans le discours des défenseurs de la parité. Cela résulte de deux considérations. Tout d'abord, soutenir la parité dans ce sens reviendrait à considérer cette mesure comme une mesure de discrimination positive et à l'inscrire dans le cadre du principe général d'égalité. Or, le principe général d'égalité n'était

---
[1] HÉRITIER (Françoise), *op. cit.*, p. 277.
[2] *Ibid.*, p. 277.
[3] BERENI (Laure) ; LÉPINARD (Eléonore), article précité.

pas directement en cause dans la décision du Conseil constitutionnel mais « *le principe d'égalité à l'égard du droit du citoyen* »[1]. En outre, défendre la parité comme une mesure de discrimination positive reviendrait à sortir dans le cadre des principes républicains et à ouvrir la « boîte de pandore » tant redoutée par les républicains anti-paritaires à des revendications catégorielles.

Le deuxième argument contrevient dans un sens au principe même de la représentation démocratique tel qu'élaboré par les révolutionnaires qui interdit la représentation des intérêts. Toutefois, il demeure pertinent lorsqu'on le reformule dans le sens de sauvegarder l'intérêt général étant donné que l'expérience particulière des femmes peut être d'un apport inestimable dans la poursuite de ce but. Le risque bien entendu est d'attribuer cette expérience particulière à une nature différente. Mais après tout différence et égalité ne sont pas antinomiques même si une expérience historique a tenté de démontrer le contraire.

Le troisième argument est certes efficace mais il ne manque pas de travers. L'efficacité de l'argument réside dans le fait que la quasi-absence des femmes parmi les représentants de la nation révèle une défaillance de la démocratie représentative qu'il est souhaitable de corriger. Seulement, le travers de l'argument est de considérer que la correction de cette défaillance passe par la mise en place d'une représentation miroir comme principe.

Le quatrième et dernier argument rejoint sur certains points celui du deuxième. Les femmes peuvent, du fait ou en dépit de leur sexe, posséder des ressources et des compétences particulières dont la démocratie ne doit pas se priver. Ce n'est pas prouvé mais peu importe. Cela ne doit pas être une condition de leur participation. Elles doivent pouvoir participer massivement à la vie politique seulement parce que l'intérêt général et l'équilibre des rapports sociaux des sexes commandent la présence des membres de l'un et l'autre sexe là où s'élaborent les lois et les politiques publiques à l'intention de la société entière.

Pourtant, les arguments des défenseurs de la parité ci-dessus décrits débordent ce cadre. Dans leur composition, ils transcendent les clivages intellectuels et partisans. Ils se répartissent de façon aléatoire en trois groupes. Reprenant la cartographie des discours favorables au projet paritaire d'Yves Sintomer, Catherine Achin et Sandrine Lévêque[2] distinguent, en précisant justement que la frontière n'est pas complètement

---

[1] KRIEGEL (Blandine), « Parité et principe d'égalité », In Conseil d'État, *Sur le principe d'égalité,* Paris : La Documentation française, 1998, pp. 133-142.
[2] ACHIN (Catherine), LÉVÊQUE (Sandrine), *Femmes en politique,* Paris, La Découverte, Collection Repères, 2006, p. 83.

étanche, « *les arguments des féministes différentialistes, des républicains paritaires et des égalitaristes pragmatiques* »[1].

Les égalitaristes pragmatiques « *ne cherchent pas à fonder la parité en théorie et la réclame pour corriger une discrimination de fait* »[2]. De fait, il n'y a pas de parallèle entre leur position et celles des adversaires de la parité résolus à soutenir le Conseil constitutionnel dans la défense des principes invoqués par celui-ci dans sa décision sauf le risque que leur aventure en dehors de ces principes ouvre la « boîte de pandore » aux revendications particularistes.

L'avis des féministes différentialistes est tout autre. Ceux-ci réclament la parité au nom de la différence des sexes qu'elles considèrent « *comme référent immuable, clivage structurant universellement les sociétés humaines et primant logiquement sur toutes les autres distinctions* »[3].

Quant aux républicains paritaires, ils « *dénoncent la fausse neutralité de l'universalisme républicain qui ne serait qu'un universalisme d'exclusion, un universalisme masculin* »[4].

Les arguments des féministes différentialistes et des républicains paritaires ont en commun de partir de l'universalisme et de déboucher sur la réclamation de la reconnaissance de la parité sur la base de la différence des sexes, la seule différenciation légitime à leurs yeux. Toutefois, ils ne ressortissent pas de la même logique. Les républicains universalistes dénoncent l'universalisme historiquement construit et appellent à son accomplissement par la parité entre les sexes qui, pensent-ils, s'accommode bien du principe de la souveraineté nationale. Par contre, les féministes différentialistes souhaitent substituer l'universalisme de la différence des sexes à l'universalisme traditionnel et bâtir la parité sur celui-ci en soutenant que c'est la meilleure solution pour corriger les apories de l'universalisme abstrait sans naturaliser ni hiérarchiser les rôles sociaux des sexes.

Le soutien à la parité sur la base de la différence des sexes, la seule légitime à l'exclusion de toute autre différence, des défenseurs emporte exclusion de l'extension de cette solution aux autres groupes discriminés ce qui a provoqué l'ire de certains féministes.

Christine Delphy trouve cette situation « *malheureuse car* », écrit-elle, « *pour réussir leur coup, elles* [les féministes] *se sont désolidarisées des autres victimes de discriminations, ce qu'adore évidemment la classe*

---

[1] *Ibid.*, p. 83.
[2] *Ibid.*, p. 83.
[3] BERENI (Laure) ; LÉPINARD (Eléonore), article précité.
[4] ACHIN (Catherine) ; LÉVÊQUE (Sandrine), *op. cit.*, p. 84.

dirigeante ; mais de plus cela les a poussées à essentialiser les différences entre femmes et hommes »[1].

Josette Trat[2] souscrit à cette analyse. Elle trouve qu'il y a *« accord pour reconnaître l'ampleur et la spécificité de l'oppression des femmes (elle concerne effectivement la moitié du genre humain et traverse toutes les couches sociales), mais (que) cela ne lui confère pas un caractère de gravité plus important »* que les autres discriminations. Par exemple, ajoute-t-elle, *« les discriminations dont sont victimes les jeunes issu-e-s de l'immigration ou les homosexuel-le-s sont tout aussi intolérables que les violences exercées contre les femmes. Les chômeurs et les sans-logis, quel que soit leur sexe, sont tout autant dans l'incapacité d'exercer leur citoyenneté que les femmes victimes de sexisme au sein des partis ».*

Éléni Varikas[3] va dans le même sens. Elle se demande : *« Un régime qui, tout en assurant une représentation paritaire aux femmes, empêche l'accession au pouvoir de la majorité de "ceux qui prennent le métro"- les pauvres, les chômeurs, les sans-abri, les ouvriers, les métèques, les immigrés femmes et hommes –serait-il démocratique ? Si, parce qu'elles constituent un groupe discriminé, les femmes ne peuvent être représentées par les hommes, les "noirs" peuvent-ils l'être par les "blancs", les ouvriers par les patrons ? La solution au caractère exclusif de la démocratie réelle résiderait-elle dans la représentation par groupe ? Dans une période où, partout en Europe ou ailleurs, la citoyenneté tend à devenir le privilège de quelques-uns, où la couleur, l'appartenance culturelle, ethnique ou religieuse ont tendance à constituer de nouveaux titres de noblesse pour les uns, des tares d'exclusion et de mépris pour les autres, où des secteurs nombreux de la population sont livrés à l'insécurité et l'arbitraire de la xénophobie et du racisme ou à l'humiliation de l'indigence, il me paraît difficile d'avancer de nouveaux principes de représentation sans s'interroger sur leur rapport avec une dynamique démocratique d'ensemble ».*

Cette nouvelle ligne d'opposition qui invite à placer la revendication paritaire dans le cadre d'une politique d'action positive générale est présentée par ses promotrices comme une garantie contre toute essentialisation de la différence des sexes. Christine Delphy défend que *« pour la philosophie de l'action positive, il n'existe pas d'essences, femme et homme, Noir et Blanc, etc., mais des groupes, qui ont été et sont*

---

[1] DELPHY (Christine), *op. cit.*, p.165.
[2] TRAT (Josette), article précité.
[3] VARIKAS (Éléni), « Une représentation en tant que femme ? Réflexions critiques sur la demande de la parité des sexes », *Nouvelles questions féministes,* V.16, N°2, 1995, pp. 81-128.

socialement hiérarchisés, et c'est cette hiérarchie que l'action positive attaque »[1].

En raison du fait que cette orientation conduit à un changement de cadre difficile à défendre, elle n'a pas été retenue par les défenseurs de la parité. Ceux-ci ont, dans leur grande majorité, préféré plutôt s'aligner sur les arguments des adversaires de la parité pour les désavouer. Ainsi, les républicains universalistes qui défendirent la parité l'ont fait en dénonçant le faux universalisme et la fausse crainte du communautarisme des républicains anti-paritaires **(Paragraphe I)**. Les féministes différentialistes pro-paritaires contestèrent quant à eux la thèse universaliste et la fictive crainte de la « ré-naturalisation » des rôles sexués **(Paragraphe II)**.

Paragraphe I. Les républicains universalistes pour la parité

L'universalisme est le fondement avoué de l'opposition des adversaires de la parité. Tel que construit par les révolutionnaires, le concept d'universalisme appréhende les êtres humains comme des individus égaux en droit sans distinction notamment de sexe, de race, de couleur, de religion, de langue. Dans le domaine de l'exercice des droits du citoyen et, plus généralement, de l'accès aux dignités, place et emplois publics, *« cette exigence d'égalité suppose un accès identique et dans des conditions identiques »* de tous, notamment les hommes et les femmes, *« à toutes les formes de la vie humaine et citoyenne »* pour reprendre la formule employée par Catherine Achin et Sandrine Lévêque[2].

Cependant, la réalité fut tout autre jusqu'en 1944 malgré la dénonciation de l'application faussement neutre de ce concept. L'accession des femmes au droit de vote et d'éligibilité à partir de cette date n'ayant permis qu'à un petit nombre d'entre elles d'être élues aux mandats et fonctions, cette dénonciation a pris une nouvelle tournure avec la revendication de la parité parce qu'il s'agit désormais de dépasser l'égalité stricte de droit tout en restant dans le cadre de l'universalisme. Pour ce faire, les républicains universalistes favorables à la parité vont d'abord subtilement dénoncer le faux universalisme masculin **(I)** avant d'expliquer que la parité n'ouvrira pas la « boîte de pandore » aux revendications particularistes source de communautarisme **(II)**.

---

[1] DELPHY (Christine), *op. cit.*, p. 164.
[2] ACHIN (Catherine) ; LÉVÊQUE (Sandrine), *op. cit.*, p. 18.

I – La dénonciation du faux universalisme républicain

Les républicains qui ont défendu la parité sont aussi d'ardents défenseurs des deux acceptions de l'universalisme présentées dans la section précédente. Ils sont d'accord pour reconnaître que *« le politique doit bien se situer au-delà des différences sociales »*[1]. Seulement, ils s'opposent aux adversaires de la parité sur la définition de la notion des « différences sociales » en dehors desquelles le politique doit se situer. Contrairement aux adversaires de la parité qui pensent qu'il s'agit de toutes différences de quelque nature que ce soit, les défenseurs de la parité objectent que « la différence homme-femme » ne doit plus être considérée comme contraire à ce principe parce que cette différence est elle aussi universelle d'un universalisme compatible avec « l'universalisme de la citoyenneté ». D'ailleurs, ils pensent que reconnaître l'universalité de la différence des sexes et bâtir la parité sur celle-ci consacrera le parachèvement de l'universalisme de la citoyenneté. Il s'agit, disent-ils, *« d'un universalisme masculin, au nom duquel, pendant un siècle et demi, on a refusé les droits de vote et d'éligibilité aux femmes »*[2].

Pour souligner la fausse neutralité de cet universalisme, Michelle Perrot s'interroge : *« Quel est cet universalisme qui l'est si peu qu'il a théoriquement et pratiquement entériné, voire organisé, l'exclusion de la moitié de la société ? Quelle est cette cité où les droits humains seraient, les droits de l'homme sexué ? »*[3]. Gisèle Halimi soutient aussi cette thèse. Selon elle, *« il est faux d'affirmer que l'homme, le citoyen, sont des termes génériquement neutres. Le citoyen est un modèle sexué. Un modèle masculin. L'égalité des sexes doit être mesurée avec d'autres paramètres. Et d'abord à partir de la différence entre eux qui sera l'enrichissement d'une démocratie prise au piège de l'universalisme »*[4].

La nature exclusivement masculine de l'universalisme n'est pas dénoncée seulement au regard de la citoyenneté. Elle est aussi dénoncée au regard des droits de l'homme. Les propos d'Élisabeth Sledziewski[5] soulignant que *« l'universalisme des droits de l'homme asexué devient bien vite l'occasion de valoriser les droits de l'homme viril, en prétendant qu'il s'agit de ceux de toute l'humanité »* s'inscrivent dans ce sens. Ce faisant, Élisabeth Sledziewski[6] dénonce le *« déni et la dénégation »* de cet universalisme. Il opère un déni en faisant *« comme si la qualité de sujet rationnel était suffisante pour concrétiser l'être social, alors que tout groupe*

---

[1] *Ibid.*, p. 164.
[2] MOSSUZ-LAVAU (Janine), *op. cit.*, p. 67.
[3] Cité par MOSSUZ-LAVAU (Janine), *op. cit.*, p. 67.
[4] Cité par LÉPINARD (Eléonore), *op. cit.*, pp. 141-142.
[5] Cité par MOSSUZ-LAVAU (Janine), *op. cit.*, p. 67.
[6] *Ibid.*, p. 68.

humain est structuré par la division sexuelle des rôles ». Il opère une dénégation parce que *« ne pas reconnaître qu'il y a des êtres humains hommes et des êtres humains femmes, c'est en effet une manière de ne pas reconnaître qu'il peut y avoir une discrimination ».*

En fait, la position des républicains paritaires consiste à dire que la conception abstraite de l'universalisme de la citoyenneté n'ayant pas permis aux femmes d'accéder de manière accrue à la vie politique par assimilation, il faut opérer une différenciation entre elles et les hommes pour favoriser cela. Or, si les adversaires reconnaissent que la quasi-absence des femmes dans la vie politique est problématique, ils ne pensent pas que la voie de la différenciation soit la meilleure pour résoudre cette situation. Non pas qu'ils sont contre les femmes, parce que personne ne le dit ouvertement, mais contre le précédent que cette différenciation peut créer au sein de la société. L'inquiétude vient du constat implicite que les femmes n'étant pas les seules à être insuffisamment représentantes on ne voit pas au nom de quoi les autres groupes qui se trouvent ou qui se trouveraient à peu près dans la même situation seraient privés du droit de réclamer la même chose. Donc, pensent-ils, autant s'en tenir à la formulation abstraite. Sinon, les revendications catégorielles qui s'en suivront conduiront la République à sa perte.

Cette réorientation du discours des adversaires prouve qu'ils adhèrent au constat de la fausse neutralité de l'universalisme mais préfèrent s'y tenir pour éviter le chaos. Partant de cela, les défenseurs de la parité vont s'employer à les rassurer que l'introduction de la parité entre les femmes et les hommes ne va pas créer de précédent. Ils sont unanimes pour reconnaître que *« la différence des sexes n'est pas une différence comme les autres, mais une différence fondatrice qui fait que l'humanité est plurielle, et que l'on peut penser à la fois son unité et sa diversité »*[1].

Une prise en compte de la différence sexuelle ne serait donc que la réalisation concrète de l'universalisme. Elle ne pourrait pas engendrer de communautarisme.

II – La fausse crainte du communautarisme

Les républicains paritaires ont tenté de faire accepter la parité aux républicains universalistes et aux sages du Conseil constitutionnel en vain. L'analyse des arguments déployés atteste cela. Ils se sont employés à expliquer, contrairement à ce qu'ont dit les sages du Conseil constitutionnel, que les femmes ne sont pas une catégorie et qu'elles ne sont pas susceptibles de former une communauté contrairement à ce que redoutent les républicains universalistes.

---

[1] DELPHY(Christine), *op. cit.,* p. 162.

Pour Gisèle Halimi, « *les femmes ne forment pas une communauté, et n'ont entre elles aucun lien communautaire tel que le définissent les sociologues. Elles ne sont ni une race, ni une classe, ni une ethnie, ni une catégorie. Elles se trouvent dans tous ces groupes, elles les engendrent, elles les traversent. La différence sexuelle constitue le paramètre initial. Avant d'être d'une classe, d'une race, d'une corporation, etc., l'être humain est d'abord féminin ou masculin* »[1].

La différence sexuelle est posée ici comme insusceptible d'engendrer une communauté parce que non seulement elle se trouve dans tous les groupes mais aussi parce qu'elle précéderait tout autre critère de différenciation.

D'autres défenseurs de la parité soulignèrent aussi « *que les femmes ne constituent pas une catégorie analogue aux minorités citées, mais la moitié de l'humanité et qu'il s'agit d'un état immuable. Les jeunes vieillissent, on peut changer de religion, les personnes de couleur peuvent se mélanger-le métissage est largement à l'œuvre-, les ouvriers peuvent exercer un jour une autre profession, etc. Mais lorsqu'on naît homme ou femme, on ne change pas (sauf dans le cas rarissime des transsexuels)* »[2].

L'analyse de Francine Demichel débouche également à la conclusion que les femmes ne constituent pas une catégorie. Pour démontrer cela, elle explique : « *En matière électorale, la notion de catégorie suppose en effet que l'individualisation des élus se combine avec la spécificité des électeurs, ce qui aboutit alors à la constitution des collèges électoraux, où un corps électoral spécifique vote pour des candidats qui lui correspondent parce qu'ils détiennent la même spécificité. Or, il n'y avait dans le projet de loi, pas plus qu'il n'y a dans l'objectif de parité aucune distinction entre les électeurs* »[3].

Enfin, la dualité sexuelle et le quasi-équilibre numérique ont été jugés comme le seul cas de catégorisation susceptible de s'accommoder de l'unité nationale. Guy Carcassonne soutint notamment devant l'observatoire de la parité que « *la division de l'humanité entre hommes et femmes offre le seul cas de catégories limitées à deux, d'importance à peu près égale, répondant à des critères totalement objectifs* »[4]. Donc, « *il est parfaitement concevable, sans trahir le moins du monde l'attachement à l'unité du peuple, en France, d'envisager des mesures autoritaires dans ce cas et dans ce seul cas, qui seraient inacceptables dans tout autre* »[5].

---

[1] BERENI (Laure) ; LÉPINARD (Eléonore), article précité.
[2] MOSSUZ-LAVAU (Janine), *op. cit.*, p. 83.
[3] DEMICHEL (Francine), « À parts égales : contribution au débat sur la parité. », *Recueil Dalloz*, n°95 du 21 mars 1996.
[4] Cité par MOSSUZ-LAVAU (Janine), *op. cit.*, p. 84.
[5] Cité par MOSSUZ-LAVAU (Janine), *op. cit.*, p. 84.

Il est évident que les femmes ne peuvent pas constituer une communauté tout comme les hommes au sens sociologique de ce terme. À la question de savoir si elles peuvent constituer une catégorie juridique ou pas, le Conseil constitutionnel a répondu par oui dans sa décision quotas par sexes du 18 novembre 1982. La confirmation de cette décision par la décision du 14 janvier 1999[1] montre qu'en matière électorale le Conseil constitutionnel entend la notion de catégorie au sens large contrairement à Francine Demichel. Bien que le Conseil constitutionnel n'ait pas défini la notion de catégorie, on peut concevoir celle-ci en suivant Yaël Attal-Galy *« comme un agrégat d'individus ayant au moins en commun une spécificité de nature intrinsèque comme l'âge, le sexe, l'état de santé, le handicap, ou extrinsèque, comme l'extranéité ».*[2]

Cette conception est conforme à la philosophie universaliste des droits de l'homme issue de la révolution. Celle-ci confère aux droits de l'homme *« une portée universelle que ne saurait entamer aucune considération de genre, d'âge, de conditions sociales, d'origine, d'appartenance ; ils sont construits sur l'idée d'une humanité abstraite, d'une nature humaine commune à tous les individus. Les droits de l'homme s'appliquent au genre humain et la notion réfute toute classification des individus et tout traitement particulier »*[3].

La philosophie universaliste des droits de l'homme se double de celle de la souveraineté nationale et de la citoyenneté qui interdisent tout sectionnement du peuple et toute distinction entre les citoyens que celle fondée sur leurs vertus et leurs talents dans l'accès aux dignités, places et emplois publics. Il en ressort que toute distinction porte atteinte à l'uniformité voulue par l'universalisme et par conséquent crée en son sein une catégorie illégitime.

Cette précision faite, il convient de se demander si les autres arguments des républicains paritaires soutenant que les femmes ne sont pas une catégorie ou une catégorie comme les autres changent quelque chose. L'argument selon lequel les femmes ne sont pas une catégorie n'emporte pas notre conviction. Une catégorie est une partie d'un tout. Les femmes étant une partie de l'humanité considérée comme ce tout, elles constituent une catégorie au même titre que les hommes, les handicapés, les blancs, les noirs, les chrétiens, les musulmans, les riches, les pauvres, les jeunes, les vieux, etc. Par contre, il est évident que la catégorie femme n'est pas une catégorie comme les autres parce qu'elle constitue la moitié de l'humanité,

---

[1] Conseil constitutionnel, *Décision n° 98-407 DC du 14 janvier 1999, Loi relative au mode d'élection des conseillers régionaux et des conseillers à l'Assemblée de Corse et au fonctionnement des Conseils régionaux*, J.O.R.F. du 20 janvier 1999, p. 1028. *Cf.* Annexes sur la France, Annexe 2.
[2] ATTAL-GALY (Yaël), *op. cit.*, p. 3.
[3] *Ibid.*, p. 3.

traverse toutes les autres catégories, constitue un état quasi immuable. Toutefois, l'argument de nombre est inopérant en matière de catégorisation. Que le groupe soit une majorité ou une minorité ne change en rien dans la qualification. Il en est de même de la transcendance et du caractère immuable. Faut-il ajouter aussi que dans une certaine mesure aucune catégorie n'est pareille à une autre. On peut donc transposer l'argument pour dire que les autres catégories ne sont pas des catégories comme les autres. Enfin, l'argument de Guy Carcassonne, selon lequel la division de l'humanité en deux groupes d'importance numérique égale offre le seul cas de catégorisation susceptible de s'accommoder avec l'unité de la République, est certes évident mais il faut considérer que l'interdiction de catégorisation ne vise pas seulement à garantir l'unité de la République mais aussi à garantir un traitement identique aux citoyens dans l'exercice de leurs droits. Aussi, si on prend l'interdiction de toute distinction catégorielle dans le sens de la sauvegarde de l'unité nationale, il faut souligner que pas plus que les femmes une catégorie minoritaire n'est pas susceptible de menacer cette unité.

Paragraphe II. Les féministes différencialistes pour la parité

Contrairement aux féministes universalistes qui soutiennent la thèse assimilationniste de l'humanité en un universel abstrait afin de garantir l'égalité de droit entre les individus et éviter toute distinction discriminatoire entre eux, les féministes différentialistes postulent la reconnaissance de la différence homme-femme au sein de l'universalisme afin que celui-ci cesse de s'identifier à un seul sexe. Donc à l'universalisme abstrait, les féministes différentialistes souhaitent substituer l'universalisme de la différence des sexes pour lutter efficacement contre les discriminations dont sont victimes les femmes. Sauf que les féministes universalistes considèrent que *« si l'on inscrit dans la loi la différence sexuelle, cela signifiera que les hommes et les femmes sont différents ; or, pendant des siècles, on a utilisé l'argument de la différence sexuelle pour justifier l'exclusion des femmes, leur infériorité et toutes les discriminations qu'on leur a fait subir »*[1]. Les féministes différencialistes souscrivent aussi à ce constat mais ils estiment que les choses ont évolué depuis et qu'il n'y a plus de risque de retour en arrière de ce genre. Il s'agit là pour eux d'une fausse crainte. La parité a pour but d'éviter ce danger dans la mesure où elle vise à *« rendre effective une égalité politique qui n'existe à l'heure actuelle que dans le droit »*[2].

La différence de vues est claire. À la lutte pour l'indifférenciation dans le droit et la construction d'une commune identité entre les êtres humains des féministes universalistes, les féministes différencialistes opposent la

---

[1] MOSSUZ-LAVAU (Janine), *op. cit.*, p. 73.
[2] *Ibid.*, p. 73.

différenciation dans le droit et l'affirmation de l'irréductibilité des identités féminine et masculine.

Antoinette Fouque résume ainsi la philosophie des féministes différentialistes : « *Égalité et différence ne sauraient aller l'une sans l'autre ou être sacrifiées l'une à l'autre. Si on sacrifie l'égalité à la différence, on revient aux positions réactionnaires des sociétés traditionnelles, et si on sacrifie la différence des sexes avec la richesse de vie dont elle est porteuse, à l'égalité, on stérilise les femmes, on appauvrit l'humanité tout entière.* »[1]

Les féministes différentialistes défendent l'universalisme de la différence des sexes comme l'universalisme véritable et la parité comme moyen de réalisation de cet universalisme.

I – Le droit et la prise en compte de la différence des sexes

Il est revenu aux féministes différentialistes paritaires de théoriser la nouvelle philosophie sur la base de laquelle sera fondée la parité. Ce faisant, ils vont partir de la thèse de la fausse neutralité de l'universalisme abstrait pour postuler un nouvel universalisme. Cependant, comme les républicains universalistes, ils ne vont pas dénoncer l' « universalisme principe ». Ils vont soutenir seulement que ce principe a été formulé au masculin et qu'il doit trouver son accomplissement dans son extension concrète aux femmes.

Pour Sylviane Agacinski[2], « *dans la mesure où l'universalisme abstrait neutralise la différence des sexes, il est aussi peu compatible avec une politique qui voudrait transformer les rapports des sexes entre eux qu'avec une stratégie qui prétendrait redéfinir la place des femmes au sein de la vie sociale* ». Cette conclusion se comprend mieux en se référant à sa question suivante : « *Comment dénoncer et combattre une injustice qui frappe spécialement les femmes [...] si la catégorie des femmes est juridiquement et politiquement illégitime ?* »

Au-delà des femmes, on peut se demander si pour lutter contre les discriminations dont est victimes un groupe quelconque il faut nommer ce groupe. Nous estimons que la meilleure façon de lutter contre les discriminations structurelles qui frappent des groupes spécifiques est de les nommer. Seulement, cette nomination doit s'inscrire dans le cadre d'une action positive non différentialiste et rester exceptionnelle et limiter dans le temps. Pour les femmes, on peut concevoir l'inscription de la différence sexuelle dans l'universalisme par souci d'équité afin de lutter efficacement contre les inégalités structurelles dont elles sont victimes. En dehors de cette nécessité, force doit rester à l'universalisme dans sa forme abstraite.

---

[1] Cité par MOSSUZ-LAVAU (Janine), *op. cit.*, pp. 71-72.
[2] AGACINSKI (Sylviane), *Politique de sexe, précédé de mise au point sur la mixité,* Paris : Éditions du Seuil, Collection Points, 2002, p. 102.

C'est pareille nécessité qui a conduit à l'introduction du principe de parité dans la Constitution mais non pas en tant que mesure d'action positive traditionnelle mais comme principe nouveau. Sur ce point, Françoise Gaspard souligne que *« parce que les femmes ont été soustraites, en raison de leur sexe, du corps politique à l'origine de la démocratie et que cette exclusion a été fondée en principe, c'est en tant que femmes, dans un rapport d'absolue égalité, qu'elles doivent être présentes dans les assemblées élues. Et cette réintégration doit se faire, aussi, par principe »*[1].

Pour Françoise Gaspard, l'intégration par principe des femmes à la vie politique doit être la réponse à leur exclusion par principe. Les tenantes de cette solution la tiennent aussi comme ressortissant d'une logique objective qui ne peut s'appliquer que dans les rapports de sexes. Elles considèrent que *« la différence des sexes n'est pas une différence comme les autres, mais une différence fondatrice qui fait que l'humanité est plurielle, et que l'on peut penser à la fois son unité et sa diversité »*[2].

Partant de la théorie de la valence différentielle des sexes de Françoise Héritier selon laquelle *« la différence des sexes, comme donnée naturelle biologique, fournit une structure générale que toutes les cultures vont traduire, chacune à sa façon. La nature donne la différence, et la lecture de cette différence produit cet alphabet symbolique universel qu'est le couple masculin/féminin, avec lequel chaque culture « fait des phrases ». »*, Sylviane Agacinski soutient qu' *« à partir de son « ancrage » biologique, la différence masculin/féminin constitue un modèle structurant universellement les sociétés, quoique les valeurs et les contenus donnés à cette différence soient culturellement variables »*[3]. D'où l'idée selon laquelle *« il y a autant de naïveté à vouloir ramener les sexes à la nature seule qu'à dénoncer dans leur différence le simple fait d'une construction historique arbitraire. La différence des sexes est bien réelle, elle relève des données physiques naturelles ; simplement, dans sa naturalité, elle est insignifiante. Elle n'a de sens que cultivée. Donc déjà interprétée, déjà déguisée »*[4].

Par conséquent, la différence sexuelle n'est pas assimilable aux autres différences. Pour s'en rendre compte, il suffit de voir que *« l'accès aux droits et les conditions d'exercice sont différenciés pour les hommes et pour les femmes en raison des conditions de socialisation et des rapports sociaux de sexe qui traversent toutes les sphères de la vie en société »*. Ce qui démontre *« que la personne humaine est « genrée » »*[5]. Affirmer cela, c'est

---

[1] GASPARD (Françoise), « De la parité : genèse d'un concept, naissance d'un mouvement », *Nouvelles questions féministes,* 1994, vol. 15, N°4, pp. 39-44.
[2] DELPHY (Christine), *op. cit.*, p. 162.
[3] AGACINSKI (Sylviane), *op. cit.*, pp. 43-44.
[4] *Ibid.*, p. 43.
[5] VOGEL-POSLSKY (Éliane), « Genre et droit : les enjeux de la parité », *Cahiers du GEDISST*, 1996, N°17.

« qualifier sur le plan juridique le caractère universel de la dualité sexuelle et des rapports sociaux des sexes qu'elle engendre »[1]. Il s'en suit que *« si la différence des sexes fait ainsi partie de l'universel, la prise en compte de la dimension du sexe non seulement n'est pas contradictoire avec l'universalisme mais devient au contraire la condition d'un universalisme véritable »*[2].

C'est aussi la position de Sylviane Agacinski qui écrit que *« prendre en compte théoriquement et pratiquement, la différence des sexes ne représente ainsi aucun abandon de l'universel mais, au contraire, permet de reconnaître le contenu concret et différencié de l'universel »*[3]. Finalement, *« la question n'est donc pas d'être « pour ou contre » l'universel, mais de lui donner son sens concret, tandis que l'universalité abstraite ne retient de l'humanité que ce qu'il y a de plus général et de plus formel »*[4].

La démonstration de l'universalisme de la différence sexuelle vise à inscrire la revendication de parité dans le cadre des principes républicains pour la faire accepter par les adversaires de la parité. Cette démonstration sera complétée par celle des implications concrètes de la parité.

II – La défense de la parité comme moyen de réalisation de l'universalisme véritable

La base théorique de l'universalisme de la différence des sexes ci-dessus décrite est une étape du travail de construction des féministes différentialistes. Cette étape franchie, ils s'attelèrent à théoriser le nouveau principe réclamé : celui de parité. La parité est présentée par ses promotrices non pas comme l'inscription de la différence sexuelle dans le droit comme le prétendent ses adversaires mais comme l'inscription de la dualité sexuelle dans le droit. L'opposition entre les deux conceptions ne se comprend qu'en se référant à l'histoire pour la première et à la nouvelle rhétorique de parité pour la seconde. Ce sont les féministes universalistes qui prennent la parité comme l'inscription de la différence sexuelle dans le droit qui s'y oppose en raison du précédent de pareille inscription. Ils considèrent que dans la mesure où *« la prise en compte du genre par le droit a servi pour l'essentiel à organiser l'infériorité juridique des femmes »*[5] l'inscription de la parité homme-femme aura la même conséquence. Au contraire, les défenseurs de la parité ne la prennent pas comme l'inscription de la différence sexuelle dans le droit mais comme celle de la dualité sexuelle. Ils considèrent que l'introduction du principe de parité dans la Constitution ne peut pas conduire

---

[1] *Ibid.*
[2] LOCHAK (Danièle), *op. cit.*, pp. 100-101.
[3] AGACINSKI (Sylviane), *op. cit.*, p. 101.
[4] AGACINSKI (Sylviane), *op. cit.*, p. 102.
[5] AGACINSKI (Sylviane), *op. cit.*, p. 61.

à essentialiser les femmes et par conséquent à hiérarchiser les rapports sociaux des sexes. Les explications d'Éliane Vogel-Poslsky[1] permettent de comprendre la différence entre les deux : « *La différence met l'accent sur l'antagonisme, l'opposition, la hiérarchie des sexes : elle est source d'exclusion ou de domination. La dualité sexuelle met l'accent sur la parité, c'est-à-dire sur l'égale valeur en dignité et en droits des deux composantes de l'humain. Certes, la différence sexuelle, inscrite dans le droit et les institutions, a, par le passé, justifié et maintenu la suprématie masculine, le mépris du « sexe faible » ou « imbécile ». En revanche, la dualité sexuelle inscrit dans le droit la reconnaissance du genre, c'est-à-dire l'existence de rapports sociaux de sexe dont il faut tenir compte pour construire une égalité de statut de personnes humaines sexuées* ».

La parité n'est pas l'inscription de la différence des sexes dans le droit selon ses promotrices mais elle appréhende cette différence en lui donnant un sens nouveau. L'appréhension de la différence sexuelle a pour but de permettre aux femmes d'accéder à égalité avec les hommes à la vie politique.

Ainsi, elle constitue « *à la fois une nouvelle approche de la différence des sexes, en lui donnant un sens politique, et une nouvelle approche de la démocratie en la chargeant de réaliser l'égalité des sexes non seulement mieux mais autrement* »[2]. En effet, en tant qu' « *interprétation politique de la différence des sexes* » la parité « *cesse d'être le prétexte à une ségrégation pour devenir la légitimation d'un partage. La parité pose que l'intérêt pour la chose publique et les responsabilités qui s'y attachent reviennent également aux hommes et aux femmes. Ce partage constitue une prise en compte de la différence des sexes qui n'est pas une hiérarchisation, selon les schémas traditionnels, mais qui n'est pas non plus une neutralisation, selon la conception universaliste* »[3].

Il y a donc une différence fondamentale entre différence sexuelle et dualité sexuelle. La différence sexuelle relève de la nature tandis que la dualité sexuelle relève de l'institution. Seule l'inscription de la première dans le droit conduit à l'infériorisation des femmes. L'inscription de la seconde en ce qu'elle n'attribue pas de signification symbolique à la différence sexuelle n'entraîne pas une infériorisation des femmes. Elle ne se contente pas non plus d'un universalisme formel. Au contraire, en promouvant une participation égale des hommes et des femmes à la vie politique, elle vise à réaliser le contenu concret de l'universalisme. C'est pourquoi, Sylviane Agacinski invite à ne pas assimiler « *la différence entre les sexes, comme caractère naturel, et la politique des sexes, comme liberté*

---

[1] VOGEL-POSLSKY (Éliane), article précité.
[2] Sylviane AGACINSKI, *op. cit.*, p. 32.
[3] *Ibid.*, p. 204.

d'interpréter la différence et de régler les rapports entre les sexes » pour ne pas *« entrer dans un combat inutile avec la nature »*[1].

La parité c'est au final une nouvelle « invention démocratique » porteuse d'une philosophie qui transcende l'universalisme abstrait et la démocratie classique. Sylviane Agacinski montre cela en écrivant que *« ni l'idée d'égalité des droits, ni l'idée de démocratie ne font référence à un idéal de mixité effective des instances élues, encore moins à un partage égal ou équitable du pouvoir. Seule l'idée de parité contient cette exigence de partage : c'est en quoi elle est originale et parfaitement inédite, aussi bien du point de vue des principes que de la vie démocratique elle-même »*[2].

L'« invention démocratique » ne transformerait donc pas la conception de la représentation démocratique telle que théorisée par les révolutionnaires. Selon Sylviane Agacinski, *« la question de savoir de qui on tient son mandat n'est pas en cause dans celle de la parité. Ce principe est celui d'une juste proportion des femmes et des hommes parmi les élus, mais il n'entraîne aucune division, aucune section des électeurs. Personne n'a jamais suggéré de pratiquer un vote séparé des hommes et des femmes, encore moins pour élire chacun leurs représentants. On ne doit pas invoquer ici la référence à la « section du peuple », puisqu'il n'y a pas de représentation séparée de chacun des sexes »*[3]

Conclusion du Chapitre

En dehors des assemblées parlementaires, la légitimation et la dé-légitimation militante, médiatique et scientifique de la parité ont pris, autour de la décision du Conseil constitutionnel, une tournure philosophico-théorique d'un niveau rarement atteint en France. Trois raisons expliquent cela. Premièrement, la revendication a émergé après la censure par le Conseil constitutionnel de la première loi sur les quotas. Deuxièmement, les autres voies de légitimation se sont révélées théoriquement funestes et/ou pratiquement impossibles à défendre. Troisièmement, les principes invoqués par le Conseil constitutionnel pour s'opposer à l'instauration des quotas ont été eux aussi idéologiquement construits et se sont imposés avec la force idéologique de départ comme fondement essentiel de la République et de son droit. C'est ce qui a fait que toute demande tendant à leur dépassement devrait d'abord reconnaître leur part légitime.

À ce niveau, la confrontation entre les partisans et les adversaires de la parité déboucha sur une double impasse : impasse théorique des arguments des premiers et impasse pratique des arguments des seconds. Malgré cette

---

[1] *Ibid.*, p. 79.
[2] *Ibid.*, p. 203.
[3] *Ibid.*, p. 208.

double impasse, ils étaient tous d'accord sur la nécessité de faire quelque chose pour permettre une meilleure participation des femmes à la vie politique. L'opinion publique était elle aussi majoritairement d'accord sur cette nécessité. Les politiques se virent alors contraints d'agir. C'est ainsi que le Président de la République a, sur proposition du Premier ministre, soumis au Parlement un projet de révision constitutionnelle adopté en Conseil des ministres le 17 juin 1998. C'est l'issue de ce projet qui départagera les deux camps.

Chapitre II -
Le Sénégal. Universalisme versus tradition et « droit positif »

La revendication de la parité a émergé au Sénégal avant la décision du 27 avril 2007 du Conseil constitutionnel censurant la première loi sur la parité. Avant cette décision, la stratégie de légitimation a consisté essentiellement à démontrer, d'une part, que la parité cadre parfaitement avec les valeurs socio-historiques du Sénégal et, d'autre part, à expliquer que les engagements internationaux de l'État inclus dans le préambule de la Constitution l'obligent à prendre des mesures en faveur d'une meilleure participation des femmes à la vie politique. Cette décision a ensuite entraîné des prises de position en soutien et en contestation. Les défenseurs et les adversaires de la parité relevèrent le mimétisme de la décision du Conseil constitutionnel du Sénégal avec celle du Conseil constitutionnel français mais l'apprécièrent différemment. Les premiers regrettèrent que le Conseil constitutionnel se soit contenté de reproduire la décision du Conseil constitutionnel français du 18 novembre 1982 alors que la Constitution du Sénégal permet l'adoption des mesures de discrimination positive en faveur des femmes. Ils soutinrent aussi que la parité est conforme aux règles traditionnelles de partage du pouvoir au Sénégal. Les seconds avancèrent que la décision du Conseil constitutionnel est juridiquement fondée et que la parité est dangereuse pour le pays en raison de sa fragilité. Les tenants de ces arguments étaient très peu nombreux. Ils soutinrent la décision du Conseil constitutionnel mais ne cherchèrent pas à trouver de fondements historiques aux principes universalistes qui y servirent de base. Or il se trouve que l'universalisme a une histoire au Sénégal. Il a été affirmé pour mettre fin au « différencialisme » qui prévalait dans la société traditionnelle et dans la société coloniale sénégalaises. C'est à ces fondements historiques qu'il faut partir pour comprendre l'universalisme au Sénégal et, partant, la décision du Conseil constitutionnel du 27 avril 2007.

Nous allons donc aborder, en premier lieu, la décision du Conseil constitutionnel au prisme de l'histoire sociale du Sénégal **(Section I)** et, en second lieu, la dénonciation de cette décision par les défenseurs de la parité en tant qu'elle constitue un obstacle au progrès de la parité au Sénégal **(Section II)**.

Section I. La décision du Conseil constitutionnel, au prisme de l'histoire sociale du Sénégal

La décision N°1/C/2007 du 27 avril 2007 du Conseil constitutionnel du Sénégal reproduit quai-identiquement la décision du 18 novembre 1982 du Conseil constitutionnel français. Au-delà de cette décision, il faut reconnaître que les Constitutions des pays francophones de l'Afrique noire reproduisent en grande partie l'esprit et la lettre de la Constitution française.

Ce phénomène de reproduction des textes élaborés ailleurs a conduit « *la plupart des chercheurs, spécialistes de droit comparé* », à la conclusion « *que l'étude des droits africains* » dans le domaine constitutionnel et « *en droit public en général, serait de peu d'intérêt, car ils ne représenteraient que de simples prolongements des droits des pays industrialisés et plus spécialement des anciennes métropoles* »[1]. Les mêmes personnes soutiennent que les droits africains « *ne seraient en outre que le produit d'une influence générale et omniprésente de modèles et conceptions élaborés ailleurs* » et ne présenteraient, de ce fait, que « *des fonctions purement symboliques* »[2]. Toutefois, cette conception n'est pas partagée par tous notamment par « *les tenants de la spécificité à tout prix du droit en Afrique qui refusent à ce titre l'idée même de mimétisme* »[3]. En réalité, chacune de ces positions comporte un déni. Les droits africains en ce domaine reproduisent les principes et des textes élaborés ailleurs mais ne manquent pas de spécificité. Ce n'est d'ailleurs pas une particularité africaine parce que les avis convergent pour reconnaître avec Jean Rivero « *que les phénomènes d'imitation marquent et ont toujours marqué la création des systèmes juridiques. Selon les mots de Périclès, rares sont les régimes politiques qui* « *ne se sont pas proposés pour modèle les lois d'autrui* » »[4].

La similitude des textes constitutionnels des pays francophones d'Afrique noire avec ceux de la France entraîne généralement celle des jurisprudences des juridictions constitutionnelles. L'avance temporelle du législateur et du juge constitutionnel français sur ceux du Sénégal et plus généralement de l'Afrique noire francophone dans certaines matières donne souvent l'impression que ceux-ci ne font qu'emprunter mécaniquement aux premiers. Cette impression transparaît dans la décision sur la parité.

Sur le plan de la stricte légalité, Maurice Dione trouve la décision du Conseil constitutionnel fondée, estimant qu'à partir du moment où les dispositions juridiques sont les mêmes « *des problèmes techniques posés en des termes identiques, peuvent trouver les mêmes solutions techniques* »[5]. Il

---

[1] GAUDUSSON (Jean du Bois de) ; CONAC (Gérard) et DESSOUCHES (Christine), *Les constitutions africaines publiées en langue française,* Tome 2, Paris ; Bruxelles : La documentation française ; Bruylant, Collection Retour aux textes, 1998, p. 10.
[2] *Ibid.*, p. 10.
[3] DARBON (Dominique) ; GAUDUSSON (Jean du Bois de), Avant-propos à DARBON (Dominique) ; GAUDUSSON (Jean du Bois de), Sous la direction de, *La création du droit en Afrique,* Paris : Karthala Collection Hommes et sociétés, 1997, p.7-9.
[4] GAUDUSSON (Jean du Bois de), « Les nouvelles constitutions africaines et le mimétisme », In Dominique DARBON et alii., Sous la direction de, *op. cit.*, pp.309-312.
[5] DIONE (Maurice Soudieck), article précité.

la défend aussi contre la parité qu'il trouve malvenue *« dans un contexte encore marqué par le pluralisme juridique et normatif, où l'État subit les contrecoups des allégeances autres que démocratiques et citoyennes : des allégeances ethniques, religieuses, et régionales... »*[1]. Il ajoute : *« Car si l'on commence à accorder des quotas dans tous les lieux de décision sur la base de critères identitaires-ce que consacre la parité sur la base de l'identité sexuelle, en sacrifiant la méritocratie-, ne risque-t-on pas de créer un fâcheux précédent ? Car dans cette logique, qui sait, si un jour les mourides demanderont leur quota, les tidianes leur quota, les layènes leur quota, les diolas leur quota, les bassari et les manjaques, parce qu'étant des ethnies minoritaires, leur quota, et pourquoi pas les catholiques, dans un pays composé à 95% de musulmans ; en se fondant éventuellement sur la Déclaration des Nations-Unies pour l'élimination de toutes les formes d'intolérance et de discrimination fondées sur la religion de 1981, puisque le texte a le mérite d'exister ; et que dire alors des animistes, peu nombreux, mais qui sont également des citoyens à part entière, etc. »*[2]

Outre le soutien à la décision pour sa cohérence juridique, Maurice Dione agite le spectre communautariste comme cela a été fait en France par les républicains universalistes. Les communautés dont il craint la formation au Sénégal diffèrent cependant de celles dont la constitution est redoutée en France. La liste qu'il a fournie est assez exhaustive mais elle n'est pas limitative. En revanche, contrairement à ce qui a été fait en France, il ne s'aventure pas dans la recherche de fondements historiques des principes invoqués par le Conseil constitutionnel pour légitimer son soutien à sa décision. Pourtant, ils ne manquent pas de tels fondements. Seulement, les travaux de recherche se limitent généralement à souligner ou contester l'aspect matériel de leur reproduction mimétique et des usages concrets qui leur sont faits. Nous interrogerons donc d'abord les fondements historiques du « différencialisme » au Sénégal **(Paragraphe I)**. Nous allons ensuite interroger l'universalisme qui servit de fondement à la décision du Conseil constitutionnel **(Paragraphe II)**.

<u>Paragraphe I.</u> Les fondements historiques du « différencialisme » au Sénégal

Faute de données sur les intentions réelles des premiers constituants, il y a lieu de porter le regard sur le contexte historique de l'élaboration de la première Constitution pour comprendre les fondements historiques des dispositions invoquées. Ce faisant, on s'aperçoit que la structure des rapports sociopolitiques dans la société traditionnelle sénégalaise **(I)** et dans la société coloniale sénégalaise **(II)** pourrait leur servir de fondements historiques. À

---

[1] *Ibid.*
[2] *Ibid.*

notre connaissance, aucune étude ne s'est encore intéressée à cette question sous l'angle juridique.

I – L'inégalité des rapports sociopolitiques dans la société traditionnelle

Selon Rodolfo Sacco, « *l'Afrique traditionnelle était le pays des différences de traitement, au moins autant que l'Europe du XIVe siècle, et plus encore* »[1]. Cette remarque ne peut s'appliquer au moins aux rapports entre les sexes[2] même s'il faut reconnaître qu'au Sénégal « *l'individu recevait à la naissance un statut social déterminé grâce auquel il jouissait de certains droits et privilèges dont les autres membres de la société étaient privés* »[3]. Ainsi, il pouvait se trouver à la naissance, par l'effet du hasard, dans l'une des trois catégories fondamentales que comportait la société traditionnelle wolof à savoir les *géér* (non artisans nobles ou simplement libres), les *ñeeño* (castes et artisans) et les *jaam* (esclaves).

Cette classification n'épouse pas l'analyse binaire que fait Abdoulaye-Bara Diop[4] de la société traditionnelle wolof qui trouve que celle-ci est structurée en castes et en ordres. Les deux systèmes relèvent des réalités différentes. « *Le système de caste est étroitement lié - bien que partiellement- à la division du travail* » alors que « *le système d'ordre se réfère nettement au pouvoir politique* »[5]. « *L'un et l'autre définissent des catégories sociales qui ne coïncident pas, même si les deux systèmes interfèrent et s'influencent réciproquement* »[6]. Suivant le système de caste, on retrouve les *géér* (non artisans) et les *ñeeño* (artisans). Suivant le système d'ordre, on retrouve les *gor* appelés aussi *jàmbur* (nobles et hommes simplement libres) et les *jaam* (esclaves). Dans l'un et l'autre système, chaque catégorie comporte des subdivisions. Aussi pertinente que soit structurellement cette division binaire, aucun système ne permet seul d'appréhender la société traditionnelle wolof dans sa complexité. En outre, l'idée selon laquelle cette société est essentiellement constituée de castes est loin d'être partagée par tout le monde. C'est le cas de Tamari Tal qui laisse apparaître son point de vue à travers le titre même de son ouvrage *"Les*

---

[1] SACCO (Rodolfo), avec la collaboration de GUADAGNI (Marco) ; ALUFFI BECK-PECCOZ (Roberta) ; CASTELLANI (Luca), Traduit de l'italien par CANNARSA (Michel), *Le droit africain. Anthropologie et droit positif*, Paris : Dalloz, Collection A droit ouvert, 2009, p. 154.
[2] DIOP (Cheikh Anta), *L'unité culturelle de l'Afrique noire : Domaines du patriarcat et du matriarcat dans l'Antiquité classique*, Paris : Présence africaine, 1959, 203 p.
[3] HESSELING (Gerti), Traduit par MIGINIAC (Catherine), *op. cit.*, p. 199.
[4] DIOP (Abdoulaye-Bara), *La société wolof : tradition et changement : les systèmes d'inégalité et de domination*, Paris : Karthala, 2012, 355 p.
[5] *Ibid.*, p.33.
[6] *Ibid.*, p.33.

castes de l'Afrique occidentale : Artisans et musiciens endogames' »[1]. Ce point de vue est conforme à l'usage populaire du terme de « caste » pour désigner les artisans et musiciens endogames en Afrique de l'Ouest en général et au Sénégal en particulier. Compte tenu de cette complexité, la classification en trois catégories fondamentales (*geer, ñeeño* et *jaam*) est celle qui sera retenue. Cette classification correspond à ce que l'on retrouve au Mali pays qui a la particularité d'être avec le Sénégal les principaux foyers d'expansion du système de caste en Afrique de l'Ouest. Chez les bambara du Mali, les *géér* sont appelés *horon* ou *ton'tigui*, les *ñeeño nyamakala* et les *jaam djon*. Cet ordre correspond à la hiérarchie qui caractérise ces catégories et qui serait mieux perçue en étudiant séparément les trois. Elles seront abordées dans l'ordre décroissant suivant : les *géér* **(a)**, les *ñeeño* **(b)** et les *jaam* **(c)**.

a) **Les *géér***

La société anté-wolof et anté-mandingue n'étaient pas subdivisées en trois catégories fondamentales. On naissait simplement homme ou femme et on pouvait s'adonner à l'activité de son choix sans que l'exercice de cette activité donne lieu à un déclassement social. L'apparition de ces noms et l'attribution à chaque nom de symboliques particulières sont liées au besoin d'organisation et de domination consécutif à l'apparition des communautés humaines organisées. Ainsi, parlant d'un sous-groupe de *ñeeño*, les *ñoole*, Abdoulaye-Bara Diop rapporte que ses informateurs révèlent qu'ils étaient avant des *géér* mais qu' *« ils se sont déconsidérés, par la suite, à cause des basses fonctions qu'ils ont exercées en devenant courtisans, serviteurs, bouffons »* et *« en se faisant quémandeurs »*[2].

En dehors de ce cas, il est possible de situer l'apparition des premières castes dans le temps et de connaître les conditions dans lesquelles certaines sont apparues. Quant aux esclaves, ils sont apparus antérieurement aux castes. La formation du groupe supérieur *géér* ou *horon* serait seulement la conséquence de la réduction des autres groupes. Toute la hiérarchie sociale au Mali et au Sénégal, y compris à l'intérieur des groupes, découle de là.

Une grande hétérogénéité caractérise le groupe supérieur *géér* au Sénégal. Le seul point commun aux membres de ce groupe est leur activité professionnelle. *« Ce sont des non artisans ; leur spécialisation professionnelle est, peut-on dire, négative : agriculture, élevage, pêche, etc.*

---

[1] TAL (Tamari), *Les castes de l'Afrique occidentale : Artisans et musiciens endogames*, Nanterre : Société d'ethnologie, Collection Sociétés africaines, 1997, 463 p.
[2] DIOP (Abdoulaye-Bara), *op. cit.*, p. 48.

Mais ils étaient généralement paysans, les deux dernières activités étant secondaires, marginales »[1].

Sur le plan politique, *« chez les gor ou jàmbur apparaît l'opposition buur/baadolo ; les buur sont les chefs qui détiennent le pouvoir ou peuvent y accéder ; les baadolo, les sujets qui subissent le pouvoir et ne peuvent y prétendre. En termes d'ordres – et non plus de simple statut politique -, nous avons d'une part, les garmi, la noblesse au sein de laquelle se recrutent les buur, les souverains ; de l'autre, les baadolo qu'il faut, alors, appeler « gens du peuple » »*[2].

Les *géér* constituent le groupe supérieur de la société traditionnelle wolof. Ils sont suivis des *ñeeño* qui forment le groupe intermédiaire en termes de hiérarchie formelle.

b) Les *ñeeño*

Les *ñeeño* forment la catégorie traditionnelle des gens de caste au Sénégal. Pour Tamari Tal, *« une analyse des traditions orales, menée conjointement avec celle des sources arabes, permet de situer les origines des premiers griots et forgerons mandingues dans un cadre chronologique assez précis : entre la fondation de l'empire du Mali (vers 1225-1250) et 1300 »*[3]. Il souligne que *« par ailleurs, les sources écrites permettent d'établir des dates précoces pour l'émergence des griots Wolof (avant 1500), comme des maabuube (griots-tisserands) et des Jaawanbe peuls »*[4].

Les conditions de formation des premiers groupes de caste connus demeurent ambiguës. Dans l'Empire du Mali, la formation des premiers groupes de caste pourrait être le fait d'une alliance perpétuelle conclue entre les ex-dirigeants Sosso, l'empire aux dépens duquel celui du Mali s'est formé, et les nouveaux leaders de cette nouvelle entité dont les termes seraient gardés secrets.

Les conditions de formation de certains clans de caste postérieurs aux premiers étayent cette hypothèse. Au Mali, *« certaines relations liant des clans nobles et des clans nyàmakala sont nées, très précisément, des alliances solennelles contractées dans des conditions d'inégalité – et marquées sans doute par un transfert unilatéral de sang. 1) Un premier thème est commun aux deux sortes de récits : l'absorption de la chair de « l'ainé » (ou du noble) par le cadet (ou nyàmakala). 2) Le deuxième est l'absorption du sang de l'ancêtre d'un clan (le clan noble) par l'ancêtre de l'autre clan (le futur clan nyàmakala). 3) Un troisième thème, l'échange de*

---

[1] *Ibid.*, p. 34.
[2] *Ibid.*, p. 115.
[3] TAL (Tamari), *op. cit.*, p. 78.
[4] *Ibid.*, p. 78.

sang effectué cérémoniellement par les ancêtres de chacun des deux clans, apparaît presque exclusivement dans les récits portant sur l'origine des alliances à plaisanterie »[1].

L'exercice de métiers rattache presque toujours à une caste. C'est ce qui fait qu'il y a presque autant de métiers que de groupes de caste. « Les plus courants » des groupes de caste *« sont ceux de forgeron, de musicien-loungeur-traditionniste ou griot, et d'artisan du cuir, mais il y a aussi des tisserands, des bûcherons-menuisiers, des orfèvres, des fondeurs de cuivre, des bouffons et des spécialistes des chants religieux musulmans »*[2].

Cependant, si l'exercice de métiers rattache à une caste l'absence d'exercice de la part de quelqu'un qui en fait partie ne lui permet pas d'en sortir parce que l'appartenance à la caste a un caractère perpétuel. En outre, contrairement aux *géér* qui ne peuvent devenir artisans sauf à perdre leur statut, les *ñeeño* peuvent exercer les mêmes activités, à l'exception de l'exercice du pouvoir et plus généralement de la chefferie, que les *géér* sans conséquence sur leur statut.

L'infériorité des *ñeeño* est matérialisée de quatre façons. Ils ne peuvent prétendre au pouvoir politique ni devenir chef à quelque titre que ce soit sauf en absence d'hommes libres. *« Ainsi, un homme de caste peut devenir chef dans un village peuplé entièrement par des gens de caste et leurs esclaves, mais ne pourra jamais devenir chef d'un village comprenant des hommes libres »*[3]. À cet interdit s'ajoute celui du mariage. Ils ne peuvent se marier avec les *géér*. Ils sont aussi interdits de prendre part à la guerre mais peuvent y participer pour motiver les troupes et raconter après les hauts faits qui s'y sont déroulés. Enfin, ils sont considérés et se considèrent eux-mêmes comme les serviteurs des autres qui les comblent en retour de bienfaits.

c) Les *jaam*

Les *jaam* (esclaves) occupent le niveau le plus bas de l'échelle sociale dans la société traditionnelle wolof. L'apparition des esclaves se situe difficilement dans l'histoire. Abdoulaye-Bara Diop affirme pour le Sénégal que *« l'esclavage a certainement existé avant la monarchie, à l'époque du lamanat par exemple – comme dans des sociétés patriarcales -, même s'il ne devait pas être très développé, comparativement à ce qu'il sera avec la naissance d'un pouvoir centralisé »*[4].

La société monarchique wolof comprenait deux catégories d'esclaves, *« jaami-buur/jaami-baadoolo (esclaves de la couronne/esclave des gens du*

---

[1] *Ibid.*, p. 134.
[2] *Ibid.*, p. 31.
[3] TAL (Tamari), *op. cit.*, p. 46.
[4] DIOP (Abdoulaye-Bara), *op. cit.*, p. 115.

peuple), selon le statut de leurs maîtres »[1]. En raison du fait que *« la condition voire le statut des esclaves se défissent en fonction du statut politique de leurs maîtres ; les jaami-buur, qui participent, au pouvoir sont non seulement supérieur aux jaami-baadoolo mais aussi aux baadoolo eux-mêmes »*[2].

Le décret du 27 avril 1848 consacre certes l'abolition de l'esclavage dans les colonies françaises mais l'émancipation des esclaves a mis du temps à devenir effective au Sénégal et dans les pays francophones de l'Afrique de l'Ouest à cause de la réticence à la fois de la France et des chefs locaux. La France était réticente parce que non seulement l'émancipation immédiate des esclaves aurait porté un coût dur à son économie mais aussi parce qu'elle aurait assez de mal à imposer cette émancipation aux chefs locaux. Dans le premier cas, *« un document officiel précisait : « Il ne faut pas perdre de vue qu'en Afrique, dans les régions où commence à s'établir notre autorité, à prospérer notre commerce, à quelques exceptions près, l'homme libre ne travaille pas. » »*[3] Dans le second cas, il est à noter que *« deux mois à peine après l'acte d'abolition officielle des esclaves de Saint-Louis, le 23 juin 1848, le roi de Trarza envoya des émissaires à tous les chefs de la Sénégambie, les incitant à la révolte ».*[4] L'opposition à l'abolition est restée permanente des décennies après comme en témoigne le fait que *« quand Brière de l'Isle, gouverneur du Sénégal, envisagea en février 1880 d'émanciper les « captifs » du Ndiender, le commandant supérieur du 2ème arrondissement estima qu'il faudrait l'intervention d'un fort détachement de cavalerie pendant cinq ou six mois »*[5].

L'émancipation des anciens esclaves, devenue effective avant l'accession du Sénégal à l'indépendance, a entraîné l'incorporation des membres de cette catégorie à la catégorie supérieure. La colonisation a également contesté le système de caste, le colon ne faisant aucune distinction entre les ñeeño et les autres mais celui-ci lui a survécu. D'abord, une étude récente a montré que les interdits de mariage entre les personnes de caste et les autres sont généralement observés dans ces deux pays. D'après Tamari Tal[6], *« les mariages entre gens de caste et gens de couche noble sont rarissimes chez les Wolof comme chez les Bambara de la région de Baninko et les Soninké du Dyahunu ».*

Pourtant, l'idéologie de caste est remise en cause par l'Islam, religion de plus de 90% des Maliens et des Sénégalais. À ce sujet, Cheikh Muusaa

---

[1] *Ibid.*, p. 116.
[2] *Ibid.*, p. 116.
[3] DIOP (Mayhemout), *Histoire des classes sociales dans l'Afrique de l'Ouest. II. Le Sénégal*, Paris : François Maspero, Collection "Les textes à l'appui/sociologie", 1972, p. 30.
[4] *Ibid.*, p. 31.
[5] *Ibid.*, p. 31.
[6] TAL (Tamari), *op. cit.*, p. 71.

Kamara[1] écrit : « *Le Coran et la pratique du Prophète – Que la paix soit sur Lui – ne considère en ce qui concerne l'égalité que la religion… Ils n'ont considéré ni la généalogie, ni le métier, ni la richesse, ni la caste. Ainsi, il est permis à l'esclave d'épouser une femme de condition libre. Le prophète lui-même a donné l'exemple en faisant marier Zeynaba de la tribu quoraïchite* [celle du Prophète] *à Zayd, esclave adoptif* ».

Cependant, même les grands marabouts observent généralement l'interdit de mariage avec les *ñeeño*. Par conséquent, même si les grands marabouts *ñeeño* peuvent contracter des unions hypergamiques comme l'a fait « *Ibrahim Niass, célèbre marabout tidjani de Kaolack* »[2], « *les familles des grands marabouts géér refusent de s'allier à eux à cause de leur infériorité sociale et, à plus forte raison, avec d'autres ñeeño, même en unions hypergamiques* »[3].

La colonisation a mis au défi la société traditionnelle wolof mais elle a aussi institué un système inégalitaire.

II – L'inégalité des rapports sociopolitiques pendant la période coloniale

La contradiction est consubstantielle à l'ordre colonial. Il « *a été (avec des degrés différents suivant les époques, selon l'identité de la puissance coloniale, selon les lieux et la nature du rapport colonial) un défi à l'ordre africain établi* »[4]qu'il a profondément bouleversé. Pour autant, il ne fut lui-même bâti sur « *aucun vertueux égalitarisme juridique* »[5]. Au contraire, il s'inscrivait en totale contradiction avec les principes issus de l'universalisme proclamé en France par la Révolution de 1789. La Révolution s'était même un temps accommodée de l'une des contradictions les plus flagrantes avec les principes qu'elle a solennellement proclamés dans la Déclaration des Droits de l'Homme et du Citoyen en maintenant l'esclavage dans les colonies. La Constituante (1789-1791) fut amenée à s'intéresser à la question de l'esclave mais elle ne proclama que le principe libérateur du sol métropolitain. Ce principe impliquait, pour reprendre J.-J. Mounier, que : « *la France étant une terre libre, l'esclavage ne peut y être toléré et tout esclave est affranchi, de plein droit, dès le moment où il est entré en France* »[6].

---

[1] Cité par DIOP (Abdoulaye-Bara), *op. cit.*, p. 94.
[2] TAL (Tamari), *op. cit.*, p.233.
[3] DIOP (Abdoulaye-Bara), *op. cit.*, p. 97.
[4] SACCO (Rodolfo), *op. cit.*, p.155.
[5] *Ibid.*, p. 155.
[6] DURELLE-MARC (Yann-Arzel), « Sur la question coloniale durant la Constituante : l'idéal libéral à l'épreuve des colonies », In REGENT (Frédéric) ; NIORT (Jean-François) et SERVA

Finalement, « *il fallut attendre la période la plus radicale de la Révolution pour que l'esclavage soit aboli par le décret législatif du 16 pluviôse an II (4 février 1794), loi autant motivée, sinon plus, par l'inquiétude des événements de Saint-Domingue que par la reconnaissance sans équivoque d'un principe pourtant déjà établi par la Déclaration des droits de l'Homme* »[1].

Tout compte fait, cette première abolition ouvrit une période d'assimilation des populations métropolitaines et des populations des colonies. La Convention a prévu dans ce décret que « *l'esclavage des Nègres dans toutes les colonies est aboli : en conséquence elle décrète que tous les hommes, sans distinction de couleur, domiciliés dans les colonies, sont citoyens français, et jouiront de tous les droits assurés par la Constitution* »[2]. « *La Constitution directoriale de l'an III [1795]* » *constitutionnalise ce décret en son article 6 qui dispose que* « *les colonies françaises sont parties intégrantes de la République, et sont soumises à la même loi constitutionnelle* »[3]. Il s'en suit que « *les colonies de cette époque (Saint-Domingue, les Antilles françaises, Saint-Pierre-et-Miquelon, la Guyane et la Réunion) étaient donc peuplées des nationaux citoyens* »[4].

Ce régime ne dura cependant pas longtemps. L'esclavage sera rétabli sous le Consulat. Néanmoins, l'égalité de droit entre les populations métropolitaines et les personnes libres des colonies sera reconnue. En effet, « *sous le Consulat et l'Empire, la politique d'assimilation est abandonnée et l'esclave rétabli en 1802 (28 floréal an X). Il en est de même sous la Restauration et la Monarchie de Juillet. Mais la loi du 24 avril 1833 reconnaît à toutes les personnes libres, ressortissant des colonies la jouissance des droits civils et politiques* »[5]. Aux termes de l'article 1er de cette dernière loi, « *toute personne née libre ou ayant acquis légalement la liberté jouit, dans les colonies françaises : 1° des droits civils ; 2° des droits*

(Pierre), Sous la direction de, *Les colonies, la Révolution française, la loi,* Rennes : Presses universitaires de Rennes, Collection Histoire, 2014, pp. 51-67.

[1] BOULLE (Pierre H.), « Élaboration et pratique de la législation sur les Noirs en France au cours du XVIIIème siècle », In REGENT (Frédéric) et alii., Sous la direction de, *op. cit.*, pp. 21-40.

[2] REGENT (Frédéric), « Droit et pratique de la liberté générale en Guadeloupe (1794-1802) », In REGENT (Frédéric) et alii., Sous la direction de, *op. cit.*, pp. 125-145.

[3] NIORT (Jean-François) et RICHARD (Jérémy), « De la Constitution de l'an VIII au rétablissement de l'esclavage (1802) et à l'application du Code civil dans les colonies françaises (1805) : le retour d'un droit réactionnaire sous le régime napoléonien », In REGENT (Frédéric) et alii., Sous la direction de, *op. cit.*, pp. 165-177.

[4] BORELLA (François), « Nationalité et citoyenneté », In COLAS (Dominique) ; EMERI (Claude) ; GILBERGER (Jacques), Sous la direction de, *Citoyenneté et nationalité : perspectives et France et au Québec,* Paris : Presses universitaires de France, Collection Politique d'aujourd'hui, 1991, pp. 209-229.

[5] *Ibid.*, p. 209-229.

politiques dans les conditions prescrites par la présente loi »[1]. Cette loi concernait *« les habitants libres des Antilles, de Saint-Pierre-et-Miquelon, la Guyane et la Réunion »*[2] mais aussi ceux des villes de l'Inde et de l'ancien Sénégal[3].

Avant l'adoption de la loi du 24 avril 1833 survint en Algérie un événement qui va déterminer après l'abolition de l'esclave les rapports entre les populations métropolitaines et assimilées et celles des colonies pendant près d'un siècle. À la prise d'Alger, le traité de capitulation signé par le Maréchal de Bourmart et le Dey d'Alger, le 5 juillet 1830, dispose en son article 5 que le droit des différents groupes de ce territoire était intangible[4]. Par conséquent, *« chaque individu relevait de la juridiction qui appliquait les règles juridiques conformes à son statut religieux personnel »*[5]. À cette époque, l'esclavage n'était pas aboli et la loi du 24 avril 1833 qui accordait les mêmes droits civils et politiques aux populations métropolitaines et aux populations libres des colonies ne concernait pas l'Algérie.

Lorsqu'intervint le décret du 5 mars 1848[6] sur le suffrage universel, l'esclavage n'était pas toujours aboli dans les colonies. Le décret du 27 avril 1848[7] abolit l'esclavage et réaffirma le principe libérateur du sol français dans les colonies et possessions de la République. Ces deux décrets furent précisés par deux autres textes : *« l'« instruction du Gouvernement provisoire pour les élections dans les colonies, en exécution du décret du 5 mars 1848 »* et la *« circulaire ministérielle du 7 mai 1848 portant exécution du décret 27 avril »* qui fut adressée aux Commissaires généraux de la République dans les colonies atlantiques et à la Réunion »*[8]. Les deux étendirent la citoyenneté aux colonies. *« Au sujet des ex-esclaves des colonies représentées à l'Assemblée nationale (exception faite de l'Algérie représentée par les colons),* l'instruction précise qu'ils sont, sans transition, *« après la libération générale… devenus citoyens français »* ». De même, la

---

[1] LARCHER (Silyane), Préface BALIBAR (Étienne), *L'autre citoyen,* Paris : Armand Colin, 2014, p. 32.
[2] *Ibid.*, p. 209-229.
[3] *Ibid.*, p. 136.
[4] MANIÈRE (Laurent), *Le Code de l'indigénat en Afrique-Occidentale française et son application : le cas du Dahomey,* Thèse de doctorat en « Dynamiques comparées des sociétés en développement », Université Paris 7 Denis-Diderot, 2007, p. 33 et suivante.
[5] *Ibid.*, p. 34.
[6] GARRIGOU (Alain), « Le brouillon du suffrage universel. Archéologie du décret du 5 mars 1848 », In : Genèses, 6, 1991. *Femmes, genre, histoire,* Sous la direction de AGRI (Susanna) et VARIKAS (Éléni), pp.161-178./ http://www.persee.fr/doc/genes_1155-3219_1991_num_6_1_1100, consulté le 22 août 2017.
[7] Texte intégral sur http://www.senat.fr/evenement/victor_schoelcher/abolitions.html, consulté le 22 août 2017.
[8] LARCHER (Silyane), *op. cit.*, p. 128.

circulaire du 7 mai 1848 précise : « *A partir du jour de la libération générale, les esclaves deviendront des citoyens français* »¹.

Ainsi, la IIe République venait d'abolir l'esclavage et conférer la citoyenneté aux anciens esclaves « *dans les* « *vieilles colonies* » *(Antilles, Guyane et Réunion) [ainsi qu'à ceux], des territoires du Sénégal et de l'Inde sous domination française* »². Toutefois, « *seuls les anciens esclaves des Antilles, de la Guyane et de la Réunion passèrent, d'un même geste, de l'état d'esclave à celui d'hommes libres dotés des mêmes droits civils et politiques que les citoyens français de la métropole* »³. Pour satisfaire une demande locale, les populations du Sénégal se virent reconnaître une « *citoyenneté dans le statut* »⁴ c'est-à-dire la reconnaissance des droits politiques sans être soumis au Code civil. Toute autre fut la situation des Algériens. En effet, le traité de capitulation d'Alger et l'abolition de l'esclave entraînèrent la transformation du couple « « *libres* » *et* « *esclaves* » [en couple] « *citoyen* » *vs* « *sujet indigène* » »⁵. La distinction entre sujets et citoyens qui, selon Emmanuelle Saada, « *apparaît moins comme le résultat d'un projet politique de ségrégation coloniale, posé à priori en métropole, que la conséquence pratique de l'existence de systèmes juridiques distincts aux colonies* »⁶ servit de cadre à l'exercice de la domination coloniale. En effet, « *le droit colonial français fut élaboré autour de l'opposition fondamentale entre* [les] *deux catégories d'individus…qui n'avaient ni les mêmes droits ni les mêmes devoirs.* »⁷ L'article 109 de la Constitution de la IIe République du 4 novembre 1848 selon lequel « *le territoire de l'Algérie et des colonies est déclaré territoire français, et sera régi par des lois particulières jusqu'à ce qu'une loi spéciale les place sous le régime de la présente Constitution* » constitue avec le traité de capitulation d'Alger la base de la nouvelle distinction qui a été utilisée par la suite comme « *une arme de perpétuation de la conquête* »⁸ coloniale. On comprend mieux cette logique lorsque, en réaction contre « *la naturalisation massive des indigènes musulmans* [à la faveur de] *la révolte de Kabylie qui éclata en 1871…, l'amiral de Gueydon, alors Gouverneur général de l'Algérie,* [s'exclama] : « *On créerait d'un seul coup deux millions de citoyens au milieu desquels la minorité française serait étouffée. Que deviendraient alors le principe et la base de notre*

---

¹ *Ibid.*, p. 129.
² SAADA (Emmanuelle), Préface de NOIRIEL (Gérard), *Les enfants de la colonie. Les métis de l'Empire français entre sujétion et citoyenneté,* Paris : La Découverte, Collection Espace de l'histoire, 2007, p. 115.
³ LARCHER (Silyane), *op. cit.*, p. 30.
⁴ *Ibid.*, p. 136.
⁵ SAADA (Emmanuelle), *op. cit.*, p. 114.
⁶ Cité par MANIÈRE (Laurent), *op. cit.*, p. 38.
⁷ *Ibid.*, p. 7.
⁸ MANIÈRE (Laurent), *op. cit.*, p. 91.

domination ? » »¹. D'où la nécessité de maintenir la distinction. Dans un arrêt de février 1862², la Cour d'Alger justifie cette distinction par le fait qu' *« il est de principe »* en droit international que les *« régnicoles du pays conquis »* sont *« français au même titre que les Français nés sur le sol de la vieille France »* mais que ce principe ne s'impose pas lorsque, *« par la force des choses, quand, loin d'être homogènes, les deux populations diffèrent profondément par la religion, les mœurs, la constitution du mariage, l'organisation de la famille »*.

À partir du *« laboratoire algérien »³*, la distinction entre les citoyens et les sujets sera étendue à tous *« les territoires dits incorporés, c'est-à-dire intégrés au territoire français (ce qui exclut les protectorats et les territoires sous mandat) »⁴*. Sont considérés comme citoyens, *« les métropolitains, les bénéficiaires de la loi de 1833, les juifs d'Algérie depuis 1870 et les habitants des quatre communes de plein exercice du Sénégal depuis 1916 »⁵*. Pour ces derniers, la loi du 19 septembre 1916⁶ dispose en son article unique que *« les natifs des quatre communes de plein exercice du Sénégal et leurs descendants sont et demeurent des citoyens français, soumis aux obligations militaires prévues par la loi du 19 octobre 1915. »* En fait, cette loi *« visait essentiellement à étendre le recrutement militaire aux originaires des quatre communes (Saint-Louis, Dakar, Gorée et Rufisque) »⁷*.

Un non-citoyen peut acquérir la qualité de citoyen par naturalisation mais *« ce processus ne peut concerner que des individus d'exception, qu'une trajectoire spécifique a permis de se « rapprocher de la civilisation française », pour reprendre les formules employées dans les décrets fixant les conditions de l'accession à la qualité de citoyen dans les colonies »⁸*. Les sujets sont les autres habitants des colonies. Plus précisément, *« le « sujet » est un ressortissant français privé de citoyenneté, c'est-à-dire un individu soumis à la souveraineté de la France sans pouvoir participer à son exercice »⁹*.

Citoyens et sujets avaient des droits et des devoirs différents et hiérarchisés au profit des premiers. La distinction *« s'enracine dans le droit civil et pénal et dans les conditions de la participation à l'espace public »¹⁰*. En matière civile, *« les citoyens français restent aux colonies sous l'empire*

---

[1] *Ibid.*, p. 38.
[2] SAADA (Emmanuelle), *op. cit.*, p. 114.
[3] *Ibid.*, p. 114.
[4] BORELLA (François), « Nationalité et citoyenneté », In COLAS (Dominique) ; EMERI (Claude) ; GILBERGER (Jacques), *op. cit.*, pp. 209-229.
[5] Ibid., pp. 209-229.
[6] SAADA (Emmanuelle), *op. cit.*, p. 120.
[7] *Ibid.*, p. 120.
[8] *Ibid.*, p. 124.
[9] *Ibid.*, p. 119.
[10] *Ibid.*, p. 109.

du Code civil, alors que les indigènes continuent d'être régis par la « coutume » locale, ou plutôt ce que les juristes coloniaux identifient comme telle. »[1] Dans le domaine de l'accès à la fonction publique, *« les personnels... étaient répartis en deux cadres distincts : d'une part, le cadre des administrateurs des colonies (ou cadre central)* [réservé aux citoyens] *directement placés sous la tutelle du ministère à Paris, d'autre part, les cadres locaux* [réservés aux sujets] *directement placés sous l'autorité du gouverneur de chaque colonie »*[2]. Pour ce qui est de la participation à la vie politique, seuls les citoyens ont le droit de vote et d'éligibilité[3]. Sur le plan pénal, *« le Code de l'indigénat constitua un moyen de pression essentiel pour le pouvoir colonial »*[4]. Chaque colonie en fut dotée. Pour l'Afrique occidentale française, *« le décret du 30 septembre 1887 permettait à chaque lieutenant-gouverneur de prendre à son gré des arrêtés répréhensibles par voie disciplinaire et de réviser la liste des infractions pour sa colonie »*[5]. Pris au départ pour Sénégal, *« le décret du 12 octobre 1888 constitua le premier tronc du code de l'indigénat de la fédération d'AOF et fut complété par des arrêtés locaux spécifiques à chaque colonie. »*[6] De même, *« en matière fiscale, les indigènes sont assujettis à des impôts spéciaux, à des corvées et à des prestations en nature qui ne concernent ni les citoyens ni ceux qui leur sont assimilés du point de vue du droit. »*[7]

De cet état de fait est né le besoin d'étendre les principes universalistes dans les colonies et de les garder après les indépendances.

Paragraphe II. L'affirmation de l'universalisme au Sénégal

L'esprit de domination qui nourrissait le projet colonial était incompatible avec l'application des principes de la Révolution française dans les colonies et avec le respect de l'ordre traditionnel des peuples colonisés. De même, l'application dans les colonies des règles de sujétion aux populations dites *indigènes*[8] constituait *« une véritable inversion de la*

---

[1] *Ibid.*, p. 111.
[2] HELENON (Véronique), « Races, statut juridique et colonisation : Antillais et Africains dans les cadres administratifs des colonies françaises d'Afrique », In WEIL (Patrick) et DUFOIX (Stéphane), Sous la direction de, *L'esclavage, la colonisation, et après...*, Paris : PUF, 2005, pp. 229-243.
[3] HARDY (Julie), *op. cit.*, p. 1.
[4] MANIÈRE (Laurent), *op. cit.*, p. 7.
[5] *Ibid.*, p. 85.
[6] *Ibid.*, p. 85.
[7] SAADA (Emmanuelle), *op. cit.*, p. 110.
[8] Aux termes de l'article 2 du décret du 3 décembre 1931, *« sont indigènes dans le sens du présent décret, et justiciables des juridictions indigènes, les individus originaires des possessions françaises de l'Afrique Occidentale Française et de l'Afrique Équatoriale Française ne possédant pas la qualité de citoyens et ceux qui, étant originaires des contrées comprises entre ces territoires ou limitrophes de ces territoires, n'ont pas dans leur pays le*

logique révolutionnaire selon laquelle l'égalité des hommes est au fondement de l'égalité des droits »¹. Cette inversion était pourtant indispensable au maintien de l'ordre colonial après l'abolition de l'esclave par le décret du 27 avril 1848. Elle se réalisa sur la base de la « *distinction entre citoyen et sujet sur la différence de statut personnel »²*.

Prenant appui sur le traité de capitulation d'Alger de 1830, la Cour d'Alger estime dans un arrêt de février 1862 qu' « *en décidant du maintien de leur religion, de leurs propriétés, de leur commerce, de leur industrie, les hautes parties ont…entendu que, tout en devenant français, les différents membres de cette population ne seraient point admis à la jouissance des droits que confère la qualité de citoyen français .»³* Par la suite, force de loi fut conférée à cette jurisprudence. Elle est résultée de « *la dissociation entre nationalité et citoyenneté…par le sénatus-consulte du 14 juillet 1865 sur l'état des personnes et la naturalisation en Algérie. Ce texte dispose que l'indigène musulman ou israélite, est français et qu'il peut « sur sa demande, être admis à jouir des droits du citoyen français : dans ce cas, il est régi par les lois civiles et politiques de la France. » »⁴*

Pareille solution fut appliquée en AOF en dehors des quatre communes de plein exercice du Sénégal et en Afrique Équatoriale Française (AEF). La situation resta presque inchangée parce que « *rares furent ceux qui choisirent* [de se soumettre aux lois françaises pour devenir citoyen] ; *plus rares encore ceux qui furent acceptés »⁵*. Comme l'a souligné Louis-Augustin Barrière⁶, le législateur « *se trouvait donc devant une alternative : ou il déclarait que les indigènes n'étaient pas citoyens français - qu'ils ne jouissaient donc pas des droits et obligations politiques qui leur avaient été déclarés expressément applicables par les textes – et le principe d'égalité politique des nationaux entre eux était violé au détriment des indigènes. Ou il décidait que les indigènes étaient citoyens français, et c'était le principe d'égalité devant la loi civile qui était violé »*. Face à l'impasse, le choix fut fait de refuser la citoyenneté aux indigènes en raison officiellement de leur non-soumission aux lois civiles de la métropole. Il est clair qu'à cette époque, dit Louis-Augustin Barrière⁷, « *la jurisprudence puis la loi paraissent avoir fait référence à une conception de l'égalité beaucoup plus*

---

statut de nationaux européens ». Cité par CHABAS (J.), *La justice indigène en Afrique Occidentale Française,* Paris : Société des journaux et publications du centre, 1954, p. 17.
[1] MANIÈRE (Laurent), *op. cit.*, p. 37.
[2] SAADA (Emmanuelle), *op. cit.*, p. 115.
[3] *Ibid.*, p. 114.
[4] *Ibid.*, p. 115.
[5] COOPER (Frederick), *Français et Africains ? Être citoyen au temps de la décolonisation,* Traduit de l'anglais par JEANMOUGIN (Christian), Paris : Payot, 2014, p. 18.
[6] Cité par MANIÈRE (Laurent), *op. cit.*, p. 36.
[7] *Ibid.*, p. 35.

stricte qu'aujourd'hui : pour qu'il puisse y avoir égalité entre les citoyens, il fallait que la loi soit la même pour tous. »

Fini donc le revêt d'égalité citoyenne à moins de faire évoluer les principes révolutionnaires. C'est ce à quoi vont s'atteler les populations des colonies à partir de la Deuxième Guerre mondiale.

I – L'affirmation de l'universalisme en Afrique noire francophone

La proclamation en France d' *« une république de citoyens impliquait l'égalité des citoyens, mais la définition des citoyens et des dimensions de l'égalité qu'elle entraînait n'était pas véritablement évidente »*[1]. Exception faite de la parenthèse d'assimilation entre 1794 et 1802, les esclaves des colonies étaient exclus de la citoyenneté. À partir de l'abolition de l'esclave en 1848, une nouvelle distinction opposant les sujets français aux citoyens français apparut entre les populations des colonies et les populations métropolitaines et assimilées.

La Première Guerre mondiale ouvrit une fenêtre d'opportunité aux revendications pour une citoyenneté à la fois politique et sociale dans les colonies. L'extension de la citoyenneté aux populations originaires des quatre communes de plein exercice du Sénégal sans distinction de statut en 1916 fut en partie fruit de ces revendications. Pareil avantage a pourtant été refusé aux musulmans d'Algérie malgré des demandes insistantes de la part des députés de ce territoire à l'Assemblée nationale française à partir des années 1880[2].

À la fin de la Première Guerre mondiale, *« les anciens combattants originaires de l'Afrique du Nord et de l'Afrique subsaharienne* [demandèrent à bénéficier des] *pensions et autres avantages liés à la citoyenneté française* [mais] *le gouvernement fit savoir que, en raison de leur profond attachement à leur propre culture, la citoyenneté était non seulement inadaptée mais préjudiciable à l'intégrité culturelle des sujets coloniaux »*[3]. D'autres demandes intervinrent dans la période de l'entre-deux-guerres en faveur de l'Algérie et de l'AOF mais essuyèrent un refus catégorique.

Les demandes de citoyenneté s'intensifièrent en AOF à partir de la deuxième moitié de la Seconde Guerre mondiale. Intervenant dans ce sens, Lamine Guèye retraça en 1943 devant un public acquis à sa cause à Dakar la longue histoire du combat des *« citoyens sénégalais « pour obtenir l'égalité absolue des droits avec les Français métropolitains, comportant notamment l'accès à toutes les fonctions publiques et l'égalité absolue des salaires dans*

---

[1] Cité par COOPER (Frederick), *op. cit.*, p. 26.
[2] COOPER (Frederick), *op. cit.*, p. 29.
[3] *Ibid.*, p. 29.

les administrations et le commerce » »¹. Son intervention s'inscrivait dans le cadre d'un large mouvement conduit *« en 1943 et 1944* [par] *diverses organisations* [qui] *écrivirent au jeune gouvernement de la France libre pour réclamer l'égalité de traitement …»²* Tous les leaders politiques firent cause commune avec le mouvement. Ainsi, *« dans une lettre de mai 1945 interceptée par la sécurité française, Senghor reprit le thème de l'égalité en appelant au suffrage universel et à l'éligibilité dans la fonction publique pour « tous les citoyens et non-citoyens ».»³* Le mouvement se généralisa en AOF en 1945 et 1946 avec *« les grèves d'enseignants au Sénégal, de postiers au Soudan, en Guinée et au Sénégal, et les menaces de grèves des cheminots dans toute l'AOF »* dans le but d'obtenir l'égalité de traitement et la pleine citoyenneté.

Dès début 1946, des mesures concrètes tombèrent en faveur des sujets coloniaux. *« Il s'agit du décret du 20 février 1946 portant suppression des peines de l'indigénat. Un autre décret du 30 février 1946 supprime la justice indigène en matière pénale et donne compétence aux seules juridictions françaises, à l'exclusion de toute juridiction indigène, et pour tous les litiges et toutes les infractions commises par les indigènes.»⁴* La loi du 11 avril 1946 portant suppression du travail forcé et du système de réquisition s'inscrit aussi dans la même lignée. *« En effet, non seulement cette loi, "interdit de façon absolue le travail forcé ou obligatoire (art. 1ᵉʳ), mais aussi elle frappe d'une sanction correctionnelle, "tous moyens ou procédés de contrainte directe ou indirecte aux fins d'embaucher ou de maintenir sur les lieux du travail, un individu non consentant" (art.2). »⁵*

En même temps, l'*« assemblée consultative, réunie de fin 1943 à août 1945, se concentra sur le problème immédiat de la représentation des colonies au sein de…l'Assemblée nationale constituante »⁶* qui devait rédiger une nouvelle constitution. Une décision unanime de la Commission de la France d'outre-mer postulant que *« tous les Français et Françaises – citoyens, sujets, protégés et administrés – qui peuplent les territoires d'outre-mer soient représentés à l'Assemblée constituante »⁷* reçut le soutien du gouvernement. Une autre commission comprenant Léopold Sédar Senghor et Sourou Migan Aphity fut créée sur la question par le gouvernement du Général de Gaulle en mars 1945. Au sein de cette commission, Senghor prévint *« que si les Africains ne participaient pas « sur*

---

¹ *Ibid.*, p. 64.
² *Ibid.*, p. 64.
³ *Ibid.*, p. 65.
⁴ KAMTO (Maurice), Préface de ISOART (Paul) et de CONAC (Gérard), *Pouvoir et droit en Afrique noire. Essai sur les fondements du constitutionnalisme dans les États d'Afrique noire francophone,* Paris : L.G.D.J., 1998, p. 234.
⁵ *Ibid.*, p. 234.
⁶ COOPER (Frederick), *op. cit.*, p. 68.
⁷ *Ibid.*, p. 69.

un pied d'égalité » à la rédaction de la Constitution ils s'opposeraient à cette Constitution »[1].

Le gouvernement du Général de Gaulle *« reconnut que le principe du suffrage universel, pour les non-citoyens comme pour les citoyens, était le mode de représentation « le plus satisfaisant » »*[2] mais argua des difficultés d'organisation pour s'opposer à l'extension du droit de vote à l'ensemble des populations des colonies. Il institua un système de double collège de citoyens et de non-citoyens qui permit l'élection à l'Assemblée nationale constituante de *« neuf Africains et trois (Malgaches) »*[3].

Les nouveaux députés africains vont s'employer à faire inscrire dans la nouvelle Constitution la reconnaissance dans tous les domaines des mêmes droits et devoirs aux populations métropolitaines et aux populations des territoires d'outre-mer. Pour prévenir un éventuel rejet du projet de Constitution qui satisfaisait à leurs revendications *« lors du référendum prévu le 5 mai,... [Lamine Guèye] demanda à l'Assemblée d'inscrire dans la loi les dispositions constitutionnelles sur la citoyenneté »*[4]. Sur sa proposition, une loi fut approuvée sur la question et promulguée le 7 mai 1946[5]. Aux termes de l'article 1er de cette loi dite « loi Lamine Guèye », *« à partir du 1er juin 1946, tous les ressortissants des territoires d'outre-mer (Algérie comprise) ont la qualité de citoyen, au même titre que les nationaux français de la métropole ou des territoires d'outre-mer. »*

Le ministre de la France d'outre-mer, Marius Moutet, définit aux hauts-commissaires des territoires d'outre-mer la teneur de la nouvelle disposition. *« La loi du 7 mai 1946,* [écrit-il,] *proclame avant tout un principe d'égalité : il n'y a plus de sujets, il n'y a plus de régime colonial. »*[6] Cela implique *« que les anciens sujets auront désormais un accès égal à l'emploi dans la fonction publique. Les salaires et les prestations ne seront plus liés au statut personnel et dépendront uniquement de la nature de l'emploi. Il n'y aura qu'un seul code du travail, identique pour les travailleurs métropolitains et pour les travailleurs « autochtones ». Il n'y aura plus de codes de justice distincts, aucun manquement au principe d'égalité des droits publics. »*[7]

Le rejet du projet de Constitution par référendum le 5 mai 1946 entraîna la mise en place d'une nouvelle Assemblée constituante au sein de laquelle les députés africains vont se battre pour le *« maintien des droits et libertés*

---

[1] *Ibid.*, p. 71.
[2] *Ibid.*, p. 74.
[3] *Ibid.*, p. 76.
[4] *Ibid.*, p. 103.
[5] Loi n°46-940 du 7 mai 1946 tendant à proclamer citoyens tous les ressortissants des territoires d'outre-mer, J.O.R.F., mai 1946, p. 3888.
[6] COOPER (Frederick), *op. cit.*, p. 103.
[7] *Ibid.*, pp. 103-104.

reconnus par la première Assemblée constituante »[1]. Ils réussirent à constitutionnaliser la loi Lamine Guèye mais la nouvelle Constitution du 27 octobre 1946 resta ambiguë sur la citoyenneté. Trois articles y furent consacrés. D'abord, aux termes de l'article 80, *« tous les ressortissants des territoires d'outre-mer ont la qualité de citoyen, au même titre que les nationaux français de la métropole ou des territoires d'outre-mer. Des lois particulières établiront les conditions dans lesquelles ils exerceront leurs droits de citoyen. »* Ensuite, l'article 81 dispose que *« tous les nationaux français et les ressortissants de l'Union française ont la qualité de citoyen de l'Union française qui leur assure la jouissance des droits et libertés garantis par le préambule de la présente Constitution. »* Enfin, l'article 82 dispose : *« Les citoyens qui n'ont pas le statut civil français conservent leur statut personnel tant qu'ils n'y ont pas renoncé. Ce statut ne peut en aucun cas constituer un motif pour refuser ou limiter les droits et libertés attachés à la qualité de citoyen français. »*

Peu après l'adoption du projet de Constitution par l'Assemblée nationale constituante, celle-ci adopta la loi du 5 octobre 1946[2] relative à l'élection des membres de l'Assemblée nationale qui donna lieu à des débats houleux sur le contenu à accorder à la nouvelle citoyenneté. L'ambiguïté du projet de Constitution adopté aidant, l'Assemblée nationale constituante mit en place un système de double collège dans certaines colonies. Le premier collège est réservé aux citoyens de statut français et le second aux citoyens de statut autochtone. En outre, ladite loi ne consacre pas la représentation des territoires d'outre-mer proportionnellement à leur population. Elle réserve seulement 34 sièges aux territoires d'outre-mer dont 12 pour l'AOF. Le décret du 25 octobre 1946[3] portant création d'assemblées représentatives territoriales en Afrique occidentale française étendit le double collège à ce territoire à l'exception du Sénégal. Les assemblées territoriales ne furent aussi dotées que d'un pouvoir très limité.

Consulté auparavant par le ministre de la France d'outre-mer sur la légalité de ce décret, le Conseil d'État avait considéré que *« s'il est normal de donner une certaine majorité à la population à statut personnel, il est indispensable d'éviter que les citoyens à statut français puissent être complètement éliminés des assemblées locales où des élections faites dans le cadre d'un collège unique risqueraient de donner une écrasante majorité au citoyen à statut personnel alors que les intérêts généraux des citoyens à*

---

[1] *Ibid.*, p. 132.
[2] *Loi n°46-2151 du 5 octobre 1946 relative à l'élection des membres de l'Assemblée nationale*, J.O.R.F., octobre 1946, p.8494.
[3] *Décret n°46-2375 du 25 octobre 1946 portant création d'assemblées représentatives territoriales en Afrique-Occidentale française*, J.O.R.F., octobre 1946, p. 9118.

statut français, sans s'opposer à ceux des citoyens à statut personnel, ne sont cependant pas les mêmes et présentent plus de complexité »[1].

Ces dispositions provoquèrent une grande indignation en Afrique et surtout en AOF. Les mobilisations politiques et sociales reprirent alors pour réclamer non seulement *« le collège unique, le suffrage universel, et un réel pouvoir pour les assemblées territoriales – en somme – pour transformer la citoyenneté en une réalité politique »*[2] mais aussi la justice sociale pour tous. Face à l'ampleur de ces mobilisations, Senghor avertit *« lors que l'Assemblée sembla vouloir édulcorer les clauses sur la semaine de travail et les heures complémentaires…* [au moment des discutions en 1952 sur le projet de code du travail pour l'Afrique] : *« Vous le savez, les Africains ont actuellement la mystique de l'égalité. Dans ce domaine comme dans d'autres, ils veulent que les mêmes principes soient dès l'abord posés pour la métropole et pour les territoires d'outre-mer. » »*[3]

Dans ce contexte et au vu de l'évolution générale des événements au sein de l'Union française, le gouvernement Guy Mollet fut obligé d'infléchir sa politique à l'égard de la France d'outre-mer. Il fut adopté la loi du 23 juin 1956[4] dite « Loi-cadre » dans le but *« d'associer plus étroitement les populations d'outre-mer à la gestion de leurs intérêts propres »*. Cette loi modifie les pouvoirs d'administration et de gestion des gouvernements généraux de ces territoires (article 1er 1°), institue des conseils de gouvernement chargés de l'administration des services territoriaux (article 1er 2°) et dote les assemblées territoriales des pouvoirs élargis (article 1er 3°). Elle institue également le suffrage universel (article 10), le collège unique (article 12) et prévoit des réformes en vue de faciliter l'accès des fonctionnaires d'origine locale à tous les échelons de la hiérarchie (article 3 alinéa 2).

À leur accession à l'indépendance, les pays d'Afrique noire francophone reconduisirent le modèle universaliste hérité de la France. Dans leurs constitutions respectives, ils proclamèrent leur attachement aux droits de l'homme tels que définis à la fois dans la Déclaration des droits de l'Homme et du Citoyen de 1789 et dans la Déclarations universelle des droits de l'Homme de 1948 à part la Guinée, le Cameroun, le Mali et le Togo qui se référèrent seulement à la dernière et la République centrafricaine qui ne mentionne aucun texte[5]. Ils reproduisirent également le principe de

---

[1] COOPER (Frederick), *op. cit.*, p. 156.
[2] *Ibid.*, p. 161.
[3] COOPER (Frederick), *op. cit.*, p. 197.
[4] *Loi n°56-619 du 23 juin 1956 autorisant le gouvernement à mettre en œuvre les réformes et à prendre les mesures propres à assurer l'évolution des territoires relevant du ministère de la France d'outre-mer,* Journal officiel de la Polynésie française, août 1957, p. 433.
[5] KOUASSIGNAN (Guy Adjété), *Quelle est ma loi ? Tradition et modernité dans le droit privé de la famille en Afrique noire francophone*, Paris : A. Pedone, 1974, p. 95.

souveraineté nationale tel qu'élaboré en France, gardèrent l'organisation administrative et s'inspirèrent du modèle des institutions de la France.

Toute recherche sur la portée des principes universalistes invoqués doit partir de cette histoire.

II – La Portée de l'universalisme au Sénégal

L'histoire de la conquête de la citoyenneté pendant la colonisation illustre que l'objectif visé était l'extension de l'universalisme juridique tel que théorisé en occident. Cela devrait permettre aux Africains de s'affranchir non seulement des coutumes rétrogrades de la société traditionnelle mais aussi des règles discriminatoires de la société coloniale. Senghor l'affirme clairement lorsqu'il écrit : *« Nous voulons construire un monde meilleur, meilleur que le monde colonial d'hier, meilleur que notre monde d'avant la conquête européenne. »*[1] D'où, ajoute-t-il, la nécessité d'*« édifier un monde nouveau où, dans une société organisée, les hommes seront égaux et fraternels ''sans distinction de race ni de religion'' »*[2]. Pour ce faire, les nouveaux États exprimèrent leur attachement aux droits de l'homme qui proclament l'égalité de droit et l'interdiction de toute forme de discrimination. Le Constituant sénégalais a d'ailleurs donné à cet attachement une plus grande portée. En effet, *« lors qu'on examine les droits fondamentaux dans la constitution sénégalaise, on constate que, dans l'ensemble, ils sont beaucoup plus détaillés, formulés en terme plus précis et de portée moins générale que dans la constitution française »*[3].

En plus, le titre premier sur la souveraineté dans la première Constitution et sur l'État et la souveraineté dans les suivantes s'inspire de la philosophie française en la matière. Le détenteur de la souveraineté nationale est le même tout comme son mode d'exercice. La seule spécificité est la proclamation dans le préambule de la Constitution du 22 janvier 2001 de *« l'intangibilité de l'intégrité du territoire national et de l'unité nationale dans le respect des spécificités culturelles de toutes les composantes de la Nation. »* Au nombre de ces spécificités figure la langue. Les deux premiers alinéas de l'article 1er de la même Constitution explicitent cela. Ils sont ainsi libellés : *« La langue officielle de la République du Sénégal est le français. Les langues nationales sont le Diola, le Malinké, le Pular, le sérère, le Soninké, le Wolof et toute autre langue qui sera codifiée. »*

Au Sénégal, le concept d'unité de la République dans sa double composante territoriale et humaine diffère cependant sur certains points de celui de la France. Sur le plan humain, il s'agit de construire un État-Nation

---

[1] COOPER (Frederick), *op. cit.*, p. 201.
[2] *Ibid.*, p. 201.
[3] HESSELING (Gerti), *op. cit.*, p. 199

multiethnique, multilinguistique et multiculturel. Sur le plan territorial, l'article 4 de la Constitution du 26 août 1960 reproduit à l'article 5 des constitutions suivantes, précise en matière d'exercice de la souveraineté nationale que *« tout acte de discrimination raciale, ethnique ou religieuse, de même que toute propagande régionaliste pouvant porter atteinte à la sécurité intérieure de l'État ou à l'intégrité du territoire de la République, sont punis par la loi. »*

Les fondements historiques des principes universalistes ici explorés ne présument cependant en rien le bien fondé de leur invocation contre la loi sur la parité. Les défenseurs de la parité démontrèrent que leur revendication est bien fondée. Ils la légitimèrent non pas en procédant à une déconstruction théorique de l'universalisme mais en expliquant que d'autres dispositions de la Constitution la permettaient. En outre, ils expliquèrent que la parité réclamée est conforme aux règles de partage du pouvoir entre les hommes et les femmes en vigueur dans la société traditionnelle sénégalaise.

Section II. La décision du Conseil constitutionnel, obstacle au progrès de la parité au Sénégal

En dehors des assemblées parlementaires, les défenseurs de la parité au Sénégal usèrent de trois types d'arguments pour soutenir leur cause. Le premier argument est d'ordre numérique. Il dresse un constat de disproportion entre le poids démographique et électoral des femmes et leur faible présence dans les instances politiques. Le deuxième argument est d'ordre juridique. Il rappelle la ratification et l'intégration dans le bloc de constitutionnalité des textes juridiques internationaux relatifs aux droits de la femme. Le troisième argument est d'ordre culturel et historique. Il présente la parité comme une revendication légitime en ce qu'elle est conforme aux valeurs culturelles de la société précoloniale sénégalaise qui organisent le partage du pouvoir politique entre les hommes et les femmes.

À ce niveau, la structure des arguments ne renseigne pas sur l'usage qui leur a été fait au Parlement et l'influence qu'ils ont eue sur les parlementaires. En raison de la faible variation de l'argument numérique, celui-ci sera abordé dans le titre suivant consacré à l'affirmation constitutionnelle du principe de parité. Le deuxième argument n'a fait lui aussi l'objet que de faible variation dans les deux étapes. Malgré, il sera abordé dans le présent titre et dans le titre suivant pour mettre en lumière son double usage militant et politique. Quant au troisième argument, l'usage qui lui a été fait au Parlement contraste avec son usage dans l'espace militant et scientifique. Pour cette raison, il sera abordé dans le présent titre. Par conséquent, seuls les arguments juridique et sociohistorique retiendront notre attention dans le présent titre.

Avant la censure par le Conseil constitutionnel de la loi sur la parité du 27 mars 2007, les militants ont soutenu que la demande de parité a un fondement juridique avéré. Après cette décision, ils la contestèrent comme méconnaissant ce fondement et procédant d'un mimétisme malvenu **(Paragraphe I)**.

L'argument sociohistorique a lui aussi évolué après cette décision mais il est resté centré sur la démonstration de la conformité de la demande à la tradition précoloniale de partage du pouvoir entre les hommes et les femmes au Sénégal **(Paragraphe II)**.

<u>Paragraphe I.</u> Une production mimétique contestée de la décision du Conseil constitutionnel

La décision du Conseil constitutionnel a été contestée en raison de l'ancrage constitutionnel avéré des mesures de discrimination positive en faveur des femmes **(I)**. Elle constitue en fait une interprétation limitative de ces mesures **(II)**.

I – Un ancrage constitutionnel avéré des mesures de discrimination positive en faveur des femmes

La Constitution du 22 janvier 2001 s'inscrit dans la continuité d'une tradition spécifiquement sénégalaise d'inclusion dans le préambule des textes relatifs aux droits de l'homme de provenance diverse. Son préambule contient l'expression de l'adhésion du Peuple du Sénégal souverain *« à la Déclaration des Droits de l'Homme et du Citoyen de 1789 et aux instruments internationaux adoptés par l'Organisation des Nations Unies et l'Organisation de l'Unité africaine, notamment la Déclaration Universelle des Droits de l'Homme du 10 décembre 1948, la Convention sur l'élimination de toutes les formes de discriminations à l'égard des femmes du 18 décembre 1979, la Convention relative aux droits de l'Enfant du 20 novembre 1989 et la Charte africaine des Droits de l'Homme et des Peuples du 27 juin 1981 ».*

Elle apporte également une innovation par l'affirmation expresse que le préambule fait partie intégrante de la Constitution. Néanmoins, le juge constitutionnel n'a pas attendu cette affirmation pour consacrer la valeur positive du préambule. Dans différents arrêts, il s'est référé à la plupart des déclarations et conventions citées dans le préambule. Deux arrêts suffisent à étayer cette affirmation. En premier lieu, appelé à se prononcer par voie préjudicielle sur la constitutionnalité d'une disposition ouvrant une nouvelle voie de recours rétroactive dite rabat d'arrêt *« qui permet de reprendre des causes ayant acquis définitivement l'autorité de la chose jugée dans le cadre des lois et règlements en vigueur au moment où elles ont été jugées »*, le

Conseil constitutionnel a procédé à une combinaison de divers articles de la Constitution, de la Déclaration des Droits de l'Homme et du Citoyen de 1789, de la Déclaration Universelle des Droits de l'Homme de 1948 (DUDH) et de la Charte africaine des Droits de l'Homme et des Peuples pour déclarer une disposition de la loi en cause contraire à la Constitution dans une décision du 23 juin 1993[1]. En second lieu, dans une autre décision du 27 juillet 1994[2] portant sur une loi organique modifiant le statut des magistrats par l'ouverture d'une nouvelle voie d'accès à la magistrature, le Conseil constitutionnel a censuré l'article 4 de la loi concernée en ce qu'il comportait des mesures « *susceptibles d'engendrer des iniquités et des situations arbitraires contraires au principe de l'indépendance des juges garanti par la Constitution et au principe d'égalité légalement reconnu par la Constitution, par référence à la Déclaration des Droits de l'Homme et du Citoyen de 1789 dont l'article 6 dispose que « tous les citoyens sont également admissibles à toutes dignités, places et emplois publics, selon leur capacité...* » et à la Déclaration Universelle des Droits de l'Homme de 1948 qui, en son article 21 paragraphe 2, affirme que « *toute personne a droit à accéder dans des conditions d'égalité aux fonctions publiques de son pays* » ».

Avant le juge constitutionnel sénégalais, le juge constitutionnel français a reconnu dans la décision Liberté d'association du 16 juillet 1971 valeur positive aux préambules des Constitutions du 27 octobre 1946 et du 4 octobre 1958[3]. Une différence apparaît cependant entre les positions des deux juridictions. Comme l'a souligné Ameth Ndiaye, « *malgré une très nette confirmation de son attachement à la valeur juridique du préambule, le Conseil constitutionnel* [sénégalais] *n'a jamais adhéré à la pratique française de la référence, dans les visas de ses décisions, au préambule* »[4]. Cette absence de référence expresse au préambule trouverait, pense-t-il, « *son explication dans la déclaration d'envergure faite dans le corps même du texte constitutionnel de l'intégration du préambule à la Constitution* »[5]. Sans doute.

---

[1] NDIAYE (Ameth), commentaire sous Conseil constitutionnel, Décision N°11/93 – Affaire N°2/C/93 du 23 juin 1993, Rabat d'arrêt, In FALL (Ismaïla Madior), Rassemblés et commentés sous la direction de, *op. Cit.*, pp. 89-96.
[2] SALL (Alioune), commentaire sous Conseil constitutionnel, Décision N°15/94 – Affaire N°2/C/94 du 27 juillet 1994, Modification du statut des magistrats, In FALL (Ismaïla Madior), Rassemblés et commentés sous la direction de, *op. cit.*, pp. 115-120.
[3] FAVOREU (Louis) ; PHILIP (Loïc), avec la collaboration de GHEVONTIAN (Richard) ; ROUX (André), GAIA (Patrick) ; MELIN-SOUCRAMANIEN (Ferdinand), *Les grandes décisions du Conseil constitutionnel,* 15ème édition, Paris : Dalloz, 2009, pp. 180-199.
[4] NDIAYE (Ameth), commentaire sous Décision N°11/93 – Affaire N°2/C/93 du 23 juin 1993, Rabat d'arrêt, In FALL (Ismaïla Madior), Rassemblés et commentés sous la direction de, *op. cit.*, pp. 89-96.
[5] *Ibid.*, pp. 89-96.

À partir de l'évolution consacrée d'abord par le juge constitutionnel sénégalais puis par le Constituant, les défenseurs de la parité ont soutenu dès le départ que leur revendication avait une assise constitutionnelle solide. Amsatou Sow Sidibé a démontré pour soutenir cela qu' *« en premier lieu, la Constitution du Sénégal affirme sans ambages le principe de l'égalité entre les sexes. [Et qu']* en outre, l'État sénégalais a ratifié des instruments internationaux qui excluent toute forme de discrimination à l'égard des femmes. *»*[1]

Dans sa résolution de 2006 en faveur de la parité[2], l'Assemblée nationale n'a pas aussi manqué de considérer *« l'affirmation de l'adhésion du peuple sénégalais souverain à la Convention sur l'élimination de toutes les formes de discriminations à l'égard des femmes adoptée en 1979 par l'ONU et rappelée dans le préambule de la Constitution de 2001 »* ainsi que *« la ratification par l'État du Sénégal du Protocole additionnel à la Charte africaine des Droits de l'Homme et des Peuples relatif aux Droits de la Femme, et de tous les autres textes pertinents »* pour inviter à soutenir la revendication.

Dans son message à l'Assemblée nationale suite à cette résolution[3], le Président de la République dira à son tour, après avoir souligné la conformité de la revendication à l'histoire et aux valeurs traditionnelles, que les normes internationales recommandent de travailler à l'instauration de l'égalité des genres et que les partis politiques devraient veiller à cela lors des élections suivantes.

Si la Constitution, les textes internationaux qui y sont intégrés et ceux qui sont ratifiés conformément à l'article 98, prônent un principe général d'égalité selon lequel la loi doit être la même pour tous, certaines dispositions de ces textes comportent des exceptions. C'est le cas de l'article 4 al. 1 de la Convention sur l'élimination de toutes les formes de discrimination à l'égard des femmes qui prévoit que *« l'adoption par les États parties des mesures temporaires spéciales visant à accélérer l'instauration d'une égalité de fait entre les hommes et les femmes n'est pas considérée comme un acte de discrimination tel qu'il est défini dans la présente Convention, mais ne doit en aucune façon avoir pour conséquence le maintien de normes inégales ou distinctes ; ces mesures doivent être*

---

[1] SOW SIDIBÉ (Amsatou), « Pourquoi une loi sur la parité au Sénégal ? », In COSEF, *Combats pour la parité : Actes du Séminaire d'élaboration d'un modèle de loi sur la parité, op. cit.*, pp. 53-56.
[2] Assemblée nationale, Résolution 2006-03 en faveur de la parité, décembre 2006, In COSEF, *Combats pour la parité : La campagne "Avec la parité consolidons la démocratie", op. cit.*, pp. 67-68.
[3] Message du Président de la République à l'Assemblée nationale, 8 décembre 2006, In COSEF, *Combats pour la parité : La campagne "Avec la parité consolidons la démocratie"*, *op. cit.*, pp. 69-71.

abrogées dès que les objectifs en matière d'égalité de chance et de traitement ont été atteints. »

Cette dérogation aurait permis l'adoption des mesures positives en faveur d'une meilleure participation des femmes à la vie politique. Le Conseil constitutionnel n'est cependant pas allé dans ce sens. Sa décision a été largement contestée en ce qu'elle procède d'une interprétation mimétique en déphasage avec les dispositions pertinentes de l'ordre juridique interne.

II – Une interprétation limitative des mesures en faveur des femmes

La différence entre la décision du 27 avril 2007 du Conseil constitutionnel sénégalais et la décision du 18 novembre 1982 du Conseil constitutionnel français réside dans la référence à l'article 1er de la Constitution selon lequel *« la République du Sénégal...assure l'égalité devant la loi de tous les citoyens sans distinctions de race, de sexe, de religion. »* D'après le Conseil, il résulte de cet article *« que toute discrimination fondée sur le sexe est expressément exclue ; que le principe d'égal accès au pouvoir, bien que de valeur constitutionnelle, ne saurait déroger à cette règle »*.

La plupart des commentaires en contestation de la décision du Conseil constitutionnel, qu'ils émanent des défenseurs de la parité ou des universitaires, se focalisèrent essentiellement sur ce point. Les défenseurs de la parité soutinrent d'abord que la disposition n'est pas discriminatoire stricto sensu. Ensuite, ils soutinrent avec des commentateurs des décisions du Conseil constitutionnel que même si elle l'était au regard de l'article premier de la Constitution, la discrimination dont elle était porteuse n'était pas anticonstitutionnelle dans la mesure où une autre disposition constitutionnelle prévoyait une dérogation en faveur des femmes.

Les défenseurs de la parité soutinrent que la loi ne fait pas de distinction discriminatoire stricto sensu. Fatou Kiné Camara écrit sur ce point : *« En effet, à l'instar de son homologue français, le Conseil constitutionnel sénégalais a tout d'abord considéré qu'imposer la parité sur des listes de candidatures revenait à établir une discrimination fondée sur le sexe. Pourtant la loi se borne à exiger le même nombre d'hommes et de femmes sur ces listes, ce qui équivaut à tenir la balance « égale entre candidats et candidates, citoyens et citoyennes. Où est alors la discrimination fondée sur le sexe ? Si on admet que la discrimination est « le fait de distinguer des autres un groupe social et de restreindre ses droits » […] ou « l'action d'établir une différence, d'exclure par une ségrégation » […] et si l'acte discriminatoire se définit comme l'action « qui tend à distinguer, à son détriment, un groupe humain des autres » […] alors la question qui se pose est de savoir en quoi la différence des sexes ainsi mise en avant exclut un des sexes, restreint ses droits où joue à son détriment ? A quel sexe l'obligation d'avoir autant d'hommes que de femmes sur une liste électorale fait-elle subir une discrimination, une ségrégation, une exclusion ? Dans le cas sénégalais où la loi faisant l'objet du recours posait l'obligation de présenter une liste avec 30 hommes et 30 femmes, que le Conseil nous explique quel sexe est victime de discrimination ? »*[1]

En clair, elle conteste l'existence d'une discrimination au sens strict de ce terme. Cet avis n'est pas partagé par tout le monde. Certains soutinrent avec le Conseil constitutionnel que la disposition était discriminatoire. Mis à part les membres du Conseil constitutionnel qui sont censés se prononcer conformément au droit, les tenants de cette ligne étaient contre la parité. Maurice Dione[2] explique que comme l'a si bien souligné le Conseil constitutionnel, « *la parité établit bel et bien une discrimination fondée sur le sexe, non seulement à l'égard des hommes, mais aussi à l'égard des femmes elles-mêmes* ». Pour étayer sa position, il va épouser l'argument de Fatou Kiné Camara. « *Considérons,* [écrit-il,] *un parti politique x donné, qui a présenté sur la liste au scrutin proportionnel 30 hommes et 30 femmes. Considérons également que dans ce parti, les critères méritoires pour être investis sont la compétence, le militantisme ardent et la représentativité. Et qu'il arrive dès lors dans le classement par rapport à ces critères, que successivement, 40 hommes ou 40 femmes arrivent en tête. Dans l'une ou dans l'autre situation, il y aura discrimination du fait que les 10 autres hommes ou les 10 autres femmes qui auront été évincés de la compétition l'auront été par le seul fait qu'ils sont des hommes ou qu'elles sont des femmes. Et ceux ou celles qui prendront leur place ne les auront prises non pas parce qu'ils ou elles auront été plus méritants, mais parce qu'ils auront été des hommes ou parce qu'ils auront été des femmes. Ou alors l'on serait obligé pour être cohérent dans cette logique de séparer les hommes et les femmes, et d'apprécier distinctement leurs qualités et talents. Ce qui revient pour les femmes à reconnaître, elles-mêmes, implicitement, une infériorité. Et en ce moment, c'est une inconséquence que de demander l'égalité. Ou alors elles acceptent d'entrer en compétition loyale avec les hommes, et en ce moment, elles n'ont guère besoin de parité.* »

On remarquera dans cette controverse l'absence de toute référence aux textes juridiques dans lesquels se trouve définie la notion de discrimination. Le Conseil constitutionnel ne définit pas non plus ce qu'il entend par discrimination fondée sur le sexe au sens de l'article premier de la Constitution. Peut-être parce que la notion de discrimination dans les textes relatifs aux droits de l'homme intégrés dans le préambule s'impose. Dans ce

---

[1] CAMARA (Fatou Kiné), « La parité au Sénégal : entre modèle autochtone et modèle importé », *Revue internationale de droit africain (EDJA)*, janvier-février-mars 2009a, N°80, pp. 63-80.
[2] DIONE (Maurice Soudieck), article précité.

cas, une analyse de ces textes permettra de clarifier. Il y a lieu de relever que l'article premier de la DDHC et de la DUDH pose d'abord le principe d'égalité entre les hommes. Ensuite, dans le même article premier de la DDHC et dans l'article 2 de la DUDH un autre principe est posé comme pour garantir le premier. Il s'agit de l'interdiction des distinctions discriminatoires. Ainsi, aux termes de l'article 2 paragraphe 1 de la DUDH, « *chacun peut se prévaloir de tous les droits et de toutes les libertés proclamés dans la présente Déclaration, sans distinction aucune, notamment de race, de couleur, de sexe, de langue, de religion, d'opinion politique ou de toute autre opinion, d'origine nationale ou sociale, de fortune, de naissance ou de toute autre situation.* »

Pour garantir qu'il n'y ait aucune distinction discriminatoire, les révolutionnaires français de 1789 ont prévu à l'article 6 de la DDHC qu'« *elle* [la loi] *doit être la même pour tous, soit qu'elle protège, soit qu'elle punisse* ».

En principe, ces deux textes ne le disent pas mais en l'absence de définition jurisprudentielle c'est lorsque cette règle n'est pas respectée qu'il y a discrimination. C'est le sens, dans un contexte précis, de l'article premier de la Convention internationale sur l'élimination de toutes les formes de discrimination raciale du 21 décembre 1965 qui dispose que la discrimination est « *toute distinction, exclusion, restriction ou préférence fondée sur la race, la couleur, l'ascendance ou l'origine nationale ou ethnique, qui a pour but ou pour effet de détruire ou de compromettre la reconnaissance, la jouissance ou l'exercice, dans des conditions d'égalité, des droits de l'homme et des libertés fondamentales dans les domaines politique, économique, social et culturel ou dans tout autre domaine de la vie publique* ».

À s'en tenir à cette très stricte définition, il ne fait aucun doute que la loi sur la parité procède à une distinction fondée sur le sexe qui compromet l'exercice des droits politiques dans des conditions d'égalité entre les hommes et les femmes. Toutefois, l'interdiction de distinctions peut entretenir quelques fois des discriminations de fait parce qu'elle empêche de corriger des inégalités. C'est pourquoi, certaines distinctions ont été jugées nécessaires et déclarées exceptionnellement légales et légitimes lorsqu'elles ont pour but de corriger des inégalités de fait. Cette évolution fait sortir dans le cadre de la discrimination les distinctions légitimes définies comme telles par des instruments juridiques nationaux et internationaux. Étant donné que la Constitution du Sénégal comprend la Convention sur l'élimination de toutes les formes de discrimination à l'égard des femmes, les défenseurs de la parité et les commentateurs des décisions du Conseil constitutionnel ont soutenu, à juste titre d'ailleurs, que la loi n'était pas discriminatoire et partant contraire à la Constitution.

Il n'y a donc qu'au regard de l'indivisibilité de la souveraineté contenue dans l'article 3 de la Constitution et de *« l'indivisibilité de la qualité de citoyen* [non pas seulement] *eu égard au principe d'égalité »*[1] mais aussi de la souveraineté qui est ancrée et doit s'exercer dans l'unité et l'indistinction que la décision du Conseil constitutionnel du Sénégal peut trouver fondement. L'indivisibilité de la souveraineté doit être comprise non pas en termes d'appropriation stricto sensu mais d'entorse au caractère abstrait de sa nature et de son mode d'exercice. Tel n'est certes pas l'avis du Conseil constitutionnel et de ceux qui l'ont soutenu. Quoi qu'il en soit, il a tout de même fait prévaloir les dispositions invoquées sur l'article 4 al. 1 de la Convention sur l'élimination de toutes les formes de discrimination à l'égard des femmes. De mémoire, c'est une première qu'il tranche un conflit entre dispositions constitutionnelles. Or, Georges Vedel pose comme principe parlant de la France que *« les conflits éventuels entre les dispositions de la Déclaration, entre ces dispositions et celles du préambule, comme ceux entre les dispositions de la Déclaration et celles du reste de la Constitution, ne peuvent être tranchés par l'appel à une prétendue hiérarchie au sens strict du mot. »*[2] Ce principe n'empêche cependant pas, convient-il avec Bruneau Genevois, *« à ce qu'une hiérarchie des normes repose non seulement sur des critères formels (autorité pouvant édicter les normes, procédure suivie) mais aussi sur des critères matériels (contenu des normes) »*[3]. Suivant la première hypothèse, il est concevable, même si la jurisprudence n'est pas encore allée dans ce sens, de faire prévaloir une disposition constitutionnelle adoptée par référendum sur une autre qui a été adoptée par le Parlement. En l'espèce, cette hypothèse est inopérante. Suivant la seconde hypothèse, on ne parle pas encore de hiérarchie mais l'exercice des droits et libertés fondamentales peut être restreint si l'intérêt général et ou le respect de l'ordre public le commandent. On peut donc déduire que le juge constitutionnel sénégalais établit une hiérarchie entre les dispositions contenues dans le bloc de constitutionnalité.

Peut-être, la solution aurait été autre si la loi ne portait pas sur des principes universalistes qui ordonnent à la fois l'ordre juridique et l'espace politique de la République. Seul l'avenir nous le dira. En attendant, tout en contestant les arguments juridiques du Conseil constitutionnel, les défenseurs de la parité ont soutenu que leur revendication est conforme à la

---

[1] SINDJOUN (Luc), *Les grandes décisions de la justice constitutionnelle africaine. Droit constitutionnel jurisprudentiel et politique constitutionnelle au prisme des systèmes politiques africains,* Bruxelles : Bruylant, 2009, p. 433.
[2] VEDEL (Georges), « La place de la Déclaration de 1789 dans le « bloc de constitutionnalité » », In Conseil constitutionnel, *La déclaration des droits de l'homme et du citoyen et la jurisprudence,* Colloque des 25 et 26 mai 1989 au Conseil constitutionnel, Paris : Presses universitaires de France, Collection Recherches politiques, 1989, pp. 35-64.
[3] *Ibid.*, pp. 35-64.

tradition de partage du pouvoir jadis à l'œuvre dans la société traditionnelle sénégalaise.

Paragraphe II. La « demande » de parité face aux règles traditionnelles de partage du pouvoir au Sénégal

Les défenseurs de la parité ont largement joué sur le registre de l'histoire pour faire accepter leur revendication. Ce registre a été utilisé dès le lancement de la campagne *« Avec la parité, consolidons la démocratie »* en 2005 jusqu'à l'aboutissement final. Dans le cadre de la campagne *« Avec la parité consolidons la démocratie »*, un comité de suivi pour l'application de la parité au Sénégal a été mis en place qui écrivit aux parlementaires pour les appeler à appliquer la parité au Sénégal. Dans le document[1], les membres du comité enjoignirent aux représentants du peuple *« au nom* [entre autres] *des femmes qui se sont illustrées dans l'Afrique d'hier et continuent de bâtir le Sénégal d'aujourd'hui* [et]... *des hommes qui respectent...* [les] *valeurs ancestrales et plurimillénaires de démocratie humaniste, participative et fondée sur le respect de la voix des femmes »* au Sénégal.

Le Président de la République reprit à son compte cette dimension historique dans son message à l'Assemblée nationale après l'adoption par celle-ci d'une résolution en faveur de la parité[2]. Il incita les partis politiques à faire plus de place aux femmes lors des élections suivantes parce que, ajouta-t-il, *« Notre histoire nous y prédispose. Nos valeurs traditionnelles nous le permettent. »*[3]

Le Séminaire d'élaboration d'un modèle de loi sur la parité[4] permit aux défenseurs de la parité d'interroger l'histoire africaine, et plus particulièrement sénégalaise, pour y trouver les fondements de leur revendication et de poser la question de la revalorisation du rôle historique des femmes dans le Sénégal actuel. Les débats parlementaires et les interventions médiatiques montrèrent également l'importance historique des

---

[1] Appel du Comité de Suivi aux parlementaires, pour l'application de la parité au Sénégal, 28 novembre 2006, In COSEF, *Combats pour la parité : La campagne "Avec la parité consolidons la démocratie", op. cit.*, pp. 65-66.
[2] Assemblée nationale, Résolution 2006-03 en faveur de la parité, décembre 2006, In COSEF, *Combats pour la parité : La campagne "Avec la parité consolidons la démocratie", op. cit.*, pp. 67-68.
[3] Message du Président de la République à l'Assemblée nationale, 8 décembre 2006, In COSEF, *Combats pour la parité : La campagne "Avec la parité consolidons la démocratie", op. cit.*, pp. 69-71.
[4] COSEF, *Combats pour la parité : Actes du Séminaire d'élaboration d'un modèle de loi sur la parité, op. cit.*

femmes dans la gestion des affaires publiques pour faire apparaître la parité comme « *une question bien sénégalaise* »[1].

La recherche de légitimation historique **(I)** est allée de pair avec la délégitimation des entraves à une meilleure participation des femmes à la vie politique attribuée à des facteurs exogènes **(II)**.

I – L'affirmation de la conformité de la parité aux valeurs traditionnelles

L'évocation du rôle historique des femmes dans la dévolution du pouvoir et des biens et leur participation à leur gestion avec les hommes dans les royaumes précoloniaux du Sénégal et, plus généralement dans les royaumes et empires de l'Afrique noire précoloniale, a été centrale dans l'argumentation des défenseurs de la parité. En matière politique, cette participation eut cependant lieu « *dans le cadre d'une assemblée féminine siégeant à part, mais jouissant de prérogatives analogues à celles de l'assemblée des hommes* »[2].

Premièrement, ils soutinrent que la société traditionnelle sénégalaise était une société matriarcale dans laquelle « *la femme était source de l'acquisition des biens et de légitimation des pouvoirs politiques* »[3]. La femme ne devenait pas cheffe de matriclan mais l'accession à ce poste dépendait du « *rang social qu'occupait sa mère au sein de la lignée maternelle* »[4]. En outre, « *la doyenne du matriclan était considérée comme la première responsable morale de la famille, mais elle déléguait son pouvoir à son frère ou à son fils aîné. Ce dernier était chargé de gérer les biens matrimoniaux* »[5]. Enfin, l'accession au trône se faisait suivant l'ascendance matrilinéaire.

L'islamisation a perverti quelque peu cette tradition mais selon Yoro Jaw, « *le principe que seule la filiation par les femmes transmet certains droits, après avoir été général chez les Wolof, sauf dans le Jolof, a reculé devant l'influence islamique. Mais il s'est conservé précisément dans les*

---

[1] DIAW (Aminata), La parité : une question sénégalaise, In COSEF, Combats pour la parité : Actes du Séminaire d'élaboration d'un modèle de loi sur la parité, *op. cit.*, pp. 43-52.
[2] MAES DIOP (Louise Marie), « Une représentation politico-économique des femmes est-elle possible ? », In COSEF, *Combats pour la parité : Actes du Séminaire d'élaboration d'un modèle de loi sur la parité, op. cit.*, pp. 37-41.
[3] THIAW (Issa Laye), « Le matriarcat, source de l'acquisition des biens et de légitimation des pouvoirs politiques dans le Sénégal d'autrefois », In COSEF, Combats pour la parité : Actes du Séminaire d'élaboration d'un modèle de loi sur la parité, op. cit., pp. 25-36.
[4] *Ibid.*, pp. 25-36.
[5] *Ibid.*, pp. 25-36.

familles puissantes dont il était la base et qui en tenaient leurs droits politiques et leurs biens. »[1]

Deuxièmement, ils avancèrent que la femme participait directement à la gestion du pouvoir politique avec les hommes dans tous les royaumes wolof. Ainsi, au dirigeant qui s'appelait *« brak au Waalo, buurba au Jolof, dammel au Kajoor, teen au Boal, buur au siin et au Saalum...* [était toujours associée] *une dirigeante de sexe féminin, portant le titre de linger...»*[2]. La fonction de *linger* ou *lingeer* était aussi bien organisée que celle de roi ou souverain. *« Le titre de Lingeer revenait dans les royaumes traditionnels du Kajoor, du Waloo (en pays wolof) ou du sine (pays sereer) à la mère ou à la nièce (du côté du lignage maternel) du buur (souverain) qui avait charge de la choisir. »*[3]

La désignation et l'éviction de la *lingeer* obéissaient à des règles dont le non-respect enlevait toute légitimité au souverain qui en est l'auteur. Ainsi, *« lorsque le dammel Décé Maran Ngalgu (1681-1683) destitua* [en violation des règles alors en vigueur] *la lingeer Yaasin Bubu, cette dernière s'allia avec un marabout, Xaaly Njaay Sal, en lui offrant sa main. Avec l'appui de ses nombreux partisans et ceux des disciples du marabout, elle battit les guerriers du dammel Décé Maran qu'elle fait remplacer par le dammel Mafaali Fali Guèy (1683-1684). »*[4]

La *lingeer « était la première femme du royaume. A ce titre, elle exerçait certains droits sur la communauté des femmes, recevant des cadeaux en certaines circonstances, mais surtout elle était au centre d'une petite cour, indépendante de celle du roi car située sur les territoires qui lui étaient attribués (lew). »*[5] En plus, *« il lui incombait de gérer les biens de la lignée, qui devaient contribuer à la victoire du prétendant au trône. Elle prenait également en charge l'alimentation et l'entretien de la Cour. »*[6] Enfin, *« elle a droit d'être protégée par une escorte militaire. On devait également la recevoir et l'entretenir avec honneur dans toutes les capitales du pays où elle daignait déposer ses pénates.»*[7] En somme, *« l'influence*

---

[1] Cité par THIAW (Issa Laye), « Le matriarcat, source de l'acquisition des biens et de légitimation des pouvoirs politiques dans le Sénégal d'autrefois », In COSEF, *Combats pour la parité : Actes du Séminaire d'élaboration d'un modèle de loi sur la parité, op. cit.*, pp. 25-36.
[2] CAMARA (Fatou Kiné), « La parité au Sénégal : entre modèle autochtone et modèle importé », article précité.
[3] DJIBO (Hadiza), *op. cit.*, p. 50.
[4] CAMARA (Fatou Kiné), « La parité au Sénégal : entre modèle autochtone et modèle importé », article précité.
[5] Boulègue (1987, 61-62), Cité par CAMARA (Fatou Kiné), « La parité au Sénégal : entre modèle autochtone et modèle importé », article précité.
[6] DJIBO (Hadiza), *op. cit.*, p. 51.
[7] DIAGNE (Pathé) *Pouvoir politique traditionnel en Afrique occidentale : Essais sur les Institutions politiques précoloniales,* Paris : Présence africaine, 1967, p. 95.

qu'elle exerçait était telle que la nomination et l'éviction du souverain dépendaient de son bon vouloir : elle « faisait » et « défaisait » les rois. »[1]

De même que la *lingeer* avait des pouvoirs lui permettant d'influer sur la conduite des affaires publiques, elle pouvait exceptionnellement les conduire elle-même ou participer à leur conduite. Par exemple, dans le *«royaume du Waloo où les femmes n'étaient pas exclues de la succession du trône, elle a eu à exercer réellement le pouvoir. Ainsi, en a-t-il été de la fameuse reine de ce royaume : NJëböök MBodji qui passe pour être le souverain le plus connu du Waloo.»*[2] Dans tous les autres cas, « *ses fonctions politiques lui permettaient de participer à l'élaboration de divers plans, d'entériner les décisions du Conseil supérieur et, le cas échéant, de participer aux opérations militaires* »[3].

L'institution de *lingeer* est propre aux royaumes du Sénégal mais antérieurement aux royaumes wolof et même à l'empire Jolof les femmes participaient à l'exercice du pouvoir politique en Afrique de l'ouest. Il en fut ainsi depuis que la Charte du Mandé (Constitution de l'Empire du Mali fondée en 1235 et qui comprenait le Sénégal avant la création de l'Empire Jolof), a rendu cette participation obligatoire en prévoyant en son article 16 : « *Les femmes, en plus de leurs occupations quotidiennes, doivent être associées à tous nos Gouvernements.* »[4] La réaffirmation de cette réalité évidente dans le contexte historique sonne plus comme la reconnaissance du rôle majeur joué par les femmes dans l'édification de l'Empire du Mali qu'une bienveillante reconnaissance de droit.

Partant de ce précédent historique, les défenseurs de la parité appelèrent à soutenir leur revendication pour sa conformité aux valeurs traditionnelles du Sénégal niées et supplantées par le colonisateur dont les valeurs continuent d'organiser la société sénégalaise.

II – La dénonciation de l'extranéité des entraves à la parité

Si la question de la participation des femmes à la vie politique se pose au Sénégal aujourd'hui, c'est en raison, disent les défenseurs de la parité, des bouleversements intervenus dans la société du fait de l'islamisation et de la colonisation. Amsatou Sow Sidibé est formelle là-dessus. Elle écrit : « *Des chocs historiques ont bouleversé le statut originaire de la femme africaine. D'abord, la mauvaise interprétation de certains préceptes de l'Islam a souvent fait de la femme une personne sans autorité. Pourtant l'Islam est une religion éminemment protectrice des droits des femmes. Ensuite, la*

---

[1] DJIBO (Hadiza), *op. cit.*, p. 51.
[2] *Ibid.*, p.51.
[3] DJIBO (Hadiza), *op. cit.*, p. 51.
[4] DIARRA (Abdoulaye), *op. cit.*, p. 21.

colonisation a privé les femmes de certaines formes de pouvoirs politiques que la société leur conférait dans la culture traditionnelle africaine. En effet, le système colonial a favorisé les hommes en s'inspirant du phénomène du paterfamilias du Droit Romain, qui donnait au mal des pouvoirs exorbitants allant jusqu'au droit de vie et de mort sur la gent féminine. Pendant la période coloniale, à quelques exceptions près, les rôles politiques des femmes se sont amenuisés. Celles-ci ont été confinées dans un statut d'incapables mineurs... »[1]

Il faut préciser d'emblée que ces deux facteurs ont été secondaires dans l'argumentation des défenseurs de la parité. Ils n'ont pas non plus eu le même traitement. Le facteur religieux a été traité avec plus de circonspection que le facteur colonial. Il en fut ainsi parce que l'Islam a pénétré la société sénégalaise depuis des siècles et en est devenu un fondement essentiel. En plus, les forces religieuses ont une grande légitimité dans la société qui fait que si leur appui ouvert n'était pas nécessaire à l'aboutissement du projet paritaire leur opposition ouverte pouvait le bloquer.

Le facteur colonial a été évoqué pour expliquer l'extranéité du système actuel de quasi-exclusion des femmes dans la vie politique et récuser les fondements de la décision du Conseil constitutionnel. Fatou Kiné Camara jugea notamment la référence à la DDHC de 1789 illégitime dans la mesure où celle-ci *« n'a connu...que le citoyen pendant plus de 150 ans »*[2]. Elle dénonça également la référence à cette déclaration en raison *« de la tradition juridique misogyne de la France, illustrée entre autres par la loi salique (interdisant aux femmes de succéder au trône de France) et le fait que les Françaises n'ont eu le droit de vote qu'après la Seconde Guerre mondiale »*[3]. Enfin, elle conclut sur cette illégitimité en déclarant : *« En effet, depuis que le Sénégal a recouvré sa souveraineté, les juges ne sont plus tenus au respect de « l'ordre colonial ». En outre, faut-il rappeler que c'est la République française qui a effectivement mis fin au pouvoir politique des femmes en terre sénégalaise ? Le premier royaume sénégambien à être emporté par la conquête coloniale, après une vaillante résistance de près de 20 ans, a été le Waalo, gouverné à l'époque par une femme, Njëmbët Mbooj (1840-1846), remplacée à sa mort par sa sœur, Ndate Yàlla (1846-1855). »*[4]

Il faut cependant remarquer que l'appréciation de la place de la femme dans les sociétés africaines a fait l'objet de vives controverses entre

---

[1] SOW SIDIBÉ (Amsatou), « Pourquoi une loi sur la parité au Sénégal ? », In COSEF, *Combats pour la parité : Actes du Séminaire d'élaboration d'un modèle de loi sur la parité*, *op. cit.*, pp. 53-56.
[2] CAMARA (Fatou Kiné), « La goutte d'eau qui fait déborder le vase : la décision du Conseil constitutionnel du 29 avril 2007 », article précité.
[3] CAMARA (Fatou Kiné), « La parité au Sénégal : entre modèle autochtone et modèle importé », article précité.
[4] *Ibid.*

Européens et Africains. Les premiers percevaient en général la femme africaine comme un être asservi. Parlant des femmes africaines, Catherine Coquery-Vidrovitch écrit : « *Le lot des femmes rurales, véritables bêtes de somme, a toujours été dur… bref, les femmes, sauf exception rarissime, avaient été dans les sociétés anciennes parfois révérées mais surtout utilisées et toujours invisibles. La colonisation provoqua leur visibilité.* »[1] En rétorque à cette appréciation, NDri Thérèse Assé-Lumumba[2] relève que « *beaucoup d'Européen, à cause de leurs préjugés ou parce qu'ils se sont limités à un seul aspect des nombreuses facettes des sociétés africaines, ont cru découvrir que les femmes africaines étaient systématiquement opprimées et exploitées.* » Or, écrit-elle, « *nous pouvons affirmer que ce jugement provient du refus – volontaire ou involontaire – de ceux et celles qui ont participé à la colonisation, de voir la réalité africaine telle qu'elle était. Les jugements négatifs systématiques de la part des différents agents de la colonisation étaient inévitables dans le contexte colonial, puisqu'il fallait justifier les bouleversements et les atrocités commises par les colonisateurs dans les sociétés africaines au nom de la "civilisation".* »

Pour soutenir son point de vue, elle affirme que dans la civilisation africaine les hommes et les femmes étaient complémentaires en ce sens qu'ils « *contribuaient de manière différente à la vie sociale, dans des activités toutes considérées d'égale valeur. Les femmes contrôlaient certains domaines de la vie sociale tandis que les hommes en contrôlaient d'autres. C'est pourquoi, on peut parler dans certains cas d'autonomie parallèle des femmes et des hommes dans les instances du social.* »

Il semble désormais admis que l'appréciation des rapports sociaux des sexes dans les sociétés africaines[3] doive se faire de manière différente que dans les sociétés occidentales. Contrairement en Occident, les rapports sociaux des sexes ne sont pas appréhendés en Afrique en termes de hiérarchie mais de complémentarité. Il ne s'agit toutefois là que d'une question de lecture sinon les problèmes dans les deux sociétés demeurent réels.

---

[1] Cité par ASSIE-LUMUMBA (NDri Thérèse), *Les Africaines dans la vie politique : Femmes baoulé de Côte d'Ivoire,* Paris, L'Harmattan, Collection Points de vue, 1996, p. 58.
[2] *Ibid.*, pp. 55, 56 et 84.
[3] Pour une vision africaine de cette question, voire Société africaine de culture, Préface de HIE NIA (Jules), *La civilisation de la femme dans la tradition africaine, Colloque d'Abidjan, 3-8 juillet 1972,* Paris : Présence africaine, 1975, p ; Relativement à notre étude, voire AMELOT (Adélaïde), *La loi des femmes. La Parité au Sénégal : représentations, enjeux et stratégies,* Thèse de doctorat en Sciences politiques, Université Paris Est, 2011, 581 p.

Conclusion du chapitre

En dehors des assemblées parlementaires, la légitimation et la dé-légitimation militante, scientifique et médiatique de la parité ont été plus pragmatiques que philosophico-théoriques au Sénégal. Deux raisons expliquent cela. La première est l'existence des solutions pratiques en faveur de la demande. Avant la censure de la première loi, ce sont ces solutions qui ont été mises en avant ainsi que la cohérence de la revendication avec les réalités socio-historiques. Après la censure de cette loi, la dénonciation de la méconnaissance de ces solutions par le Conseil constitutionnel est allée de pair avec la dénonciation des obstacles jugés d'origine exogène et la remise en valeur du cadre socio-historique. Or, il se trouve que les solutions pratiques sont issues des engagements internationaux inclus dans la Constitution. En plus, les adversaires se sont employés à vanter le bien-fondé des principes qu'ils jugent porteurs de tares. Il en résulte un usage instrumental de l'extranéité de certaines règles à la fois comme source de légitimation et de dé-légitimation des revendications de changement. La deuxième est l'inopportunité de se lancer dans des débats théoriques sur des principes qui ont été idéologiquement pensés ailleurs.

Le duel n'a pas été trop ni longtemps disputé parce qu'au-delà des arguments, les défenseurs de la parité avaient dans leur rang un soutien de poids en la personne du Président de la République, Abdoulaye Wade. Sur proposition du Premier ministre, celui-ci a soumis au Parlement un projet de révision constitutionnelle adopté en Conseil des ministres le 2 novembre 2007.

Conclusion du titre premier

La légitimation et la dé-légitimation hors assemblées parlementaires de la demande d'introduction du principe de parité dans la Constitution en France et au Sénégal font ressortir deux situations. En France, les partisans et les adversaires de la parité ont majoritairement épousé la ligne argumentative du Conseil constitutionnel pour lui reconnaître sa part de légitimité avant que les partisans appellent à son dépassement en raison des limites des principes invoqués. Au Sénégal, les adversaires ont reconnu à la décision du Conseil constitutionnel sa part légitime mais les partisans l'ont catégoriquement contestée pour sa méconnaissance des solutions pratiques existantes et l'illégitimité d'invoquer, dans le cas d'espèce, les principes en question. Dans l'un et l'autre cas, les positions théoriques sont restées inconciliables.

Il s'en suit donc que lorsqu'une revendication de droit suscite des oppositions de la part des scientifiques ou de la part des groupes de pression, les camps opposés sont généralement inconciliables sur le plan théorique. Il n'empêche qu'ils peuvent tous être d'accord sur l'utilité sociale de la revendication. À défaut d'être d'accord sur cette utilité, c'est le poids relatif de chaque camp et sa capacité à faire adhérer l'opinion publique ou les acteurs politiques à son point de vue qui va déterminer l'issue de la bataille. Cette issue peut être l'impasse, pour un temps ou pour longtemps, pour les partisans s'ils n'arrivent pas à déclencher une procédure législative. Elle peut être une demi-victoire s'ils arrivent à déclencher une telle procédure et une victoire si la procédure débouche à l'adoption et à la promulgation d'une loi.

TITRE SECOND
La consécration constitutionnelle du principe de parité en France, puis au Sénégal

Le déclenchement de la procédure législative répond à un besoin de réglementation[1]. La découverte de ce besoin peut conduire les acteurs politiques à légiférer sans qu'il ait une demande sociale expresse dans ce sens et sans que la procédure provoque des mobilisations sociales. C'est ce qui se passe le plus souvent. Il arrive également que des demandes ou des mobilisations sociales entraînent le déclenchement de la procédure ou inversement que le déclenchement de la procédure entraîne des mobilisations sociales. Le premier cas de figure résulte généralement de l'inaction ou du retard d'action des acteurs politiques à légiférer dans un domaine où l'intervention d'une loi est nécessaire ou est supposée ainsi par les acteurs qui en revendiquent. Cela arrive dans l'une des situations suivantes : ils ne veulent pas légiférer dans le domaine pour des raisons politiques ou idéologiques ; ils ne sont pas convaincus de la nécessité de légiférer ; ils sont convaincus de la nécessité de légiférer mais trouvent qu'il n'y a pas d'urgence au regard d'autres priorités ; ils sont convaincus de la nécessité de légiférer mais redoutent de ne pas avoir le soutien nécessaire pour mener avec succès la procédure à son terme, etc. Le déclenchement d'une procédure à la suite de telles demandes ou mobilisations signifie par déduction qu'ils se trouvent dans l'une des situations suivantes : ils partagent la cause ; ils ont été convaincus de la nécessité de légiférer et ils espèrent pouvoir faire passer la loi ; ils veulent faire bonne figure face à la pression, etc. Le deuxième cas de figure arrive généralement si la reforme proposée est susceptible de porter gravement atteinte à des droits acquis, contrevient à des convictions de tout genre, est porteuse de charges nouvelles, menace l'ordre social et/ou institutionnel existant, etc.

Lorsqu'il intervient à la suite de mobilisations, le déclenchement de la procédure législative n'entraîne pas forcément l'arrêt des actions des groupes d'intérêt. Dans cette hypothèse, et dans l'hypothèse où c'est le déclenchement de la procédure qui entraîne les mobilisations, de telles

---

[1] Pour DELLEY (Jean-Daniel) ; FLÜCKIGER (Alexandre), « *L'intention de légiférer présuppose l'existence d'un problème* » à l'existence duquel deux conditions sont nécessaires : « *- tout d'abord, la présence d'un état de tension, la perception d'une distance entre une situation présentée et une situation désirée. Le problème naît de la confrontation entre un « être » et un « devoir être » ; - puis une imputation de causalité. Sans mise en évidence des causes qui sont responsables du problème, il n'y a pas d'intervention collective possible* ». *Cf.* DELLEY (Jean-Daniel) ; FLÜCKIGER (Alexandre), « La légistique : une élaboration méthodique de la législation », In DRAGO (Roland), Sous la direction de, *La confection de la loi/ Rapport du groupe de travail de l'Académie des sciences morales et politiques,* Paris : Presses universitaires de France, Collection Cahier des Sciences morales et politiques, 2005, pp. 83-96.

actions peuvent rester permanentes jusqu'à l'aboutissement de la procédure et se poursuivre parfois après l'adoption de la loi. Deux raisons peuvent expliquer la permanence des actions de pression au cours de la procédure. Première raison, les groupes d'intérêt sont en opposition entre eux sur la nécessité de légiférer ou sur le contenu matériel à donner à la future loi. Deuxième raison, les groupes d'intérêt redoutent un blocage en cours de procédure en raison des calculs politiciens des acteurs politiques.

Quelles que soient enfin les hypothèses, la procédure législative est parsemée d'embuches constituées des acteurs institutionnels eux-mêmes. Son déclenchement et sa conduite avec succès nécessitent un minimum de consensus ce qui n'est pas toujours évident en raison des oppositions idéologiques et d'intérêts qui peuvent exister entre eux. C'est pourquoi, l'action des groupes d'intérêt est particulièrement nécessaire pour empêcher deux situations de blocages inutiles. Première situation, un acteur bloque la procédure parce que seulement il ne veut pas permettre à un autre acteur de mettre la loi au crédit de ses réalisations. Deuxième situation, un acteur bloque la procédure parce que même si l'intérêt général commande de légiférer ses intérêts propres se trouveraient ménagés par la future loi.

Le déclenchement des procédures de révision constitutionnelle en France et au Sénégal à la suite des mobilisations autour de la demande de parité nous met dans au moins l'une des situations décrites au paragraphe un du présent titre. Contrairement à la phase précédente, les acteurs de la procédure législative ainsi que ses différentes étapes sont clairement déterminés à l'avance par la Constitution complétée le plus souvent par une loi organique et les règlements des assemblées parlementaires[1].

Pour rendre brièvement compte du travail au parlement, on peut prendre pour valable également pour les projets de loi le résumé que Georges Ripert en a fait pour les propositions de loi. Il écrit : *« La proposition est envoyée à une commission et parfois à plusieurs, soumise à rapporteur, revue et corrigée par l'exercice du droit d'amendement »*[2].

Lorsqu'il aboutit à une loi à la suite de l'examen au Parlement, le texte initial peut se trouver être le même, partiellement différent ou très différent de la loi finale. L'examen d'un texte au Parlement nécessite d'ailleurs qu'il soit soumis par une personne habilitée. En matière de révision constitutionnelle, l'article 89 ali. 1 de la Constitution française dispose que *« l'initiative [...] appartient concurremment au Président de la République sur proposition du Premier ministre et aux membres du Parlement »*. Au Sénégal, c'est l'article 103 ali. 1 et 2 de la Constitution qui en réglemente en

---

[1] Pour une vision d'ensemble de la procédure législative, *Cf.* AVRIL (Pierre) ; GICQUEL (Jean) ; GICQUEL (Jean-Éric), *Droit parlementaire*, 5ème édition, Issy-les-Moulineaux : LGDJ - Lextenso éditions, Collection Domat Droit public, 2014, 398 p.
[2] RIPERT (Georges), *op. cit.*, p. 121.

ces termes : *« L'initiative de la révision de la Constitution appartient concurremment au Président de la République et aux députés. – Le Premier ministre peut proposer au Président de la République une révision de la Constitution ».*

Au-delà des textes, il a été relevé qu'en France *« […] l'initiative parlementaire, si elle demeure réelle, elle n'a été, à ce jour, couronnée de succès. Aucune proposition n'a abouti, nonobstant son adoption par les assemblées, mais en termes différents, s'agissant du droit de vote des étrangers non européens aux élections municipales, en 2000 et 2011 […] »*[1]. Le Sénat a également voté séparément quatre propositions et l'Assemblée nationale trois propositions[2]. Au Sénégal en revanche, deux propositions de révision de la Constitution ont abouti. La première est la loi constitutionnelle du 24 mars 1984 par laquelle le mandat du président de l'Assemblée nationale a été soumis à renouvellement annuel comme celui des autres membres du bureau[3]. La seconde est la loi constitutionnelle du 5 avril 1991 qui rétablit le régime antérieur du mandat du président de l'Assemblée nationale corrélé à la durée de la législature[4].

Contrairement aux autres lois, les lois de révision constitutionnelle doivent d'abord être adoptées par les deux chambres du parlement en termes identiques puis soumises à l'approbation du peuple par référendum ou du Congrès du parlement en France (art.89 ali. 2 et 3 de la Constitution)[5]. Au Sénégal, la même procédure prévalait au moment de la révision de la Constitution aux fins de l'introduction du principe de parité. La procédure actuellement en vigueur prévoit l'adoption de ces lois d'abord par l'Assemblée nationale. Ensuite, elles doivent être approuvées par le Peuple par référendum ou l'Assemblée nationale à la majorité de 3/5 des suffrages exprimés (art.103 de la Constitution).

Relativement à l'initiative, on en déduit donc que les révisions constitutionnelles ont été faites à la suite de projets soumis par le pouvoir exécutif. En France, l'article unique du projet de loi constitutionnelle adopté en Conseil des ministres le 17 juin 1998 prévoyait d'ajouter à l'article 3 de la Constitution une disposition selon laquelle *« la loi favorise l'égal accès des*

---

[1] AVRIL (Pierre) et alii, *op. cit.*, pp. 295 et 296.
[2] *Ibid.*, p. 296.
[3] *Loi n° 84-34 du 24 mars 1984 abrogeant et remplaçant le 1° de l'article 51 de la Constitution,* In FALL (Ismaïla Madior), Réunis et présentés par, *op. cit.*, p. 118.
[4] *Loi constitutionnelle n° 91-26 du 5 avril 1991 abrogeant et remplaçant le 1° de l'article 51 de la Constitution,* In FALL (Ismaïla Madior), *op. cit.*, p. 130.
[5] En France, il est à noter que *« l'application de l'article 89 C n'est pas exclusive en matière de révision comme l'a montré le précédent de la loi 62-1292 du 6 novembre 1962, dont les articles 1ᵉʳ et 2 révisaient les articles 6 et 7 C, en instituant l'élection au suffrage universel du Président de la République. Adoptée suivant la procédure de l'article 11 C par le référendum du 28 octobre 1962, cette loi avait naturellement été soustraite à l'élaboration parlementaire ».* Sur ce point, Pierre AVRIL et alii, *op. cit.*, pp. 307 et suivante.

femmes et des hommes aux mandats et fonctions »[1]. Au Sénégal, le projet de loi constitutionnelle soumis au Parlement visait à modifier plusieurs dispositions de la Constitution mais celle qui nous concerne prévoyait l'insertion après l'al. 4 de l'article 7 d'un nouvel alinéa selon lequel *« la loi garantit l'égal accès des femmes et des hommes aux mandats et fonctions »[2]*.

Le dépôt du projet de révision constitutionnelle au parlement consacre l'ouverture d'une nouvelle étape. Les acteurs de cette étape sont différents des acteurs militants, scientifiques et médiatiques qui peuvent se permettre de rester cantonnés sur des positions inconciliables sans grand dommage. Contrairement aux autres, les acteurs politiques ont à gagner ou à perdre de leur positionnement. C'est pourquoi Georges Ripert écrit en parlant du travail législatif au parlement : *« Au parlement, les passions s'apaisent et le ton baisse. Les élus obéissent à la loi de conservation, craignent les représailles, pensent à la réélection, redoutent la dissolution. Les discours les plus violents ne sont souvent plus que des manifestations théâtrales »[3]*.

Cette remarque s'est avérée lors de l'examen des projets de révision constitutionnelle au parlement en France et au Sénégal. Les données factuelles mobilisées n'ont pas changé de part et d'autre mais elles ont été utilisées de façon plus conciliante. Quant aux arguments théoriques, ils ont été appropriés de façon différente de part et d'autre. En France, il y a eu une rupture dans la continuité en ce sens que les arguments pour et contre ont été reproduits. Néanmoins, certains arguments ont eu moins d'adeptes et le ton dans l'ensemble était plus conciliant. Au Sénégal, certains arguments théoriques n'ont pas fait leur entrée au Parlement. Ceux qui y ont pénétré ont été utilisés avec une douceur extrême. En plus, des données nouvelles y ont fait leur apparition.

Au-delà de ces constats, les projets ont été retravaillés lors de l'examen des textes au Parlement, remodelés puis transformés en dispositions constitutionnelles. Cette opération a permis de mettre en lumière l'influence prédominante des considérations factuelles dans la formation du consensus sur les révisions constitutionnelles. Il n'empêche qu'en France les considérations théoriques et les querelles d'assemblées ont entraîné l'ajout d'un article supplémentaire et une précision de l'article unique du projet initial.

Au final, les dispositions constitutionnelles en France se lisent comme suit : *« Article premier, L'article 3 de la Constitution du 4 octobre 1958 est*

---

[1] Assemblée nationale, Onzième législature, *Projet de loi constitutionnelle relatif à l'égalité entre les femmes et les hommes*. Enregistré à la présidence de l'Assemblée nationale le 18 juin 1998.
[2] Assemblée nationale, XIème législature, *Projet de loi constitutionnelle n°40/2007 modifiant les articles 7, 63, 68, 71 et 82 de la Constitution*.
[3] RIPERT (Georges), *op. cit.*, p. 116.

complété par un alinéa ainsi rédigé : « La loi favorise l'égal accès des femmes et des hommes aux mandats électoraux et fonctions électives ». – Article 2, L'article 4 de la Constitution est complété par un alinéa ainsi rédigé : « Ils [les partis politiques] *contribuent à la mise en œuvre du principe énoncé au dernier alinéa de l'article 3 dans les conditions déterminées par la loi »*[1].

Au Sénégal, la disposition finale a seulement atténué la rigueur de celle du projet initial. Elle se lit comme suit : *« Il est inséré après l'alinéa 4 de l'article 7 de la Constitution un nouvel alinéa ainsi conçu : « La loi favorise l'égal accès des femmes et des hommes aux mandats et fonctions » »*[2].

Pour mettre en lumière les logiques profondes qui ont présidé à l'adoption de ces dispositions, il importe d'étudier d'abord la consécration constitutionnelle du principe de parité en France, puis au Sénégal.

Chapitre I - La consécration constitutionnelle du principe de parité en France

Chapitre II - La consécration constitutionnelle du principe de parité au Sénégal

---

[1] *Loi constitutionnelle n°99-569 du 8 juillet 1999 relative à l'égalité entre les femmes et les hommes,* J.O.R.F. du 9 juillet 1999, p. 10175. *Cf.* Annexe sur la France, Annexe 3.
[2] *Loi constitutionnelle n° 2008-30 du 7 août 2008 modifiant les articles 7, 63, 68, 71, et 82 de la Constitution, Cf.* Annexe sur le Sénégal, Annexe 2.

Chapitre I -
La consécration constitutionnelle du principe de parité en France

Les arguments théoriques des partisans et des adversaires de la parité sont restés inconciliables. Ils étaient tous convaincus de la nécessité de faire quelque chose pour favoriser une meilleure participation des femmes à la vie politique mais ils étaient partagés sur les moyens à mettre en œuvre pour y parvenir. Ils étaient notamment opposés sur la nécessité de réviser la Constitution pour y introduire l'objectif de parité. Dans ces conditions, il appartenait au Constituant de trancher en procédant à cette révision ou en s'y opposant. Pour ce faire, un projet de loi constitutionnelle a été soumis à son appréciation dans les conditions prévues à l'article 89 de la Constitution. L'exposé des motifs joint au projet de loi constitutionnelle[1] indique clairement que son but est de permettre de *« promouvoir par des mesures appropriées l'objectif de parité entre les femmes et les hommes »*. Néanmoins, l'article unique du projet ne comporte pas la mention du mot parité. L'absence du mot parité dans le dispositif ainsi que la limitation du champ d'application du projet à la vie politique ont suscité des questionnements au sein de la commission des lois constitutionnelles, de la législation et de l'administration générale de la République de l'Assemblée nationale qui en a été saisie. S'exprimant sur la limitation du champ d'application du projet, Mme Catherine Tasca[2], rapporteur du texte à la commission saisie, précise que *« comme il est indiqué dans l'exposé des motifs, le Gouvernement estime que la jurisprudence du Conseil constitutionnel ne s'oppose à l'égal accès des femmes et des hommes aux responsabilités que dans la sphère des institutions publiques. Il est vrai*, [ajoute-t-elle,] *que la décision de 1982 ne porte que sur ce domaine précis. D'ailleurs*, [poursuit-elle,] *on observe que, dans cette décision, le Conseil prohibe toute division par catégories des électeurs ou des éligibles uniquement pour les suffrages politiques, ce qui est restrictif. Ce type de division* [, conclut-elle,] *serait donc possible pour d'autres types d'élections par exemple dans le domaine social ou professionnel »*. Concernant la mise à l'écart du mot parité, elle explique qu'*« il semble difficile d'inscrire dans la Constitution la notion de parité, pour une raison simple : elle est extrêmement délicate à réaliser concrètement. La notion de parité renvoie à l'idée d'égalité parfaite, ce qui signifie, dans l'absolu, qu'il y ait, par exemple, autant de femmes que d'hommes occupant les fonctions de maire en France. Il en serait de même pour les fonctions d'adjoint, de président de conseil général ou régional, de vice-président... On imagine sans difficulté*

---

[1] Assemblée nationale, Onzième législature, *Projet de loi constitutionnelle relatif à l'égalité entre les femmes et les hommes*. Enregistré à la présidence de l'Assemblée nationale le 18 juin 1998.
[2] Assemblée nationale, Onzième législature, *Rapport n°1240* de Mme Catherine TASCA *sur le projet de loi constitutionnelle (985) relatif à l'égalité entre les femmes et les hommes*, p. 39.

l'impossibilité d'atteindre un tel objectif d'égalité pure et parfaite. Adopter une position trop rigide c'est rendre la règle inapplicable et donc prendre le risque de la discréditer. »

Ces éclairages du rapporteur font suite aux discussions qui ont eu lieu sur le projet de loi constitutionnelle en commission. Par la suite, le projet a fait l'objet d'âpres discussions en commission au Sénat. Les commissions saisies ont fait venir des partisans et des adversaires de la parité ainsi que des constitutionnalistes pour recueillir leurs avis. Cette confrontation a entraîné une reproduction des arguments universalistes des deux camps. En revanche, les arguments des partisans qui n'ont pas assez prospéré dans l'espace militant, scientifique et médiatique parce qu'ils étaient porteurs de travers n'ont pas prospéré non plus devant le Parlement.

Au cours des discussions en séance publique, les parlementaires se sont emparés des arguments théoriques des partisans et des adversaires pour les déconstruire ou les soutenir. Il importe de souligner que les prises de position au Parlement transcendent les clivages politiques. Mme Élisabeth Guigou, Garde des Sceaux, ministre de la Justice et Mme Nicole Péri, Secrétaire d'État aux droits des femmes et à la formation professionnelle ainsi que l'écrasante majorité des députés qui se sont exprimés se sont inscrits sur la ligne de défense des partisans. En revanche, bon nombre de sénateurs souscrivaient aux arguments des adversaires et ne souhaitaient pas, dans un premier temps, la révision de l'article 3 de la Constitution. En dépit de cette situation, l'état de sous représentation des femmes dans la vie politique était unanimement déploré et il y avait un consensus dans les deux assemblées pour y remédier. Les données factuelles, la faveur de l'opinion publique et les pressions militantes ont contribué pour beaucoup à forger ce consensus.

La souscription unanime des parlementaires à la nécessaire révision de la Constitution et la division des deux assemblées sur la disposition à réviser a conduit l'une et l'autre à faire des concessions. Par ce jeu, elles sont arrivées à adopter un texte identique. Le texte adopté est issu des travaux en deuxième lecture du Sénat et en troisième lecture de l'Assemblée nationale. Ensuite, il a été adopté par le Congrès du Parlement à Versailles le 28 juin 1999 suivant le résultat ci-après : votants 836, suffrages exprimés 788, pour 745, contre 43[1].

Ce qui précède montre que les discussions ont été également houleuses au Parlement mais qu'il n'y a pas eu deux camps constitués en fonction des clivages politiques traditionnels **(Section I)**. Malgré, la révision constitutionnelle a eu lieu **(Section II)**.

---

1 Congrès du Parlement, *Compte rendu analytique officiel*, 2ème séance du lundi 28 juin 1999 ; http://www.assemblee-nationale.fr/11/cra/1998-1999/99062815.asp, consulté le 07 août 2017.

Section I. Un débat vif, qui bouscule les clivages politiques

La souscription de la quasi-totalité des députés à la proposition du Gouvernement de réviser l'article 3 de la Constitution et à la ligne argumentative des partisans a fait que le projet n'a rencontré qu'une petite opposition à l'Assemblée nationale. En revanche, la majorité des sénateurs étaient opposés à la révision de l'article 3 par soucis apparent de ne pas porter atteinte à la conception traditionnelle de la souveraineté et en ce que cette révision emporterait des risques redoutés par les adversaires de la parité.

La position des deux assemblées n'est pas fortuite. Nous avons vu en introduction que le Sénat s'est opposé à plusieurs reprises à l'octroi du droit de vote aux femmes. C'est donc la continuité d'une tradition conservatrice de cette chambre. En plus, les deux assemblées appartenaient à des majorités différentes. L'Assemblée nationale était de gauche ce qui entraîna la cohabitation alors que le Sénat était de droite. Il n'empêche que les partisans des deux camps se trouvaient dans les deux assemblées. Dans l'une et l'autre, il y a eu des défiances à l'égard du projet tel qu'il a été présenté en raison de l'attachement à l'universalisme **(Paragraphe I)** et des soutiens en dépit de l'attachement à l'universalisme **(Paragraphe II)**.

Paragraphe I. La rhétorique des adversaires de la réforme

Les parlementaires qui ont défié le projet se trouvaient à la fois à l'Assemblée nationale et au Sénat mais c'est dans cette dernière chambre qu'ils étaient les plus nombreux. Il faut entendre par là ceux qui l'ont ouvertement défié dans leur intervention en commission ou en séance publique. Cela ne présume en rien le sens de leur vote d'autant qu'il est possible d'exprimer son désaccord sur un texte, sur une ligne argumentative soutenant un texte ou sur la procédure utilisée pour faire adopter un texte et finir par le voter. Il reste que la précision est importante parce que la défiance n'est pas toujours exprimée par des mots. Elle peut être exprimée de plusieurs autres façons notamment à travers : 1) le boycott de la séance au cours de laquelle le texte est inscrit à l'ordre du jour ; 2) une présence silencieuse se terminant par un vote contre ; 3) une obstruction à la procédure par un amoncellement d'amendements ; 4) des applaudissements aux discours défiants ; 5) des campagnes médiatiques pour discréditer le projet ; 6) des appels à l'endroit d'autres parlementaires à voter contre le projet, etc.

Les arguments mobilisés par les parlementaires pour dénoncer le projet, ses travers ou les travers de certaines lignes argumentatives qui le soutenaient sont les mêmes que ceux mobilisés contre la demande de parité par les républicains universalistes et les féministes universalistes. Ils dénoncent notamment le risque de communautarisme et d'essentialisme que l'introduction du principe de parité dans la Constitution emporte.

Les deux seront abordés successivement en **(I)** et **(II)**.

I – La crainte du communautarisme

À l'Assemblée nationale, les députés (RPR) MM. Didier Julia et Pierre Lellouche ont exprimé la crainte que l'introduction de la parité dans la Constitution n'entraîne des revendications de la part d'autres communautés. M. Didier Julia a même déposé une exception d'irrecevabilité contre le projet qui ne recueillit aucune voix. L'immense majorité des députés qui se sont exprimés ne partageaient pas cependant cette crainte.

M. Didier Julia[1] commence par fixer le cadre des débats en ces termes : *« Il nous est aujourd'hui demandé d'ajouter un autre critère que les capacités, les qualités et le talent, qui ne permettaient pas, selon les rédacteurs du projet, l'accès à parité des femmes aux mandats et fonctions, un nouveau critère qui ne figurait pas jusqu'à présent dans la liste des vertus républicaines : celui du caractère sexuel féminin ».*

En guise de rappel, il explique : *« Notre République s'est construite laborieusement par la suppression des quotas. Depuis le Moyen-âge, il en existait dans toutes les institutions représentatives pour les artisans, les commerçants, les représentants de l'Église, les étudiants... Il y a eu ensuite des quotas pour le Tiers-Etat, puis le régime censitaire, donnant aux riches des droits supplémentaires. L'une des plus grandes conquêtes de la République depuis la Révolution est, comme l'a dit le philosophe Alain Renaut, que le sujet du droit "n'est ni homme, ni femme, ni juif, ni noir, ni blanc, ni jeune, ni vieux, ni propriétaire, ni non-propriétaire, ni nanti, ni démuni : c'est l'humain en tant que tel". »*

En fait, M. Didier Julia n'était pas apparemment opposé à favoriser une meilleure participation des femmes à la vie politique mais il redoutait la voie choisie en raison de ses conséquences. Il s'en explique : *« Promouvoir le rôle des femmes dans la vie politique est une chose ; mettre en cause l'égalité républicaine en est une autre et entraînerait des conséquences en chaîne : il faudra fixer des quotas pour limiter le nombre d'élus issus de la fonction publique, des quotas pour les plus démunis, pour les musulmans, pour les juifs, pour les habitants des quartiers difficiles. Ceux qui ne les voteront pas seront désignés à la vindicte publique comme antisociaux ou antisémites ! »*

---

[1] Assemblée nationale, Onzième législature, Discussion en séance publique, 2ème séance du mardi 15 décembre 1998, *Compte rendu analytique ;* http://www.assemblee-nationale.fr/11/cra/1998-1999/98121515.asp#P295_79259, consulté le 07 août 2017.

En fait, M. Didier Julia est le seul député à s'exprimer de cette façon à l'Assemblée nationale. À la fin de son intervention, il n'a été applaudi que par Mme Christine Boutin (UDF)[1].

Quant à M. Pierre Lellouche[2], il exprime qu'il aurait personnellement « *aimé entendre davantage* » l'idée selon laquelle la « *distinction hommes-femmes n'était pas une distinction communautariste, mais la distinction structurante de l'humanité* » notamment « *dans la discussion sur le Pacs* ». Il le souhaite parce qu'il craint qu'on n'arrive jamais à empêcher « *que certains utilisent cette innovation constitutionnelle pour demain prétendre accorder à d'autres communautés un accès proportionnel aux emplois et fonctions* ». « *D'ailleurs,* [regrette-t-il,] *dans un article récent publié par L'Express, un homme de gauche, Jacques Attali, réclamait une représentation proportionnelle à l'Assemblée d'une certaine communauté religieuse* ».

Contrairement à l'Assemblée nationale, la crainte du communautarisme était très présente au Sénat. C'est en partie pour cette raison que le Sénat s'est s'opposé à la révision de l'article 3 de la Constitution en première lecture.

Le rapporteur de la Commission des Lois constitutionnelles, de législation, du suffrage universel, du Règlement et d'administration générale a souligné que « *la commission des Lois considère que tout projet susceptible de remettre en cause cet universalisme* [l'universalisme républicain] *comporterait le risque grave d'être suivi par des revendications de quotas émanant de diverses catégories de la population et de conduire vers une " démocratie communautarisée "* »[3].

Par conséquent, poursuit-il, la « *commission des Lois s'est prononcée contre une rédaction qui permettrait d'imposer par la loi des quotas, car ceux-ci remettraient gravement en cause le principe essentiel de l'universalité du suffrage et seraient susceptibles d'encourager le développement déjà perceptible de revendications de représentation communautariste émanant de certaines catégories de la population* »[4].

C'est pourquoi, la commission des Lois a proposé de reporter la révision sur l'article 4 de la Constitution.

Les débats s'ouvrirent en séance publique sur l'opposition de la commission à la révision de l'article 3 de la Constitution sur la souveraineté. Ils ne permirent pas de convaincre les sénateurs de la nécessité de la révision de cet article. Au contraire, ils les confortèrent dans l'idée qu'il faut tout

---

[1] *Ibid.*
[2] *Ibid.*
[3] Sénat, Session ordinaire de 1998-1999, *Rapport n°156 du 20 janvier 1999*, précité.
[4] *Ibid.*

faire pour l'éviter. La majorité sénatoriale était acquise à cette idée. En témoigne les applaudissements que recevaient les propos allant dans ce sens et les protestations dont les propos tentant de démontrer le contraire ont fait l'objet.

Les arguments exposés par M. Robert Badinter (Groupe socialiste) ont conforté à cet égard ceux contenus dans le rapport fait par M. Guy Cabanel (RDSE) au nom de la commission. En fait, M. Badinter a repris et approfondi le point de vue de Mme Élisabeth Badinter qu'il partageait parfaitement. Selon M. Badinter[1], *« le projet de révision […] posait une question constitutionnelle fondamentale »*. Cette question, dit-il, porte sur *« ce qui est au cœur même de notre Constitution, à savoir la question de la souveraineté. L'article 3 de notre Constitution est clair : « La souveraineté nationale appartient au peuple » »*. Pour M. Badinter, *« selon ce qui a toujours été la conception républicaine de la démocratie, le peuple français est composé de tous les citoyens français à l'encontre desquels ou entre lesquels aucune distinction quelle qu'elle soit […] ne saurait être faite. »* Selon cette conception, précise-t-il, *« la souveraineté, comme la République, est un tout indivisible. Aussi, voyez-vous, lorsque j'entends, comme je l'ai entendu ce matin, que la souveraineté devrait s'incarner dans les deux moitiés de l'humanité que sont les femmes et les hommes, j'avoue que je ne peux pas suivre cette argumentation. Je ne conçois pas ce que serait une souveraineté ainsi incarnée en deux parties, pas plus d'ailleurs que je ne conçois, je le reconnais, ce qu'est un universalisme concret : l'universalisme est l'universalisme tout court ! »* M. Badinter soutient la sauvegarde de cette conception de la souveraineté étant donné qu'à ses yeux *« la contribution la plus précieuse que la culture européenne aura apportée à la cause de la liberté, c'est l'invention de la démocratie »*. Et, *« la contribution la plus précieuse […] que la France aura apportée à cette idée démocratique, c'est l'invention de la République une et indivisible […] une République composée de citoyens qui jouissent tous de droits semblables, sans distinction aucune entre eux, qu'il s'agisse, bien entendu, de cette distinction physique que l'on a évoquée et qui est bien évidemment le lot commun de l'humanité, mais aussi de toutes les autres : de la race, des opinions, des origines ou des croyances religieuses. »* Il déclare ensuite : *« Voilà les fondements de notre République. Elle n'a jamais été une mosaïque de communautés ni une juxtaposition de composants différents. Elle ne connaît et n'a jamais connu que des individus, des êtres humains et des citoyens, sans discrimination aucune. »* Partant, il conclut : *« Rien n'est plus précieux, en tout cas pour nous, que cette universalité, qui traduit si fortement l'unité*

---

[1] Sénat, Session ordinaire 1998-1999, *Discussion en séance publique*, Séance du 26 janvier 1999, http://www.senat.fr/seances/s199901/s19990126/st19990126000.html, consulté le 07 août 2017.

de l'espèce humaine, l'identité commune à tous les êtres humains, au-delà de toutes leurs différences, seraient-elles de sexe. »

Il s'en est suivi, d'après le compte rendu, des *« applaudissements prolongés sur certaines travées des groupes socialiste et communiste républicain et citoyen, ainsi que sur les travées du RPR, des Républicains et Indépendants, de l'Union centriste et sur certaines travées du RDSE. »*[1]

II - Le rejet des conceptions essentialistes

À l'Assemblée nationale, il n'y a encore que M. Didier Julia[2] qui a redouté que l'inscription de la parité dans la Constitution entraîne l'institutionnalisation de la différence des sexes. Selon lui, *« c'est une erreur de croire qu'il peut y avoir une politique féminine et une politique masculine, une culture féminine et une culture masculine. La culture atteste précisément la capacité des êtres humains à s'ouvrir à ce qui leur est commun, au-delà des différences, notamment sexuelles. Créer des "conditions de faveur" pour l'accès des femmes aux mandats et fonctions revient à institutionnaliser ces différences. Or c'est dans l'espace public commun à tous, hommes et femmes, blancs et noirs, démunis ou non, que se joue la cause de la démocratie. »*

Il s'ensuit, ajoute-t-il, en reprenant Alain Renault, que *« toute représentation proportionnelle de la diversité, tout principe de parité ou toute politique des quotas reconduisent à une perspective qui évoque davantage les lois de Nuremberg que l'idée démocratique ».*

Au Sénat, lors des discussions en séance publique, M. Robert Badinter[3] a exprimé sa convergence de vue avec Mme Élisabeth Badinter[4] qui, invitée par la commission pour l'éclairer de son point de vue, avait réaffirmé son opposition au projet à plusieurs titres. Il explique : *« Le débat philosophique, on le sait, divise notamment les féministes. Il porte sur le concept d'humanité. Que cette dernière soit composée physiquement de femmes et d'hommes implique-t-il que l'on doive la considérer par essence comme duale ? Je le dis clairement, je ne le pense pas plus qu'Élisabeth Badinter. »* Comme Mme Badinter, M. Badinter considère que *« l'humanité est une à travers ses composantes. Elle est ce qui est commun à tous les êtres*

---

[1] *Ibid.*
[2] Assemblée nationale, Onzième législature, Discussion en séance publique, 2ème séance du mardi 15 décembre 1998, *Compte rendu analytique officiel* ; http://www.assemblee-nationale.fr/11/cra/1998-1999/98121515.asp#P295_79259, consulté le 07 août 2017.
[3] Sénat, Session ordinaire 1998-1999, *Discussion en séance publique,* Séance du 26 janvier 1999, http://www.senat.fr/seances/s199901/s19990126/st19990126000.html, consulté le 07 août 2017.
[4] Sénat, Session ordinaire de 1998-1999, Compte rendu des auditions du mardi 19 janvier 1999, Annexe au *Rapport n°156 du 20 janvier 1999,* précité.

humains, au-delà de toute distinction. C'est pourquoi l'universalité [...] est le propre des droits de l'homme, sauf à en dénaturer la portée. Les droits de l'homme sont ceux de tous les êtres humains, sans que l'on puisse considérer ce que sont leur sexe, leur race ou toute autre considération. Et même si, pour notre honte, il est arrivé à nos sociétés d'y déroger, cette universalité ne souffre, à mon sens, aucune distinction, même sexuelle. » En conclusion sur ce point, il déclare : « *En un mot, mes chers collègues, je ne crois pas et je n'ai jamais cru qu'il existe une différence de nature entre homme et femme que l'on puisse ériger en principe politique.* »

Après cette conclusion, le compte rendu fait état d'« *applaudissements sur certaines travées des Républicains et Indépendants, du RPR et de l'Union centriste.* »[1]

Les partisans de la réforme n'étaient pas de cet avis.

Paragraphe II. La rhétorique des partisans de la réforme

Les parlementaires qui ont soutenu le projet ne sont pas moins attachés à l'universalisme. C'est d'ailleurs par nécessité pratique et non par convenance idéologique que certains l'ont voté. D'autres l'ont fait pour les deux raisons. Là encore, ces parlementaires ont reconnu à l'universalisme ses mérites et l'ont défendu. Seulement, ils pensaient que consacrer sa dualité ne ferait que l'accomplir. C'est pourquoi, certains parmi eux ont dénoncé le faux universalisme et la fausse crainte du communautarisme avant de prôner l'affirmation de l'universalisme dual.

I – Dénoncer la lecture masculine du principe universaliste

À l'Assemblée nationale, Mme Élisabeth Guigou[2], Garde des Sceaux, ministre de la Justice, qui avait la charge de défendre le projet devant le Parlement, s'est posée en médiatrice entre les différentes positions en séance publique. Pour dissiper toute crainte de communautarisme, elle explique : « *A ceux qui craignent une dérive communautariste, je dirai que les femmes ne constituent ni un groupe, ni une communauté, ni une catégorie, ni une minorité. Elles sont tout simplement la moitié de l'humanité.* » À ceux qui ne craignent pas de communautarisme mais s'opposent au projet par attachement à l'universalisme hérité de la Révolution, elle ajoute : « *Nous ne cherchons pas à renverser l'œuvre de la Révolution, mais à l'accomplir ! 1789 a marqué solennellement la disparition des distinctions entre les*

---

[1] Sénat, Session ordinaire 1998-1999, *Discussion en séance publique,* Séance du 26 janvier 1999.
[2] Assemblée nationale, Onzième législature, Discussion en séance publique, 2ème séance du mardi 15 décembre 1998, *Compte rendu analytique ;* http://www.assemblee-nationale.fr/11/cra/1998-1999/98121515.asp#P295_79259, consulté le 07 août 2017.

hommes. Mais il a fallu d'autres batailles, pour que le code noir soit aboli, sous la seconde République, le 27 avril 1848. Aujourd'hui, il s'agit simplement de mettre fin à l'exclusion, implicite et silencieuse des femmes de la représentation politique, instituée par la Révolution française et inscrite par Napoléon dans le Code civil. »

Au cours de la même séance publique, des députés ont pris position contre l'argument selon lequel l'instauration de la parité entraînera des revendications communautaires. C'est notamment le cas de Mme Chantal Robin Rodrigo (PRG) et de Mme Roselyne Bachelot-Narquin (RPR).

Mme Chantal Robin Rodrigo[1] commence par se poser la question de savoir s'il faut comme *« se demandent certains, prendre le risque de remettre en cause l'universalisme républicain, d'aboutir à une législation spécifique pour chaque catégorie »*. À cette question, elle répond : *« Je réfute ces arguments. Comme l'a écrit Gisèle Halimi que j'ai plaisir à saluer dans les tribunes : "les femmes ne constituent pas une catégorie mais, comme les hommes, elles les englobent toutes et les engendrent". »*

Quant à Mme Roselyne Bachelot-Narquin[2], elle oppose à l'argument l'idée que *« les femmes ne sont ni une minorité, ni une catégorie, ni une race, ni une classe »*.

Au Sénat, Mme Élisabeth Guigou[3], Garde des Sceaux, ministre de la Justice, est intervenue à la fois en commission et en séance publique. Il n'est pas utile de reproduire le contenu de ses interventions dans la mesure où elle n'a fait que reprendre les arguments déjà présentés devant l'Assemblée nationale. Il n'empêche cependant pas de mentionner que pour dissiper la crainte du communautarisme dont étaient animés certains sénateurs en commission, elle *« a tout d'abord indiqué que le projet de loi constitutionnelle reposait sur un choix philosophique consistant à considérer que les femmes ne constituaient pas une catégorie mais représentaient la moitié de l'humanité. »* Ensuite, *« elle a estimé que l'universalisme abstrait avait conduit à imposer la domination du masculin et que la réforme envisagée n'entraînait pas une évolution vers le communautarisme. »*

Dans son rapport fait au nom de la commission, M. Guy Cabanel[4] a expliqué que pour certains *« le sexe constituerait le seul élément indissociable de la notion même de personne, que l'on ne pourrait pas assimiler à un groupe social déterminé. L'instauration de la parité entre les femmes et les hommes ne serait donc pas de nature à justifier des revendications paritaires de la part de certaines catégories »*. Pour ces

---

[1] *Ibid.*
[2] *Ibid.*
[3] Sénat, Session ordinaire de 1998-1999, *Compte rendu des auditions du mardi 19 janvier 1999*, précité.
[4] Sénat, Session ordinaire de 1998-1999, *Rapport n°156 du 20 janvier 1999*, précité.

personnes donc, « *la parité n'apporterait pas une protection privilégiée mais serait la mise en œuvre de principes constitutionnels qui, à défaut, resteraient abstraits, la Déclaration de 1789 n'ayant pas été suivie immédiatement de l'abolition de l'esclavage ou de la reconnaissance du droit de vote des femmes, par exemple* ». Toujours dans le même rapport, Guy Cabanel[1] a rappelé le point de vue de Mme Francine Demichel qui emportait sa conviction. Il a notamment expliqué que pour Mme Francine Demichel, l'idée « *selon laquelle la femme ne constituerait pas une "catégorie" ne permettrait pas, selon elle, d'étendre un raisonnement favorable à l'établissement de quotas pour les femmes à d'autres composantes de la population* ». Après ce rappel, il a lui-même « *indiqué ne pas redouter de risque de communautarisation* ».

En séance publique, Mme Danièle Pourtaud[2] (PS) a estimé que comme l'a exprimé Robert Badinter à l'UNESCO, « *il ne faut pas, néanmoins, rejeter aujourd'hui l'universalisme, cette « égalité des êtres », par-delà leurs différences, « à jouir de tous les droits fondamentaux »* ». Néanmoins, elle ajoute : « *En revanche, ce que je condamne absolument, c'est une lecture masculine erronée, une application inachevée de l'universalisme, qui, trop longtemps, non seulement a exclu les femmes du droit de vote et de l'éligibilité, mais laissa aussi perdurer l'esclavage* ».

II – Admettre la différence des sexes

L'argument de la différence de sexes comme fondement de la revendication paritaire n'a pas assez prospéré au Parlement. Mme Danièle Bousquet (PS)[3] l'a invoqué en affirmant : « *L'universel s'est passé des femmes pendant longtemps et a entraîné des effets pervers. Chaque fois que l'on efface la différence sexuelle, on identifie en fait le genre humain à un seul sexe.* »

Poursuivant son intervention, elle ajoute : « *Jusqu'à présent, notre Constitution traduisait une conception formelle de l'égalité, masquant inégalités et exclusions. Or, l'humanité est sexuée et nous devons assumer cette mixité à travers l'exigence de parité, condition de la traduction de l'universel en politique. Les femmes sont la moitié de l'humanité et l'universalité est avant tout une exigence d'égalité.* » Selon elle donc, « *le débat sur la parité se situe dans la perspective de l'égalité des sexes fondée sur une différence que l'on reconnaît pour l'évacuer là où elle produit de*

---

[1] *Ibid.*
[2] Sénat, Session ordinaire 1998-1999, Discussion en séance publique, Séance du 26 janvier 1999.
3 Assemblée nationale Onzième législature, Discussion en séance publique, 3ème séance du mardi 15 décembre 1998, Compte rendu analytique officiel ; http://www.assemblee-nationale.fr/11/cra/1998-1999/98121521.asp, consulté le 07 août 2017.

l'inégalité. *La parité dans la représentation, c'est tout simplement l'application du principe d'égalité des personnes qui forment le genre humain.* »

Mme Élisabeth Guigou[1], Garde des Sceaux, ministre de la Justice, n'a pas voulu défendre la parité comme l'inscription de la différence sexuelle dans le droit mais comme la prise en compte de la différence sexuelle par le droit comme l'ont fait les féministes différencialistes. Elle a même fait référence à leur figure emblématique en ces termes : « *Ainsi que le dit la philosophe Sylviane Agacinski "il faut faire la critique de l'universalisme et montrer que toutes les fois qu'on efface absolument la différence sexuelle, on identifie en réalité le genre humain à un seul sexe, celui de "l'homme". Je cite encore, "L'humanité est universellement sexuée, elle est universellement mixte. C'est seulement ainsi que l'on échappe à la logique d'un universalisme d'exclusion, celui qui reconnaissant seulement "le citoyen", couvre un sexisme de droit, comme en 1789, ou un sexisme de fait, comme aujourd'hui".* »

Mme Élisabeth Guigou [2] n'est pas attachée non plus à donner un contenu théorique à cette différence. Elle l'exprime ainsi : « *La parité n'a qu'un objectif : prendre en compte la différence de fait pour faire disparaître les inégalités. Une telle démarche n'est aucunement différentialiste. Elle le serait si elle prétendait institutionnaliser la différence. Or c'est exactement le contraire puisque promouvoir la parité ne consiste pas à institutionnaliser un avantage au profit des femmes mais à redresser des erreurs du passé. Démarche parfaitement compatible avec l'idéal égalitariste, condition même de son accomplissement !* »

Pour sa part, Mme Odette Casanova[3] (PS) a affirmé qu' « *il ne suffit pas d'affirmer que l'humanité est duelle. Il faut qu'elle soit légitimement représentée sous sa double forme, masculine et féminine, pour éviter les pièges d'une abstraction asexuée du citoyen, qui finit toujours par se décliner au masculin.* »

Le rapporteur de la commission du Sénat, M. Guy Cabanel[4], a également rappelé la position de Francine Demichel selon laquelle la différence de sexe est un élément qui mérite d'être pris en compte en matière politique. Il explique ainsi que selon elle, « *tous les attributs peut posséder sont contingents (nom, profession, situation matrimoniale, appartenance à*

---

1 Assemblée nationale, Onzième législature, Discussion en séance publique, 2ème séance du mardi 15 décembre 1998 ; http://www.assemblee-nationale.fr/11/cra/1998-1999/98121515.asp#P295_79259, consulté le 07 août 2017.
2 Assemblée nationale, Onzième législature, Discussion en séance publique, 2ème séance du mardi 16 février 1999 ; http://www.assemblee-nationale.fr/11/cra/1998-1999/99021615.asp#P135_36012, consulté le 07 août 2017.
3 *Ibid.*
4 Sénat, Session ordinaire de 1998-1999, *Rapport n°156 du 20 janvier 1999*, précité.

une classe ou à un groupe social), mouvants (âge) ou irrecevables dans un droit démocratique (race, couleur de peau). La prise en compte de ces éléments dans la représentation serait une dénaturation de celle-ci, car elle en ferait une photographie des diversités sociales. Le sexe est le seul élément qui contribue à définir l'identité même de l'individu et du corps social et qui doive pour cela même être pris en compte pour la théorie de la représentation ". »

Les positions des défenseurs et des adversaires de la parité décrites ci-dessus sont également restées inconciliables. Cette situation n'a cependant pas empêché l'adoption de la loi constitutionnelle.

Section II. L'adoption de la révision

Comme dans l'espace militant, scientifique et médiatique, les positions théoriques apparues au Parlement sont restées inconciliables. Les parlementaires se sont montrés attachés à l'universalisme. Mais pendant que les uns appelaient à son accomplissement par la reconnaissance de son caractère dual les autres défendaient sa conception traditionnelle par convenance idéologique ou par peur du précédent. Il n'empêche qu'ils étaient également unanimes pour reconnaître la sous représentation des femmes dans la vie politique comme un problème démocratique auquel il fallait impérieusement trouver une solution.

M. Guy Cabanel, rapporteur de la commission au Sénat, a résumé cette situation de la façon suivante : « *La volonté commune d'apporter une réponse à l'insuffisance de la présence des femmes dans la vie publique ne se traduit pas par l'unanimité sur la méthode à suivre.* »[1] En raison de la jurisprudence du Conseil constitutionnel, le Gouvernement a estimé que pour y apporter une réponse il fallait réviser la Constitution en complétant notamment l'article 3 sur la souveraineté[2]. L'Assemblée nationale était du même avis. C'est pourquoi, elle a adopté la proposition du Gouvernement tendant à compléter cet article. Toutefois, contrairement au Gouvernement qui a proposé de compléter cet article par une disposition selon laquelle « *la loi favorise l'égal accès des femmes et des hommes aux mandats et fonctions* » pensant comme le rapporteur que « *la nature de ces " mandats et fonctions " ne faisait pas de doute et que toute précision était inutile* », l'Assemblée nationale a jugé la précision nécessaire[3]. De même, elle a donné

---

[1] Sénat, Session ordinaire de 1998-1999, *Rapport n°156* de M. Guy CABANEL *sur le projet de loi constitutionnelle,* ADOPTÉ PAR L'ASSEMBLÉE NATIONALE, *relatif à l'égalité entre les femmes et les hommes,* Annexe au procès-verbal de la séance du 20 janvier 1999.
[2] Assemblée nationale, Onzième législature, *Projet de loi constitutionnelle relatif à* l'égalité entre les femmes et les hommes, précité.
[3] Sénat, Session ordinaire de 1998-1999, *Rapport n°156* de M. Guy CABANEL, précité.

suite à un amendement du rapporteur tendant à préciser qu'il revient à la loi de préciser les conditions dans lesquelles « *est organisé l'égal accès des femmes et des hommes aux mandats et fonctions* [...afin] *d'affirmer le rôle du législateur en la matière et de renforcer l'engagement pris en faveur de l'égalité réelle des femmes et des hommes* »[1]. La prise en compte de ces deux considérations a conduit l'Assemblée nationale à adopter en première lecture un texte ainsi rédigé : « *La loi détermine les conditions dans lesquelles est organisé l'égal accès des femmes et des hommes aux mandats électoraux et fonctions électives.* »

Pour sa part, le Sénat s'est opposé en première lecture à la révision de cet article. Plusieurs explications ont été données par le rapporteur mais deux semblent importantes. La première tient à la considération selon laquelle toute atteinte à l'universalisme « *comporterait le risque grave d'être suivi par des revendications de quotas émanant de diverses catégories de la population* »[2]. La deuxième tient au fait que cette révision permettrait au législateur « *de prendre des dispositions qui revêtiraient soit un caractère contraignant, soit un caractère incitatif* » alors que l'application des dispositions contraignantes aux fonctions électives « *se heurterait à des difficultés pratiques importantes* »[3].

Les préoccupations sus-relevées ont conduit le Sénat à reporter la révision sur l'article 4 par une disposition comportant un article unique dont la teneur suit : « *L'article 4 de la Constitution est complété par deux alinéas ainsi rédigés : ''Ils favorisent l'égal accès des femmes et des hommes aux mandats électoraux et fonctions électives.'' ''Les règles relatives à leur financement public peuvent contribuer à la mise en œuvre des principes énoncés aux alinéas précédents.''* »[4]

En deuxième lecture, l'Assemblée nationale a dénoncé l'obstruction du Sénat à la procédure considérant que le report de la révision sur l'article 4 est un moyen de la vider de son sens[5]. C'est pourquoi, elle a tout simplement rétabli les choses en adoptant de nouveau le texte issu de ses travaux en première lecture[6]. Le retour du même texte au Sénat en deuxième lecture a

---

[1] Assemblée nationale, Onzième législature, *Rapport n°1240*, précité.
[2] Sénat, Session ordinaire de 1998-1999, *Rapport n°156*, précité.
[3] *Ibid.*
[4] Assemblée nationale, Onzième législature, *Projet de loi constitutionnelle* modifié par le Sénat *relatif à l'égalité entre les femmes et les hommes*, enregistré à la Présidence de l'Assemblée nationale le 27 janvier 1999.
[5] Assemblée nationale, Onzième législature, *Rapport n°1377* du 10 février 1999 de Mme Catherine TASCA *sur le projet de loi constitutionnelle, MODIFIE PAR LE SENAT, relatif à l'égalité entre les femmes et les hommes.*
[6] Assemblée nationale, Onzième législature, *Projet de loi constitutionnelle* adopté avec modification par l'Assemblée nationale en deuxième lecture *relatif à l'égalité entre les femmes et les hommes*, délibéré en séance publique le 16 février 1999.

également provoqué l'indignation des sénateurs¹. Seulement, la nécessité reconnue de trouver une solution au problème de sous représentation des femmes dans la vie politique, la persistance des pressions et la prise en compte d'autres considérations ont conduit le Sénat à accepter la révision de l'article 3 de la Constitution mais sans pour autant renoncer à sa volonté de réviser l'article 4. C'est ce qui explique l'adoption par le Sénat en deuxième lecture d'un texte comportant deux articles. Ce texte a été ensuite adopté sans modification par l'Assemblée nationale en troisième lecture puis par le Congrès du Parlement.

Ce sont donc des considérations factuelles qui ont permis la révision constitutionnelle. Certaines de ces considérations sont d'ordre interne **(Paragraphe I)**, d'autres d'ordre externe **(Paragraphe II)**. Il s'agit principalement des chiffres même si les engagements internationaux ont été rappelés.

Paragraphe I. La vérité des chiffres

La présentation systématique de l'état de sous représentation des femmes dans la vie politique en contraste avec leur nombre et leur niveau d'étude a fini par convaincre l'opinion publique, les leaders des formations politiques et les parlementaires de la nécessité d'y trouver une solution. Et, comme toute solution passe par la révision de la Constitution en raison de la jurisprudence du Conseil constitutionnel, à souscrire à cette idée.

Procédant à la présentation de la situation de sous représentation des femmes dans la vie politique, les rapporteurs du projet de loi constitutionnelle dressèrent un « *constat sans appel* »².

Dans les assemblées parlementaires, M. Guy Cabanel, rapporteur de la commission au Sénat, a souligné qu'après la reconnaissance du droit de vote et d'éligibilité aux femmes, « *le pourcentage d'élues à l'Assemblée nationale n'a pas connu d'évolution sensible au cours des trente années suivant la Libération (5,6 % pour la première Assemblée constituante en 1945 ; 6 % en 1993)* »³. Pour le Sénat, Mme Catherine Tasca, rapporteur de la commission de l'Assemblée nationale, a relevé que « *seules 19 femmes siègent parmi 321 parlementaires soit moins de 6 % d'entre eux* »⁴. Au niveau de l'Assemblée nationale, une évolution est intervenue en 1997. «*Les élections législatives de juin 1997* [ont permis l'élection de] *(10,9 %,* [de femmes] *soit 63 députés*

---

[1] Sénat, Session ordinaire de 1998-1999, *Rapport n°247* de M. Guy CABANEL *sur le projet de loi constitutionnelle, ADOPTÉ AVEC MODIFICATIONS PAR L'ASSEMBLÉE NATIONALE EN DEUXIÈME LECTURE, relatif à l'*égalité entre les femmes et les hommes, Annexe au procès-verbal de la séance du 3 mars 1999.
[2] Assemblée nationale, Onzième législature, *Rapport n°1240*, précité.
[3] Sénat, Session ordinaire de 1998-1999, Rapport n°156, précité.
[4] Assemblée nationale, Onzième législature, *Rapport n°1240*, précité.

sur 577), le nombre de candidatures féminines étant passé de 19,4 % à 23 % d'une élection à l'autre »[1]. Les deux assemblées réunies comptaient « […] *82 femmes parmi ses 893 membres (9,18 %) »*[2]. La situation était un peu meilleure au Parlement européen avec 30 % de femmes contre 20 % en 1984[3].

Dans les assemblées locales, M. Guy Cabanel a présenté la situation dans les conseils municipaux comme suit : « *Le pourcentage des femmes membres de conseils municipaux a évolué de 14 % en 1983 à 17,7 % en 1989, pour atteindre 21,7 % en 1995 (110.986 élues). A la suite des élections municipales de 1995, 2.904 femmes ont accédé aux fonctions de maire (7,6 % au lieu de 5,4 % en 1989), dont 11 femmes dans les 226 communes de plus de 30.000 habitants.* »[4]

Mme Catherine Tasca, a présenté le reste de la situation comme suit : dans les « *conseils régionaux et généraux, on observe une progression différenciée dans la représentation des femmes. Les candidatures féminines aux élections régionales atteignaient 22,5 % en 1986, 27 % en 1992 et 36,9 % en 1998. L'augmentation est ici sensible. Elle l'est beaucoup moins pour les élections cantonales. En 1982 les femmes représentaient 13,6 % des candidats, en 1995, 13 % et 15 % en 1998.* »[5] L'évolution différenciée dans les deux assemblées s'explique par « *la nature particulière des élections cantonales, leur caractère traditionnel et rural, le mode de scrutin uninominal »*[6]. Le constat suivant qu'elle a dressé après confirme cela. « *On remarque la même tendance si l'on examine le nombre de femmes élues lors des élections de 1998. Si, pour les assemblées régionales, on est passé lors de cette consultation de 13,9 % à 25,75 % d'élues, ce pourcentage pour les conseils généraux est de seulement 7,9 %, contre 5 % avant le renouvellement de ces assemblées qui, il faut le relever, ne fut que partiel.* »[7]

Face à ce constat, Mme Catherine Tasca a expliqué pour mettre l'accent sur l'adhésion de l'opinion publique à la cause : « *Un sondage I.F.O.P.-Ministère des affaires sociales indiquait en 1994 que 62 % des personnes interrogées se déclaraient favorables à l'inscription de la parité dans notre Constitution. En 1996, selon une enquête I.F.O.P.-EXPRESS, 71 % de nos compatriotes adhéraient à cette idée. La même année, un autre sondage I.F.O.P.-FRANCE 2 révélait que 62 % des personnes interrogées approuvaient "un système qui obligerait les partis politiques à prévoir, parmi les candidats, une proportion significative de femmes ".* »[1]

---

[1] Sénat, Session ordinaire de 1998-1999, *Rapport n°156,* précité.
[2] *Ibid.*
[3] *Ibid.*
[4] *Ibid.*
[5] Assemblée nationale, Onzième législature, *Rapport n°1240*, précité.
[6] *Ibid.*
[7] *Ibid.*

L'adhésion de l'opinion publique a fait cependant l'objet d'appréciations différentes au Sénat. M. Jacques Larché[2] (RPR) a voulu clarifier les choses en séance publique en ces termes : « *On nous parle d'exigence de l'opinion publique, voire sa partie féminine, à laquelle, dans les circonstances actuelles, vous imaginez bien que nous prêtons une attention particulière !* » Mais, poursuit-il, « *nous savons ce qu'il faut penser des sondages ; ce n'est pas la loi, et nous ne gouvernons point ni ne légiférons sous leur pression. Il n'empêche, voilà à peine six mois, l'opinion publique, par le biais des sondages, a été interrogée sur le problème de la parité hommes-femmes. La première question était la suivante : estimez-vous que la parité entre les hommes et les femmes dans les assemblées doit être une obligation inscrite dans la Constitution ? Les Français dans leur ensemble ont répondu oui à 20 %, les hommes à 22 % - pas de préjugés ! (Sourires) - et les femmes à 18 %. Deuxième question : faut-il obliger les partis politiques à présenter autant de femmes que d'hommes aux élections ? Y étaient favorables 29 % des Français dans leur ensemble, 31 % des femmes - là, elles gagnent ! - et 27 % des hommes. Enfin, faut-il trouver d'autres moyens - cela fait appel à notre imagination, mais vous savez que nous n'en manquons point ! - pour améliorer la place des femmes en politique ? Y étaient favorables 46 % de l'ensemble des Français, 44 % des hommes et 47 % des femmes.*

Au-delà de l'opinion publique, Mme Catherine Tasca a relevé que « *dans le rapport de la Commission pour la parité entre les femmes et les hommes dans la vie politique* [...de l'Observatoire pour la parité entre les femmes et les hommes], *Mme Gisèle Halimi souligne que " les dirigeants des partis, à l'unanimité, constatent et déplorent l'énorme sous représentation des femmes dans la vie politique "* »[3]. L'augmentation des candidatures féminines et de femmes élues à la suite des élections législatives de 1997 serait en partie le fruit de la prise de conscience des leaders politiques intervenues à la suite des auditions qui ont permis de recueillir ces sentiments[4]. Par la suite, « *l'organisation d'un débat à l'Assemblée nationale en mars 1997 sur ce sujet* [...] *permit aussi de mettre en lumière d'indéniables points de convergence entre les formations politiques* »[5] sur la nécessité d'agir.

Le consensus sur l'objet n'a cependant pas convaincu le rapporteur de la commission du Sénat et la majorité sénatoriale en première lecture de la nécessité de réviser l'article 3 de la Constitution et de permettre l'adoption

---

[1] *Ibid.*
[2] Sénat, Session ordinaire 1998-1999, *Discussion en séance publique,* Séance du 26 janvier 1999, précitée.
[3] *Ibid.*
[4] *Ibid.*
[5] *Ibid.*

des dispositions contraignantes en faveur de la parité. M. Guy Cabanel a estimé qu' *« à en juger par la progression manifeste du nombre des candidates lors des dernières consultations électorales, […] les mesures prises par les partis eux-mêmes commencent à produire des effets »*[1]. Par conséquent, souligne-t-il, la commission estime qu' *« […] il appartient d'abord aux partis politiques de remplir le rôle que leur a confié la Constitution, en suivant la ligne de conduite volontariste qu'ils se sont donnée »*[2]. Néanmoins, *« elle* [la commission] *considère […] que, pour parvenir à des résultats significatifs dans des délais raisonnables, les efforts des partis politiques pourraient être encouragés par un dispositif les plaçant en situation égale et leur permettant d'assumer le risque électoral de la présentation de nouveaux candidats ».* D'où la volonté de réviser la Constitution pour lever l'obstacle et spécifiquement l'article 4 pour permettre l'adoption des mesures incitatives.

Au cours des débats en première lecture, des manifestations ont eu lieu devant le Sénat en vue de maintenir la pression sur les sénateurs. Remarquant cela, M. Patrice Gélard (RPR) n'a pas manqué de souligner : *« la manifestation qui a eu lieu tout à l'heure devant le Sénat n'est pas tout à fait représentative. Certes, les sondages d'opinion n'ont pas encore fait état d'une exigence absolue, mais c'est politiquement correct »*[3].

Après le vote en première lecture de la révision de l'article 4 de la Constitution, le Sénat a fait l'objet d'un lynchage médiatique. Le rapporteur a souligné dans son rapport en deuxième lecture que *« la présentation caricaturale qui a été faite par certains médias de la position prise par le Sénat ne saurait être acceptée puisque, contrairement à ce qui a été parfois avancé, notre assemblée n'a ni bloqué, ni rejeté le texte mais en a simplement modifié la rédaction »*[4]. Son intervention lors des débats en séance publique met en lumière l'ampleur et les effets de ce lynchage. Il explique : *« nous avons été profondément traumatisés par un véritable choc médiatique […] qu'il nous faut objectivement apprécier et dont nous devons tirer les conclusions »*[5].

---

[1] Sénat, Session ordinaire de 1998-1999, *Rapport n°156,* précité.
[2] *Ibid.*
[3] Sénat, Session ordinaire 1998-1999, *Discussion en séance publique,* Séance du 26 janvier 1999, précitée.
4 Sénat, Session ordinaire de 1998-1999, *Rapport n°247*, précité.
5 Sénat, Session ordinaire 1998-1999, *Discussion en séance publique,* Séance du 4 mars 1999 ; http://www.senat.fr/seances/s199903/s19990304/st19990304000.html, consulté le 07 août 2017.

Paragraphe II. Le rappel des engagements internationaux de la France

Les considérations externes qui ont joué un rôle déterminant dans l'infléchissement de la position des acteurs politiques en France sont celles relatives au mauvais positionnement de la France en Europe et dans le monde en matière de participation des femmes à la vie politique. Il a été fait référence aux engagements internationaux de la France mais l'appréciation qui a été faite de ceux-ci est qu'ils n'imposent pas l'adoption de mesures spécifiques. Sur ce dernier point, le rapporteur de la commission du Sénat a écrit : *« Notre ancien collègue, M. Gérard Gaud, relevait dans son rapport sur le projet de loi de ratification que cette Convention* [CEDAW] *ne posait " aucun problème d'application interne dans notre pays ", signifiant par là même que la ratification de la Convention du 18 novembre 1979 n'impliquait pas, pour la France, l'obligation de prendre des dispositions nouvelles pour se conformer à celle-ci. »*[1]

A fortiori, les expériences extérieures n'emportent aucune obligation matérielle sur l'État français. Il n'en demeure pas moins qu'elles ne sont pas sans effets. Le premier intérêt peut être la connaissance d'expériences différentes afin de guider les décideurs publics dans le choix des moyens. Le second peut être l'éveil de conscience sur la nécessité d'agir. Dans le premier cas, le rapporteur de la commission du Sénat, M. Guy Cabanel[2], s'est appesanti sur les mesures prises par d'autres pays en faveur d'une meilleure participation des femmes à la vie politique. Ainsi, il a constaté que *« seuls cinq pays dans le monde, dont un seul en Europe, ont fixé des quotas de femmes pour les candidatures aux élections »*. Pour ce qui concerne spécifiquement le parlement, il a trouvé que *« seuls quatre pays non européens ont institué un quota obligatoire de candidatures de femmes au Parlement, à savoir l'Argentine (30 %), le Brésil (20 %), la Corée (20 %) et le Népal (5 %). »* Ensuite, après avoir procédé à une comparaison du niveau de participation des femmes à la vie politique dans différents pays, il conclut que *« les pays démocratiques où les meilleurs résultats sont atteints en matière de parité dans les faits apparaissent être ceux qui ont combiné des scrutins de liste à la proportionnelle et l'action volontariste des partis, sans aucune mesure législative contraignante. »* C'est sans doute ce qui l'a conforté dans l'idée qu'il n'est pas utile de réviser la Constitution dans un sens qui permettrait d'imposer par la loi des quotas. Dans le second cas, le travail de comparaison effectué par le rapporteur de la commission de l'Assemblée nationale, Mme Catherine Tasca, a permis de rendre compte du retard de la France en matière de participation des femmes à la vie politique et de la nécessité d'agir. Une comparaison avec d'autres pays européens a

---
1 Sénat, Session ordinaire de 1998-1999, *Rapport n°247*, précité.
[2] *Ibid.*

révélé que la France occupait l'avant-dernière place devant la Grèce tel qu'il ressort du tableau ci-après.

Tableau 1 :

LES FEMMES DANS LES ASSEMBLÉES PARLEMENTAIRES (chambres basses) - Juin 1997

Pays	Date dernière élection	Nombre de sièges	Nombre de femmes	% de femmes
Suède	1994	349	141	40,4
Finlande	1995	200	67	33,5
Danemark	1994	179	59	33,0
Pays-Bas	1994	150	47	31,3
Autriche	1995	183	49	26,8
Allemagne [7]	1994	672	176	26,2
Espagne	1996	350	86	24,6
Luxembourg	1994	60	12	20,0
Royaume-Uni	1997	651	120	18,4
Portugal	1995	230	30	13,0
Belgique	1995	150	18	12,0
Irlande	1997	166	20	12,0
Italie	1996	630	70	11,1
France	1997	577	63	10,9
Grèce	1996	300	19	6,3

Source : Union interparlementaire et Parité - Infos.

Source : *Rapport n°1240* de Mme Catherine TASCA, op. cit.

À l'échelle internationale, elle explique qu'avant les élections législatives de 1997, *« la France était à la 72ème place par le nombre de femmes siégeant dans la chambre basse, derrière des pays comme le*

Mozambique (12ème place avec 25,2 % de femmes députées) ou le Zimbabwe (29ème avec 14,7 %). »[1]

Mme Élisabeth Guigou, Garde des sceaux, ministre de la Justice, a aussi souligné devant l'Assemblée nationale qu'avant les mêmes élections législatives, *« il n'y avait* [dans cette assemblée] *que 6 % de femmes, ce qui mettait notre pays au soixante-douzième rang derrière des pays comme le Rwanda ou la Syrie. »*[2] Devant le Sénat, elle explique : *« la France est aujourd'hui la honte de l'Europe en matière de représentation politique des femmes »*[3].

La place qu'occupe la France en Europe a amené M. Guy Cabanel, rapporteur de la commission du Sénat à reconnaître que *« le Sénat a conscience d'une situation préjudiciable à la réputation de la République française. La place des femmes est insuffisante, et nous ne pouvons pas nous contenter de statistiques selon lesquelles nous avons une petite chance de ne pas être la lanterne rouge de l'Europe des Quinze si les Grecs continuent dans la voie dans laquelle ils se sont engagés depuis quelques années. Cela n'est ni suffisant ni à la hauteur de la réputation d'une grande nation qui a fait la révolution de 1789. Il nous faut trouver un remède, et nous en sommes tous conscients. »*[4]

Conclusion du chapitre

Pour soutenir l'introduction du principe de parité dans la Constitution, les parlementaires usèrent des arguments théoriques mobilisés au paravent dans l'espace militant, scientifique et médiatique. Ils dénoncèrent notamment le faux universalisme, la fausse crainte du communautarisme et d'essentialisme et défendirent la prise en compte par le droit de la différence des sexes pour lutter efficacement contre les discriminations de fait dont sont victimes les femmes dans la vie publique. Toutefois, ils ne s'inscrivirent pas dans une démarche différentialiste en ce sens que la prise en compte de la différence des sexes qu'ils soutenaient ne visait pas à donner à cette différence une signification théorique.

Les parlementaires qui s'opposèrent à l'introduction du principe de parité dans la Constitution, à l'insertion de ce principe à l'article 3 sur la

---

[1] Assemblée nationale, Onzième législature, *Rapport n°1240*, précité.
[2] Assemblée nationale, Onzième législature, *Discussion en séance publique,* 2ème séance du mardi 15 décembre 1998, Compte rendu analytique officiel, précité.
[3] Sénat, Session ordinaire 1998-1999, *Discussion en séance publique*, Séance du 4 mars 1999, précitée.
[4] Sénat, Session ordinaire 1998-1999, *Compte rendu des débats*, Séance du 4 mars 1999.

souveraineté et, de façon générale, à l'insertion dans la Constitution de toute disposition permettant d'imposer par la loi des quotas mobilisèrent également les arguments théoriques précédemment avancés tels que le risque de communautarisme et d'essentialisme. Ils y ajoutèrent l'inopportunité d'imposer par la loi des quotas.

Les deux camps réussirent à s'entendre non pas théoriquement mais pragmatiquement en raison de la nécessité reconnue par tous de faire l'effort de réviser la Constitution pour lutter contre une situation décriée à l'intérieur et qui, par nature, tend à nuire à l'image de la République à l'extérieur.

Chapitre II -
La consécration constitutionnelle du principe de parité au Sénégal

Avant le lancement de la procédure de révision constitutionnelle au Sénégal, les parlementaires avaient souscrit à l'idée de parité par l'insertion dans la Constitution d'une disposition selon laquelle « *deux cinquièmes au moins des sénateurs sont des femmes* » et par l'adoption de la loi du 27 mars 2007 instituant la parité au scrutin de représentation proportionnelle pour les élections législatives[1]. La révision constitutionnelle issue de la loi constitutionnelle du 7 août 2008 avait pour objet de lever l'obstacle posé par le Conseil constitutionnel dans sa décision du 27 avril 2007 au recours à des mesures favorisant un tel principe dans la vie politique.

Contrairement à la France, la révision constitutionnelle par laquelle le principe de parité a été inséré dans la Constitution au Sénégal n'avait pas pour seul objet cette insertion. Le projet de loi constitutionnelle[2] soumis à l'examen des parlementaires visait à modifier les articles 7, 63, 68, 71 et 82 de la Constitution. Il prévoyait notamment l'insertion après l'alinéa 4 de l'article 7 de la Constitution d'un nouvel alinéa selon lequel « *la loi garantit l'égal accès des femmes et des hommes aux mandats et fonctions* ». Il était entendu qu'il s'agit des mandats électoraux et fonctions électives[3]. La modification des autres dispositions devrait permettre d' « *assurer une plus grande efficacité de l'action parlementaire [...] par [...-] l'instauration d'une session ordinaire unique de neuf mois pour les deux Assemblées législatives* » ; - une meilleure « *répartition des délais d'examen de la loi de finances entre l'Assemblée nationale et le Sénat* » ; - la fixation du « *délai maximal imparti au Sénat pour examiner les projets ou propositions de lois adoptés par l'Assemblée nationale* » ; - l'encadrement « *du pouvoir d'amendement et d'initiative des députés et des sénateurs en matière financière* ».

Le projet de loi constitutionnelle a été porté à l'Assemblée nationale devant la commission des lois, de la décentralisation, du travail et des droits humains et au Sénat devant une commission de même dénomination. Les commissions avaient la faculté d'entendre les partisans et les adversaires de

---

[1] Article 61-1 alinéa 6 de la Constitution issu de la loi constitutionnelle n°2007-06 du 12 février 2007 créant un Sénat ; Conseil constitutionnel, Décision du 27 avril 2007, « Parité sur les listes de candidats aux législatives », In *Combats pour la parité : Actes du Séminaire d'élaboration d'un modèle de loi sur la parité, op. cit.*, p. 111.
[2] Assemblée nationale, XIème législature, *Projet de loi constitutionnelle n°40/2007 modifiant les articles 7, 63, 68, 71 et 82 de la Constitution*.
[3] Assemblée nationale, XIème législature, *Rapport de Seydou DIOUF sur le Projet de loi constitutionnelle n°40/2007 modifiant les articles 7, 63, 68, 71 et 82 de la Constitution* ; Sénat, *Rapport fait au nom de la commission des lois, de la décentralisation, du travail et des droits humains sur le Projet de loi constitutionnelle n°40/2007 modifiant les articles 7, 63, 68, 71 et 82 de la Constitution*.

la parité mais aucune ne l'a fait[1]. C'est Monsieur Cheikh Tidiane Sy, ministre d'État, ministre de la Justice Garde des Sceaux, entouré de ses principaux collateurs qui a défendu le projet devant la commission de l'Assemblée nationale[2]. Il était représenté devant la commission du Sénat par Maître Ousmane Ngom, ministre d'État, ministre de l'Intérieur qui était aussi entouré de ses principaux collaborateurs[3].

Il ne ressort de la disposition sus-citée relative à l'adjonction d'un alinéa à l'article 7 aucune mention du mot parité. Une telle absence n'a suscité aucune interrogation en commission que ça soit à l'Assemblée nationale ou au Sénat. Toutefois, l'exposé des motifs joint au projet indique clairement que l'objectif de l'insertion de cette disposition dans la Constitution est de *« parvenir à une participation suffisante des femmes à la vie publique par l'adoption de mesures garantissant le respect du principe de parité »*[4].

En revanche, les rapports des deux commissions font état d'interrogations sur le remplacement du mot *« garantit »* du projet initial par celui de *« favorise »* sans permettre de savoir à quel moment ce changement est intervenu. À cette interrogation, des membres de la commission de l'Assemblée nationale ont invité *« d'éviter un débat sémantique, le plus important étant de créer les conditions d'une participation plus effective des femmes à la conduite des affaires publiques »*[5]. Au Sénat, le ministre d'État, Ousmane Ngom, a expliqué *« que la Constitution pose le principe c'est pourquoi elle dit « la loi favorise »* […et que] *c'est plutôt une volonté de promouvoir la femme qui explique cette expression « favorise l'égal accès des femmes et des hommes »*[6].

L'absence de compte rendu in extenso des débats sur le projet de loi constitutionnelle à la fois à l'Assemblée nationale et au Sénat ne permet de ressortir que partiellement toute leur étendue. Cependant, cette situation n'empêche pas une analyse dans la mesure où les rapports des commissions sur le projet de loi constitutionnelle et le traitement médiatique de certaines prises de position lors des débats permettent d'en savoir. En plus, l'examen du compte rendu in extenso des débats à l'Assemblée nationale lors des discussions sur le projet de texte ayant abouti à la loi du 27 mars 2007 « instituant la parité au scrutin de représentation proportionnelle pour les

---

[1] Le règlement intérieur de l'Assemblée nationale prévoit notamment que *« Les commissions peuvent entendre toutes personnes qu'elles jugent utile de consulter. »* Voire l'article 44 de la Loi n° 2002-20 du 15 mai 2002 modifiant et complétant le règlement intérieur de l'Assemblée nationale, J.O. R.S., N° 6053 du SAMEDI 29 JUIN 2002.
[2] Assemblée nationale, XIème législature, *Rapport* de Seydou DIOUF, précité.
[3] Sénat, *op. cit.*
[4] Assemblée nationale, XIème législature, *Projet de loi constitutionnelle,* précité.
[5] Assemblée nationale, XIème législature, *Rapport* de Seydou DIOUF, précité.
[6] Sénat, *op. cit.*

élections législatives » peut nous y aider d'autant que cette loi avait pour seul objet la parité contrairement à la révision constitutionnelle.

Pour mémoire, avant la censure de la loi du 27 mars 2007, outre la mise en avant des données factuelles, les défenseurs de la parité avaient insisté sur l'encrage constitutionnel de leur revendication en raison de l'intégration dans le préambule de la Constitution de plusieurs textes internationaux en faveur d'une meilleure participation des femmes à la vie politique notamment la CEDAW et sa conformité aux réalités sociohistoriques de la société sénégalaise.

Après cette censure, les défenseurs du projet se sont employés à déconstruire la décision du Conseil constitutionnel en estimant qu'il a fait du « couper coller » et que, de toutes les façons, les principes invoqués ne devraient pas l'être dans le cas d'espèce. Au contraire, ceux qui étaient opposés à leur revendication ont apprécié la décision du Conseil constitutionnel en tant, d'une part, qu'elle est juridiquement fondée et, d'autre part, qu'elle empêche toute revendication communautaire de nature à fragiliser la cohésion nationale.

Les débats qui s'ouvrirent devant le Parlement ne se sont pas inscrits exactement sur cette ligne. En plus de la mise en avant des données factuelles, la référence aux engagements internationaux inclus dans le préambule de la Constitution est restée présente chez les partisans. Il en est de même de celle relative au rôle historique des femmes dans la vie politique mais principalement sous forme dommage rendu ce qui laissait apparaître que la cause était gagnée d'avance. La nouveauté introduite est encore relative aux hommages rendus au Président de la République pour son combat en faveur d'une meilleure participation des femmes à la vie politique. Quant à l'opposition, elle était présente mais de façon marginale. Elle était incarnée autrement par certains religieux qui contestaient la parité sur la base de la religion.

La disposition finale n'est pas assez différente du projet initial. Elle se lit comme suit : *« Il est inséré après l'alinéa 4 de l'article 7 de la Constitution un nouvel alinéa ainsi conçu : « La loi favorise l'égal accès des femmes et des hommes aux mandats et fonctions » »*.

De ce qui précède, il ressort qu'il y a eu devant le Parlement une reproduction de l'opposition entre partisans et adversaires **(Section)**. La révision a été facilement acquise d'autant que le Président de la République y était favorable **(Section II)**.

Section I. Le débat au Parlement : un échange d'arguments convenus

Les adversaires de la parité au Parlement ont invoqué sa contrariété avec l'Islam **(Paragraphe I)**. Quant aux défenseurs, ils ont expliqué que la parité est une exigence démocratique et juridique **(Paragraphe II)**.

Paragraphe I. L'Islam contre la parité ?

Alors qu'il n'a pas été invoqué contre la parité en mars 2007 lors des discussions sur le projet de loi instituant la parité au scrutin de représentation proportionnelle pour les élections législatives[1], la religion a fait irruption dans les discussions sur le projet de loi constitutionnelle en novembre 2007. Cela s'explique par le fait qu'entre temps l'Assemblée nationale a été renouvelée au mois de juin et des nouveaux députés y ont fait leur entrée. Parmi eux figurent l'imam d'une mosquée de Dakar et dirigeant d'un petit parti d'opposition, M. Mbaye Niang[2]. Il « *a profité -- comme d'autres petits partis -- du boycott des élections de juin par les grandes formations de l'opposition, pour faire son entrée au parlement* »[3]. En effet, la réélection en février 2007 du Président de la République, Abdoulaye Wade, avait été contestée pour fraudes par des partis d'opposition. « *En avril, 15 partis d'opposition ont annoncé qu'ils boycotteraient les élections législatives, au motif que les listes électorales n'étaient plus valables. Ils demandaient la constitution de nouvelles listes et la création d'une commission électorale « vraiment indépendante ». Le 24 avril, sous l'égide du ''Front Siggil Sénégal'', les partis d'opposition ont lancé une campagne invitant les électeurs à boycotter les élections. Pour eux, le fait de participer aux élections équivalait à entériner les résultats de la présidentielle de 2007* »[4].

M. Mbaye Niang a été le seul député à voter contre la révision constitutionnelle mais deux autres se sont abstenus[5]. Il s'est expliqué sur son vote en ces termes : « *J'ai voté contre parce que je m'oppose à tous les concepts qui nous viennent de l'extérieur et qui sont contraires à nos*

---

[1] Assemblée nationale, Xème législature, *Journal des débats*, Première session extraordinaire de l'année 2007, Compte rendu in extenso, Séance du mardi 27 mars 2007.

[2] M. Mbaye Niang est « *Membre fondateur du Mouvement de la Réforme pour le Développement Social (MRDS)* ». *Cf.* CISSÉ (Khayrou), Préface de SECK (Mamadou), Président de l'Assemblée nationale, *Dictionnaire bibliographique et événementiel des Députés du Sénégal (1914-2012)*, Tome I, Dakar, Éditions Araigné, 2014 ?, p. 251.

[3] SY (Hamadou Tidiane), « La parité dans la Constitution », Inter Press Service News Agency (IPS) du 12 décembre 2007 ; http://ipsinternational.org/fr/_note.asp?idnews=3896, consulté le 07 août 2017.

[4] CISSÉ (Khayrou), *op. cit.*, p. 59.

[5] DIENG (Babacar), « Modification d'articles de la Constitution – la parité votée et adoptée par les députés », *Le soleil* du 14 novembre 2007.

valeurs »[1]. Et d'ajouter : *« En parlant de ces valeurs, on ne peut pas faire fi de la religion »*[2].

Il s'en suit donc que la parité n'a pas provoqué de tensions majeures chez les religieux contrairement à certaines questions sociales **(I)**. Cela s'explique en partie par la subtilité du discours consistant à dire que la parité n'a pas vocation à remettre en cause les spécificités de la société sénégalaise **(II)**.

I – La résurgence de vieux clivages

Sur certaines questions sociales, le rapport entre l'État et les religieux a été et demeure toujours parsemé de tensions permanentes. C'est notamment le cas des rapports familiaux (mariage, divorce, succession, etc.).

Pendant la période coloniale, les tensions ont été désamorcées par la reconnaissance de statuts différents aux différents groupes. Il a été mis fin au *« pluralisme de statuts issu de la période coloniale : statut de droit positif, statuts islamisés, statuts animistes et statuts chrétien »*[3] avec le vote du code de la famille de 1972. Ce code a procédé à *« l'unification de ces statuts en conciliant les objectifs suivants : respect des principes proclamés par la constitution, respect des règles religieuses considérées comme intangibles pour les croyants et, enfin, le respect de certaines valeurs traditionnelles. »*[4] Au moment de sa préparation, le projet de code de la famille a provoqué des vives réactions notamment dans les milieux religieux. Ainsi, invités à donner leur avis là-dessus, *« les dignitaires de l'Islam sénégalais, à l'unisson, diffusèrent un document d'une dizaine de pages condamnant sans concession un projet « absolument contraire aux principes coraniques » qui régissent le cadre de vie de la majorité des Sénégalais : « Pour nous, musulmans, expliquent-ils, nous nous devons de souligner que l'Islam est régi depuis plus de 13 siècles par le Coran. La Constitution suprême, qui a tout prévu et n'a rien omis en matière de mariage, divorce, succession et autres actes touchant la société. Ses prescriptions immuables et irréfragables sont respectées et appliquées à travers le monde, sans la moindre modification, par tous les érudits et tous les gouvernements qui ont été institués. Nous nous étonnons de voir, maintenant, qu'au Sénégal on veuille y apporter des « innovations » pour ne pas dire des entorses, alors que la colonisation avait admis le code musulman et créé des juridictions*

---

[1] SY (Hamadou Tidiane), article précité.
[2] *Ibid.*
[3] BROSSIER (Marie), « Les débats sur le droit de la famille au Sénégal. Une mise en cause des fondements de l'autorité légitime ? » *Politique africaine*, 2004/4, N°96, pp.78-98.
[4] *Ibid.*

spéciales pour les islamisés »[1]. Ces oppositions n'ont pas reçu à faire échec au projet mais l'adoption du code ne mit pas non plus fin aux résistances. Dans certaines localités, *« les marabouts l'ignorent complètement et invitent leurs talibés à faire de même et à ne pas s'adresser aux juridictions civiles pour toute affaire concernant le mariage, le divorce ou les successions. »*[2] Il semble d'ailleurs que jusqu'à une période récente *«le Sénégal du code de la famille vit...ce paradoxe qui consiste à voir une loi appliquée - quelques fois avec rigueur extrême – dans les centres urbains où les femmes usent volontiers, souvent de façon immodérée, de la nouvelle arme que leur a donné le législateur, et proprement ignorée dans les campagnes où la grande majorité des femmes ne se doutent même pas de son existence »*[3].

Ce paradoxe se dédouble même du fait que des revendications ont été élevées récemment pour renforcer l'ancrage religieux du code en le remplaçant tout simplement par un autre texte. Ces revendications sont l'œuvre du *« Circofs (Comité islamique pour la reforme du code de la famille au Sénégal* [qui, en 2002,] *a rendu public un « Projet de code de statut personnel » applicable aux musulmans –les autres communautés (chrétienne et animiste) devaient pouvoir conserver, « si elles le désirent », le code en vigueur. »*[4]

Ce projet du *Circofs* a cependant rencontré l'opposition d'autres personnes qualifiées de « laïques ». Cette opposition montre que les religieux n'ont pas désormais un boulevard devant eux sur lequel ils peuvent circuler comme bon leur semble. *« Composé d'associations de femmes et de défense des droits de l'homme, le camp des laïques se constitue en réaction au projet qu'il considère comme rétrograde et dangereux, et une menace pour la cohésion de l'union nationale et la cohabitation entre communautés religieuses.»*[5]

Face à cette opposition, le *Circofs* a mobilisé *« l'argument de l'ancienneté de l'Islam au Sénégal et celui du respect du statut personnel musulman par les autorités coloniales : « Lorsqu'il y a eu la colonisation, les Français ont compris qu'il ne fallait pas heurter de front les populations en niant les fondamentaux de leurs identités. Donc depuis 1857, il y a eu les gens régis par les coutumes traditionnelles et les musulmans par le droit musulman et jugés par les juridictions musulmanes... Réformer le code de la famille ne serait d'ailleurs qu'un retour à ce qui, à peu de chose, se*

---

[1] MAGASSOUBA (Moriba), *L'Islam au Sénégal : Demain les mollahs ?* Paris, Karthala, Collection Les Afriques, 1985, p. 113.
[2] *Ibid.*, p. 114.
[3] *Ibid.*
[4] BROSSIER (Marie), article précité.
[5] *Ibid.*

pratiquait sous le régime colonial » »¹. En plus de sa prétention à parler au nom des musulmans, le *Circofs* bénéficiait du soutien du Collectif des femmes musulmanes (CFM) qui a fustigé les opposants au projet en se demandant mais *« de quel droit une minorité d'agitatrices s'octroie-t-elle la prérogative de parler à notre place sans nous demander notre avis ? »²*

Il y a lieu de souligner à la suite de Marième N'diaye que ces débats ont eu lieu dans un cadre renouvelé. *« D'une part, au niveau des acteurs, les lignes de clivages entre pro et anti CF* [code de la famille] *se sont renforcées à l'extérieur (mouvement féministe vs mouvement islamiste) comme à l'intérieur des instances de négociations (le pluralisme partisan a succédé au parti unique); d'autre part, au niveau des cadres cognitifs et normatifs, en l'absence d'un leadership fort sur le sujet (à l'instar de celui exercé par le Président Senghor au moment de l'adoption du code), l'idéologie du progrès et de la modernité, cadre de référence du code de la famille, apparaît comme extrêmement fragilisée et donc difficilement en mesure de s'imposer. C'est pourquoi l'État n'a plus été dans une position d'impulsion et d'encadrement du processus mais plutôt dans celle de l'arbitre qui intervient après coup pour départager les deux camps. »³*

L'arbitrage de l'État sera plus facilité chaque fois que l'un et/ou l'autre camp est/ou sont également engagé(s). Il en va de même si l'un et/ou l'autre camp ne bénéficie(nt) pas de soutien ouvert de la part des khalifes des principales confréries. Ça a été notamment le cas à l'occasion de la demande du *Circofs*. À cette occasion, certains marabouts ont soutenu le *Circofs* mais *« les khalifes généraux ne se sont impliqués que très indirectement »⁴* ce qui a permis au Président Abdoulaye Wade de s'affranchir en dénonçant l'opportunisme politique de la manœuvre dans la mesure où certains soutiens du *Circofs* étaient des acteurs politiques.

II – Un discours conciliant

À l'occasion de l'examen du projet de loi constitutionnelle, des députés soulevèrent en commission des interrogations sur *« l'adéquation du débat sur la « parité » avec »⁵* les réalités sociologiques et les convictions religieuses de la société sénégalaise. Ce n'était pas des interrogations de défiances de leur part mais des inquiétudes quant à la possibilité de réaliser concrètement la future disposition constitutionnelle.

---

[1] *Ibid.*
[2] *Ibid.*
[3] N'DIAYE (Marième), *La politique constitutive au sud : refonder le droit de la famille au Sénégal et au Maroc*, Thèse de doctorat en Science politique, Université Montesquieu Bordeaux IV, 2012, p. 287.
[4] *Ibid.*
[5] Assemblée nationale, XIème législature, *Rapport* de Seydou DIOUF, précité.

Face à leurs interrogations, d'autres députés invitèrent d' « *éviter de présenter le débat sous la forme d'une querelle de mots*»[1]. Ils rassurèrent que « *les femmes ne prétendent pas diriger les hommes et n'envisagent pas d'esquiver leurs responsabilités familiales, en particulier quant à l'éducation des enfants* »[2]. Pour sa part, le ministre d'État, Ministre de la Justice, Garde des Sceaux, se déclara « *parfaitement à l'aise dans sa qualité de musulman pour défendre le projet* »[3]. Il expliqua que « *sa lecture ne constate pas d'incompatibilité entre l'Islam et la « parité » puisque le texte sacré fait également référence chaque fois qu'il en est question, de l'homme et de la femme ensemble* »[4].

Pareilles interrogations avaient été soulevées à l'occasion des discussions sur le projet de texte ayant abouti à la loi du 27 mars 2007 instituant la parité au scrutin de représentation proportionnelle pour les élections législatives mais elles reçurent comme réponses les mêmes assurances. L'intervention de Monsieur Abdoulaye Dramé (PDS) est à cet égard illustrative de l'état d'esprit de certains députés. S'adressant à Monsieur le Ministre, il avança : « *dans un pays où les croyances sont tenaces, où les réalités socioculturelles sont fortes, je crois qu'il faut accompagner cette décision par une politique de communication sociale intense. En effet, l'incompréhension, la médisance, la mauvaise foi charrient souvent la haine qui engendre des comportements répréhensibles à l'endroit même d'un bienfaiteur. C'est pourquoi, il faut expliquer à l'opinion que cette décision ne signifie pas que l'homme, désormais, va avoir sa semaine de tâches ménagères, que la femme doit avoir la même part d'héritage que l'homme, que la polyandrie va être légalisée ; bref, cette décision ne bouscule aucune croyance religieuse* »[5].

Monsieur Ousmane Ngom, ministre de l'Intérieur et des Collectivités Locales, donna les mêmes assurances en ces termes « *encore une fois, il faut parler à certains acteurs de notre société, qui sont les acteurs religieux, culturels, sociaux, pour leur expliquer qu'il ne s'agit pas et qu'il ne s'agira jamais au Sénégal de heurter les croyances religieuses* »[6].

C'est ce besoin de rassurer qui a conduit le COSEF, dès le lancement de la campagne *"Avec la parité, consolidons la démocratie"*, à rendre visite à « *quelques familles religieuses pour échanger avec elles sur cette demande pour la parité et recueillir leurs avis et prières* »[7].

---

[1] *Ibid.*
[2] *Ibid.*
[3] *Ibid.*
[4] *Ibid.*
[5] Assemblée nationale, Xème législature, *Journal des débats*, précité, p. 28.
[6] *Ibid.*, p. 38.
[7] COSEF, *Combats pour la parité : La campagne "Avec la parité consolidons la démocratie", op. cit.*, p. 44.

Ce discours conciliant a été appuyé par l'argument selon lequel la parité est à la fois une exigence démocratique et juridique.

Paragraphe II. La parité, une exigence démocratique et juridique ?

Sur le plan démocratique, l'argument de nombre est un facteur d'éveil de conscience sur la nécessité d'agir en vue de changer la situation pour la dénonciation de laquelle le constat est dressé. Il a été utilisé tout au long du processus. Un constat dressé en 2004 mentionne que les femmes votent plus que les hommes, représentent 51% de la population et 52% de l'électorat mais constituent seulement 12% des membres de l'Assemblée nationale, 20% des membres du gouvernement et 14 % des élus des collectivités locales[1].

La situation n'a guère considérablement évolué en 2007 se présentant comme suit : « *20%* [de femmes] *à l'Assemblée nationale, environ 10% dans le gouvernement, 12,97% au niveau régional, 20,03% au niveau municipal et 27,32% dans les collectivités rurales* »[2]. Lors des discussions sur le projet de loi ayant abouti à la loi du 27 mars 2007, le député Grégoire Birame Ngom souligna que « *selon les statistiques, 53% des populations sénégalaises sont représentées par les femmes. Dans le cadre des travaux agricoles, elles occupent 85%, au niveau de la population active, elles sont 39%, dans les travaux domestiques, elles occupent 90%, au Gouvernement, on note 6 femmes ministres sur 39, notons aussi 6 maires sur 110, 1 seule présidente de communauté rurale, 1 seule présidente de conseil régional, aussi nous avions eu une femme pour la première fois Premier ministre de la nation. Ceci dénote une très faible représentation des femmes au niveau des instances de décision.* »[3]

Face à ce constat, le Ministre Ousmane Ngom souligna devant la commission réunie sur le même texte que « *la question de la représentation des femmes devient dès lors, une préoccupation actuelle à laquelle il convient de répondre dans un souci d'équité et de justice.* »[4]

La députée Aminata Mbengue Ndiaye (PS) s'inscrit sur la même ligne argumentative en soutenant en séance publique qu' « *une mauvaise représentation des femmes, ou une représentation insignifiante des femmes*

---

[1] Rapport du groupe thématique de la Commission politique de la Quinzaine de la femme, édition 2004, In COSEF, *Combats pour la parité : La campagne "Avec la parité consolidons la démocratie"*, op. cit., pp. 61-62.
[2] SOW SIDIBÉ (Amsatou), « Pourquoi une loi sur la parité au Sénégal ? », In COSEF, *Combats pour la parité : Actes du Séminaire d'élaboration d'un modèle de loi sur la parité*, op. cit., pp. 53-56.
[3] Assemblée nationale, Xème législature, *Journal des débats*, précité, p. 24.
[4] *Ibid.*, p. 7.

est une injustice, un manque d'équité. »[1] C'est pourquoi elle proposa un amendement tendant à étendre *« la parité aux listes départementales pour les élections législatives »*[2]. Se prononçant sur cet amendement, le député Mbaye Ndiaye (PDS) releva que *« les amendements et contre-propositions obéissent aux principes de l'article 7* [...du règlement intérieur de l'Assemblée nationale et que] *dès lors qu'il ne s'agit que d'un article, tout amendement est considéré comme un contre-projet et il faudra que l'Assemblée se prononce sur la recevabilité ou la non-recevabilité »*[3]. D'où son invitation à voter contre. Celle-ci a été suivie par le rejet de l'amendement.

Au-delà de la justice et de l'équité, le projet a été présenté comme étant de nature à promouvoir le développement du pays. Le député Demba Sow (URD) expliqua sur ce point : *« Le projet de loi que nous sommes en train d'étudier, à mon avis, constitue une étape importante allant dans le sens du développement de notre pays. Tout a prouvé que lorsque la femme est impliquée véritablement on a des résultats. Tous ceux qui ont eu comme collaborateurs des femmes se sont rendu compte qu'elles sont efficaces. Donc, une loi qui permet d'impliquer davantage les femmes est de nature à nous ancrer dans la voie qui mène au développement. »*[4]

Sur le plan juridique, les actions menées en faveur d'une meilleure participation des femmes à la vie politique ont été conduites dans le cadre de la réalisation des droits constitutionnels. Ainsi, les défenseurs de la parité ont constamment expliqué que leur revendication est constitutionnellement fondée. On comprend dès lors la surprise qui fut la leur de constater la censure de la loi sur la parité du 27 mars 2007 par le Conseil constitutionnel. On comprend également pourquoi ils ont dénoncé la décision du Conseil constitutionnel par laquelle cette censure a été prononcée pour méconnaissance des dispositions pertinentes de la Constitution notamment les textes internationaux inclus dans son préambule.

Dans l'exposé des motifs joint au projet de loi constitutionnelle soumis au Parlement à la suite de cette censure, le Gouvernement expose : *« Le préambule de la Constitution de notre pays consacre le droit à l'égal accès de tous les citoyens, sans discrimination à l'exercice du pouvoir à tous les niveaux. Il consacre également l'attachement du Sénégal aux principes proclamés dans la Convention sur l'élimination de toutes les formes de discrimination à l'égard des femmes du 18 décembre 1979. »*[5] Poursuivant son exposé, il affirme que *« dans le respect de ces dispositions, le Conseil constitutionnel a, par sa décision du 27 avril 2007, rappelé que les principes*

---

[1] *Ibid.*, p. 12.
[2] *Ibid.*, p. 13.
[3] *Ibid.*, p. 43.
[4] *Ibid.*, p. 26.
[5] Assemblée nationale, XIème législature, *Projet de loi constitutionnelle n°40/2007*, précité.

applicables à la représentation politique interdisaient toute discrimination entre les hommes et les femmes »¹. D'où la nécessité, ajoute-t-il, de procéder par respect à *« l'autorité des décisions de justice et à l'État de droit […] à la modification de l'article 7 de la Constitution par l'insertion du principe de l'égal accès des femmes et des hommes aux mandats et fonctions »²*.

Au cours des discussions en commission sur le projet de loi constitutionnelle, le sentiment de certains commissaires était que celui-ci vise à *« renforcer les dispositions existantes notamment le préambule de la Constitution, tout en conformant »³* le droit interne aux engagements internationaux de l'État.

Au-delà des arguments, la révision constitutionnelle a été facilement acquise grâce au rôle prépondérant du Président de la République, Abdoulaye Wade.

Section II. Le rôle prépondérant du Président de la République

Au Sénégal, la parité est avant tout une initiative du Président de la République. Elle s'inscrit dans le cadre de sa politique de promotion de la femme qui se veut à la fois volontariste et opportuniste. Elle n'aura cependant pas été consacrée si les femmes n'avaient pas elles-mêmes porté le combat **(Paragraphe I)**. Au-delà de ce cas, il faut reconnaître la prépondérance de la toute-puissance de la volonté présidentielle dans le travail parlementaire au Sénégal et plus généralement dans les pays francophones de l'Afrique de l'Ouest **(Paragraphe II)**.

Paragraphe I. La parité : un projet présidentiel porté par les femmes

La parité est d'abord un projet présidentiel. Les discussions au Parlement mettent en lumière cette affirmation. Ainsi, devant la commission du Sénat, le Ministre Ousmane Ngom soutient que l'engagement du Président de la République, Abdoulaye Wade, pour les femmes est une constante. Il explique qu' *« il a toujours souhaité une discrimination positive à l'endroit des femmes, ce qui* [, ajoute-t-il,] *est illustré par sa déclaration datant plus de trente ans, lors d'une grande conférence organisée par les femmes à savoir : « 1 femme = 3 hommes en tant que travailleuse, épouse et mère » »⁴. « Sur le plan de l'éducation* [, poursuit-il,] *le Président de la*

---

[1] *Ibid.*
[2] *Ibid.*
[3] Assemblée nationale, XIème législature, *Rapport* de Seydou DIOUF, précité.
[4] Sénat, *op. cit.*

République a aussi toujours souhaité une discrimination positive pour les femmes et a toujours expliqué que :
- « *l'éducation qu'on donne à une femme progresse de manière géométrique ;*
- *l'éducation qu'on donne à un homme progresse de manière arithmétique* » »[1].

Au cours des discussions en séance publique sur le projet de loi n°20/2007 portant introduction de la parité sur la liste des candidats au scrutin de représentation proportionnelle pour les élections législatives, M. Abdoulaye Faye, député (PDS), soutient que la soumission de ce texte au Parlement s'inscrit dans le cadre d' *« une vision opérationnalisée chez Wade comme en atteste les nombreuses initiatives qu'il a prises en faveur des femmes aux plans national, africain et international »*[2].

Au cours des mêmes discussions, Mme Penda Sago Diop, député (UJTL), affirma pour mettre en lumière la volonté du Président de la République : *« le soutien du Président Abdoulaye WADE à l'endroit des femmes n'est plus à démontrer. Il faut le rappeler, c'est avec le pouvoir de Maître WADE que le Sénégal a connu une femme Première ministre, une femme ministre d'État, une femme questeur de l'Assemblée nationale, des femmes gendarmes et policières, etc. »*[3] Pour elle, le soutien du Président Abdoulaye Wade s'explique par le fait qu'il *« est convaincu qu'on ne peut développer un pays en laissant les femmes au second plan »*[4].

Pour sa part, le ministre de l'Intérieur a qualifié ce soutien de marque de générosité du Président de la République à l'endroit des femmes. Il a manifesté cette générosité à la fois au plan national et international. Ainsi, poursuit-il, *« à Durban, lorsqu'il a proposé la parité mais, c'était la surprise générale et cela s'est réalisée comme je l'ai rappelé tantôt au niveau de la commission de l'Union Africaine. Il l'a également démontré, lorsqu'il a proposé, au niveau de la première législature ici à l'Assemblée nationale, que 35% de l'effectif de l'Assemblée soit constitué de femmes. Il n'a pas été suivi. Il avait également insisté pour que 33% de l'effectif du Conseil de la République soit composé de femmes et au niveau de cette législature aujourd'hui, il vous soumet ce projet de loi qui réalise effectivement 50% de femmes sur la liste proportionnelle. Voilà cette démarche progressive dont je parlais tantôt et l'évolution par rapport à sa vision qui vise à réaliser à terme la parité totale. »*[5]

---

[1] *Ibid.*
[2] Assemblée nationale, Xème législature, *Journal des débats*, précité, p. 19.
[3] *Ibid.*, p. 27.
[4] *Ibid.*, p. 27.
[5] *Ibid.*, p. 41.

Ce qui précède fait apparaître un volontarisme sans conteste du Président de la République. Cette volonté manifeste s'inscrirait cependant dans le cadre d'une stratégie politique visant à recueillir les voix des femmes aux élections et à faire bonne impression sur la scène internationale. Pour Aminata Sall, « *Abdoulaye Wade avait, en effet, séduit la classe féminine à travers ce projet de loi* [sur la parité]. *Il espérait compter sur les femmes lors de l'élection présidentielle de 2012 et avait mis en place des programmes de financement destinés aux associations féminines.* » C'est pourquoi, estime-t-elle, « *on peut avancer que le financement dont les femmes peuvent bénéficier est une des raisons de leur adhésion dans les associations. C'est en raison de l'apport économique qu'elles s'impliquent davantage dans ces associations. A ce titre, nous avons pu observer que les critères de financements prenaient en compte l'ancrage politique de l'association.* »[1]

L'action du Président de la République s'inscrirait également dans le cadre d'un « *mode de gouvernement qui a caractérisé le Sénégal de Senghor à Abdou Diouf, marqué par les traits suivants : un pouvoir présidentiel prédominant grâce à une centralisation politique et administrative, une logique clientéliste, la cooptation de personnalités politiques susceptibles de renforcer le leadership présidentiel, un souci constant de promouvoir l'image du Président sur la scène internationale en raison de la forte dépendance du régime envers les ressources extérieures* »[2]. Il s'agirait donc, comme l'a relevé Bertrand Badie au-delà du Sénégal, d' « *un choix raisonné : pour mieux conserver son pouvoir, le prince tente de l'adapter aux données nouvelles, c'est-à-dire à un idéal de modernité dont il espère qu'il lui apportera en même temps un surcroit de ressources matérielles et un surcroit de légitimité* »[3].

Le projet présidentiel n'aura cependant pas abouti sans l'engament des femmes qui s'en sont approprié et qui l'ont porté. Mme Haoua Dia Thiam, députée (UPS), a démontré cela en rappelant : « *En décembre 2006, l'Assemblée nationale ici a eu à voter une résolution sur l'appel adressé sous l'égide du COSEF et de l'ensemble des femmes politiques, de la société civile et des femmes de médias. On a pu réussir à obtenir une résolution qui montrait l'engagement de l'Assemblée pour la parité.* [...] *les mêmes qui avaient adressé l'appel aux députés, ne se sont pas arrêtés, des gens comme moi et d'autres qui sont investis dans un combat, ont continué la réflexion*

---

[1] SALL (Aminata), « Abdoulaye Wade et ses projets pour les femmes : Entre parité et financement des associations », In DIOP (Momar-Coumba) (dir.), *Le Sénégal sous Abdoulaye Wade : Le sopi à l'épreuve du pouvoir*, Paris ; Dakar : Karthala ; CRES, 2013, pp. 382-408.
[2] DIOP (Momar-Coumba), « Le Sénégal à la croisée des chemins », In GAZIBO (Mamoudou), Coordonné par ; avec les contributions de BAUDAIS (Virginie) et CHAUZAL (Grégory) ; BOTIVEAU (Raphaël)... et alii, *Partis politiques d'Afrique : retours sur un objet délaissé*, Paris : Karthala, 2007 ; « Politique africaine », n°104, décembre 2006, pp. 103-126.
[3] BADIE (Bertrand), *L'État importé : Essai sur l'occidentalisation de l'ordre politique*, Paris : Fayard, Collection L'Espace du politique, 1992, p. 128.

jusqu'à produire un texte que tout le Sénégal a vu être remis entre les mains du Chef de l'État. Ce projet de loi est une parité parfaite, une parité qui tient en compte toutes les élections [...]. C'est notre proposition [...]. En retour, le Président nous a adressé une parité concernant la liste nationale, elle est partielle, je la salue et je souhaite que cela puisse faire tache d'huile, que l'on puisse arriver à notre objectif que nous nous sommes fixé. C'est un combat, nous allons continuer pour la réalisation de cette parité parfaite. » [1]

Plusieurs autres interventions sont allées dans le sens de la démonstration que le projet de loi constitue un pas vers l'aboutissement du combat des femmes.

Paragraphe II. Une majorité parlementaire sous l'emprise du Président de la République

Dans les pays à Parlement bicaméral, le travail législatif met en lumière un jeu de pouvoir triangulaire qui se joue à trois niveaux : 1) entre l'exécutif et le Parlement, 2) entre les groupes partisans de chaque chambre du Parlement, 3) entre les deux chambres du Parlement. Les règles de ce jeu sont prévues de façon expresse mais elles ne sont pas toujours équilibrées. Quand elles le sont, les rapports de force entre les différents acteurs les dénaturent souvent.

Sur le troisième point, au moment de l'adoption de la loi du 27 mars 2007 instituant la parité au scrutin de représentation proportionnelle pour les élections législatives, le Parlement du Sénégal comprenait une seule chambre : l'Assemblée nationale. Par contre, il comprenait deux chambres, l'Assemblée nationale et le Sénat, au moment de l'adoption de la loi constitutionnelle du 7 août 2008 par laquelle le principe de parité a été inséré dans la Constitution.

Cette situation devrait nous permettre de déceler d'éventuelles logiques d'assemblée dans le travail législatif mais l'absence de compte rendu in extenso des débats sur ce texte ne nous le permet pas. En plus, la brièveté des expériences bicamérales n'a pas encore permis, à notre connaissance du moins, d'asseoir et de ressortir l'existence de telles logiques. Cependant, la brièveté de l'existence du Sénat est peut-être révélatrice de sa moindre utilité par rapport à l'Assemblée nationale. En effet, la première expérience bicamérale remonte à la loi constitutionnelle du 2 mars 1998[2]. Cette expérience a été close par l'adoption de la Constitution du 22 janvier 2001 consacrant le retour au monocaméralisme. La deuxième expérience bicamérale a été ouverte par la loi constitutionnelle du 12 février 2007 créant

---

[1] *Ibid.*, pp. 22-23.
[2] *Loi n° 98-11 du 2 mars 1998 portant révision de la Constitution et relative à la création d'un Sénat,* In FALL (Ismaïla Madior), *op. cit.*, p. 150.

un Sénat[1]. Elle a été close par la loi constitutionnelle du 28 septembre 2012 par laquelle le Sénat a été supprimé[2]. En revanche, la lecture de la Constitution ne laisse aucun doute sur la primauté législative de l'Assemblée nationale sur le Sénat au cours des deux expériences bicamérales.

Sous la première expérience, cela se traduisait : 1) par le dépôt en premier lieu des projets et propositions de lois, du projet de loi de finances de l'année, des projets et propositions de lois organiques, ainsi que des projets et propositions de lois constitutionnelles sur le bureau de l'Assemblée nationale ; 2) par l'octroi d'un délai d'examen plus long à l'Assemblée nationale (le Sénat ne disposait que de 12 jours sur 60 pour voter le projet de loi de finances de l'année et de 20 jours réduits à 7 en cas d'urgence pour les autres projets de loi) ; 3) par l'octroi du dernier mot à l'Assemblée nationale lorsque la navette n'a pas permis l'adoption d'un texte identique ou lorsque le Sénat ne s'est pas prononcé dans les délais impartis (art. 57, 60, 67 et 89 de la Constitution du 7 mars 1963 issus de la loi constitutionnelle du 2 mars 1998). Aux membres des deux assemblées appartenait, concurremment avec le Président de la République, l'initiative des lois, des amendements et de la révision de la Constitution (art. 69, 71 et 89 de la Constitution du 7 mars 1963 issus de la loi constitutionnelle du 2 mars 1998).

La seconde expérience a rétabli la primauté législative de l'Assemblée nationale et a introduit deux innovations (art. 68, 71, 78, 80 et 103 de la Constitution issus de la loi constitutionnelle du 12 février 2007). La première innovation est prévue à l'article 80 par une disposition selon laquelle *« par dérogation aux dispositions de l'article 71, les propositions de loi initiées par les sénateurs sont examinées en premier lieu au Sénat. »* La deuxième innovation est la limitation de l'initiative de la révision de la Constitution au Président de la République et aux députés (art. 103 alinéa 1).

Sur le deuxième point, le jeu entre groupes partisans à l'intérieur de chaque chambre du Parlement est alimenté à la fois par des considérations idéologiques et d'intérêts. Les méthodes utilisées par les groupes partisans pour faire triompher leurs idéologies et intérêts et faire échec à ceux des autres peuvent prendre plusieurs formes. Deux d'entre elles ont été relevées par Khayrou Cissé sous une législature mais elles sont transposables aux autres législatures. Khayrou Cissé à souligné notamment en parlant de la huitième législature (1993-1998) : *« Le parti socialiste fonctionne comme d'ordinaire, monnayant quelques infléchissements pour désamorcer une opposition certes laborieuse mais qui, malgré l'âpreté, ne pèse guerre lourd*

---

[1] *Loi constitutionnelle n° 2007-06 du 12 février 2007 créant un Sénat,* In FALL (Ismaïla Madior), *op. cit.*, p. 230.
[2] *Loi n°2012-16 du 28 septembre 2012 portant révision de la Constitution,* art.5, *J.O.R.S.* n°6688 numéro spécial du vendredi 28 septembre 2012.

sur l'échiquier parlementaire. »[1] Parlant de la même législature, il ajoute : *« Comme au temps du parti unique de fait, la majorité mécanique du parti socialiste s'est barricadée derrière la loi du nombre pour faire échec à toutes les tentatives des parlementaires de l'autre camp. »*[2]

Khayrou Cissé déplore l'une, l'obstruction, et l'autre, la corruption, en ce qu'elles font prévaloir les positions partisanes sur l'intérêt général[3]. Il faut souligner qu'en la matière les députés obéissent à la ligne de conduite de la direction de leur formation politique.

Sur le premier point, le jeu de pouvoir entre l'exécutif et le Parlement est le siège des déséquilibres en faveur de l'exécutif au Sénégal. D'ailleurs, cette situation est loin d'être propre au Sénégal. Kossi Somali[4] relève à cet égard *« de nombreuses prises de positions doctrinales quasi unanimes sur le déclin du Parlement dans le monde »*. Il affirme que *« même dans les pays de longue tradition parlementaire, la représentation nationale ne peut plus se targuer d'être la détentrice réelle du pouvoir politique »*. Concernant l'Afrique, Kossi Somali explique, à travers les exemples du Bénin, du Burkina Faso et du Togo, la faiblesse du parlement par deux facteurs importants reposant sur des situations de fait. Premier facteur, *« les exécutifs africains ne semblent pas véritablement avoir accepté de se soumettre à la volonté parlementaire malgré quelques efforts accomplis dans certains pays. Ils persistent à considérer le législatif comme un organe de « décor » chargé d'entériner simplement leurs décisions et non comme un interlocuteur valable. Toutes les initiatives parlementaires sont filtrées et orientées dans le sens voulu par le gouvernement »*[5]. Second facteur, *« les parlementaires manquent d'audace politique et psychologique pour assumer pleinement leurs fonctions de législateur. Politiquement, leur statut et les conditions de leurs élections leur interdisent d'observer une attitude critique et encore moins de contester l'action du gouvernement. Psychologiquement, la crainte de l'exclusion ou du non renouvellement du mandat et par conséquent la perte des avantages et privilèges qui s'y rattachent, les poussent à la complaisance et à l'abandon des missions pour lesquelles ils sont élus. »*[6]

Parlant du Sénégal de la Xème législature (2001-2007) sous le Président Abdoulaye Wade, Momar-Coumba Diop affirme que *« le Parlement reste une caisse de résonnance ou un surga de l'Exécutif. »*[7] En fait, elle l'est

---

[1] CISSÉ (Khayrou), *op. cit.*, p. 45.
[2] *Ibid.*, p. 47.
[3] *Ibid.*, p. 47.
[4] SOMALI (Kossi), *Le parlement dans le nouveau constitutionnalisme en Afrique : Essai d'analyse comparée à partir des exemples du Bénin, du Burkina Faso et du Togo,* Thèse de doctorat en Droit public, Université de Lille 2 – Droit et Santé, 2008, 495 p.
[5] *Ibid.*, p. 325.
[6] *Ibid.*, p. 325.
[7] DIOP (Momar-Coumba), *op. cit.*, p. 115.

depuis l'instauration du régime présidentiel par la Constitution du 7 mars 1963. Khayrou Cissé affirme à cet égard que depuis cette date jusque sous la huitième législature (1993-1998), « *l'institution fonctionnait plus comme une chambre d'enregistrement que comme un lieu d'élaboration des politiques. Ce qui* [, déplore-t-il,] *concoure à atténuer l'image des parlementaires pourtant censés refléter l'état de l'opinion au sein de l'auguste Assemblée* »[1]. La conséquence pour lui a été que « *le peu d'enthousiasme des dépositaires de la légitimité populaire avait fini par ennuyer les citoyens qui assimilaient les sessions publiques à des comédies de boulevard* »[2].

Cette situation peut trouver explication dans les facteurs relevés ci-dessus mais d'autres raisons peuvent être avancées. En premier lieu, à partir des cas qu'il a étudiés, Kossi Somali écrit : « *Mal outillées techniquement du fait de leur connaissance très limitée de la pratique du droit parlementaire et ne disposant pas d'assistance juridique nécessaire pour préparer les textes législatifs, les parlements sont battus sur leur propre terrain : ils ne sont pas en mesure de concurrencer le gouvernement ni de mettre mal sa suprématie.* »[3] Khayrou Cissé fait la même remarque sur le Sénégal de la Xème législature en ces termes : « *La plupart des nouveaux députés traînent le lourd handicap de manquer de compétences techniques.* »[4] Pour illustrer cette affirmation, il avance : « *Pour cette dixième législature, le profil des nouveaux députés ne permet pas à tous de discuter avec pertinence les projets du Gouvernement. Cette situation est surtout vérifiable dans la liste de la Coalition sopi. Majoritaire avec 89 députés sur 120 que compte l'institution parlementaire, elle est composée de catégories socioprofessionnelles représentées par les commerçants, les paysans, les ouvriers, les universitaires et les fonctionnaires. Et ils sont encore nombreux à n'avoir pas d'expérience parlementaire.* »[5] D'où son souhait « *de procéder à un renforcement des capacités des députés nouvellement élus, mais aussi et surtout de les doter d'un système d'assistant parlementaire.* »[6]

En second lieu, il revient que « *le Président Wade a conduit lui-même la campagne de la Coalition sopi. La victoire de celle-ci porte donc son empreinte.* »[7] Par conséquent, les députés de la coalition lui étaient personnellement redevables. Il suffit de se reporter aux résultats des élections législatives pour se rendre compte de l'importance de l'appartenance au parti ou à la coalition de partis du leader du moment. Ainsi, aux élections législatives anticipées du 29 avril 2001, la coalition *sopi*

---

[1] CISSÉ (Khayrou), *op. cit.*, p. 45.
[2] *Ibid.*, p. 46.
[3] SOMALI (Kossi), *op. cit.*, pp. 252 et suivante.
[4] CISSÉ (Khayrou), *op. cit.*, p. 58.
[5] *Ibid.*, p. 58.
[6] *Ibid.*, p. 58.
[7] *Ibid.*, p. 56.

du Président nouvellement élu a obtenu 89 sièges sur 120 et le PS de l'ancien Président de la République, Abdou Diouf, 10 sièges alors que le PS avait 92 sièges dans la précédente Assemblée[1].

Il est difficilement concevable dans le contexte africain en général et sénégalais en particulier qu'une assemblée composée de la sorte puisse s'opposer à un texte émanant de la volonté personnelle du Président de la République qui a fait roi la majorité de ses membres. C'est une des explications que l'on peut fournir de l'adoption sans difficulté de la loi du 27 mars 2007 instituant la parité au scrutin de représentation proportionnelle pour les élections législatives.

Le Président de la République disposait d'ailleurs d'une majorité plus confortable au moment de l'adoption de la loi constitutionnelle du 7 août 2008 par laquelle le principe de parité a été inséré dans la Constitution. En effet, suite au rétablissement du Sénat par la loi constitutionnelle du 12 février 2007, *« le 19 août, des élections indirectes ont été organisées pour 35 des 100 sièges du Sénat »*[2]. Le parti du Président de la République, le PDS, est sorti vainqueur avec 34 sièges sur 35. *« Le 23 septembre, le Président Wade a nommé les 65 sénateurs restants »*[3]. Ensuite, à la suite du boycott des élections législatives de juin 2007 par les principaux partis de l'opposition, la coalition *sopi* du Président de la République a remporté ces élections avec 131 sièges sur 150[4].

Conclusion du chapitre

Pour soutenir l'affirmation juridique de la parité au Sénégal, les parlementaires firent montre de plus de pragmatisme. Ils ne jetèrent d'anathème ni sur le Conseil constitutionnel ni sur les principes qu'il a invoqués et n'accusèrent l'ex-colonisateur d'être à l'origine de quelque situation que ce soit. Ils soutinrent seulement que le recours au droit pour favoriser la parité est : 1) une exigence juridique au regard des engagements internationaux que l'État a intégrés dans la Constitution ; 2) une exigence démocratique en raison de la faible présence des femmes dans la vie politique ; 3) une démarche visant à réaliser la volonté présidentielle ; 4) une démarche s'inscrivant dans la reconnaissance du rôle historique des femmes dans la société sénégalaise.

Les adversaires ne soutinrent aussi ni le Conseil constitutionnel ni les principes qu'il a invoqués et ne prirent pas arguments dans les raisons

---

[1] *Ibid.*, p. 57.
[2] *Ibid.*, p. 59.
[3] *Ibid.*, p. 59.
[4] *Ibid.*, p. 60.

avancées en France pour dénoncer la demande de parité. Ils s'employèrent seulement à expliquer que la parité est un concept importé et qu'elle contrevient aux valeurs de la société sénégalaise au premier chef desquelles l'Islam.

Des deux côtés, il ressort un décalage avec le discours qui précède le travail parlementaire. Plusieurs facteurs expliquent cela. D'abord, les acteurs qui usèrent des arguments non invoqués au Parlement ne sont pas des parlementaires et n'ont pas été invités devant les commissions du Parlement. Ensuite, la cause semblait gagnée d'avance ce qui a fait qu'au lieu d'avancer des arguments pour soutenir la plupart des parlementaires se contentèrent de remerciements à l'endroit du Président de la République, d'hommage aux vaillantes héroïnes de l'histoire et du combat pour la parité et de référence à l'obligation que l'État a de se conformer à ses engagements internationaux. En plus du consensus sur le projet, les raisons avancées plus avant sur la faiblesse du Parlement pourront expliquer cela.

Conclusion du titre second

Au Parlement, le soutien à l'affirmation constitutionnelle du principe de parité s'est fait de façon différente en France et au Sénégal. En France, le discours théorique a puisé dans le registre de ce qui lui a précédé dans l'espace militant, scientifique et médiatique mais a usé d'un ton plus diplomatique. La part des considérations factuelles en soutien desquelles les arguments théoriques furent mobilisés ou qui furent mobilisés en appoint au discours théorique a été cependant plus importante dans l'infléchissement de la position des parlementaires récalcitrants. Au Sénégal, les deux arguments théoriques mobilisés par les militants, l'ancrage juridique et sociohistorique de la revendication, ont été extirpés des éléments accusateurs puis utilisés le plus souvent n'ont pas comme arguments de défense ou de défiance, parce que la cause semblait gagnée d'avance, mais comme des données servant à établir un constat de forme ou à rendre hommage. Là encore, les considérations factuelles, surtout celle relative à la réalisation de la volonté présidentielle furent déterminantes dans la formation du consensus.

L'opposition a elle aussi été de nature différente. En France, elle a utilisé les arguments théoriques précédemment mobilisés à savoir le risque de communautarisme et d'essentialisme en les renforçant de quelques constats de fait. À une seule exception, elle ne visait pas ouvertement à bloquer la réforme, mais à l'orienter sur une autre disposition de la Constitution et à atténuer la rigueur de la future loi constitutionnelle. Au Sénégal, il n'y a qu'un seul des arguments précédents, en l'occurrence l'argument religieux, qui a été invoqué contre la réforme au Parlement. Le fait qu'il n'a été invoqué que par un « intrus » dans la vie politique est révélateur du consensus apparent formé autour de la reforme dans l'arène politique.

En dépit de la différence de stratégies et de logiques qui ont prévalu de part et d'autre, les textes de base des projets étaient quasi-identiques tout comme les dispositions constitutionnelles qui en sont issues. La seule différence est l'ajout en France d'un article supplémentaire au Parlement signe en partie d'une plus grande vitalité du travail parlementaire.

CONCLUSION DE LA PREMIÈRE PARTIE

Un constat ressort de l'étude de l'affirmation du droit de l'égal accès des femmes et des hommes à la vie politique en France et au Sénégal. C'est celui du mimétisme des productions institutionnelles qui contraste avec la spécificité des discours et des logiques internes. Il ne fait aucun doute que les productions des institutions sénégalaises seraient différentes si elles avaient précédé celles des institutions françaises. À ce niveau, c'est donc l'effet miroir de modèle qui l'a emporté sur l'innovation.

Au-delà de ce constat, quatre lois de l'affirmation du droit peuvent être formulées à partir de cette étude.

Première loi, l'affirmation d'un droit porteur de grandes innovations sociales fait généralement intervenir de nombreux acteurs. Ce fut le cas en France et au Sénégal. Les acteurs du changement sont principalement ceux qui verront leurs conditions améliorées par son introduction. D'autres les suivent ou les accompagnent par volonté, par opportunisme ou par contrainte.

Deuxième loi, le ressort du discours d'affirmation du droit reflète les réalités profondes de l'État et de la société dans lesquels il s'insère. Cette démarche nous a permis de relever que les arguments mobilisés de part et d'autre allient construction théorique et démonstration pratique mais la dimension philosophico-théorique a été plus importante en France. Il semble donc que dans une revendication de droit la part de la théorie est fonction de l'ancrage juridique de son fondement. Elle est importante si les principes qui y font obstacle ou sur le fondement desquels elle est élevée ont un ancrage théorique fort. Elle l'est moins si ces principes ne résultent que de la reproduction d'un droit idéologiquement pensé ailleurs ou si des solutions pratiques existent. En outre, lorsque le droit opposé à une revendication ou sur le fondement duquel une revendication est élevée est le fruit d'une construction idéologique endogène tel qu'il l'est en France, le discours du changement reste largement ancré dans les réalités propres. Les références à l'extérieur servent seulement de baromètre pour la prise de conscience et ne présentent qu'une source morale de légitimation. A contrario, lorsque ce droit est en partie le fruit d'une construction idéologique exogène tel qu'il l'est au Sénégal, le discours du changement emprunte deux voies de légitimation l'une relevant de l'ordre interne et l'autre de l'ordre extérieur. Dans ce cas, les références à l'extérieur servent à la fois de sources matérielle et morale de légitimation.

Troisième loi, lorsque le travail législatif du Parlement a été précédé de mobilisations militantes, scientifiques et médiatiques des acteurs en opposition sur la nécessité de légiférer ou sur une grille de légitimation, il s'inscrit en tout ou en partie dans le discours de ces acteurs en en faisant un usage plus conciliant. Malgré cette précaution et cette nécessité politique, il peut déboucher sur une impasse théorique ou idéologique mais les considérations factuelles amènent le plus souvent les parlementaires à dépasser l'abstraction théorique ou idéologique pour faire face à une demande ou un besoin social.

Quatrième loi, en matière de revendication de changement dans les sociétés démocratiques, le succès ou l'échec n'est pas seulement une question de rapport de force entre les acteurs en opposition. Il obéit également à d'autres logiques qui peuvent être plus déterminantes. Ces logiques diffèrent d'un pays à un autre. Dans notre exemple, les considérations factuelles tenant à la nécessaire révision de la Constitution pour permettre l'adoption de mesures contre une situation déplorée à l'intérieur et de nature à nuire à l'image de la République à l'extérieur l'emportent sur les autres considérations en France. Au Sénégal, ce sont également les considérations factuelles tenant principalement à la volonté du Président de la République et à la nécessaire révision de la Constitution en raison de la décision du Conseil constitutionnel qui l'emportent sur les autres considérations.

SECONDE PARTIE
La mise en œuvre des dispositifs paritaires en France et au Sénégal

> « Qu'il ne faut point séparer les lois de l'objet pour lequel elles sont faites. »
>
> « Qu'il ne faut point séparer les lois des circonstances dans lesquelles elles ont été faites. »
>
> MONTESQUIEU, Présentation par Victor Goldschmidt, *De l'esprit des lois II*, Paris : Garnier-Flammarion, 1976, Livre XXIX, Chapitres XIII et XIV, pp. 299-301.

L'étude de la mise en œuvre des dispositifs paritaires nous conduira, dans un premier temps, à interroger le niveau et les méthodes de réalisation de la parité dans la vie politique et, dans un second temps, à questionner la dynamique paritaire. Ce travail nous permettra de vérifier s'il est possible d'établir un lien entre la phase d'affirmation du droit et celle de sa réalisation c'est-à-dire s'il est possible d'expliquer la façon dont un droit est mis en œuvre par la façon dont il a été affirmé.

Force est de reconnaître que dans les deux pays, des avancées réelles ont été réalisées vers la parité dans la vie politique. Il importe de souligner cependant que les dispositions constitutionnelles ont été réalisées progressivement mais à un rythme plus lent en France en raison non seulement d'une plus grande hétérogénéité de l'ordre juridique mais aussi d'un volontarisme plus marqué de ménager les susceptibilités.

La première raison a fait que la transformation juridique a été plus importante au moment de la mise en œuvre de la parité. Pour ce qui est du temps, il convient de se rappeler que le processus de légitimation a été aussi plus long en France à cause des positions idéologiques très tranchées des défenseurs et des adversaires de la parité.

Au Sénégal, le discours de légitimation de la parité a été plus pragmatique qu'idéologique ce qui, conjugué à un plus grand volontarisme et sans entrave majeure de l'exécutif de l'époque pour la réforme, a permis au projet d'aboutir plus rapidement.

Par ailleurs, la demande de révision constitutionnelle a été faite de part et d'autre autour de la revendication de la parité. Les dispositions constitutionnelles n'ont toutefois pas donné échos au maître mot « parité ». Les constituants ont préféré l'expression plus douce d'*« égal accès… »*

Le maître mot « parité » a cependant repris le dessus sur la formulation constitutionnelle d'« égal accès… » au moment de la mise en œuvre des dispositions constitutionnelles. Par conséquent, l'objet social de la reforme a imposé sa dénomination populaire aux lois et a entraîné le législateur sur une pente toute glissante qui l'a conduit à rechercher la « parité ». Cette recherche s'est faite sous l'effet d'un lobbying plus doux.

Enfin, la demande de parité et les débats qu'elle a occasionnés étaient tels que c'est toute la philosophie juridique qui structure les rapports sociaux des sexes qui a été déconstruite en France. C'est pourquoi, après la révision constitutionnelle du 8 juillet 1999 et les premiers essais d'application des lois sur la parité dans la vie politique, des lois furent adoptées pour l'extension de la parité dans les domaines social et professionnel. L'opposition du Conseil constitutionnel à ces lois a conduit, sans grande difficulté, le constituant à étendre la disposition constitutionnelle aux responsabilités sociales et professionnelles par la révision constitutionnelle du 23 juillet 2008. Le législateur a pris la suite avec succès.

Tel n'a pas été le cas au Sénégal.

Il convient d'étudier, d'une part, les avancées de la parité dans le champ politique **(Titre premier)** et, d'autre part, la dynamique paritaire en France et au Sénégal **(Titre second)**.

<u>Titre premier</u> - Les avancées de la parité dans le champ politique

<u>Titre second</u> - La dynamique paritaire en France et au Sénégal

TITRE PREMIER
Les avancées de la parité dans le champ politique

La normativité juridique est caractérisée par une grande complexité. Lorsque les partisans d'un projet ou d'une proposition de loi l'emportent sur leurs adversaires, la victoire se matérialise par l'adoption du texte de loi et son entrée en vigueur un jour franc à partir de sa promulgation par le Président de la République. En principe, une fois entrée en vigueur, le respect de la loi s'impose immédiatement. Tout manquement à cette obligation est sanctionné par le juge compétent suivant la procédure prévue à cet effet. Néanmoins, cette règle n'est pas immuable. Certaines lois peuvent être d'application différée. D'autres nécessitent des mesures supplémentaires d'application.

Dans la première hypothèse, c'est généralement une disposition de la loi elle-même qui prévoit la date à partir de laquelle elle va s'appliquer. Dans la seconde hypothèse, deux situations parfois cumulatives se présentent. Première situation, la loi renvoie la détermination des conditions de son application à un décret. Dans ce cas, l'absence du décret d'application entraîne l'inapplicabilité de la loi. Ce sont généralement les lois ordinaires ou organiques qui procèdent à de tels renvois. Seconde situation, valable surtout pour les lois constitutionnelles, la loi se borne à poser des règles ou des principes pour la mise en œuvre desquels l'intervention du législateur ordinaire est sollicitée. Les lois constitutionnelles sur l'égal accès des femmes et des hommes aux mandats électoraux et fonctions électives en France et au Sénégal ressortissent de cette deuxième situation. D'où l'intervention des lois de mise en œuvre.

Sur le plan de l'action militante, il apparaît qu'après les révisions constitutionnelles, les mobilisations pour la parité se sont largement éteintes et les lois intervenues par la suite ont fait couler moins d'ancre et de salive. Sur le plan discursif, les arguments théoriques mobilisés pour légitimer le recours aux révisions constitutionnelles ont laissé place à des débats techniques sur les moyens de réaliser concrètement les nouvelles dispositions.

Mis à part ce constat, une impression de reproduction des logiques de légitimation se dégage au moment de la mise en œuvre de l'objectif de parité en France et au Sénégal.

En France, on se souvient que *« lors de l'examen par le Parlement de la loi constitutionnelle, le Gouvernement a été interrogé au sujet de ses intentions concernant la mise en œuvre législative de cette révision. A plusieurs reprises, et en particulier devant le Congrès du Parlement le 28 juin 1999, M. Lionel Jospin, Premier ministre, a indiqué que cette révision [n'était] pas conçue comme un prétexte à une modification des modes de scrutin, tout particulièrement du mode de scrutin législatif »¹*. Compte tenu de cette situation, le premier projet de loi n'a prévu l'application des mesures favorisant la parité qu'aux élections se déroulant au scrutin proportionnel ainsi qu'aux élections législatives qui, bien que se déroulant au scrutin uninominal, *« se prêtaient à des mesures incitatives par une modulation du financement public des partis politiques »²*. Des propositions de loi et des amendements plus contraignants ont été proposés mais l'opposition au Parlement entre ceux qui voulaient plus de règles et ceux qui en voulaient moins n'a pas permis de les entériner. De ce fait, la première loi intervenue, bien que baptisée dans le langage populaire loi sur la parité, ne visait pas l'instauration de celle-ci à toutes les élections et à tous les niveaux. Au contraire, celle-ci et celles qui sont intervenues par la suite ont mis en place une législation à plusieurs vitesses à la fois graduelle et différenciée. Ce procédé n'a pas encore permis d'étendre les dispositifs paritaires à tous les niveaux ni de réaliser la parité à tous les mandats et fonctions qui ont déjà fait l'objet de réglementation.

Au Sénégal, la mise en œuvre de la disposition constitutionnelle a été opérée par l'adoption d'une seule loi intitulée *« Loi instituant la parité absolue homme-femme »*. L'adoption de cette loi n'a pas non plus entraîné de résistances vigoureuses mais l'hostilité de certaines franges de la société a été soulignée³. Elle a prévu l'application de la parité absolue à toutes les institutions totalement ou partiellement électives. Les institutions concernées ont été déterminées par son décret d'application mais la parité n'a pas encore été réalisée en leur sein.

Chapitre I - Les progrès de la parité en France
Chapitre II - Les progrès de la parité au Sénégal

---

[1] Sénat, Session ordinaire de 1999-2000, *Rapport n°231 du 23 février 2000* de M. Guy CABANEL sur [divers projets et propositions de loi], pp.18 et 19.
[2] *Ibid.*, p. 17.
[3] Assemblée nationale, XIᵉ législature, *journal des débats, séance du vendredi 14 mai 2010*, pp. 5 et suivante.

Chapitre I -
Les progrès de la parité en France

La demande de parité a rencontré des résistances farouches en France mais une fois le principe acquis sa mise en œuvre n'a pas provoqué autant de résistances. Cependant, des difficultés techniques ont été rencontrées et celles-ci ont été invoquées pour justifier l'inapplication des mesures favorisant la parité au sein de certaines assemblées. En dépit de ces difficultés, la parité a été progressivement mise en œuvre mais tout n'a pas été sacrifié pour elle. Pour la matérialiser, le législateur français a choisi à la fois la voie de la contrainte et de l'incitation.

Au niveau des assemblées locales, des dispositions doublement contraignantes, pour l'élection au conseil et à l'organe exécutif, à l'exception du poste de président ou de maire, sont instituées aujourd'hui dans les conseils régionaux, les conseils départementaux et les conseils municipaux des communes de 1 000 habitants et plus. Des dispositions contraignantes existent aussi pour l'élection à l'organe délibérant des établissements publics de coopération intercommunale (EPCI). Ces dispositions ont permis une évolution rapide vers la parité dans ces assemblées.

Dans les assemblées parlementaires, trois situations se présentent. Des dispositions contraignantes existent depuis 2000 pour les élections européennes et les élections sénatoriales dans les départements où les sénateurs sont élus au scrutin de liste. Dans les départements où les sénateurs sont élus au scrutin uninominal, la loi du 2 août 2013 relative à l'élection des sénateurs prévoit l'élection du/de la candidat(e) avec un suppléant de sexe différent qui le remplace en cas de vacance. Quant aux élections législatives, elles ont été soumises à un dispositif incitatif progressivement renforcé. L'évolution vers la parité sous l'effet de ces lois a été plus modeste.

Ces dispositions sont cependant le fruit d'une lente évolution jusque là inachevée dans la mesure où dans les assemblées locales les communes de moins de 1 000 habitants et l'organe exécutif des EPCI n'ont pas encore fait l'objet de réglementation **(Section I)**. Quant aux assemblées parlementaires, les élections sénatoriales ne sont soumises que partiellement au respect de la parité et les élections législatives à un dispositif incitatif bien que progressivement renforcé **(Section II)**

Section I. Les progrès rapides de la parité dans les assemblées locales

La présente section porte sur les assemblées des collectivités territoriales et celles des établissements publics de coopération intercommunale à fiscalité propre. *« Les collectivités territoriales sont les communes, les départements, les régions, les collectivités territoriales à statut particulier, les collectivités territoriales d'Outre-mer, et la collectivité territoriale de la Corse »[1].* Aux termes de l'article L. 5210-1-1-A du code général des collectivités territoriales, *« forment la catégorie des établissements publics de coopération intercommunale les syndicats de communes, les communautés de communes, les communautés urbaines, les communautés d'agglomération, les syndicats d'agglomération nouvelle et les métropoles. »* Les EPCI à fiscalité propre sont les seuls à faire l'objet de règlementation paritaire. Ce sont : les communautés de communes, les communautés urbaines, les communautés d'agglomération et les métropoles.

Parmi les assemblées comprises dans la présente étude, les communes et les régions ont été les premières à être soumises aux lois sur la parité. Elles ont été suivies par les départements et très récemment par les EPCI.

Les établissements publics de coopération intercommunale sont des groupements de communes qui doivent être créés « *d'un seul tenant et sans enclave* ».[2] Ils permettent aux communes de gérer en commun des équipements, des services publics, d'élaborer des projets de développement économique, d'urbanisme ou d'aménagement du territoire à l'échelle plus vaste que celle d'une commune. De ce fait, ils forment un couple avec les communes. Pour cette raison, ils seront étudiés ensemble **(Paragraphe I)**. Les départements et les régions avaient formé un couple sous la loi du 16 décembre 2010 de réforme des collectivités territoriales mais ils ont divorcé depuis. Nous allons les remettre ensemble par souci de cohérence formelle de notre étude **(Paragraphe II)**.

Paragraphe I. Le bloc communal : une parité à mi-chemin

La commune comporte deux organes : le conseil municipal et le maire et ses adjoints. *« Les conseillers municipaux sont élus pour six ans... [et] renouvelés intégralement au mois de mars »* de l'année d'élection (art. L. 227 du code électoral). Le maire et ses adjoints sont élus parmi les conseillers municipaux pour la même durée.

L'élection au conseil municipal est régie par le code électoral dans sa rédaction issue de la loi du 17 mai 2013 relative à l'élection des conseillers départementaux, des conseillers municipaux et des conseillers communautaires et modifiant le calendrier électoral. Les règles y afférentes diffèrent selon que la commune a moins de 1 000 habitants ou 1 000 habitants et plus.

---

[1] DANTONEL-COR (Nadine), *Droit des collectivités territoriales,* 3ème édition, Rosny-sous-Bois : Bréal, Collection Lexifac Droit, 2007. P.78
[2] *Id.*, P.78

Dans les communes de moins de 1 000 habitants, l'élection a lieu au scrutin majoritaire (art. L. 252 du code électoral). Aux termes l'article L. 253, *« nul n'est élu au premier tour de scrutin s'il n'a réuni : 1° La majorité absolue des suffrages exprimés ; 2° Un nombre de suffrages égal au quart de celui des électeurs inscrits. Au second tour, l'élection a lieu à la majorité relative, quel que soit le nombre de votants. Si plusieurs candidats obtiennent le même nombre de suffrages, l'élection est acquise au plus âgé »*.

Dans les communes de 1 000 habitants et plus, *« les conseillers municipaux sont élus au scrutin de liste à deux tours, avec dépôt de listes comportant autant de candidats que de sièges à pourvoir, sans adjonction ni suppression de noms... »* (art. L. 260 du code électoral). Francis Pian[1] résume l'essentiel des autres règles contenues dans les articles L. 262 et L. 264 du code électoral comme suit : *« Au premier tour de scrutin, la liste qui obtient la majorité absolue des suffrages exprimés, soit 50% des voix plus une, dispose de la moitié des sièges à pourvoir. Les autres sièges sont répartis entre toutes les listes à la représentation proportionnelle à la plus forte moyenne entre toutes les listes ayant obtenu plus de 5% de suffrages. Dans l'hypothèse où aucune liste n'obtient la majorité absolue au premier tour, sont autorisées à se maintenir au second tour toutes les listes ayant obtenu au premier tour au moins 10% des suffrages exprimés. Les listes ayant obtenu au moins 5% des suffrages exprimés peuvent être représentées au second tour en fusionnant avec une liste ayant rassemblé au moins 10% des suffrages exprimés. Au second tour, si aucune liste n'obtient la majorité absolue, la liste qui obtient la majorité relative des suffrages exprimés, à savoir le plus de voix, obtient la majorité des sièges du conseil. Les autres sièges sont répartis entre toutes les listes à la représentation proportionnelle à la plus forte moyenne entre toutes les listes ayant obtenu 5 % des suffrages exprimés. »*

L'élection du maire et de ses adjoints est régie par le code général des collectivités territoriales (CGCT) dans sa rédaction issue de la même loi du 17 mai 2013. Pour le maire, la même règle s'applique dans toutes les communes. L'élection a lieu au scrutin secret à la majorité absolue aux deux premiers tours ou à la majorité relative au troisième tour avec élection du plus âgé en cas d'égalité de suffrages (art. L. 2122-7 du CGCT).

Les adjoints sont élus dans les mêmes conditions que le maire dans les communes de moins de 1 000 habitants.

Dans les communes de 1 000 habitants et plus, les adjoints sont élus au scrutin de liste paritaire à l'unité près et à la majorité absolue aux deux premiers tours ou à la majorité relative au troisième tour avec élections des

---

[1] PIAN (Francis), « Conditions d'accès aux mandats locaux et réforme des élections locales », *Revue Lamy des Collectivités Territoriales,* n°96/décembre 2013, pp. 43-48.

candidats de la liste ayant la moyenne d'âge la plus élevée en cas d'égalité de suffrages (art. L. 2122-7-2 du CGCT).

Comme la commune, les EPCI comportent deux organes : l'organe délibérant ainsi que le président et les membres du bureau. L'élection à l'organe délibérant obéit à des règles différentes selon le type d'EPCI. Aux termes de l'article L. 5211-6 du CGCT, « *les métropoles, communautés urbaines, communautés d'agglomération et communautés de communes sont administrées par un organe délibérant composé de délégués des communes membres élus dans le cadre de l'élection municipale au suffrage universel direct pour toutes les communes dont le conseil municipal est élu au scrutin de liste, dans les conditions fixées par la loi. Les autres établissements publics de coopération intercommunale sont administrés par un organe délibérant composé de conseillers communautaires élus dans les conditions prévues au titre V du livre Ier du code électoral.* » L'article L. 273-3 du code électoral dispose à son tour que « *les conseillers communautaires sont élus pour la même durée que les conseillers municipaux de la commune qu'ils représentent et renouvelés intégralement à la même date que ceux-ci, dans les conditions prévues à l'article L. 227* ». La même disposition prévoit en son alinéa 5-I que « *nul ne peut être conseiller communautaire s'il n'est conseiller municipal ou conseiller d'arrondissement.* » Le président et les membres du bureau des EPCI sont élus parmi les conseillers communautaires pour la même durée.

Les conseillers communautaires sont également élus différemment selon qu'ils représentent une commune de moins de 1 000 habitants ou une commune de 1 000 habitants et plus.

L'article L. 273-11 du code électoral issu de la loi du 17 mai 2013 dispose : « *Les conseillers communautaires représentant les communes de moins de 1 000 habitants au sein des organes délibérants des communautés de communes, des communautés d'agglomération, des communautés urbaines et des métropoles sont les membres du conseil municipal désignés dans l'ordre du tableau.* » Cet ordre est établi par L. 2121-1 du code général des collectivités territoriales issu de la même loi comme suit : « *Après le maire, prennent rang les adjoints puis les conseillers municipaux* ».

Pour les communes de 1 000 habitants et plus, quelques dispositions suffisent à la compréhension de notre démarche. La loi du 17 mai 2013 introduit à l'article L. 273-6 du code électoral une disposition selon laquelle « *les conseillers communautaires représentant les communes de 1 000 habitants et plus au sein des organes délibérants des communautés de communes, des communautés d'agglomération, des communautés urbaines et des métropoles sont élus en même temps que les conseillers municipaux et figurent sur la liste des candidats au conseil municipal.* » Suivant la même disposition et les précisions de Bernard Perrin, « *l'élection a lieu dans les* *conditions prévues aux chapitres Ier (dispositions applicables à toutes les communes) et III (dispositions applicables aux communes de 1 000 habitants et plus) du titre IV du livre 1er du code électoral.* »[1]

On peut y ajouter que conformément à l'article L. 273-9.-I du code électoral, « *la liste des candidats aux sièges de conseiller communautaire figure de manière distincte sur le même bulletin que la liste des candidats au conseil municipal dont elle est issue.* » Elle « *est composée alternativement d'un candidat de chaque sexe* » (art. L. 273-9.-I-3°). Enfin, l'article L. 273-8 dispose que « *les sièges de conseiller communautaire sont répartis entre les listes par application aux suffrages exprimés lors de cette élection des règles prévues à l'article L. 262. Pour chacune des listes, les sièges sont attribués dans l'ordre de présentation des candidats.* »

Quant au président et aux membres du bureau d'un EPCI, l'article L.5211-2 du CGCT dispose qu'ils sont élus dans les conditions fixées à l'article L. 2122-7 (alinéa 2 à 4 non compris) du CGCT relatif à l'élection du maire et de ses adjoints. L'absence d'obligation paritaire régissant leur élection fait cependant qu'ils sont seulement élus dans les mêmes conditions que le maire.

L'état du droit décrit ci-dessus résulte cependant d'une longue évolution dont le but est en partie de permettre la réalisation de l'objectif de parité dans les communes de 1 000 habitants et plus et parmi les représentants de ces communes dans les organes délibérants des EPCI à fiscalité propre. Ce but est presque atteint dans ces communes mais les autres restent marquées par des déséquilibres.

I – Le niveau communal : les progrès de la parité à la faveur de l'extension du scrutin de liste aux petites communes

La loi sur la parité du 6 juin 2000 a inséré à l'article L. 264 alinéa 1er du code électoral une disposition selon laquelle dans les communes de 3 500 habitants et plus « *sur chacune des listes* [électorales], *l'écart entre le nombre des candidats de chaque sexe ne peut être supérieur à un. Au sein de chaque groupe entier de six candidats dans l'ordre de présentation de la liste doit figurer un nombre égal de candidats de chaque sexe.* »

La raison principale de l'exclusion des communes de moins de 3 500 habitants du champ d'application de cette loi est l'engagement pris par le Premier ministre Lionel Jospin devant le Congrès du Parlement de ne pas prendre prétexte de l'application de la disposition constitutionnelle pour modifier les modes de scrutin. Or, il se trouve qu'à l'époque les modes de scrutin utilisés dans ces communes différaient de celui utilisé dans les

---

[1] PERRIN (Bernard), « Collectivités territoriales. Les nouvelles dispositions relatives aux scrutins locaux », *Revue administrative,* n°395 du 01/09/2013, pp. 523-537.

communes de 3 500 habitants et plus. L'Observatoire de la parité entre les femmes et les hommes (OPFH) a lui-même procédé à une analyse de ces modes de scrutin et a conclu que « *l'application de la parité ne peut...être imposée dans les mêmes conditions que pour les communes de 3 500 habitants et plus* »[1]. L'OPFH a estimé également qu'au-delà de l'engagement du Premier ministre, « *l'attachement – réel ou mythique- des électeurs de ces petites communes à leur mode de scrutin (panachage)* »[2] est une autre difficulté à laquelle toute tentative de modification pouvait se heurter.

Le respect de la parité par groupe entier de six candidats a aussi été reconnu par l'OPFH comme justifié. Ainsi, « *s'agissant des élections municipales, régionales et de l'élection à la Collectivité territoriale de Corse, l'Observatoire admet, dans un souci de réalisme politique, la nécessité de déroger au principe de stricte alternance auquel il est très attaché. En effet,* [explique t-il,] *ces élections se déroulent à deux tours et donnent lieu, entre ces deux tours, à des fusions et recompositions de listes où sont pris en compte de nombreux critères (politiques, territoriaux...). Imposer le respect d'un critère supplémentaire compliquerait la tâche de ceux qui ont à établir les listes. Le pragmatisme politique et la volonté de laisser plus de liberté aux formations politiques et aux têtes de liste incitent à proposer un dispositif plus souple offrant néanmoins des garanties de résultats. Il s'agit d'atteindre la parité en termes d'élus (sans crispations)* »[3].

La précision du seuil à partir duquel la parité est exigée ne figurait pas dans le projet de loi du Gouvernement. Elle a été apportée sur amendement des députés. Elle était nécessaire pour l'OPFH d'autant que « *compte tenu du mode de répartition des sièges pour les élections municipales, imposer la présence de femmes dans les premières places offre des garanties à l'opposition municipale d'avoir des élus. Ainsi, lorsque vient le moment de l'alternance, ces femmes peuvent prétendre à être en bonne position pour assumer des responsabilités.* »[4] De plus, ajoute l'OPFH, « *assurer la présence de femmes en début de liste pourrait entraîner une dynamique – certes non mécanique- en favorisant l'accès des femmes aux exécutifs. Alors qu'imposer par la loi la parité dans les exécutifs méconnaîtrait l'importance de l'action politique, de la responsabilité des partis, groupements politiques et responsables de listes. Cela ne permettrait pas aux forces politiques de*

---

[1] Observatoire de la parité entre les femmes et les hommes (OPFH), *La parité en politique*, Rapport à Monsieur le Premier Ministre, janvier 2000, p. 7.
[2] *Ibid.*, p. 7.
[3] *Ibid.*, pp. 5 et 6.
[4] *Ibid.*, p. 6.

s'affirmer en tant que force de progrès. En outre, cela ne valoriserait pas la détermination des femmes. »[1]

La loi sur la parité du 6 juin 2000 a été appliquée pour la première fois aux élections municipales de 2001. Elle a permis d'approcher la parité dans les conseils municipaux des communes de 3 500 habitants et plus. Elle a eu également des effets indirects moyens dans les autres communes. Il en fut de même au niveau des exécutifs municipaux des communes non comprises dans son champ d'application.

Une évaluation globale des *« effets directs et indirects »*[2] de l'application de cette loi par l'OPFH en 2005 a conduit celui-ci à conclure que le bilan est contrasté. Il en est ainsi pour l'OPFH parce que les dispositifs contraignants appliqués aux élections à scrutin de liste se sont révélés efficaces alors que le dispositif incitatif appliqué aux élections législatives l'a été moins. En plus, lorsqu'aucune mesure n'est prévue, l'effet d'entraînement reste largement en deçà des attentes. C'est ce qui a amené entre autres l'OPFH à appeler à un renforcement des dispositifs paritaires existants. Conscient de cette nécessité, le Président de la République, Jacques Chirac, s'est dit favorable à aller dans ce sens *« lors de ses vœux à la presse en janvier 2006 »*[3]. Par la suite, le Gouvernement a présenté un projet de loi qui prévoyait, pour ce qui concerne les communes, l'extension de l'obligation de parité aux exécutifs des communes soumises à la loi sur la parité du 6 juin 2000, celle de 3 500 habitants et plus se trouvant à la fois en Métropole, en Corse et en Outre-mer. Il précise cependant que les nouvelles dispositions prévues *« ne s'appliqueront que pendant une durée correspondant à deux mandats »*[4].

Finalement, le projet aboutit à la loi du 31 janvier 2007. Cette loi a prévu à l'article L. 2122-7-2 du CGCT l'élection des adjoints au maire au scrutin de liste avec obligation de parité à l'unité près. Elle prévoit également pour les mêmes communes de 3 500 habitants et plus l'élection des conseillers municipaux sur des listes composées alternativement d'un candidat de chaque sexe au lieu d'une parité par groupe entier de six candidats sous la loi du 6 juin 2000.

---

[1] *Ibid.*, p. 6.
[2] ZIMMERMANN (Marie-Jo), *Effets directs et indirects de la loi du 6 juin 2000 : Un bilan contrasté. Bilan général des avancées et obstacles de la loi dite sur la parité,* Rapport à Monsieur le Premier Ministre de l'OPFH, mars 2005.
[3] Assemblée nationale, Douzième législature, *Rapport n°3558 du 10 janvier 2007* de M. Sébastien HUYGHE *sur le projet de loi (n°3525)*, adopté par le Sénat, après déclaration d'urgence, tendant à promouvoir l'égal accès des femmes et des hommes aux mandats électoraux et fonctions électives, p. 7.
[4] Sénat, Session ordinaire de 2006-2007, *Projet de loi tendant à promouvoir l'égal accès des femmes et des hommes aux mandats électoraux et fonctions électives,* Annexe au procès-verbal de la séance du 28 novembre 2006.

Cette dernière précision a été introduite par amendement au Sénat. Le Sénat est aussi à l'origine de la suppression de la limitation de l'application de la mesure dans le temps. Quant à l'exclusion des communes de moins de 3 500 habitants du champ d'application de la loi, elle a été justifiée par le fait que leur prise en compte conduirait à une modification substantielle des modes de scrutin. Or, il y avait un consensus à reconnaître que de telles modifications *« ne sauraient être motivées par la seule question de la parité...*[mais] *doivent être envisagées dans un cadre plus général »*[1]. Pour le reste, l'adoption de cette loi marque une nouvelle étape dans la marche vers la parité parce que certains des arguments invoqués en 2000 pour justifier les limites de la loi sur la parité ont disparu.

Cette loi a permis d'approcher la parité dans les exécutifs municipaux des communes se trouvant dans son champ d'application et renforcer les acquis de la loi du 6 juin 2000 dans les conseils municipaux aux élections municipales de 2008. Elle a eu aussi des effets indirects moyens dans les conseils municipaux des communes non soumises à son champ d'application ainsi que dans leurs exécutifs.

Pour aller donc plus loin dans le respect de l'objectif de parité, la loi du 17 mai 2013 étend le scrutin de liste et l'obligation de parité à l'élection des conseillers municipaux dans les communes de 1 000 habitants et plus et étend cette obligation à l'élection des adjoints au maire dans lesdites communes. Ce seuil est celui issu du projet de loi du Gouvernement. Son adoption marque en partie l'effritement des arguments relatifs à l'attachement des électeurs des petites communes à leurs modes de scrutin pour refuser l'application de la parité.

Comme les deux premières lois, celle-ci a permis d'approcher la parité dans les conseils municipaux et les exécutifs municipaux des communes de 1 000 habitants et plus. Les conseils municipaux et les exécutifs municipaux des communes de moins de 1 000 habitants restent néanmoins marqués par des disproportions entre le nombre d'hommes et de femmes en leur sein.

Pour mieux appréhender cette évolution, nous allons présenter d'abord les progrès des lois du 6 juin 2000 et du 31 janvier 2007 dans les communes de 3 500 habitants et plus **(a)**. Ensuite, nous allons montrer les progrès résultant de l'extension du scrutin de liste et l'obligation de parité aux communes de 1 000 habitants et plus **(b)**

---

[1] Assemblée nationale, Douzième législature, *Rapport n°3558 du 10 janvier 2007* de M. Sébastien HUYGHE précité, p. 8.

a) La parité dans les communes de 3 500 habitants et plus : les effets des lois du 6 juin 2000 et du 31 janvier 2007

Au sortir des élections municipales de 2001 auxquelles la loi du 6 juin 2000 a été appliquée pour la première fois, *« le pourcentage global de femmes conseillères municipales, toutes communes confondues, est passé de 21,7% (1995) à 33% »*[1]. Cette évolution générale est appréciable mais cache des situations qui vont se reproduire sous toutes les autres lois obligeant le législateur à rester constamment à la charge en vue de permettre la réalisation de l'objectif de parité. L'Observatoire de la parité a présenté cette situation comme suit : *« ...dans les communes astreintes par la loi, c'est-à-dire les communes de plus de 3 500 habitants, le pourcentage de femmes conseillères est passé de 22,7% (1989) à 25,7% (1995) puis à 47,4%. Alors que dans les communes de moins de 3 500 habitants, qui ne sont pas soumises à la loi, le pourcentage de femmes conseillères est passé de 21% (1995) à 30%. Pourtant, on ne trouve que 6,7% de femmes maires dans ces communes, contre 4,4% en 1995 »*[2].

Il en ressort que la loi a été d'une grande efficacité parce qu'elle a permis d'approcher la parité dans les conseils municipaux des communes soumises à son champ d'application. La proportion de femmes dans les autres conseils municipaux a également évolué mais la loi n'a pas indirectement provoqué de « révolution paritaire » en leur sein. Le plus paradoxal est la très timide progression de la proportion de femmes élues maires dans les communes où la parité a été presque réalisée. Ce paradoxe se double même du fait que dans les communes non soumises à la loi et où l'évolution vers la parité a été timide les femmes représentent 11,2% de maires.

À regarder la situation générale, *« l'augmentation de la proportion de femmes maires entre 1995 et 2001 n'est pas significative : elle passe de 7,8% en 1995 à 11,2% en 2001 pour les communes de moins de 3 500 habitants, et de 4,4 en 1995 à 6,7% en 2001 pour les communes de 3 500 habitants et plus, soit de 7,5% en 1995 à 10,9% en 2001 pour l'ensemble des communes »*.[3]

Deux sortes d'arguments sont avancées pour expliquer respectivement la disproportion entre le pourcentage de femmes conseillères municipales et maires dans les communes soumises à la loi du 6 juin 2000 et celle entre le pourcentage de femmes maires dans ces communes et les autres communes. La première est *« mise en relation avec le faible pourcentage de femmes*

---

[1] ZIMMERMANN (Marie-Jo), Rapport précité, p. 18.
[2] *Ibid.*, p.18.
[3] *Ibid.*, p.19.

têtes de liste lors de ces élections municipales »¹. La seconde *« trouve son explication dans la différence de proportion du nombre de communes de moins 3 500 habitants (33 971 en 2001) par rapport à celles de 3 500 habitants et plus (2 587 en 2001) dont 36 communes de plus 100 000 habitants »²*.

Contrairement au pourcentage de femmes maires, celui des femmes adjointes a connu un accroissement significatif. Ainsi, *« dans les communes de moins de 3 500 habitants, 18 746 des 78 457 des adjoints au maire sont des femmes, soit 23,9%. Dans les communes de 3 500 habitants et plus, alors que les femmes représentent près de la moitié (47,4%) des conseillers municipaux, elles ne sont que 36,8% à occuper la fonction d'adjoint au maire... »³*

C'est ce constat qui amena l'Observatoire de la parité à demander dans son rapport de 2005 l'extension de l'obligation de parité à l'élection des adjoints au maire dans les communes où les conseillers municipaux sont élus suivant cette obligation. Cette demande a été prise en compte dans la loi du 31 janvier 2007.

Cette loi a permis d'établir une quasi-parité entre les membres de l'un et l'autre sexe au sein des adjoints au maire aux élections municipales de 2008. Le pourcentage de femmes adjointes au maire dans toutes les communes concernées a été supérieur à 47%. Ce pourcentage a également évolué dans les autres communes quoique timidement. La proportion de femmes maires toutes communes confondues a elle aussi connu une légère ascension passant de 10,9% en 2001 à 14,0% en 2008. Ce taux n'est cependant pas sans masquer des disparités entre les communes en fonction de leur taille.

---

[1] *Ibid.*, p. 19.
[2] *Ibid.*, p. 19.
[3] Sénat, Session ordinaire de 2006-2007, *Rapport d'information N°95* du 29 novembre 2006 de Mme Catherine TROENDLE *sur le projet de loi n°93 (2006-2007) tendant à promouvoir l'égal accès des femmes et des hommes aux mandats électoraux et fonctions électives et* [sur plusieurs propositions de loi relatives à la parité], P. 33.

Tableau n°2 : Part d'hommes et de femmes élus maires, adjoints et conseillers municipaux en 2008

Taille (en nombre d'habitants)	Maires	% H	% F	Adjoints	% H	% F	Conseillers municipaux	% H	% F
moins de 500	20 493	84,0%	16,0%	46 775	73,7%	26,3%	218 378	70,0%	30,0%
de 500 à 3 499	13 360	88,1%	11,9%	48 990	71,0%	29,0%	210 424	65,6%	34,4%
de 3 500 à 4 999	859	89,5%	10,5%	6 182	52,1%	47,9%	23 813	52,2%	47,8%
de 5 000 à 9 999	1 045	89,8%	10,2%	7 514	51,1%	48,9%	29 256	51,9%	48,1%
de 10 000 à 19 999	484	90,5%	9,5%	4 243	52,8%	47,2%	16 577	52,0%	48,0%
de 20 000 à 49 999	318	91,8%	8,2%	3 396	51,3%	48,7%	12 078	51,7%	48,3%
de 50 000 à 99 999	84	87,1%	12,9%	1 102	51,7%	48,3%	3 652	51,3%	48,7%
100 000 et plus	38	84,2%	15,8%	672	50,7%	49,3%	1 966	50,6%	49,4%
Total	36 681	86,0%	14,0%	118 874	68,3%	31,7%	516 144	65,2%	34,8%

Source : OPFH, *Réforme des collectivités territoriales : Effets induits sur la parité des projets de loi n°6 relatif à l'élection des conseillers territoriaux et au renforcement de la démocratie locale,* février 2011, p. 9.

Il apparaît que les lois du 6 juin 2000 et du 31 janvier 2007 se sont révélées très efficaces dans les communes de 3 500 habitants et plus à la fois sur la composition des conseils municipaux et des exécutifs municipaux. Mais étant donné que ces communes ne représentent que 7,7% des communes de France comprenant seulement 16,9% des conseillers municipaux et 19,4% des adjoints[1], la situation globale est restée caractérisée par un grand déséquilibre. C'est pour corriger ce déséquilibre que la loi du 17 mai 2013 a étendu l'obligation de parité aux communes de 1 000 habitants et plus.

b) L'extension de la parité dans les communes de 1 000 habitants et plus : la loi du 17 mai 2013

En 2014, l'élection au scrutin de liste avec respect du principe de parité à la fois des conseillers municipaux et des membres des exécutifs municipaux des communes de 1 000 habitants et plus a entraîné dans ces communes une reproduction de la situation observée sous les lois du 6 juin 2000 et du 31 janvier 2007. En clair, elle a permis d'approcher la parité dans les conseils municipaux et les exécutifs municipaux de ces communes. Des déséquilibres persistent néanmoins à la fois dans les autres communes et au niveau de la fonction de maire et de premier adjoint. Quant à la situation d'ensemble, elle est en constante évolution mais il reste encore du chemin à faire.

---

[1] OPFH, *Réforme des collectivités territoriales : Effets induits sur la parité des projets de loi n°6 relatif à l'élection des conseillers territoriaux et au renforcement de la démocratie locale,* février 2011, p. 9.

Dans les communes soumises à la loi du 17 mai 2013, celles de 1 000 habitants et plus, le pourcentage de femmes conseillères municipales a été de 48,2% en 2014 alors qu'il n'était que de 34,9% dans les communes de moins de 1 000 habitants. Par rapport à la situation précédente, la proportion de conseillères municipales dans les communes soumises aux obligations paritaires est en régression alors qu'elle a connu une petite progression dans les communes non soumises à cette obligation. Celle-ci était en 2008 de 48,5% dans les premières et de 32,2% dans les secondes. La régression dans les communes soumises aux obligations paritaires découle non seulement des disparités entre la proportion de femmes et d'hommes têtes de liste mais aussi du fait que les élus ne sont pas forcément en nombre pair sur les listes électorales. La progression dans les communes non soumises aux obligations paritaires reste elle-même lente.

En conséquence de l'accroissement du nombre de communes soumises aux obligations paritaires, la situation générale a connu une évolution plus remarquable. Le pourcentage de conseillères municipales toutes communes confondues est passé de 34,9% en 2008 à 40,3% en 2014.

Graphique 1 : **% de conseillères municipales, avec ou sans obligation paritaire, en 2008 et 2014**

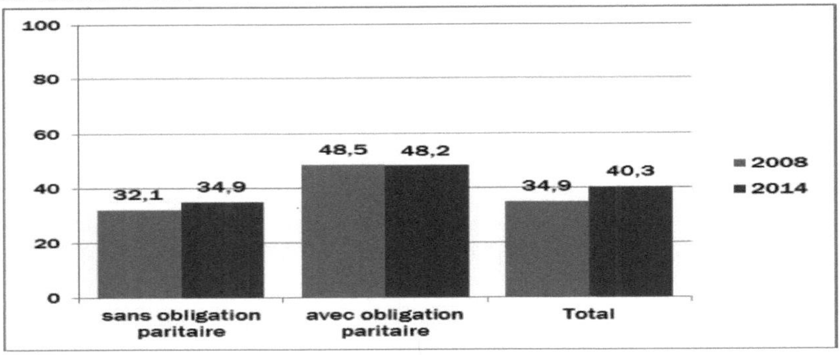

Source : Haut conseil à l'égalité entre les femmes et les hommes (HCEFH), *Parité en politique...*, 2015, p. 25.

En dépit de la situation d'ensemble de 40,3% des conseillères municipales, les femmes ne représentent que 16,0% de maires toutes communes confondues[1], soit une évolution de deux pour cent par rapport à la situation antérieure. Cette lente évolution accrédite l'idée selon laquelle la progression de la parité s'arrête là où s'arrête la loi. En plus, comme l'a

---

[1] HCEFH, *Parité en politique : entre progrès et stagnations. Évaluations des lois dites de parité dans le cadre des élections de 2014 : municipales et communautaires, européennes, sénatoriales*, février 2015, p. 23.

souligné le Haut conseil à l'égalité entre les femmes et les hommes sur cette évolution, *« la redistribution des pouvoirs s'arrête là où commence le pouvoir : aux femmes les délibérations, aux hommes les décisions. »*[1]

Le faible pourcentage de femmes maires est en relation avec le faible pourcentage de femmes têtes de liste. Aux élections municipales de 2014, les hommes étaient têtes de liste dans 83% de l'ensemble des communes[2]. De façon générale, des disparités régionales existent mais elles ne sont pas assez significatives. Il y a lieu de souligner aussi *« que la part de femmes maires est peu différente suivant les strates de population en comparaison avec les femmes têtes de liste »*[3]. Par ailleurs, *« c'est dans les communes de moins de 1 000 habitant-e-s que le pourcentage de femmes maires est le plus important avec 17,2%, contre seulement 12,9% dans les communes de plus 1 000 habitant-e-s et plus »*[4]. Un tel écart est perçu à juste titre par le Haut conseil à l'égalité entre les femmes et les hommes (HCEFH) comme l'illustration d' *« une division sexuée et sexiste dans la répartition des tâches municipales : aux hommes, les grandes villes et les grands projets, aux femmes, les petites villes et le quotidien municipal »*[5].

Le pourcentage de femmes adjointes au maire a connu une évolution plus importante. Il est passé de 31,7% en 2008 à 37,8% en 2014[6]. Malgré cette évolution, *« on compte seulement 28,5% de femmes « première adjointe » »*[7].

De ce qui précède, il ressort que la quasi-parité dans les communes de 1 000 habitants et plus est le fruit d'une lente évolution. Il faut d'ailleurs nuancer cette quasi-parité dans la mesure où elle n'est valable que lorsqu'on appréhende la parité sous l'angle numérique. Les communes de moins de 1 000 habitants restent marquées par des disparités entre le pourcentage de femmes et d'hommes en leur sein. Étant donné que celles-ci représentant 73,7% des communes de France au sein desquelles sont élus 59,6% des conseillers municipaux, on peut dire que la parité n'est qu'à mi-chemin dans les assemblées municipales.

La parité est aussi inachevée au niveau intercommunal.

II – Le niveau intercommunal : la parité inachevée

Compte tenu du mode de désignation des représentants des communes en leur sein, les EPCI n'étaient pas compris dans le champ d'application de

---

[1] *Ibid.*, p. 23.
[2] *Ibid.*, p. 31.
[3] *Ibid.*, p.32.
[4] *Ibid.*, p. 33.
[5] *Ibid.*, p. 33.
[6] *Ibid.*, p. 36.
[7] Ibid., p. 36.

la loi sur la parité du 6 juin 2000. Cependant, dans la mesure où les membres des organes délibérants des EPCI étaient élus par les conseils municipaux des communes membres et que les conseils municipaux des communes de 3 500 habitants et plus étaient élus sur des listes composées alternativement d'un candidat de chaque sexe, la logique voudrait qu'elle ait une influence indirecte sur la répartition sexuée de leurs membres.

L'absence de données globales sur la répartition par sexe des conseillers communautaires jusqu'aux élections de 2014 rend difficilement vérifiable une telle hypothèse. En revanche, on peut partir des indices existants pour minimiser cette éventualité. En premier lieu, le Haut conseil à l'égalité entre les femmes et les hommes s'est basé sur des études locales pour estimer qu'elle était comprise entre 20% et 30%[1]. En second lieu, dans son rapport 2005, l'OPFH a fait état d'une sous représentation des femmes à la présidence des communautés ; ce qui peut être la conséquence de pareille situation dans les organes délibérants. Il dénonçait en même temps leur concentration excessive à la direction administrative des mêmes communautés. La remarque traditionnellement faite consiste à dire que la parité s'arrête là où commence le vrai pouvoir ou bien que les femmes sont toujours cantonnées aux rôles sociaux traditionnellement dévolus à elles.

La loi du 31 janvier 2007 intervenue pour corriger les lacunes de la loi du 6 juin 2000 a elle aussi épargné les EPCI. Solution normale d'ailleurs dans la mesure où la première loi n'a imposé aucune obligation paritaire aux élections des membres de leurs organes délibérants. La situation décrite dans le paragraphe précédent resta donc quasiment inchangée jusqu'à l'adoption des mesures concrètes.

C'est par la loi du 16 décembre 2010 de réforme des collectivités territoriales que la parité a été élargie aux EPCI. Ceux-ci étaient jusque là les seuls à être épargnés. L'article L.5211-6 du CGCT issu de cette loi modifiant le régime électoral des délégués des communes dans les EPCI prévoyait notamment l'élection des délégués des communes dans les communautés de communes, les communautés urbaines, les communautés d'agglomération et les métropoles dans le cadre de l'élection municipale au suffrage universel direct. Le principe de l'alternance stricte entre les membres de l'un et l'autre sexe sur les listes électorales dans les communes de 3 500 habitants et plus est étendu à l'élection de leurs membres issus de ces communes. Cette loi n'a pas été appliquée aux élections municipales de 2014 mais la marche entamée pour la prise en compte de l'objectif de parité dans les EPCI se poursuit.

La loi du 17 mai 2013 a étendu le scrutin de liste et l'obligation de parité aux communes de 1 000 habitants et plus. Elle étend les mêmes dispositions aux élections des représentants des communes concernées aux

---

[1] *Ibid.*, p. 39.

conseils des structures intercommunales (art. L.273-9 nouveau du code électoral). Néanmoins, pareille disposition n'a pas été prévue pour l'élection des membres des exécutifs des EPCI. De ce fait, l'application de cette loi aux élections de 2014 a permis d'établir une sorte d'équilibre numérique entre les membres de l'un et l'autre sexe représentant lesdites communes dans les conseils communautaires. En revanche, les présidences et vice-présidences des structures intercommunales sont restées très majoritairement entre les mains des hommes.

En clair, l'élection en 2014 des conseillers communautaires au suffrage universel direct avec obligation de parité dans les communes de 1 000 habitants et plus a fait évoluer la proportion de femmes parmi les élus de ces communes de 25% à 43,7%[1]. Par contre, dans les communes non soumises à cette obligation, celles de moins de 1 000 habitants, la proportion de femmes élues conseillères communautaires est restée à 20,2%[2]. Ces données montrent que l'évolution de la parité est corrélée à l'existence de contraintes juridiques. Plus les communes soumises à ces contraintes sont nombreuses dans une communauté, plus est élevée la proportion de femmes conseillères communautaires dans cette communauté.

Dans les exécutifs communautaires, où aucune contrainte paritaire n'existe, *« les femmes ne représentent que 7,8% des président-e-s et 19,9% des vice-président-e-s »*[3]. La proportion des femmes président-e-s de l'intercommunalité est d'ailleurs *« en très légère régression, passant de 7,9% de présidentes en 2009, à 7,8% en 2014 »*[4]. Cette régression contraste avec la progression de la proportion des femmes élues conseillères communautaires.

Le Haut conseil à l'égalité entre les femmes et les hommes a par ailleurs *« observé dans certains bureaux que des délégations hors vice-présidence, potentiellement sans indemnité, sont souvent confiées à des femmes : des fonctions exécutives mais sans titre »*[5]. L'absence des données *« sur la part de femmes présidentes dans les EPCI rassemblant des grandes villes, constituant de grands ensembles urbains, là où le pouvoir s'exerce* [ne permet cependant pas de savoir si] *la répartition des indemnités est encore genrée »*[6].

Le niveau de parité est plus élevé dans les régions et les départements.

---

[1] HCEFH, *Parité en politique : entre progrès et stagnations…*, précité, p. 39.
[2] *Ibid.*, p. 39.
[3] *Ibid.*, p. 40.
[4] *Ibid.*, p. 40.
[5] *Ibid.*, p. 40.
[6] *Ibid.*, p. 41.

Paragraphe II. Le département et la région : une parité-presque-parfaite

Contrairement aux régions **(I)**, les départements n'ont été soumis à des dispositifs paritaires contraignants que tardivement **(II)**. Néanmoins, il existe au sein des deux assemblées une situation de quasi-parité qui contraste avec celle que l'on retrouve dans les autres assemblées locales.

I – La région : une collectivité pionnière

Le conseil régional ainsi que le président, la commission permanente et le bureau du conseil régional sont les organes de la région.

Les dispositions relatives à la composition du Conseil régional et à la durée des mandats des conseillers régionaux, au mode de scrutin ainsi qu'aux déclarations de candidature aux élections régionales sont contenues respectivement dans les articles L. 336 à 337, L. 338 à 338.1 et L. 346 à 352 du code électoral. Pour l'essentiel, *« les conseillers régionaux sont élus pour 6 ans au scrutin de liste à deux tours, chaque liste étant constituée d'autant de sections qu'il y a de départements dans la région. Le mode de scrutin combine les règles du scrutin majoritaire et la représentation proportionnelle. La liste qui arrive en tête des suffrages, soit avec la majorité absolue au premier tour, soit avec une majorité relative au second tour, obtient 25% des sièges. Le reste des sièges à pourvoir est proportionnellement réparti entre toutes les listes ayant obtenu au moins 5% de suffrages exprimés, y compris la liste arrivée en tête. Les listes ayant obtenu 10% des suffrages au premier tour peuvent se présenter au second, et les listes ayant obtenu plus de 5% des suffrages peuvent fusionner avec une autre. »*[1] *« Le président est élu à la majorité absolue des membres du conseil régional pour une durée de six ans »* aux deux premiers tours de scrutin ou à la majorité relative au troisième tour avec élection du plus âgé en cas d'égalité des voix (art. L. 4133-1 alinéa 4 du CGCT). Aux termes de l'article L. 4133-5 alinéa 1 et 2, *« aussitôt après l'élection du président et sous sa présidence, le conseil régional fixe le nombre des vice-présidents et des autres membres de la commission permanente. Les membres de la commission permanente autres que le président sont élus au scrutin de liste... Chaque liste est composée alternativement d'un candidat de chaque sexe. Un groupe de conseillers qui ne dispose pas de membres de chaque sexe en nombre suffisant peut compléter sa liste par des candidats de même sexe. »* Il n'est pas nécessaire de reprendre les dispositions relatives au nombre de tours et au bénéfice de l'âge en cas d'égalité pour l'élection des vice-présidents. On retiendra seulement qu'*« après la répartition des sièges de la commission permanente, le conseil régional procède à l'élection des*

---

[1] ZIMMERMANN (Marie-Jo), Rapport précité, p. 16.

vice-présidents au scrutin de liste à la majorité absolue, sans panachage ni vote préférentiel. Sur chacune des listes, l'écart entre le nombre des candidats de chaque sexe ne peut être supérieur à un. »

À ces détails il convient d'ajouter pour le conseil régional les règles relatives au respect du principe de parité. La loi sur la parité du 6 juin 2000 avait soumis les élections régionales et municipales dans les communes de 3 500 habitants et plus aux mêmes règles de parité pour les raisons invoquées au (I) du paragraphe précédent. Les lois du 11 avril 2003 et du 18 décembre 2003 ont prévu une alternance stricte d'un candidat de chaque sexe sur les listes électorales aux élections régionales et aux élections à l'assemblée de Corse. Ce renforcement ne s'est pas heurté aux arguments invoqués en 2000 pour écarter l'alternance stricte ce qui montre qu'entre temps la légitimité du recours à la parité a été renforcée **(a)**. Les lois de 2003 ont été appliquées aux élections régionales de 2004. Elles se sont révélées efficaces pour ces élections mais n'ont pas pu résoudre le problème de la sous représentation des femmes au niveau des exécutifs régionaux. La résolution du problème à ce niveau s'est faite en même temps et pour les mêmes raisons qu'au niveau des exécutifs des communes de 3 500 habitants et plus par la loi du 31 janvier 2007 laquelle a eu les mêmes effets que les premières lois **(b)**.

a) Des assemblées désormais paritaires

La loi sur la parité du 6 juin 2000 avait modifié l'article L.346 du code électoral en ajoutant au premier alinéa que « *sur chacune des listes* [aux élections régionales], *l'écart entre le nombre de candidats de chaque sexe ne peut être supérieur à un. Au sein de chaque groupe entier de six candidats dans l'ordre de présentation de la liste doit figurer un nombre égal de candidats de chaque sexe* ». La loi du 11 avril 2003 modifie à son tour ce même article en prévoyant qu' « *au sein de chaque section, la liste est composée alternativement d'un candidat de chaque sexe.* » La loi du 18 décembre 2003 étend cette obligation aux élections à l'assemblée de Corse.

L'application de ces dispositions aux élections régionales de 2004 a permis d'avoir une « *parité… presque complète* »[1] dans les conseils régionaux. Celle-ci est passée de 27,5% en 2009 à 47,6% en 2004 comme le montre le tableau ci-après.

---

[1] DERVILLE (Grégory), « La parité inachevée », In DOLEZ (Bernard) ; LAURENT (Annie) et PATRIAT (Claude), Sous la direction de ; Préface de PATRIAT (François), *Le vote rebelle : les élections régionales de mars 2004,* Dijon, Éditions universitaires de Dijon, Collection Institutions, 2005, pp. 221-229.

Tableau 3 : Part de femmes dans les conseils régionaux aux élections de 1998 et 2004

Élections 1998			Élections 2004			Variations
Total des conseillers régionaux	Femmes	% de femmes	Total des conseillers régionaux	Femmes	% de femmes	
1880	517	**27,5%**	1880	895	**47,6%**	**+ 20,1**

Source : ZIMMERMANN (Marie-Jo), Rapport précité, p. 16.

La lecture du tableau ci-dessus laisse apparaître une petite marge entre le nombre d'élus des deux sexes. Cette *« différence qui se manifeste par rapport à une parité absolue tient principalement au fait que le nombre d'élus par circonscription peut être impair, combiné au fait que les hommes ont plutôt tendance à être premiers de liste »*[1]. On enregistre un léger renforcement de l'équilibre entre les élus des deux sexes aux élections régionales de 2010 *« avec en moyenne 48% de femmes parmi les effectifs des conseils régionaux, et deux conseils régionaux comptant plus de femmes élues que d'hommes (région Nord-Pas-de-Calais et région Lorraine) »*[2].

En plus, ce tableau ne le fait pas ressortir mais ce sont ces mêmes phénomènes qui font qu'on retrouve des disparités entre les régions, lesquelles *« sont* [encore] *plus accentuées au niveau des sections départementales à l'intérieur de chaque région »*[3].

Par ailleurs, sous l'effet indirect de ces lois, *« la proportion des femmes dans les exécutifs régionaux a également fortement progressé, quoiqu'à un rythme différent. »*[4] En effet, la proportion des femmes vice-présidentes des conseils régionaux est passée de 20% en 1998 à 37,2% en 2004. Cette augmentation est significative mais *« elle n'en témoignait pas moins de la persistance d'un phénomène de « plafond de verre » : la composition quasi paritaire des conseils régionaux n'entraînait pas, par elle-même, la parité*

---

[1] Assemblée nationale, treizième législature, *Rapport n°2512 du 12 mai 2010* de M. Bruno LE ROUX *sur la proposition de loi n°2422, visant à renforcer l'exigence de parité des candidatures aux élections législatives*, p. 9.
[2] *Ibid.*, p. 10.
[3] Sénat, Session ordinaire de 2006-2007, *Rapport d'information N°95*, précité, pp. 18 et 20.
[4] Sénat, Session ordinaire de (2009-2010), *Rapport d'information n°552 du 10 juin 2010 de Mme Michèle ANDRE sur l'impact pour l'égal accès des femmes et des hommes aux mandats électoraux et fonctions électives des dispositions du projet de loi, MODIFIE PAR L'ASSEMBLE NATIONALE, de réforme des collectivités territoriales (n°527, 2009-2010)*, pp. 13 et suivante.

des exécutifs »[1]. Pour remédier à cette situation, l'Observatoire de la parité a tout simplement recommandé *« d'imposer le respect du principe de parité lors de la désignation des vice-président(e)s de région »*[2]. La loi du 31 janvier 2007 y donne suite en imposant le respect dudit principe dans la composition des listes de candidats à la commission permanente et aux postes de vice-président(e)s du conseil régional.

b) Des exécutifs paritaires depuis la loi du 31 janvier 2007

Les élections régionales sont suivies de la mise en place des organes chargés de l'administration de la région. Aux termes de l'article L. 4131-2 du code général des collectivités territoriales, *« le conseil régional par ses délibérations et celles de sa commission permanente, le président du conseil régional par l'instruction des affaires et l'exécution des délibérations, le conseil économique, social et environnemental régional par ses avis concourent à l'administration de la région. »* La commission permanente comprend uniquement des élu-e-s. L'article L. 4133-4 alinéa 2 dispose qu'elle est *« composée du président du conseil régional, de quatre à quinze vice-présidents et éventuellement d'un ou plusieurs autres membres, sous réserve que le nombre total de ses membres ne soit pas supérieur au tiers de l'effectif du conseil régional. »* Le conseil économique, social et environnemental régional est composé *« des représentants d'associations et fondations agissant dans le domaine de la protection de l'environnement et des personnalités qualifiées, choisies en raison de leur compétence en matière d'environnement et de développement durable »* (art. L. 4134-2 alinéa 2).

Le paradoxe des conseils régionaux paritaires sous l'effet des lois de 2000 et de 2003 et la sous-représentation des femmes dans les exécutifs prouva la nécessité d'étendre les mesures paritaires à ce stade. La loi du 31 janvier 2007 procède à cette extension. En son article 3, elle introduit dans le CGCT des dispositions favorisant la parité aux élections à la commission permanente et aux postes de vice-présidents du conseil régional. La rédaction de l'article L.4133-5 alinéa 2 du CGCT issu de cette loi prévoit l'élection des membres de la commission permanente autres que le président au scrutin de liste. *« Chaque liste est composée alternativement d'un candidat de chaque sexe.* [Néanmoins], *un groupe de conseillers qui ne dispose pas de membres de chaque sexe en nombre suffisant peut compléter sa liste par les candidats de même sexe. »* Dans l'hypothèse où il n'y a qu'une seule liste, *« les différents postes de la commission permanente sont alors pourvus immédiatement dans l'ordre de la liste, et il en est donné lecture par le président »* (alinéa 3). En cas de pluralité de listes, *« le conseil*

---

[1] *Ibid.*, pp.13 et suivante.
[2] ZIMMERMANN (Marie-Jo), Rapport précité, p. 32.

régional procède d'abord à l'élection de la commission permanente, qui se déroule à la représentation proportionnelle à la plus forte moyenne, sans panachage ni vote préférentiel, entre les listes mentionnées au deuxième alinéa » (alinéa 4). L'alinéa 5 dispose enfin qu'« *après la répartition des sièges à la commission permanente, le conseil régional procède à l'élection des vice-présidents au scrutin de liste à la majorité absolue, sans panachage ni vote préférentiel. Sur chacune des listes, l'écart entre le nombre des candidats de chaque ne peut être supérieur à un.* » Pareille disposition est prévue pour la collectivité territoriale de Corse. Par ailleurs, l'article 71 de la loi du 4 août 2014 modifie plusieurs dispositions du code général des collectivités territoriales en prévoyant pour le conseil économique, social et environnemental que « *lorsqu'un organisme est appelé à désigner plus d'un membre du conseil, il procède à cette désignation de telle sorte que l'écart entre le nombre des hommes désignés, d'une part, et des femmes désignées, d'autre part, ne soit pas supérieur à un. La même règle s'applique à la désignation des personnalités qualifiées.* » Cette disposition s'applique également aux régions d'Outre-mer et à la collectivité territoriale de Corse.

La loi du 31 janvier 2007 s'est révélée efficace aux élections des organes des régions de 2010 auxquelles elle a été appliquée pour la première fois. Elle a permis l'élection « *en moyenne* [de] *45,2% de femmes vice-présidentes* »[1].

II – Les départements : le scrutin binominal à deux tours, par essence paritaire

Les organes du département sont le conseil départemental ainsi que le président, la commission permanente et le bureau du conseil départemental. La loi du 17 mai 2013 a prévu à l'article L. 192 du code électoral l'élection des conseillers départementaux pour six ans et le renouvellement intégral des conseils départementaux au mois de mars de l'année d'élection. En vue de favoriser la parité au sein de cette assemblée restée longtemps à la traîne dans ce domaine, elle introduit à l'article L. 191 du même code une disposition selon laquelle « *les électeurs de chaque canton du département élisent au conseil départemental deux membres de sexe différent, qui se présentent en binôme de candidats dont les noms sont ordonnés dans l'ordre alphabétique sur tout bulletin de vote imprimé à l'occasion de l'élection.* » À préciser que « *ce binôme est solidaire des règlements de créance ainsi qu'en cas d'inéligibilité prononcée à l'égard d'un membre du binôme* »[2].

---

[1] Assemblée nationale, treizième législature, *Rapport d'information n°2507* du 11 mai 2010 de Mme Pascale CROZON *sur la proposition de loi (n°2422)* de M. Bruno LE ROUX et plusieurs de ses collègues *visant à renforcer l'exigence de parité des candidatures aux élections législatives,* p. 9.
[2] PIAN (Francis), article précité.

L'élection du président n'appelle pas de remarque particulière parce qu'elle a lieu dans les mêmes conditions que celle du président du conseil régional. On peut néanmoins indiquer qu'elle est régie par l'article L. 3122-1 du CGCT. Quant à celle des membres de la commission permanente, elle obéit à une règle d'alternance plus stricte. Les vice-présidents sont élus au scrutin de liste sans que l'écart entre les candidats de chaque sexe ne puisse être supérieur à un (art. L.3122-5 du CGCT).

Les assemblées départementales, anciennement cantonales, sont celles qui, au sein des collectivités territoriales, ont le plus résisté à l'assaut des revendications paritaires. Elles n'ont pas été régies par la loi sur la parité du 6 juin 2000. Les explications de ce que Dominique Voynet[1] appelle le *« sort masculin »* réservé à ces assemblées sont au nombre de quatre. La première et la deuxième mettent en avant le mode de scrutin uninominal majoritaire à deux tours auparavant appliqué aux élections cantonales *« et le fait que les conseillers généraux n'entrent pas dans la base de calcul du financement public des partis politiques »*[2]. Il a été souligné que ce mode de scrutin *« pousse les dirigeants des partis au niveau du département à choisir les candidats parmi ceux qui bénéficient déjà d'une légitimité élective (les maires notamment, très majoritairement des hommes) »*[3]. Il est vrai qu' *« on aurait pu imaginer de chercher les moyens d'inclure les résultats de ces élections dans le financement des partis. Mais ces élections présentent la particularité que beaucoup de candidats s'y présentent sous des étiquettes d'intérêt local.* [Il apparaît également que les] *règles relatives au financement des campagnes électorales ne s'appliquent pas aux candidats se présentant dans les cantons dont la population est inférieure à 9 000 habitants. »*[4] La troisième accuse *« l'orientation « conservatrice » de ces assemblées »*[5]. En leur sein *« dominent traditionnellement les partis de droite les moins féminisés. Écartées des candidatures par une sélection très « sédimentarisée » des vieux notables locaux de sexe masculin déjà politiquement implantés, les femmes ne peuvent donc bénéficier de ce point d'appui privilégié* [que constitue le mandat de conseiller général] *pour une*

---

[1] Cité dans le *Rapport d'information N°95* de Mme Catherine TROENDLE *sur le projet de loi n°93 (2006-2007,* cité, p. 26.
[2] Sénat, Session ordinaire de 1999-2000, *Rapport d'information n°215* du 9 février 2000 de Mme Danièle POURTAUD *sur : - le projet de loi, adopté par l'Assemblée nationale après déclaration de la procédure d'urgence, tendant à favoriser l'égal accès des femmes et des hommes aux mandats électoraux et fonctions électives ; - le projet de loi organique, adopté par l'Assemblée nationale, tendant à favoriser l'égal accès des femmes et des hommes aux mandats de membre des assemblées de province et du congrès de la Nouvelle-Calédonie, de l'assemblée de la Polynésie française et de l'assemblée territoriales des îles Wallis et Futuna,* p. 20.
[3] ACHIN (Catherine) ; LÉVÊQUE (Sandrine), *op. cit.*, p. 68.
[4] Sénat, Session ordinaire de 1999-2000, *Rapport d'information n°215* de Mme Danièle POURTAUD, précité, p. 21.
[5] *Ibid.*, p. 68.

carrière politique professionnelle »¹. La quatrième et dernière tiendrait à l'appartenance de ces assemblées aux *« institutions* [qualifiées de] *dominantes...* [dont les mandats seraient] *réservés à une élite politique fermée et très largement masculine, qui favorise son autoproduction par des pratiques traditionnelles de cumul des mandats et de sélection parmi les notables locaux ou parmi les dirigeants nationaux des partis »²*.

Malgré l'existence de ces points de blocage et avant même le changement de dénomination, les conseils généraux ont été soumis à des lois, bien que purement symboliques, afin d'augmenter la part des femmes en leur sein. L'article 4 de la loi du 31 janvier 2007 a ajouté au premier alinéa de l'article L. 210-1 du code électoral une disposition selon laquelle la déclaration de candidature aux élections cantonales *« mentionne également la personne appelée à remplacer le candidat comme conseiller général dans les cas prévus à l'article L.221... Le candidat et son remplaçant sont de sexe différent. »* Les cas mentionnés dans cet article qui ouvrent le droit à remplacement automatique par le suppléant sont pour l'essentiel relatifs au décès, à la démission et à l'acceptation de la fonction de membre du Conseil constitutionnel. En cas de vacance dans les cas non prévus, une élection partielle devrait avoir lieu dans les trois mois. La loi du 26 février 2008 généralise le remplacement automatique du conseiller général par son suppléant en cas de vacance.

Cependant, ces lois n'ont pas entraîné un relèvement considérable de la proportion de femmes dans les anciens conseils généraux. Non seulement, aux élections cantonales de 2008, *« les femmes candidates ont été déléguées aux postes de suppléantes dans 79,1% des cas »³* mais aussi *« le nombre de femmes qui ont pu bénéficier de ce dispositif pour accéder à ce « mandat en viager », comme il a parfois été surnommé, semble ...très marginal »⁴*.

C'est finalement la loi du 17 mai 2013 qui va comporter des mesures réellement volontaristes pour l'accès égal des femmes et des hommes aux mandats de ce qu'elle nomme désormais conseiller départemental. Avant cette loi, la loi du 16 décembre 2010 de réforme des collectivités territoriales, après avoir fusionné les anciens conseils généraux et les conseils régionaux et appelé la nouvelle entité Conseil territorial, avaient prévu d'étendre les sanctions financières pour non-respect de la parité aux élections menant à celle-ci. Elle avait notamment prévu en son article 81 de diviser la première fraction des aides publiques aux partis politiques instituées par loi du 11 mars 1988 et modifiée à plusieurs reprises en deux parties. La première partie correspondant à deux tiers reconduit le régime

---

[1] *Ibid.*, pp. 68 et suivante.
[2] ACHIN (Catherine) ; LÉVÊQUE (Sandrine), *op. cit.*, p. 71 et suivant.
[3] OPFH, *Réforme des collectivités territoriales...*, précité, p. 6.
[4] Sénat, Session ordinaire 2009-2010, Rapport n°552, précité, p. 19.

applicable aux élections législatives et la deuxième partie correspondant à un tiers le transpose aux élections territoriales. Cette loi a été critiquée au motif que son application va entraîner un recul de la parité[1] dans la nouvelle entité mais elle fut remplacée par la loi du 17 mai 2013 avant même d'être appliquée à ces élections. L'article 5 de cette loi prévoit à l'article L.192 du code électoral d'une part que *« les conseillers départementaux sont élus pour six ans... [*et, d'autre part, que] *les conseils départementaux se renouvellent intégralement »*. Le mode de scrutin uninominal majoritaire à deux tours a été changé en scrutin binominal majoritaire à deux tours avec obligation de parité. En plus, chaque binôme doit se présenter avec un suppléant de même sexe appelé à le remplacer dans les cas prévus par la loi. Contrairement à la précédente loi, les dispositions de cette dernière relatives à la parité dans les conseils départementaux ont été favorablement accueillies dans les deux assemblées du Parlement.

Des développements qui précèdent, il apparaît qu'avant le changement de dénomination les lois favorisant la parité dans les conseils généraux sont restées résiduelles. De ce fait, elles n'ont eu que des effets limités. La part de femmes en leur sein a progressé comme suit : 8,6% en 1998 ; 9,8% en 2001 ; 10,9% en 2004 ; 13,01% en 2008 et 13,8% en 2011. À première vue, on peut penser que cette évolution résulte à la fois des effets indirects des lois appliquées aux autres élections, de l'institution du ticket mixte candidat-suppléant par la loi du 31 janvier 2007 ainsi que des dispositions relatives à la suppléance en cas de vacance contenues dans cette loi et celle du 26 février 2008. Les effets du ticket mixte sont cependant à relativiser parce qu'il a *« conduit à reléguer les femmes aux fonctions de suppléantes puisque 79,1% des titulaires investis furent des hommes en 2008 et 76,8% en 2011 »*[2]. Il semble aussi que *« le nombre de femmes qui ont pu bénéficier* [du dispositif de remplacement en cas de vacance est resté] *très marginal »*[3]. Il y a donc lieu de mettre cette évolution sur le compte de l'ancrage de la culture de parité. Ce faisant, les arguments quant à l'impossible évolution véritable de la parité sans lois sont confirmés. À cela s'ajoute le fait que ces assemblées sont traditionnellement les plus fermées aux femmes comme il a été dit plus haut.

C'est finalement avec la loi du 17 mai 2013 que la parité s'installe dans les départements. Le scrutin binominal paritaire institué par cette loi a été

---

[1] OPFH, *Réforme des collectivités territoriales...*, précité, p. 6.
[2] Assemblée nationale, Quatorzième législature, *Rapport n*[os] *700 et 701 du 6 février 2013* de M. Pascal POPELIN *sur : - le projet de loi organique (N°630), adopté par le Sénat, relatif à l'élection des conseillers municipaux, des délégués communautaires et conseillers départementaux ; - le projet de loi (N°631), rejeté par le Sénat, relatif à l'élection des conseillers départementaux, des conseillers municipaux et des délégués communautaires, et modifiant le calendrier électoral*, p. 17.
[3] Sénat, Session ordinaire de 2009-2010, *Rapport d'information n°552*, précité, p. 19.

appliqué aux élections départementales de mars 2015 et a permis d'atteindre la parité en leur sein. Toutefois, « ...*seuls 10 départements sur 101 ont une femme comme présidente* »[1].

Des avancées vers la parité ont été enregistrées aussi dans les assemblées parlementaires mais elles ont été plus modestes.

Section II. Des avancées plus modestes dans les assemblées parlementaires

Les élections à l'Assemblée nationale, au Sénat et au parlement européen sont soumises à des modes de scrutin différents. Aux termes de l'article 24 de la Constitution, les députés sont élus au suffrage direct et les sénateurs au suffrage indirect. L'élection à l'Assemblée nationale a lieu au scrutin uninominal majoritaire à deux tours aux termes de l'article L. 123 du code électoral. Celle des sénateurs a lieu, dans les départements où sont élus deux sénateurs au moins, au scrutin majoritaire à deux tours (article L. 294 du code électoral) et dans les départements où sont élus trois sénateurs ou plus, à la représentation proportionnelle suivant la règle de la plus forte moyenne, sans panachage ni vote préférentiel (article L. 295 du code électoral). Quant à l'élection au parlement européen, elle est régie par la loi n°2003-327 du 11 avril 2003 dont l'article 13 prévoit qu'elle a lieu, par circonscription, au scrutin de liste à la représentation proportionnelle, sans panachage ni vote préférentiel.

Il a été souligné plus avant que le scrutin proportionnel se prête plus facilement à l'application de l'objectif de parité que le scrutin uninominal. Suivant cette considération, le législateur a pu aisément imposer des règles paritaires aux élections européennes qui se déroulent exclusivement à la proportionnelle. En revanche, le respect desdites règles n'a pu être imposé au Sénat que dans les départements où l'élection a lieu à la représentation proportionnelle. La situation à l'Assemblée nationale est un peu particulière. L'attachement indéfectible au mode de scrutin uninominal majoritaire pour l'élection à cette assemblée entraîna l'adoption d'autres mesures pour favoriser la parité en son sein. Comme la loi n°88-227 du 11 mars 1988 relative à la transparence financière de la vie politique prévoit un financement public des partis et groupements politiques indexé aux élections à l'Assemblée nationale et à la représentation au Parlement, le législateur y trouve un moyen de contrainte pour faire respecter la parité. Il en est résulté l'adoption des dispositions prévoyant des pénalités financières pour non-respect de la parité.

Trois situations se présentent donc pour promouvoir la parité dans les assemblées parlementaires. Des mesures contraignantes sont prévues pour

---
[1] HCEFH, *Communiqué de presse du 2 avril 2015*.

les élections européennes, des mesures contraignantes pour les élections au Sénat dans les départements où l'élection a lieu au scrutin de liste et des mesures incitatives pour les élections à l'Assemblée nationale. Les différentes mesures ont été d'une efficacité inégale. Les mesures incitatives pour l'élection à l'Assemblée nationale ont été graduellement renforcées en raison de l'inefficacité des dispositions successivement mises en place **(Paragraphe I)**. On observe une grande stabilité et une relative efficacité des mesures contraignantes relatives à la parité aux élections au Parlement européen **(Paragraphe III)** qui contraste avec l'instabilité et la partialité des mesures contraignantes relatives à la parité aux élections au Sénat **(Paragraphe II)**.

Paragraphe I. L'Assemblée nationale : le scrutin uninominal à deux tours, un frein puissant au progrès de la parité

L'Assemblée nationale est restée pendant longtemps l'un des bastions masculins les mieux protégés contre les assauts des revendications paritaires. Pourtant, elle a dès le début fait l'objet de réglementation en vue de l'augmentation de la part des femmes en son sein. La loi dite sur la parité du 6 juin 2000 prévoit une modulation des aides publiques aux partis et groupements politiques instituée par la loi du 11 mars 1988 relative à la transparence financière de la vie politique en cas de non-respect de la parité aux élections législatives. Les articles 8 et 9 de la loi du 11 mars 1988 prévoient le partage de ces aides publiques aux partis et groupements politiques *« en deux fractions égales. La première fraction est destinée au financement des partis et groupements en fonction de leurs résultats aux élections à l'Assemblée nationale. La seconde fraction est spécifiquement destinée au financement des partis et groupements représentés au parlement, sous réserve qu'ils soient déjà bénéficiaires de la première fraction. »*[1]

Les deux fractions sont reparties entre les partis et groupements politiques relativement au nombre de suffrages obtenus au premier tour des élections à l'Assemblée nationale par les candidats qui ont déclaré se rattacher à chacun d'eux pour la première et au nombre de membres du Parlement qui ont déclaré au bureau de leur assemblée se rattacher également à chacun d'eux pour la seconde.

La sanction financière prévue par la loi du 6 juin 2000 a été renforcée par la loi du 31 janvier 2007 afin de la rendre plus contraignante. Cette dernière loi a fait aussi l'objet de modification par une loi du 4 août 2014 en vue de rendre insupportable la sanction en cas de non-respect de la parité. Cette évolution traduit l'inefficacité des sanctions financières mises en place par les premières lois. Pour nous en rendre compte, il y a lieu d'évaluer

---

[1] Sénat, Session ordinaire de 2009-2010, *Rapport d'information n° 552,* précité, p. 20.

d'abord le dispositif de la loi du 6 juin 2000 **(I)**, ensuite, celui de la loi du 31 janvier 2007 **(II)** et, enfin, celui de la loi du 4 août 2014 **(III)**.

I – L'inefficacité des sanctions financières prévues par la loi du 6 juin 2000

La loi sur la parité du 6 juin 2000 a mis en place un système de modulation financière de l'aide publique aux partis et groupements politiques pour tenir compte de l'objectif de parité. Elle a ajouté à l'article 9 de la loi du 11 mars 1988 relative à la transparence financière de la vie politique un (1) prévoyant que « *lorsque, pour un parti ou groupement politique, l'écart entre le nombre de candidats de chaque sexe ayant déclaré se rattacher à ce parti ou groupement, lors du dernier renouvellement de l'Assemblée nationale, conformément au cinquième alinéa de l'article 9, dépasse 2% du nombre total de ces candidats, le montant de la première fraction qui lui est attribué en application des articles 8 et 9 est diminué d'un montant égal à la moitié de cet écart rapporté au nombre total de ses candidats.* » Il en résulte que « *plus l'écart entre la parité et les candidats de chaque sexe effectivement présentés est grand, au-delà d'un seuil de tolérance de 2%, plus la dotation accordée au titre de la première fraction diminue (dans une proportion correspondant à la moitié de l'écart constaté à la parité). Ainsi, si un parti politique présente 25% de candidates femmes et 75% de candidats hommes soit un écart de 50 points, celui-ci verrait sa dotation publique de la première fraction réduite de 25% »*[1].

Apparemment dissuasif, ce dispositif n'a entraîné qu'une évolution timide de la parité à l'Assemblée nationale lors des élections de 2002 et de 2007 auxquelles il a été appliqué. Ainsi, on est passé de 10,8% de femmes sous la XIème législature (1997-2002) à 12,1% sous la XIIème (2002-2007) et à 18,5% sous la XIIIème (2007-2012). En même temps, le pourcentage des femmes investies candidates est passé respectivement de 23,2% à 39,3% et à 41,6%.[2] La loi sur la parité du 6 juin 2000 a donc entraîné une évolution plus considérable du nombre de candidates que d'élues. Un tel constat montre que les partis politiques font des efforts pour échapper seulement à la sanction financière. Il « *tend* [également] *à manifester que les femmes sont investies de manière préférentielle dans des circonscriptions non ou difficilement gagnables* ». Le tableau ci-dessous montre la proportion de femmes candidates et élues aux deux élections par parti politique.

---

[1] Assemblée nationale, Treizième législature, *Rapport n°2512 du 12 mai 2010* de M. Bruno LE ROUX *sur la proposition de loi (n°2422) visant à renforcer l'exigence de parité des candidatures aux élections législatives*, p. 7.
[2] *Ibid.*, p.13.

Tableau 4 : **Candidates investies et candidates élues à l'Assemblée nationale en 2002 et en 2007**

Partis	Élections de 2002		Élections de 2007	
	Femmes candidates	Femmes élues	Femmes candidates	Femmes élues
UMP	19,6 %	10,1 %	26,6 %	14,3 %
UDF UMP	19,9 %	3,4 %	27,9 %	0 %
UDF Modem			36,9 %	0 %
PRG	34,6 %	16,3 %	33,8 %	57,1 %
PS			46,5 %	25,9 %
PCF	43,6 %	23,8 %	48,2 %	20,0 %
Verts	48,9 %	33,3 %	50,4 %	25,0 %

Source : *Rapport n° 552*, de Mme Michèle ANDRE, précité, p. 24.

Compte tenu du non-respect de la parité en 2002, les grandes formations politiques ont subi une perte financière considérable. Ainsi, « *l'UMP a perdu 30,3% du montant théorique à percevoir au titre de la première fraction ; l'UDF 30,1% ; le PS et PRG 15,4% ; le PCF 6,2%* »[1].

La situation en 2007 fait ressortir une légère augmentation du nombre de femmes investies. Il faut cependant remarquer que « *l'investiture paritaire, ou proche de la parité, concerne essentiellement les formations politiques non représentées au Parlement et pour lesquelles toute réfaction opérée sur la première fraction de l'aide aux partis politiques est d'autant plus sensible qu'elles ne perçoivent pas la seconde fraction. En revanche, les grands partis représentés au parlement sont plus éloignés de la parité, même si, en 2007, les partis de gauche s'en sont sensiblement rapprochés.* »[2]

Les efforts réalisés par les partis politiques en 2007 ont entraîné une diminution importante du montant global de la sanction financière pour non-respect de la parité. Celui-ci est passé de 7,052 millions d'euros en 2007 à

---

[1] *Ibid.*, p. 16.
[2] *Ibid.*, p. 16.

5,312 millions d'euros en 2008.[1] Même à ce niveau, ce montant apparaît significatif, *« en proportion de l'aide accordée au titre de la première fraction* [mais il] *l'est...moins au regard de l'aide publique totale perçue par les partis qui peuvent prétendre au bénéfice de la deuxième fraction »*[2]. Le tableau suivant illustre cela.

Tableau n°5 : L'aide publique aux partis politiques en 2010

Parti ou groupement politique ayant présenté des candidats dans au moins 50 circonscriptions	Retenue sur la première fraction au titre de la parité	Montant de la première fraction effectivement perçu	Montant de la deuxième fraction	Dotation totale	Part de la sanction financière
UMP	4 138 533,57	13 120 031,95	20 219 613	33 339 644,95	12,41 %
PS	518 245,62	10 273 457,33	12 938 798	23 212 255,33	2,23 %
UDF Modem	445 057,42	2 776 584,02	1 228 089	4 004 673,02	11,11 %
PCF	68 066,71	1 875 616	1 885 994	3 761 610	1,80 %
FN	0	1 838 366,81	-	1 838 366,81	-
Les Verts	0	1 442 431,04	350 883	1 793 314,04	-
LCR	0	896 994,51	-	896 994,51	-
MPF	0	598 570,10	219 302	817 872,10	
PRG	107 856,04	504 766,25	745 626	1 250 392,25	8,62 %
LO	0	366 123,53	-	366 123,53	-
CPNT	0	359 674,56	-	359 674,56	-
Le Trèfle-Les nouveaux écologistes	3 517,92	163 583,31	-	163 583,31	2,15 %

---

[1] *Ibid.*, p. 17.
[2] *Ibid.*, p. 18.

Mouvement écologiste indépendant	5 891,15	123 714,10	-	123 714,10	4,76 %
Solidarité écologie gauche alternative	14 623,71	108 215,48	-	108 215,48	13,51 %
Total	5 301 792,14	34 749 312,29	37 588 305	72 337 617,29	7,32 %

Source : Assemblée nationale, *Rapport n°2512* de M. Bruno LE ROUX, précité, p. 18.

Ce tableau montre que la sanction financière instituée par la loi du 6 juin 2000 n'est pas assez handicapante pour les formations politiques qui ont la possibilité de faire élire plusieurs parlementaires et ainsi de bénéficier de la deuxième fraction de l'aide publique. Ce constat accrédite l'idée souvent défendue selon laquelle ce dispositif a « *conduit notamment les partis à réaliser un arbitrage malsain entre la proportion de femmes investies candidates et la perte financière qu'ils peuvent supporter au titre de l'aide publique perçue* »[1]. Il s'ensuit que « *l'objectif dissuasif des pénalités financières n'a donc été que faiblement atteint* »[2] sous cette disposition.

Partant de ce constat, le Président de la République, Jacques Chirac, a souhaité, en janvier 2006, « *un renforcement des sanctions financières applicables aux partis politiques ne respectant pas l'objectif de parité afin de rendre celles-ci véritablement dissuasives* »[3]. Ce souhait a été réalisé par la loi du 31 janvier 2007 tendant à promouvoir l'égal accès des femmes et des hommes aux mandats électoraux et fonctions électives. L'application de cette loi n'a pas non plus eu les effets escomptés.

II – L'inefficacité des sanctions financières instituées par la loi du 31 janvier 2007

L'article 5 de la loi du 31 janvier 2007 modifie à nouveau l'article 9.1 de la loi du 11 mars 1988 issue de la modification de la loi du 6 juin 2000 en prévoyant à l'alinéa 1 que « *lorsque, pour un parti ou un groupement politique, l'écart entre le nombre de candidats de chaque sexe ayant déclaré se rattacher à ce parti ou groupement, lors du dernier renouvellement général de l'Assemblée nationale, conformément au cinquième alinéa de*

---

[1] Sénat, Session ordinaire de 2006-2007, *Rapport d'information n°95*, précité, p. 28.
[2] *Ibid.*, P. 28.
[3] *Ibid.*, p. 43.

l'article 9, dépasse 2 % du nombre total de ces candidats, le montant de la première fraction qui lui est attribué en application des articles 8 et 9 est diminué d'un pourcentage égal aux trois quarts de cet écart rapporté au nombre total de ces candidats. » L'alinéa 2 du même article dispose toutefois que « *cette diminution n'est pas applicable aux partis et groupements politiques ayant présenté des candidats exclusivement outre-mer lorsque l'écart entre le nombre de candidats de chaque sexe qui s'y sont rattachés n'est pas supérieur à un.* »

Suivant cette disposition, un parti politique qui, au premier tour des élections législatives, présente 30% de candidates et 70% de candidats, soit un écart de 40 points, celui-ci verrait sa dotation publique de la première fraction réduite de 30%. Pour un montant de 20 millions d'euros, cette réduction équivaut à 6 millions d'euros.

Il a été soutenu que l'application de cette disposition aux élections législatives de 2012 « *aurait pour effet de porter la retenue financière globale imposée aux partis politiques à un peu plus de 7,5 millions d'euros* [son niveau de 2007] *contre un peu plus de 5 millions d'euros...*[son niveau de 2010] »[1].

Cependant, le pourcentage de femmes élues à l'Assemblée nationale a connu une remarquable évolution lors des élections législatives de 2012. La proportion de femmes élues députées est passée à 26,9% contre 18,7% sous la législature précédente[2]. Néanmoins, les femmes représentaient 40,0% de candidates en 2012 contre 41,6% en 2007[3]. Cette situation globale cache des disparités entre les régions et entre les partis politiques. Les disparités entre les partis politiques se présentent comme suit : « *- A gauche, sur les 44,8% de femmes investies 36,7% ont été élues. Le parti socialiste compte 37,5% parmi ses députés élus, le parti radical de gauche 33,3%, Europe-Écologie-Les-Verts 52,9%. – A droite, les femmes représentaient 38,4% des candidates 12,8% ont été élues. Les partis centristes n'ont aucune députée et 13,9 des élus de l'UMP sont des élues.* »[4]

La perte financière subie a été moins importante que prévu, mais un peu plus élevée que précédemment. Ainsi, à la suite des élections législatives de 2012, le montant des sanctions financières pour non-respect de la parité est monté à plus de 5 millions et demi d'euros contre plus de 5 millions trois en

---

[1] Sénat, Session ordinaire de 2009-2010, *Rapport d'information n° 552*, précité, p. 23.
[2] OPFH, Communiqué de presse du 18 juin 2012, Parité : bien loin de l'objectif fixé mais en nette progression !, In *Parité : une progression timide et inégalement partagée. Évolution quantitative des dispositifs paritaires après les élections législatives des 10 et 17 juin 2012*, Tome 1, juillet 2012, p. 32.
[3] OPFH, Communiqué de presse du 23 mai 2012, 40% de femmes candidates aux élections législatives : Un recul de la parité !, In *Parité : une progression timide et inégalement partagée,* précité, p. 8.
[4] OPFH, Communiqué de presse du 18 juin 2012, précité.

2010[1]. Pour favoriser davantage la parité, la loi n°2014-873 du 4 août 2014 a renforcé la sanction financière.

III – L'efficacité relative des sanctions financières instituées par la loi du 14 août 2014

La loi n°2014-873 du 4 août 2014 pour l'égalité réelle entre les femmes et les hommes a relevé le niveau des sanctions en modifiant de nouveau l'article 9.1 de la loi du 11 mars 1988 comme suit : *« Lorsque, pour un parti ou un groupement politique, l'écart entre le nombre de candidats de chaque sexe ayant déclaré se rattacher à ce parti ou groupement, lors du dernier renouvellement général de l'Assemblée nationale, conformément au cinquième alinéa de l'article 9, dépasse 2 % du nombre total de ces candidats, le montant de la première fraction qui lui est attribué en application des articles 8 et 9 est diminué d'un pourcentage égal à 150 % de cet écart rapporté au nombre total de ces candidats, sans que cette diminution puisse excéder le montant total de la première fraction de l'aide. »*

Antérieurement au renforcement des sanctions financières pour non-respect de la parité par la loi du 4 août 2014, une loi interdisant le cumul de fonctions exécutives locales avec le mandat de député et de sénateur a été adoptée le 14 février 2014[2]. Cette loi ne vise pas expressément à renforcer la parité mais elle était censée y contribuer selon une étude du HCEFH dans la mesure où 80% des parlementaires qui cumulaient leur mandat avec une fonction de maire étaient des hommes[3].

Sous l'effet conjugué de ces deux lois, 225 femmes ont été élues à l'Assemblée nationale aux élections législatives de juin 2017, soit 38,99% de députés[4]. L'évolution par rapport à la précédente législature (2012-2017) est de 12,09% parce que sous cette législature l'Assemblée nationale comprenait 155 femmes, soit 26,9% des élus.

Depuis 2014, le respect de la parité est prévu aussi au bureau de l'Assemblée nationale. L'article 8 du règlement de l'Assemblée nationale dispose : *« Le Bureau de l'Assemblée nationale se compose de : - 1 président, - 6 vice-présidents, - 3 questeurs, - 12 secrétaires. »* Pour favoriser la parité au sein du bureau, l'article 10 alinéa 2 du règlement

---

[1] HCEFH, *Guide de la parité*, avril 2015, p. 38.
2 *Loi organique n° 2014-125 du 14 février 2014 interdisant le cumul de fonctions exécutives locales avec le mandat de député ou de sénateur*, J.O.R.F. n°0040 du 16 février 2014, p. 2703. Le cumul de ces fonctions avec le mandat de député européen est également interdit. *Cf. Loi n°2014-126 du 14 février 2014 interdisant le cumul de fonctions exécutives locales avec le mandat de représentant au Parlement européen*, J.O.R.F. n°0040 du 16 février 2014, p. 2705.
3 HCEFH, *Étude genrée sur le cumul des mandats des parlementaires*, 2013, 8 p.
4 http://www2.assemblee-nationale.fr/deputes/liste/homme-femme, consulté le 08 août 2017.

prévoit que « *l'élection des vice-présidents, des questeurs et des secrétaires a lieu en s'efforçant de reproduire dans le Bureau la configuration politique de l'Assemblée et de respecter la parité entre les femmes et les hommes* ».

Sous l'effet de cette disposition, la parité a été atteinte dans le bureau mis en place après les élections législatives de juin 2017. Le bureau actuel comprend 11 femmes et 11 hommes mais l'alternance stricte n'a pas été respectée. Peut-être parce que le règlement ne l'impose pas. L'avancée est considérable par rapport au précédent bureau parce que celui-ci comprenait 8 femmes et 14 hommes, soit 36,36% de femmes[1].

Le scrutin uninominal est à l'origine de la difficile mise en œuvre de la parité à l'Assemblée nationale. Une partie des sénateurs est également élue suivant ce mode de scrutin. C'est ce qui explique que cette assemblée est toujours masculine.

Paragraphe II. Le Sénat : une assemblée toujours masculine

Au moment de l'adoption de la loi du 6 juin 2000, les élections au Sénat avaient lieu au scrutin de liste à la représentation proportionnelle dans les seuls départements élisant 5 sénateurs et plus. Afin de prendre en compte l'objectif de parité au Sénat, la loi n°2000-641 du 10 juillet 2000 relative à l'élection des sénateurs a prévu l'extension du scrutin de liste avec obligation de parité dans les départements élisant trois sénateurs et plus. Le seuil d'application du scrutin de liste avec obligation de parité a été ensuite restreint aux départements élisant quatre sénateurs et plus par la loi n°2003-697 du 30 juillet 2003 portant réforme de l'élection des sénateurs.

Ces lois ont entraîné un relèvement constant de la part des femmes au Sénat. Cette part qui était de 5,9% en 1992 a évolué comme suit : 10,9% en 2001, 16,9% en 2004, 21,9% en 2008 et 22,1% en 2011[2].

Bien que progressive, la part des femmes au Sénat est restée largement en deçà des attentes. Afin de permettre une présence plus accrue des femmes dans cette assemblée, la loi n°2013-702 du 2 août 2013 relative à l'élection des sénateurs rétablit le scrutin de liste avec obligation de parité dans les départements élisant trois sénateurs ou plus et prévoit une suppléance des candidats élus au scrutin uninominal majoritaire. Dans le premier cas, elle dispose notamment que dans ces départements sur chacune des listes, l'écart entre le nombre des candidats de chaque sexe ne peut être supérieur à un et que chaque liste est composée alternativement d'un candidat de chaque sexe. Dans le second cas, chaque candidat doit mentionner dans sa déclaration de

---

1 http://www2.assemblee-nationale.fr/15/le-bureau-de-l-assemblee-nationale ;
http://www2.assemblee-nationale.fr/14/le-bureau-de-l-assemblee-nationale, consultés le 08 août 2017.
[2] OPFH, *Élections sénatoriales de 2011 : les chiffres clés de la parité,* octobre 2011, p. 3.

candidature le nom de la personne appelée à le remplacer comme sénateur dans les cas prévus à l'article LO 319 du code électoral. Pour favoriser la parité dans ces départements, la loi précise que le candidat et son remplaçant sont de sexe différent.

Appliquée aux élections sénatoriales de 2014, la loi du 2 août 2013 a fait seulement progresser la part des femmes au Sénat à 25%. Cette part aurait été plus importante si le personnel politique n'avait pas recouru à un système de dissidence de listes pour contourner la loi. Comme l'a fait remarqué le HCEFH, « *la loi du 2 août 2013, en étendant le scrutin proportionnel aux départements ayant trois sièges à pourvoir, - contre quatre précédemment, a conduit à ce que les obligations paritaires s'appliquent désormais à près des trois quarts de sièges - contre la moitié précédemment* »[1]. Le respect de la loi pouvant conduire à reléguer des sénateurs sortants en position inéligible dans les départements concernés par le scrutin de liste, certains d'entre eux « *ont préféré conduire une liste dissidente et, ainsi, être tête de liste, plutôt que d'être placés en troisième position, derrière une femme.* »[2] C'est pourquoi, « *trop souvent placées en deuxième position, les femmes ont ... vu leurs chances d'élection, voire de réélection, s'éloigner.* »[3]

Avec un pourcentage de 25% de femmes élues sénatrices en 2014, la parité est en constante progression dans cette assemblée depuis 2001. Toutefois, ce taux ne constitue pas une avancée si on considère que le nombre de départements concernés par le scrutin de liste a entre temps augmenté. Le HCEFH a estimé qu'en l'absence de « *contournement des contraintes légales, 9 femmes* [de plus] *auraient pu être élues, portant ainsi le nombre de femmes élues à 49 sur 179, soit 27,4%* »[4]. Partant, elle a invité les partis politiques à refuser le « *rattachement du sénateur/de la sénatrice élu-e sur une liste dissidente au groupe politique dont il/elle est issu-e* »[5].

Fort logiquement, des disparités existent entre le pourcentage de femmes élues sénatrices au scrutin majoritaire et au scrutin de liste. Ainsi, « *depuis 1992, plus la part du scrutin de liste est importante, plus le pourcentage des femmes augmente* ». Ce qui, au demeurant, confirme l'idée communément soutenue selon laquelle le scrutin proportionnel est plus favorable à une participation accrue des femmes à la vie politique. De surcroît, l'évolution de la part des femmes élues sénatrices au scrutin de liste avec obligation de parité et au scrutin majoritaire sans cette obligation prouve que la contrainte légale est indispensable au progrès de la parité. C'est ce qui ressort du graphique ci-dessous.

---

[1] HCEFH, *Rapport de février 2015,* précité, p. 83.
[2] *Ibid.*, P. 83.
[3] *Ibid.*, p. 83.
[4] *Ibid.*, p. 86
[5] *Ibid.*, p. 83.

Graphique 2 : % scrutin de liste proportionnel et du scrutin uninominal majoritaire et % F élues, par mode de scrutin, depuis 1992

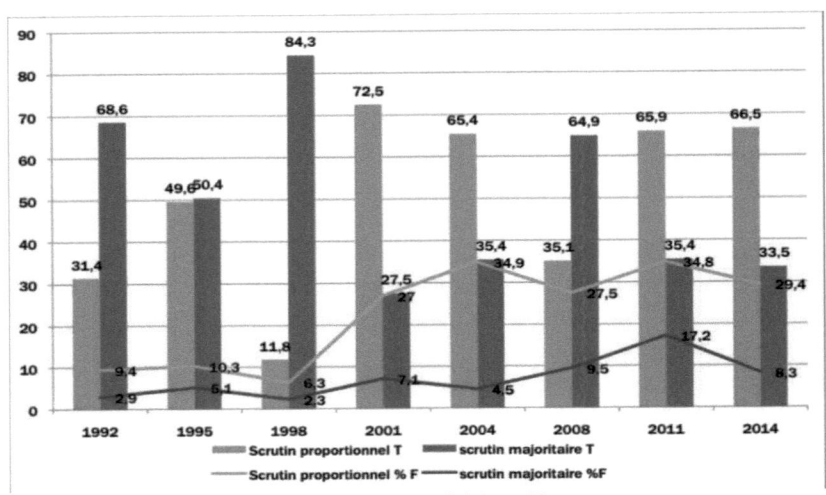

Source : HCEFH, *Rapport de février 2015,* précité, p. 89.

Contrairement à l'élection des sénateurs, aucune obligation de parité n'est prévue pour l'élection des membres du bureau du Sénat. La composition du bureau et le mode de désignation de ses membres sont réglementés par l'article 3 du règlement du Sénat et instruction générale du bureau. Le 1 de cet article dispose : « *1. - Le Bureau définitif du Sénat se compose de : - un Président, - huit vice-présidents, - trois questeurs, - quatorze secrétaires désignés pour trois ans.* »

Le bureau actuel du Sénat a été mis en place après les élections sénatoriales du 28 septembre 2014. Il comprend 8 femmes contre 18 hommes, soit 30,76% de femmes[1]. Le bureau précédent a été mis en place après les élections sénatoriales du 25 septembre 2011. Il comprenait 6 femmes contre 20 hommes, soit 23,07% de femmes[2]. Le bureau mis en place après les élections sénatoriales du 21 septembre 2008 comprenait 7 femmes et 19 hommes, soit 26,92% de femmes.

---

[1] http://www.senat.fr/themas/infocompo_2014/infocompo_20142.html#toc65, consulté le 08 août 2017.
[2] http://www.senat.fr/themas/infocompo_2011/infocompo_20112.html#toc51, consulté le 08 août 2017.

Contrairement au Sénat et à l'Assemblée nationale, la parité a été facilement mise en œuvre aux élections au Parlement européen parce que celles-ci ont eu lieu à la représentation proportionnelle.

Paragraphe III. Le Parlement européen : la parité à la faveur de la représentation proportionnelle

Le Parlement européen est l'une des sept institutions de l'Union européenne (article 13.1 du Traité sur l'Union européenne appelé TUE). Aux termes de l'article 14.2 du TUE, il *« est composé de représentants des citoyens de l'Union. Leur nombre ne dépasse pas sept cent cinquante, plus le président. La représentation des citoyens est assurée de façon dégressivement proportionnelle, avec un seuil minimum de six membres par État membre. Aucun État membre ne se voit attribuer plus de quatre-vingt-seize sièges. »*

Jusqu'en 1979, ses membres étaient désignés parmi les membres des parlements nationaux *« selon la procédure fixée par chaque État membre »*[1]. Depuis, ils *« sont élus au suffrage universel direct, libre et secret, pour un mandat de cinq ans »* (article 14.3 TUE).

L'article 14.1 du même traité dispose : *« Le Parlement européen exerce, conjointement avec le Conseil, les fonctions législative et budgétaire. Il exerce des fonctions de contrôle politique et consultatives conformément aux dispositions prévues par les traités. Il élit le président de la Commission. »*

De façon générale, *« le statut de ses membres, son organisation et son fonctionnement sont régis par des modalités très largement inspirées des règles applicables aux Parlements nationaux »*[2].

Cette précision faite, revenons en France pour interroger le mécanisme d'application de la parité aux élections au Parlement européen. La loi sur la parité du 6 juin 2000 a prévu, en son article 7, que *« sur chacune des listes,* [à cette élection] *l'écart entre le nombre des candidats de chaque sexe ne peut être supérieur à un* [et que] *chaque liste est composée alternativement d'un candidat de chaque sexe »*. La loi n°2003-327 du 11 avril 2003, tout en maintenant l'obligation de composition paritaire des listes (art. 4 alinéa 1), dispose que ces élections ont lieu, *« par circonscription, au scrutin de liste à la représentation proportionnelle, sans panachage ni vote préférentiel. Les sièges sont repartis, dans la circonscription, entre les listes ayant obtenu au moins 5% des suffrages exprimés à la représentation proportionnelle suivant*

---

[1] SAURON (Jean-Luc), *Le Parlement européen. Tout savoir en 30 questions,* Paris : Gualino-Lextenso éditions, 2009, p. 17. CLINCHAMPS (Nicolas) ; Préface de GICQUEL (Jean), *Parlement européen et droit parlementaire : essai sur la naissance du droit parlementaire de l'Union européenne,* Paris : LGDJ, 2006, XVIII-776 p.
[2] RIDEAU (Joël), *Droit institutionnel de l'Union européenne,* 6ème édition, Paris : LGDJ, Collection Manuel, 2010, p. 440.

la règle de la plus forte moyenne. Si plusieurs listes ont la même moyenne pour l'attribution du dernier siège, celui-ci revient à la liste qui a obtenu le plus grand nombre de suffrages. En cas d'égalité de suffrages, le siège est attribué à la liste dont la moyenne d'âge est la plus élevée. [Enfin], les sièges sont attribués aux candidats d'après l'ordre de présentation sur chaque liste» (art. 14). « *Les sièges à pourvoir sont répartis entre les circonscriptions proportionnellement à leurs populations avec application de la règle du plus fort reste* » (article 15.1). La répartition actuelle du nombre de sièges et de candidats par circonscription résulte du décret n°2014-378 du 28 mars 2014. Aux élections européennes de 2014, les soixante-quatorze députés européens que la France avait la charge d'élire parmi les sept cent cinquante-et-un répartis entre les vingt-huit État membres de l'Union[1] ont été repartis entre les huit circonscriptions « *Nord-Ouest, Ouest, Est, Sud-ouest, Sud-est, Massif Central-Centre, Île-de-France et Français établis hors de France, Outre-Mer* ».

Précisons que c'est par la loi n°2011-575 du 26 mai 2011 que les Français établis hors de France ont été réadmis à prendre part aux élections européennes. Ils y avaient été exclus depuis « *la création de huit circonscriptions interrégionales* »[2] par la loi du 11 avril 2003.

Appliquée aux élections européennes de 2004, 2009 et 2014, l'alternance sur les listes électorales d'un candidat de chaque sexe a renforcé la présence des femmes au sein des eurodéputés français. Elle a fait passer la proportion de femmes en leur sein à 43,6% en 2004, 44,4% en 2009 et 43,2% en 2014[3]. À noter cependant que « *le Parlement européen est une assemblée où les Françaises sont traditionnellement bien présentes. Elles constituaient déjà 29,9% de l'ensemble des représentants français au Parlement européen 1994 et 40,2% en 1999* ». Cette situation, en contraste avec celle qu'on retrouve au Parlement national, découlerait du manque de notoriété et de visibilité du Parlement européen qui l'aurait très tôt rendu accessible à un nouveau personnel politique. Pour une vue d'ensemble de la proportion des femmes à cette assemblée depuis 1979, date de la première élection au suffrage universel, reportons-nous au tableau ci-après.

---

[1] HCEFH, *Parité en politique…, Rapport de février 2015,* précité, p. 83.
[2] SAURON (Jean-Luc), *op. cit.*, p. 20.
[3] HCEFH, *Parité en politique…, Rapport de février 2015,* précité, p. 83.

Graphique 3 : Femmes et hommes député-e-s français-es au Parlement européen, depuis 197

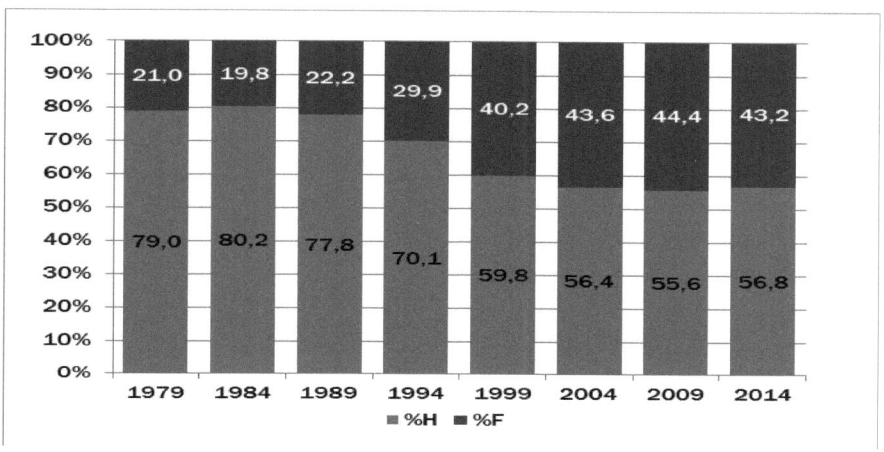

Source : *Rapport de février 2015* de l'Observatoire à l'égalité entre les femmes et les hommes, p. 57.

Il ressort de ce tableau que, mise à part la régression de 1984, l'évolution de la part des femmes au Parlement européen est restée constante aux élections qui ont précédé l'application des lois relatives à la parité. En 2004 et 2009, *«l'application des lois relatives à la parité a conforté cette évolution, sans toutefois provoquer une mutation radicale, compte tenu de cette situation de départ »*[1]. La tendance est renversée en 2014 avec le recul de la part des femmes au plus bas niveau depuis l'adoption des lois relatives à la parité. Cette part a encore régressé à 41,9% en raison de la démission d'une élue du Front national.

Conclusion du chapitre

De 2000 à 2016, une dizaine de lois ont tendu exclusivement ou accessoirement en faveur de la réalisation de l'objectif de parité en France. Si cet objectif semble être atteint dans les conseils régionaux, les conseils

---
[1]Sénat, Session ordinaire de 2009-2010, *Rapport d'information n°552,* précité, p. 15.

départementaux et parmi les représentants français au Parlement européen, c'est loin d'être le cas dans les conseils municipaux toutes communes confondues, à l'Assemblée nationale et au Sénat.

Ce résultat est corrélé à la différence des mesures, contraignantes ou incitatives, et au niveau de contrainte imposée dans ces différentes assemblées. La différence des mesures a été justifiée par la différence des modes de scrutin utilisés. Quant au niveau de contrainte, son relèvement successif résulte des limites du champ d'application des premières lois et de l'impossibilité de réaliser de progrès significatif au-delà de ces limites. Il s'en suit que le chemin de la réalisation du principe de parité a été et continue toujours d'être parsemé d'embuches formées théoriquement de modes de scrutin mais qui pratiquement témoignent de la persistance des résistances qui ont été opposées à sa constitutionnalisation.

Chapitre II -
Les progrès de la parité au Sénégal

Le principe de parité est inséré à l'article 7 al. 5 de la Constitution sénégalaise du 22 janvier 2001 par la loi constitutionnelle n°2008-30 du 7 août 2008[1] par une disposition selon laquelle « *la loi favorise l'égal accès des femmes et des hommes aux mandats et fonctions* ». En vue de traduire dans les faits cette disposition, le législateur sénégalais a adopté une seule loi contraignante applicable à toutes les institutions totalement ou partiellement électives. Cette loi est dénommée « *Loi instituant la parité absolue Homme-Femme* »[2]. Son article premier dispose que « *la parité absolue homme-femme est instituée au Sénégal dans toutes les institutions totalement ou partiellement électives* ». Les conditions de réalisation de la parité sont posées à l'article 2 qui se lit comme suit : « *Les listes de candidatures sont alternativement composées d'un candidat de chaque sexe. Lorsque le nombre de membres est impair, la parité s'applique au nombre pair immédiatement inférieur. Les listes de candidatures doivent être conformes aux dispositions ci-dessus sous peine d'irrecevabilité.* » Néanmoins, l'article 3 de la loi renvoie au décret le soin de préciser ses conditions d'application. Le décret[3] intervenu pour préciser cette loi cite en son article 2 les institutions concernées, « *les Conseils régionaux, municipaux et ruraux ainsi que leurs Bureaux et Commissions ; le Sénat, son Bureau et ses Commissions ; l'Assemblée nationale, son Bureau et ses Commissions ; le Bureau du Congrès du Parlement ; le Bureau du Conseil Économique et Social et ses Commissions.* » En plus, le même article précise que « *pour tout poste de sénateur, député ou conseiller vacant, le remplaçant doit être du même sexe.* »

La loi sur la parité absolue a été intégrée au code électoral issu de la loi n°2012-01 du 3 janvier 2012[4]. Les assemblées des collectivités locales, l'Assemblée nationale et le Sénat ont été soumis en même temps à son respect.

Elle prévoyait notamment (pour les conseillers régionaux art. L. 229 al.2, pour les conseillers municipaux art. L. 263 al. 2, pour les conseillers municipaux des villes et des communes d'arrondissement art. L. 289 al. 2, pour les conseillers ruraux art. L. 294 al. 3) que « *les listes de candidatures,*

---

[1] *Loi constitutionnelle n°2008-30 du 7 août 2008*, précitée. L'article 7 de la Constitution n'a pas été modifié par la Loi *constitutionnelle n°2016-10 du 05 avril 2016, J.O.R.F., n°6926 du jeudi 07 avril 2016.*
[2] *Loi 2010-11 du 28 mai 2010, instituant la parité absolue homme-femme*, précitée. *CF.* Annexe sur le Sénégal, Annexe 3.
[3] *Décret n°2011-819 du 16 juin 2011 portant application de la Loi instituant la parité absolue homme-femme*, précité. *CF.* Annexes sur le Sénégal, Annexe 4.
[4] *Loi n°2012-01 du 3 janvier 2012 abrogeant et remplaçant la loi n°92-16 du 07 février 1992 relative au code électoral, modifiée, J.O.R.S. n°6636 du mardi 3 janvier 2012.*

titulaires comme suppléants, doivent être alternativement composées de personnes des deux sexes. Lorsque le nombre de membres est impair, la parité s'applique au nombre pair immédiatement inférieur. »

Les mêmes dispositions sont prévues pour l'élection des députés à l'Assemblée nationale (art. L. 145 al. 3). Toutefois, dans la mesure où l'article L. 146 al.1er du code précité prévoit que *« les députés à l'Assemblée nationale sont élus à raison de quatre-vingt-dix (90) députés au scrutin majoritaire à un tour dans le ressort du département et de soixante (60) députés au scrutin proportionnel sur une liste nationale »* et que la répartition des sièges peut entraîner l'élection d'un seul député dans certains départements, l'al. 4 de l'article L. 145 prévoit dans pareil cas l'élection d'un suppléant de sexe différent.

La situation est un peu différente pour le Sénat en raison du mode de désignation des sénateurs. Aux termes de l'article LO. 193 ali. 2 du même code électoral, *« le nombre des sénateurs est fixé à cent (100) ainsi repartis : Il est élu un (1) sénateur dans chaque département ; Les autres sont nommés par le Président de la République parmi lesquels quatre (4) représentants des Sénégalais de l'Extérieur. »* L'élection d'un sénateur par département ne permettant pas de faire respecter la parité, le législateur a assigné au Président de la République de corriger les déséquilibres éventuels qui peuvent en découler au moment de la nomination des autres sénateurs. Ainsi, l'article L. 193 dispose en son ali. 3 que *« la liste des sénateurs nommés doit corriger la disparité résultant de l'élection pour assurer l'égalité du genre au sein du Sénat. »*

De ce qui précède, il ressort que la « loi sur la parité absolue » a été étendue à toutes les institutions totalement ou partiellement électives soumises au code électoral. Cependant, le code électoral ne concerne que les élections aux conseils des collectivités locales, les élections législatives et les élections sénatoriales. Les élections aux bureaux et dans les commissions des collectivités locales, de l'Assemblée nationale et du Sénat ne relevant pas du code électoral devraient faire l'objet de réglementation par les textes qui les régissent. Tel ne fut pourtant pas le cas, du moins jusqu'à la modification du Règlement intérieur de l'Assemblée nationale par la loi du 28 août 2015[1]. Entre temps, l'absence d'harmonisation des textes a entraîné des difficultés d'interprétation et une application défaillante de la loi sur la parité absolue. Nous reviendrons sur ce point dans le développement qui va suivre. Pour le moment, nous nous contenterons de préciser que les élections à ces différents niveaux sont réglementées pour les collectivités locales par le code général des collectivités locales et pour les deux chambres du Parlement par

---

[1] *Loi n°2015-19 du 28 août 2015 modifiant la loi n°2002-20 du 15 mai 2002, modifiée, portant Règlement intérieur de l'Assemblée nationale,* J.O.R.S. n°6871 du vendredi 21 août 2015.

le règlement intérieur de chacune d'elle comme prévu à l'article 51 de la Constitution dans sa rédaction antérieure à la suppression du Sénat.

Il reste que les dispositions ainsi intégrées au code électoral pour les institutions politiques totalement ou partiellement électives ne se sont pas appliquées à elles telles qu'elles pour deux raisons.

La première est l'intervention en 2013 d'une réforme institutionnelle au niveau des collectivités locales. Introduite par la loi n°2013-10 du 28 décembre 2013 portant Code général des collectivités locales, cette reforme consacre *« l'Acte III de la décentralisation »*[1] au Sénégal. Elle a consisté pour ce qui nous concerne et suivant l'énumération contenue dans l'exposé des motifs à : *« supprimer la région...; ériger les départements en collectivités locales ; procéder à la communalisation intégrale par l'érection des communautés rurales et des communes d'arrondissement en communes ; créer la ville en vue de mutualiser les compétences des communes la constituant ; répartir les neuf domaines de compétences jusqu'ici transférées entre les deux ordres des collectivités locales que sont le département et la commune »*.

Il s'ensuit que les collectivités locales concernées sont désormais le département et la commune. Les élections départementales et municipales du 29 juin 2014 ont eu lieu sous le régime du code électoral issu de la loi du 15 avril 2014[2]. Le Titre IV de cette loi traite les élections des conseillers départementaux et le Titre V celles des conseillers municipaux. Le code électoral du 15 avril 2014 a été remplacé par la loi du 18 janvier 2017 portant code électoral[3]. Les dispositions relatives aux élections des conseillers départementaux et des conseillers municipaux sont contenues respectivement dans les titres V et VI de ce code.

La deuxième est l'intervention d'une autre réforme institutionnelle au niveau du Parlement. Objet de la loi constitutionnelle n°2012-16 du 28 septembre 2012 portant révision de la Constitution[4], elle a consacré la suppression du Sénat. Le Sénégal avait renoué avec le bicamérisme avec la création du Sénat en 2007[5]. Le Sénat avait été rétabli dans le but de renforcer la décentralisation en assurant la représentation des collectivités locales mais les Sénégalais de l'extérieur étaient également représentés en son sein.

---

[1] *Loi n°2013-10 du 28 décembre 2013 portant Code général des collectivités territoriales*, exposé des motifs joint au texte.
[2] *Loi n°2014-18 du 15 avril 2014 abrogeant et remplaçant la loi n°2012-01 du 03 janvier 2012 portant code électoral*, modifiée.
[3] *Loi n°2017-12 du 18 janvier 2017 portant Code électoral*, J.O.R.S., n°6987 du jeudi 19 janvier 2017.
[4] *Loi n°2012-16 du 28 septembre 2012 portant révision de la Constitution*, J.O.R.S. n°6688 numéro spécial du vendredi 28 septembre 2012.
[5] *Loi constitutionnelle 2007-06 du 12 février 2007 créant un Sénat*, In FALL (Ismaïla Madior), Réunis et présentés par, op. cit., p. 230.

En outre, une nouvelle institution de la République, le Haut conseil des collectivités territoriales (HCCT), a été créée par la révision constitutionnelle du 05 avril 2016[1]. La loi organique portant organisation et fonctionnement de cette institution dispose qu'elle comprend 150 membres dont 80 élus au scrutin indirect et 70 nommés par le Président de la République[2]. La parité homme-femme s'applique à l'élection des 80 membres chaque fois qu'il y a plus d'un siège à pourvoir dans le département[3].

Par ailleurs, le Conseil économique et social n'étant pas soumis au code électoral, les modalités de l'application de la parité aux élections des membres de son bureau et de ses commissions devraient être définies par son règlement intérieur ce qui n'a pas été le cas. Le Conseil économique et social a été supprimé et remplacé par le Conseil économique social et environnemental (CESE) par la loi constitutionnelle du 28 septembre 2012[4]. Aux termes de l'article 87.1 de la Constitution dans sa rédaction issue de cette loi, *« le Conseil économique, social et environnemental peut être consulté par le Président de la République, l'Assemblée nationale et le Gouvernement sur tout problème de caractère économique, social et environnemental. Tout plan ou tout projet de loi de programmation à caractère économique, social ou environnemental lui est soumis pour avis.* [En plus], *il peut aussi, de sa propre initiative, émettre un avis sur l'ensemble des questions d'ordre économique, social et environnemental ainsi que les conditions d'organisation et de fonctionnement des institutions. »*

Sa composition est définie par la loi organique n°2012-28 du 28 décembre 2012[5]. L'article 7 de cette loi énonce que le Conseil économique, social et environnemental comprend quatre-vingts (80) membres comprenant les représentants de tous les secteurs d'activité économique, sociale et environnementale et des personnalités qualifiées choisies en raison de leur compétence en matière économique, scientifique, sociale, culturelle et environnementale. Selon le même article, *« les membres représentant les divers secteurs d'activités sont désignés, pour chaque catégorie, par les organisations les plus représentatives. »* Les personnalités qualifiées sont nommées par décret sur proposition du (de la) président(e) (art. 8.7 du

---

[1] *Loi constitutionnelle n°2016-10 du 05 avril 2016*, J.O.R.S. n°6926 du jeudi 07 avril 2016.
[2] Article *3 de la Loi organique n° 2016-24 du 14 juillet 2016 relative à l'organisation et au fonctionnement du Haut conseil des collectivités territoriales*, J.O.R.S. n° 6946 du vendredi 15 juillet 2016.
[3] *Loi organique n° 2016-25 du 14 juillet 2016 modifiant le Code électoral et relative à l'élection des Hauts conseillers*, J.O.R.S. ° 6946 du vendredi 15 juillet 2016.
[4] *Loi n°2012-16 du 28 septembre 2012 portant révision de la Constitution*, art.5, J.O.R.S. n°6688 numéro spécial du vendredi 28 septembre 2012.
[5] *Loi organique n°2012-16 du 28 décembre 2012 portant organisation et fonctionnement du Conseil économique, social et environnemental*, article 7, disponible sur le site officiel de l'institution http://www.cese.gouv.sn/spip.php?rubrique9.

règlement intérieur)[1]. En plus de ces quatre-vingts (80) membres, l'article 13 de la loi organique prévoit que *« des personnalités associées, qu'elles soient de nationalité sénégalaise ou pas, désignées par le Président de la République à raison de leur qualité, de leur compétence ou de leur expérience peuvent être appelées à y apporter leur expertise pour une mission et une durée déterminée. »*

Le décret d'application de la loi sur la parité absolue mentionnant le bureau et les commissions du Conseil économique et social, la parité devrait s'appliquer aussi à ces organes dans la nouvelle institution créée à sa place. Force est cependant de constater que le règlement intérieur du Conseil économique, social et environnemental et les textes qui l'ont complété[2] ne comportent pas une telle indication.

La loi sur la parité absolue a été appliquée aux élections législatives du 1er juillet 2012 et du 30 juillet 2017 et aux élections départementales et municipales du 29 juin 2014. Elle a été d'une grande efficacité parce qu'elle a permis d'approcher la parité dans ces institutions mais des divergences d'interprétation l'ont rendue inefficace aux élections des membres des bureaux et des commissions. La parité a été appliquée aussi aux élections des 80 membres du Haut conseil des collectivités territoriales. Quant aux élections des membres des bureaux et des commissions du Conseil économique, social et environnemental (CESE), elles n'ont pas fait l'objet de réglementation spécifique ce qui n'a pas permis une application de la parité en leur sein.

Il s'en suit que l'application de la parité dans les institutions nationales (Assemblée nationale, Conseil économique, social et environnemental et Haut conseil des collectivités locales) révèle une situation contrastée **(Section I)**. La parité est également inachevée dans les institutions locales (commune et département) **(Section II)**.

Section I. Les institutions nationales : une situation contrastée

L'intégration de la loi sur la parité « absolue » au code électoral pour l'élection des députés a permis d'approcher la parité à l'Assemblée nationale. Tel n'a pas été le cas au bureau et dans les commissions faute d'harmonisation des textes jusqu'à la loi du 28 août 2015. Cette loi a permis

---

[1] *Décret n°2013-732 du 28 mai 2013 portant Règlement intérieur du Conseil économique, social et environnemental,* J.O.R.S. n°6739 du samedi 20 juillet 2013.
[2] *Décret n°2013-53 du 11 janvier 2013 fixant la répartition des membres du Conseil économique, social et environnemental,* J.O.R.S. n°6729 du samedi 25 mai 2013 ; *Décret n°2013-308 du 27 février 2013 modifiant et complétant certaines dispositions des articles premier, 2 et 3 du décret n°2013-53 du 11 janvier 2013 fixant la répartition des membres du Conseil économique, social et environnemental,* J.O.R.S. n°6745 du samedi 24 août 2013.

l'application de la parité au bureau mais pas aux commissions. De fait, la parité n'a été réalisée qu'au bureau **(Paragraphe I)**. La loi sur la parité a été appliquée aussi aux élections des 80 membres du Haut conseil des collectivités territoriales (HCCT). Par contre, elle n'a pas été appliquée au Conseil Économique Social et Environnemental (CESE) faute d'harmonisation des textes **(Paragraphe II)**.

Paragraphe I. La parité approchée à l'Assemblée nationale

Les dispositions de la loi sur la parité « absolue » et de son décret d'application ont été intégrées au code électoral issu de la loi n°2012-01 du 03 janvier 2012. Les élections législatives du 1er juillet 2012 ont été régies par ce code. Le code électoral issu de la loi du 15 avril 2014 a été remplacé par le code électoral issu de la loi du 18 janvier 2017. C'est sous le régime de ce dernier code qu'ont eu lieu les élections législatives du 30 juillet 2017. Les élections des membres du bureau et des commissions de l'Assemblée nationale intervenues à la suite du renouvellement de l'Assemblée nationale de 2012 ont eu lieu sous le régime du règlement intérieur issu de la loi n°2002-20 du 15 mai 2002[1] adoptée avant la loi sur la « parité absolue » et son décret d'application. Ce n'est que par la loi n°2015-19 du 18 août 2015 que les dispositions de ces textes ont été intégrées au règlement intérieur de l'Assemblée nationale.

Une présentation succincte des règles relatives au mode de scrutin et à la composition des listes électorales à ces différentes élections s'impose **(I)**. Cela nous permettra de mieux évaluer les effets de l'application de la loi sur la « parité absolue » **(II)**.

I – Les modalités électorales

a) Règles relatives à l'élection des députés

Aux termes de l'article LO.144 du code électoral du 03 janvier 2012, « *le nombre des députés à l'Assemblée nationale est fixé à cent cinquante (150).* » Le mode de scrutin est prévu à l'article L.146 selon lequel « *les députés à l'Assemblée nationale sont élus à raison de quatre- vingt- dix (90) députés au scrutin majoritaire à un tour dans le ressort du département et de soixante (60) députés au scrutin proportionnel sur une liste nationale.* » Le même article précise cependant qu'« *il n'est utilisé qu'un seul bulletin de vote pour les deux modes de scrutin* ».

La loi constitutionnelle du 07 avril 2016 a modifié la composition de l'Assemblée nationale en ajoutant un alinéa à l'article 59 de la Constitution

---

[1] *Loi n°2002-20 du 15 mai 2002 modifiant et complétant le règlement intérieur de l'Assemblée nationale,* J.O.R.S. n°6053 du samedi 29 juin 2002.

selon lequel *« les Sénégalais de l'extérieur élisent des députés »*. Le code électoral du 18 janvier 2017 a donné effet à cette disposition en portant le nombre de députés à cent soixante-cinq (165) (art. LO. 144). L'article L. 146 prévoyant les modes de scrutin dispose : *« Les députés à l'Assemblée nationale sont élus à raison de cent cinq (105) députés, dont quatre-vingt-dix (90) pour l'intérieur du pays et quinze (15) pour l'extérieur, au scrutin majoritaire à un tour dans le ressort du département et de soixante (60) députés au scrutin proportionnel sur une liste nationale. Pour les besoins du scrutin majoritaire, l'extérieur du pays est subdivisé en des entités dénommées « départements ». »*

La répartition entre les départements des sièges réservés au scrutin majoritaire est faite désormais conformément à l'article L. 147 du nouveau code électoral. L'alinéa 1 de cet article dispose : *« Dans chaque département, sont élus sept (07) députés au plus et un député au moins. Le nombre de députés à élire dans chaque département est déterminé par décret en tenant compte de l'importance démographique respective de chaque département. »* Pour l'extérieur, l'alinéa 3 et 4 prévoit : *« Le nombre de députés à élire dans chaque département de l'extérieur du pays est déterminé par décret en tenant compte de l'importance de l'électorat de chaque département. Dans chacun de ces départements de l'extérieur sont élus trois (03) députés au plus et un (01) député au moins. Toutefois, dans un même département, les pays dont l'électorat est égal ou supérieur à 40 000 électeurs obtiennent au minimum deux (02) sièges. »*

Au scrutin majoritaire départemental, *« sont élus les candidats de la liste qui a obtenu le plus grand nombre de suffrages valablement exprimés. Si le département ne comporte qu'un siège à pourvoir, le candidat ayant obtenu le plus grand nombre de suffrages valablement exprimés est élu »* (art. L. 147 ali. 5). *« En cas d'égalité de suffrage dans le département, la liste de candidats dont la moyenne d'âge est la plus élevée (titulaires et suppléants) remporte les sièges »* (art. L. 147 ali. 6).

Pour la répartition des sièges réservés au scrutin proportionnel sur une liste nationale, l'article L. 149 dispose qu'*« il est appliqué le système du quotient national. Pour déterminer ce quotient, on divise le nombre total des suffrages valablement exprimés par le nombre des députés à élire. Autant de fois ce quotient est contenu dans le nombre des suffrages obtenus par chaque liste, autant celle-ci obtient de candidats élus. La répartition des restes se fait selon le système du plus fort reste. » « En vue de pourvoir aux vacances qui pourront se produire - chaque liste de candidats au scrutin majoritaire dans le ressort du département comprend un certain nombre de suppléants égal au nombre de sièges à pourvoir ; en cas de vacance, il est fait appel au candidat du même sexe non élu placé en tête de la liste dans laquelle s'est produite la vacance. - chaque liste de candidats au scrutin de représentation proportionnelle avec liste nationale comprend cinquante (50) candidats suppléants ; en cas de vacance d'un siège de député, il est fait appel en priorité au candidat du même sexe non élu placé en tête sur la liste dans laquelle s'est produite la vacance »* (art. L. 150).

Le nombre de députés qui ont été élus dans chaque département au scrutin majoritaire lors des élections législatives du 1er juillet 2012 a été déterminé par un décret du 19 mars 2012[1]. Ce décret fait référence aux élections législatives du 17 juin 2012 parce que cette date est celle qui était initialement prévue pour ces élections. Elles ont finalement eu lieu le 1er juillet 2012 suite à l'intervention du décret n°2012-148 du 29 mai 2012[2]. Il ressort de ce décret que quatorze (14) départements sur quarante-cinq (45) élisent des députés en nombre impair dont douze (12) un seul député au scrutin majoritaire départemental.

La répartition opérée par le décret du 19 mars 2012 des députés à élire dans chaque département de l'intérieur au scrutin majoritaire est maintenue par le décret du 15 mars 2017[3]. Conformément à l'article 2 de ce dernier décret, sept (07) des huit (08) départements de l'extérieur élisent des députés en nombre impair dont quatre (04) un seul député.

Les contraintes paritaires pour la composition des listes électorales aux deux modes de scrutin sont prévues à l'article L. 145 du code électoral. Il y est stipulé qu' « *en tout état de cause, la parité homme-femme s'applique à toutes les listes. Les listes de candidatures, titulaires comme suppléants, sont alternativement composées d'un candidat de chaque sexe. Lorsque le nombre de membres est impair, la parité s'applique au nombre pair immédiatement inférieur. Dans le cas où un seul député est à élire dans ce département, le titulaire et le suppléant doivent être de sexe différent.* »

Le respect de la parité s'impose aussi depuis 2015 à l'élection des membres du bureau mais pas à celle des membres des commissions.

b) Règles relatives à l'élection des membres du Bureau de l'Assemblée nationale

L'article 62 de la Constitution issu de la révision constitutionnelle du 05 avril 2016 énonce que *« la loi organique portant Règlement intérieur de*

---

[1] La Commission électorale nationale autonome (LA CÉNA), *Rapport élections législatives du 1er juillet 2012*, pp. 58-60 ; *Décret n°2012-365 du 19 mars 2012 portant répartition des sièges de députés à élire au scrutin majoritaire départemental à l'occasion des élections législatives du 17 juin 2012*, J.O.R.S. n°6652 du mardi 20 mars 2012.

[2] *Décret n°2012-548 du 29 mai 2012 portant convocation du corps électoral pour l'élection des députés à l'Assemblée nationale*, In LA CÉNA, Rapport élections législatives du 1er juillet 2012, pp. 103-104 ; J.O.R.S. n°6666 du mardi 29 mai 2012.

[3] *Décret n° 2017-442 du 15 mars 2017 portant répartition des sièges de députés à élire au scrutin majoritaire départemental à l'occasion des élections législatives du 30 juillet 2017*, J.O.R.S. n°6998 du samedi 16 mars 2017.

l'Assemblée nationale détermine : - la composition, les règles de fonctionnement du bureau, ainsi que les pouvoirs, prérogatives et durée du mandat de son Président ; - le nombre, le mode de désignation, la composition, le rôle et la compétence de ses commissions permanentes, sans préjudice du droit, pour l'Assemblée de créer des commissions spéciales temporaires...». La version du règlement intérieur actuellement en vigueur est issue de la loi du 18 août 2015[1]. Aux termes de l'article 13 de cette loi, le bureau de l'Assemblée nationale comprend le président, huit (8) vice-présidents, six secrétaires et deux questeurs. Le nombre des commissions permanentes est fixé à onze par l'article 24. Les commissions permanentes sont complétées par des commissions de délégation et éventuellement par des commissions spéciales temporaires (art. 25 et 32).

Le mode de désignation des membres du bureau est fixé par l'article 14. *« Le Président de l'Assemblée nationale est élu au scrutin uninominal, à la majorité absolue des suffrages exprimés »* au premier tour ou à la majorité relative au second tour. *« Les vice-présidents, les secrétaires et les questeurs sont élus au scrutin de liste, pour chaque fonction. Chaque groupe de l'Assemblée peut présenter une liste par fonction respectant la parité Homme-Femme, conformément aux dispositions de la loi 2010-11 du 28 mai 2010. Tous ces scrutins sont secrets et ont lieu à la représentation proportionnelle selon la méthode du quotient électoral, calculé sur la base du nombre des députés inscrits dans chaque groupe, avec répartition des restes selon le système de la plus forte moyenne. Les postes de vice-présidents et de questeurs sont attribués dans l'ordre fixé à l'article 13 ci-dessus, en donnant la priorité au groupe ayant obtenu le plus de voix. »* Le respect de la parité est imposé par la loi modificative du 18 août 2015 pour corriger les défaillances résultant du non-respect de la loi sur la parité absolue et de son décret d'application.

L'élection des membres des commissions est soumise à une règle commune qui ne comporte pas d'obligation de respect de la parité. Cette règle est fixée à l'article 3 alinéa 1er selon lequel *« les membres des commissions sont désignés par l'Assemblée nationale au prorata des groupes administrativement constitués et sur leur proposition. Il sera tenu compte, lors de la constitution des commissions, des propositions des députés non inscrits à un Groupe parlementaire. »*

La parité ne s'applique pas encore aux commissions alors qu'elles sont citées par le décret d'application de la loi sur la parité absolue comme devant y être soumises. On peut même se demander si elle peut l'être en raison du mode de désignation des membres des commissions dans une assemblée non paritaire. C'est conscient peut-être de cette difficulté que le législateur est resté silencieux là-dessus dans la loi du 18 août 2015 modifiant le règlement

---

[1] *Loi n°2015-19 du 28 août 201*, précitée.

intérieur de l'Assemblée nationale. Ce silence ne devrait cependant pas entraver toute évolution dans la mesure où la parité est approchée à l'Assemblée nationale et imposée au bureau.

II – Les chiffres de la parité à l'Assemblée nationale et à son Bureau

Les élections législatives du 1er juillet 2012 et celles des membres du bureau et des commissions de l'Assemblée nationale intervenues à la suite de celles-ci ont constitué la première application de la loi sur la parité « absolue » au Sénégal. Deux enseignements ressortent de cette première expérience. Le premier est qu'en dépit de l'élection dans quatorze départements des députés en nombre impair, des progrès importants ont été réalisés vers la parité. Le second est que la non-intégration, dans un premier temps, dans le règlement intérieur de l'Assemblée nationale des dispositifs paritaires, n'a pas permis de les appliquer aux élections des membres du bureau et des commissions. L'harmonisation du règlement intérieur de l'Assemblée nationale à partir de la loi du 18 août 2015 a permis aussi l'application de la parité au bureau au renouvellement suivant.

Pour le premier enseignement, sur les cent cinquante (150) députés élus en 2012, quatre-vingt-six (86) étaient des hommes, soit 57,4%, et soixante-quatre (64) des femmes, soit 42,6%[1]. Sous la précédente législature (2007-2012), l'Assemblée nationale comprenait cent cinquante (150) députés dont cent vingt-deux (122) hommes, soit 81,34%, et vingt-huit (28) femmes, soit 18,66%. La proportion de femmes a donc plus que doublé en une seule application de la loi sur la « parité absolue ».

La proportion de femmes élues à l'Assemblée nationale en 2017 est inférieure à celle de 2012 en raison du nombre élevé des départements dans lesquels sont élus des députés en nombre impair. À l'issue des élections législatives du 30 juillet 2017, 69 femmes et 96 hommes ont été élus députés[2]. Le pourcentage de femmes élues députées est passé de 42,6% en 2012 à 41,81% en 2017. Le scrutin proportionnel sur liste nationale s'est révélé plus favorable à la parité que le scrutin majoritaire départemental. Le rapport est de 42 femmes contre 63 hommes au scrutin majoritaire. Il est de 27 femmes contre 33 hommes au scrutin proportionnel.

Sans intervention législative, les femmes représenteraient encore moins du tiers des députés. L'évolution de leur présence à l'Assemblée nationale dans le tableau ci-dessous en est l'illustration.

---

[1] Observatoire national de la parité (ONP), *Rapport d'étude sur l'application de la loi sur la parité absolue Homme-femme au Sénégal,* janvier 2014, p. 5.
[2] Conseil constitutionnel, *Décision n°5/E/2017 du 14 août 2017 portant proclamation des résultats définitifs des élections législatives du 30 juillet 2017.*

Tableau 6 : **Répartition des députés par sexe de 1960 à maintenant**

Législature	Homme	Femme	Total
1960-1963	80	-	80
1963-1968	79	1	80
1968-1973	78	2	80
1973-1978	76	4	80
1978-1983	92	8	100
1983-1988	107	13	120
1988-1993	102	18	120
1993-1998	106	14	120
1998-2001	121	19	140
2001-2007	101	19	120
2007-2012	122	28	150
2012-2017	86	64	150
Législature	Homme	Femme	Total
2017---	96	69	165

Source : ONU Femmes, Rapport précité p. 9 ; Conseil constitutionnel, *Décision N°5/E/2017 du 14 août 2017*.

Pour le second enseignement, la proportion de femmes élues députées contraste, dans un premier temps, avec celle de femmes élues membres du bureau de l'Assemblée nationale. Ainsi, le bureau de l'Assemblée nationale mis en place après les élections législatives du 1er juillet 2012 comprenait dix-sept membres (17) dont onze (11) hommes, soit (64,7%), et six (6) femmes, soit (35,3%). Aux huit (8) postes de vice-président, quatre (4) hommes et quatre (4) femmes ont été élus mais pas alternativement. Aux six (6) postes de secrétaire, cinq (5) hommes et une (1) femme ont été élus. Aux deux postes de questeur, un (1) homme et une (1) femme ont été élus. Six (6) des 11 commissions étaient dirigées par un homme et cinq (5) par une femme[1].

Le non-respect de la parité au bureau de l'Assemblée nationale résultait de deux obstacles l'un politique et l'autre juridique. D'après Ndèye Lucie Cissé[2], au moment de la mise en place du bureau de l'Assemblée nationale à la suite des élections législatives du 1er juillet 2012, des députés femmes principalement de l'opposition ont demandé à leurs collègues de la majorité de faire bloc pour exiger le respect de la parité en vain. Les femmes de la majorité auraient fustigé l'opposition de jouer au mauvais perdant en posant la question de la parité et par conséquent refusé de suivre la consigne. Il semble donc que les partis et groupements politiques ont fait prévaloir les intérêts partisans sur l'application de la parité. Cependant, cela n'aurait été possible si le règlement intérieur de l'Assemblée nationale exigeait le respect de la parité. Comme ce n'était pas le cas, certains députés auraient soutenu que le règlement intérieur de l'Assemblée nationale est supérieur à la loi ordinaire et donc à la loi sur la parité absolue homme-femme et son décret d'application. Pour cette raison, l'Assemblée nationale n'aurait à leurs yeux aucune obligation de respecter ces textes.

Sur cette controverse, il faut préciser d'emblée que malgré son importance le règlement intérieur de l'Assemblée nationale *« n'intègre pas la hiérarchie des normes juridiques à l'instar de la Constitution, des lois, des ordonnances ou des décrets »*[3]. En effet, *« les règlements des assemblées parlementaires complètent la constitution pour tout ce qui concerne l'organisation interne des assemblées et le travail parlementaire, par exemple pour le détail de la procédure législative, le rôle des commissions, celui du bureau ou l'ordre de parole »*[4]. En raison de son importance, l'élaboration du règlement intérieur de l'Assemblée nationale obéit à des règles plus strictes que celle d'une loi ordinaire. Ainsi, il doit être adopté dans les conditions fixées à l'article 78 de la Constitution selon lequel *« les lois qualifiées organiques par la Constitution sont votées et modifiées à la majorité absolue des membres composant l'Assemblée nationale »*. En plus, le dernier alinéa de l'article 62 de la Constitution dispose que *« la loi organique portant règlement intérieur ne peut être promulguée, si le Conseil constitutionnel, obligatoirement saisi par le Président de la République, ne l'a déclarée conforme à la Constitution »*.

---

[1] Observatoire national de la parité, *Rapport 2014*, précité, p. 5.
[2] Entretien avec Ndèye Lucie CISSÉ, Député à l'Assemblée nationale, Présidente de la Commission de l'Urbanisme, de l'Habitat, de l'Équipement et des Transports ; Présidente du Conseil sénégalais des femmes (COSEF), réalisé le 29 janvier 2015 dans les locaux du COSEF à Dakar.
[3] MBODJ (El Hadj), Rapport sur la présente thèse, 15 janvier 2018.
[4] *Ibid.*, p. 42.

Cette précision faite, la question est maintenant de savoir si l'Assemblée nationale était obligée ou pas d'appliquer lesdits textes à l'élection des membres de son bureau et de ses commissions. Les dispositifs paritaires étant postérieurs au règlement intérieur de l'Assemblée nationale, le bon sens veut que l'Assemblée nationale les respecte. Le flou résultant de l'absence de rapport hiérarchique bien établi entre le règlement intérieur de l'Assemblée nationale et la loi ne permet pas cependant de dire qu'elle était obligée de le faire.

Compte tenu de cette situation, l'intégration de la loi sur la parité absolue homme-femme au règlement intérieur de l'Assemblée nationale s'est avérée être la réponse appropriée. C'est ce qu'a compris et fait le législateur à l'occasion de la modification du règlement intérieur par la loi n°2015-19 du 18 août 2015[1]. La parité a été respectée dans le bureau mis en place après cette loi mais pas l'alternance stricte. Ce bureau comprenait notamment dix-sept (17) membres dont neuf (9) hommes et huit (8) femmes[2]. Tel n'est pas le cas au CESE et au HCCT.

Paragraphe II. Le CESE et le HCCT, loin de la parité

Les dispositifs paritaires n'ont pas été intégrés au règlement intérieur du CESE. Cette situation a entraîné l'inapplication de la parité en ses bureau et commissions **(I)**. Par contre, l'élection de quatre-vingts (80) sur cent cinquante (150) des membres du HCCT est soumise au respect de la parité **(II)**.

I – L'absence de contraintes paritaires au Conseil économique, social et environnemental

a) L'absence de contraintes paritaires aux élections des membres du bureau et des commissions du CESE

Le CESE a été créé par la loi n°2012-16 du 28 septembre 2012 portant révision de la Constitution[3] à la place du Conseil économique et social. La loi organique du 28 décembre 2012 relative à l'organisation et au fonctionnement du CESE[4] renvoie à un décret le soin de déterminer les conditions de désignation de ses membres ainsi que leur répartition. Le

---

[1] *Loi n°2015-19 du 18 août 2015 modifiant la loi N°2002-20 du 15 mai 2002, modifiée, portant règlement intérieur de l'Assemblée nationale.*
[2] http://www.assemblee-nationale.sn/composition-du-bureau.xml?p=active47, consulté le 08 mai 2017.
[3] *Loi n°2012-16 du 28 septembre 2012 portant révision de la Constitution*, J.O.R.S., n°6688, numéro spécial du vendredi 28 septembre 2012.
[4] *Loi organique n°2012-28 du 28 décembre 2012 relative à l'organisation et au fonctionnement du Conseil économique, social et environnemental*, article 7 al. 5.

décret du 11 janvier 2013 a procédé à la précision de ces conditions[1]. Il n'a cependant pas prévu le respect de la parité. Peut-être parce que ce respect se révélerait difficile en raison de la complexité des modalités de désignation de ses membres. Le décret du 11 janvier 2013 a été modifié par le décret du 27 février 2013[2] mais celui-ci n'a pas non plus prévu l'application de la parité au CESE. L'application de la parité à l'élection des membres du bureau du CESE était possible en raison du nombre réduit de ses membres. C'est loin d'être le cas pour les commissions dans la mesure où le mode de désignation des membres du CESE peut entraîner des déséquilibres entre le nombre d'hommes et de femmes en son sein. En plus, les règles qui président à la composition des commissions permettent difficilement le respect de la parité. Néanmoins, la parité pouvait être imposée à l'élection des membres du bureau des commissions en raison là encore de leur nombre réduit.

En premier lieu, l'article 5 du règlement intérieur[3] du CESE dispose : « *Le bureau est composé du (de la) Président(e), nommé(e) par décret en dehors des membres du Conseil économique, social et environnemental, de six Vice-présidents(es) et de six Secrétaires. Les vice-présidents et les secrétaires sont élus pour une année. Ils sont rééligibles.* » Le bureau est mis en place « *à la première séance qui suit l'installation ou le renouvellement intégral du Conseil économique, social et environnemental ainsi qu'à la première séance de la première session ordinaire de chaque année* » (art. 6).

Si la parité était exigée pour l'élection des vice-présidents et des secrétaires, son respect ne poserait pas de problème d'autant que ceux-ci sont en nombre pair. Cependant, les dispositions relatives à leur élection ne comportent pas une telle obligation. Elles sont contenues dans l'article 7 du règlement intérieur selon lequel « *les Vice-présidents(es) et les Secrétaires sont élus au scrutin de liste, au premier tour, à la majorité absolue des suffrages exprimés, au deuxième tour, à la majorité relative des suffrages exprimés et, en cas d'égalité, le (la) plus âgé(e) est déclaré élu(e). Toutefois, sur proposition de son (sa) Président (e), le Conseil Économique, Social et Environnemental peut élire, par consensus, les Vice-présidents(es) et les Secrétaires. Dans ce cas la liste proposée par le (la) Président(e) est soumise à l'approbation du Conseil.* »

En second lieu, l'article 13 du règlement intérieur prévoit dix (10) commissions permanentes entre lesquels doivent se répartir les membres du

---

[1] *Décret n°2013-53 du 11 janvier 2013 fixant la répartition des membres du Conseil Économique, Social et Environnemental*, J.O.R.S., n°6729 du samedi 25 mai 2013.
[2] *Décret n°2013-308 du 27 février 2013 modifiant et complétant certaines dispositions des articles premier, 2 et 3 du décret n°2013-53 du 11 janvier 2013 fixant la répartition des membres du Conseil Économique, Social et Environnemental*, J.O.R.S., n°6745 du samedi 24 août 2013.
[3] *Décret n°2013-732 du 28 mai 2013 portant Règlement intérieur du Conseil économique, social et environnemental*, précité.

CESE. Ce sont : « *1/ Commission de l'Économie, des Finances, du Commerce et de la Conjoncture ; 2/ Commission du développement rural ; 3/ Commission du Développement industriel, de l'Énergie et des Technologies ; 4/ Commission de la Santé et des Affaires sociales ; 5/ Commission de la Jeunesse, de l'Éducation, de la Formation, du Travail et de l'Emploi ; 6/ Commission de l'Artisanat, de la Culture, du Tourisme et des Sports ; 7/ Commission du Développement territorial et local ; 8/ Commission du Genre, de l'Équité et de la Bonne gouvernance ; 9/ Commission du Cadre de vie, de l'Environnement et du Développement durable ; 10/ Commission Spéciale du Plan, des Études générales et de Synthèse* ».

L'affiliation à une commission est volontaire sous réserve des dispositions de l'article 15 du règlement intérieur et de l'article 7 de la loi organique[1] relative à l'organisation et au fonctionnement du CESE lesquels n'imposent pas la parité. Aux termes l'article 15 du règlement intérieur, « *le Conseil Économique, Social et Environnemental approuve, sur proposition du Bureau, la composition des commissions permanentes, des commissions temporaires ou commissions Ad hoc, des inter-commissions et des délégations permanentes. En dehors du (de la) Président(e) du Conseil Économique, Social et Environnemental qui peut présider, de manière exceptionnelle, toutes les commissions, chaque membre du Conseil Économique, Social et Environnemental doit faire partie d'une commission, au minimum et de deux commissions, au maximum. Dans cette limitation, la Commission Spéciale du Plan, des Études générales et de Synthèse, les commissions temporaires ou les délégations ne sont pas prises en compte. Chaque catégorie de Conseiller(ère), telle que définie à l'article 7 de la loi sur le fonctionnement du Conseil Économique, Social et Environnemental, doit nécessairement être représentée dans chacune des Commissions.* » Les conseillers devant être représentés dans chaque commission aux termes de l'article 7 de la loi organique « *sont ainsi désignés : 1° au titre de la vie économique et du dialogue social, 2° au titre de la cohésion sociale et territoriale et de la vie associative, 3° au titre de la protection de la nature et de l'environnement* ».

Enfin, chaque commission est dirigée par un bureau comprenant un(e) président(e), un(e) vice-président(e) et un(e) rapporteur(e) (art.16 du règlement intérieur). La parité ne s'applique pas non plus à l'élection des membres du bureau des commissions.

---

[1] *Loi organique n°2012-16 du 28 décembre 2012 portant organisation et fonctionnement du Conseil économique, social et environnemental,* précité.

b) L'absence de parité au bureau et dans les commissions du CESE

« Les membres du Conseil Économique, Social et Environnemental portent le titre de « Conseiller(ère) ». Les personnalités adjointes au Conseil Économique, Social et Environnemental portent le titre de « Membre associé ». » [1] Les conseillers sont répartis comme suit : *« - Quarante-huit membres représentant les organisations socioprofessionnelles ; - Trente-deux personnalités qualifiées désignées à raison de leur expertise en matière économique, scientifique, sociale, culturelle et environnementale. »*[2]

Les conseillers actuels ont été nommés par décret n°2013-479 du 12 avril 2013[3] et les membres associés par décret n°2013-480 du 12 avril 2013[4]. Ils sont répartis comme suit :

Tableau 7 : Répartition par sexe des membres du CESE

Catégorie de membre	Homme	Femme	Total
Organisations Socioprofessionnelles	38	10	**48**
Personnalités qualifiées	26	6	**32**
Membres associés	32	8	**40**
Total	**96**	**24**	**120**

Il ressort du tableau ci-dessus que sur les cent vingt (120) membres du CESE quatre-vingt-seize (96) sont des hommes, soit 80%, et vingt-quatre (24) des femmes, soit 20%. Avec un tel déséquilibre, il est inutile d'interroger la parité dans les commissions. Par contre, il est intéressant de connaître la proportion de femmes dans le bureau du CESE et dans les bureaux des commissions pour savoir si l'infériorité numérique emporte relégation des femmes au dernier plan.

À première vue, ce n'est pas le cas pour le bureau[1] parce que sur les treize (13) membres six (6) sont des femmes dont la présidente de

---

[1] *Décret n°2013-732 du 28 mai 2013 portant Règlement intérieur du Conseil économique, social et environnemental*, précité.
[2] *Décret n°2013-308 du 27 février 2013 modifiant et complétant certaines dispositions des articles premier, 2 et 3 du décret n°2013-53 du 11 janvier 2013 fixant la répartition des membres du Conseil économique, social et environnemental*, précité, article unique.
[3] *Décret n°2013-479 du 12 avril 2013 portant nomination des membres du Conseil économique, social et environnemental*, J.O.R.S. n°6731 du samedi 1er juin 2013.
[4] *Décret n°2013-480 du 12 avril 2013 portant nomination des membres associés du Conseil économique, social et environnemental*, J.O.R.S. n°6731 du samedi 1er juin 2013.

l'institution et sept (7) des hommes. Toutefois, cet équilibre est un peu trompeur parce que sur les six vice-présidents les quatre (4) premiers sont des hommes et les deux (2) derniers des femmes. Également, les trois premiers des six (6) secrétaires sont des hommes et les trois derniers des femmes. Il apparaît donc que l'équilibre quantitatif dans le bureau masque un déséquilibre qualitatif dans la répartition du pouvoir.

La situation dans les commissions est toute autre. Le rapport 2014 de l'ONP fait état de la présence seulement de cinq (5) femmes sur les trente (30) membres des bureaux des commissions ce qui donne 16,66% de femmes contre 83,34% d'hommes[2]. Ce pourcentage est inférieur au pourcentage global des femmes membres du CESE mais aussi à celui des femmes qui avaient le droit de briguer ces postes. Ainsi, étant donné que l'article 16 alinéa 2 du règlement intérieur dispose que *« les membres du Bureau du Conseil Économique, Social et Environnemental ne peuvent pas faire partie des bureaux des commissions »,* il ne restait plus que dix-neuf (19) femmes sur les cent huit (108) membres à pouvoir postuler pour être membre du bureau d'une commission, soit 17,59%.

La situation au Haut conseil des collectivités territoriales est un peu différente.

II – La soumission partielle du Haut conseil des collectivités territoriales au respect de la parité

L'article premier de la loi organique[3] sur le HCCT dispose : *« Le Haut Conseil des collectivités territoriales est une assemblée consultative qui a pour mission d'étudier et de donner un avis motivé sur les politiques de décentralisation, d'aménagement et de développement du territoire ».* Aux termes de l'article 3 de la même loi, *« le Haut Conseil des collectivités territoriales comprend cent cinquante (150) membres, investis pour un mandat de cinq ans. Quatre-vingts (80) membres sont élus au suffrage indirect selon les modalités définies par le code électoral ; soixante-dix (70) membres sont nommés par le Président de la République ».* Cette disposition a été insérée à l'article LO. 190-1 du code électoral par la loi organique du 14 juillet 2016[4]. L'article LO 190-2 du code électoral issu de cette loi dispose : *« Dans chaque département, sont élus trois (03) hauts conseillers au plus et un (01) haut conseiller au moins. Le nombre de hauts conseillers à élire dans chaque département est déterminé par décret en tenant compte de*

---

[1] Le tableau de la composition du bureau du CESE pour la mandature 2013-2018 se trouve sur le site internet de l'institution au lien http://www.ces.sn/index.php?option=com_content&view=article&id=134&Itemid=10.
[2] Rapport 2014 de l'ONP, précité, p. 9.
[3] *Loi organique n° 2016-24 du 14 juillet 2016*, précitée.
[4] *Loi organique n° 2016-25 du 14 juillet 2016*, précitée.

l'importance démographique respective de chaque département. » L'article LO 190-3 prévoit que « *la parité homme-femme s'applique à toutes les listes à chaque fois qu'il y a plus d'un siège à pourvoir* ». Aux termes de l'article LO 190-7, « *chaque liste de candidats, dans le ressort du département, comprend autant de candidats suppléants que de sièges à pourvoir. En cas de vacance, il est fait appel au candidat suppléant du même sexe si le département compte plus d'un siège…* »

Les hauts conseillers élus au scrutin indirect ont été répartis entre les départements par un décret du 27 juillet 2016[1]. Il ressort de ce décret que les sièges à pourvoir sont impairs dans vingt (20) des quarante-cinq (45) départements. Les élections au Haut conseil des collectivités territoriales ont eu lieu le 4 septembre 2016. La décision du Conseil constitutionnel du 14 septembre 2016 proclamant les résultats de ces élections pose un problème de lisibilité au chercheur dans la mesure où elle ne porte pas la mention du sexe des candidats élus[2]. Afin de faciliter le travail de recherche, surtout à ceux qui ne sont pas familiarisés avec les prénoms sénégalais, une telle mention est nécessaire dans l'avenir. Comme nous sommes familiarisés avec ces prénoms, nous pouvons affirmer que trente (30) des quatre-vingts (80) élus sont des femmes.

Les soixante-dix (70) autres hauts conseillers sont nommés par le Président de la République. Le Président de la République a procédé à ces nominations par décret le 20 octobre 2016[3]. Des soixante-dix (70) hauts conseillers nommés, dix-sept (17) sont des femmes. Si on y ajoute les trente (30) femmes élues hautes conseillères à la suite des élections du 4 septembre 2016, le nombre total de femmes membres du Haut conseil des collectivités territoriales est de quarante (47) sur cent cinquante (150) soit 31, 33%.

Il importe de souligner que les dispositions relatives aux élections des hauts conseillers sont désormais contenues dans le Titre IV du code électoral du 18 janvier 2017. La proportion de femmes membres du Haut conseil des collectivités territoriales est inférieure à celle des femmes élues dans les assemblées locales mais d'autres problèmes ont été rencontrés dans ces assemblées.

---

[1] *Décret n° 2016-1027 du 27 juillet 2016 portant répartition des sièges au scrutin majoritaire départemental pour l'élection des Hauts conseillers*, J.O.R.S. n° 6950 du jeudi 28 juillet 2016.
[2] Conseil constitutionnel, *Décision n°2/E/2016 du 14 septembre 2016 portant proclamation des résultats définitifs des élections des Hauts conseillers du 4 septembre 2016.*
[3] *Décret n°2016-1639 du 20 octobre 2016 portant nomination de membres du Haut conseil des collectivités territoriales (HCCT)*. Disponible sur https://www.gouv.sn/Decret-no-2016-1639-du-20-octobre.html.

Section II. Les institutions locales : la parité inachevée

On se rappelle que la réforme territoriale consacrée par la loi du 28 décembre 2013 portant code général des collectivités locales a procédé à une simplification administrative en supprimant la région, la commune d'arrondissement et la communauté rurale et en érigeant le département et la commune en collectivités locales. C'est dans ce texte que se trouvent définies les règles relatives à l'élection des membres des exécutifs de ces collectivités. Il ne prévoit pas l'application de la parité à ces élections. Ce silence a entraîné des interprétations divergentes au moment de la mise en place des exécutifs locaux et conduit à une inapplication de la parité **(Paragraphe II)**.

Le code électoral issu de la loi du 15 avril 2014 intervenue en partie *« en vue, d'abord, d'insérer les nouvelles dispositions relatives aux élections des conseillers départementaux, ensuite, de compléter et d'adapter celles relatives aux élections des conseillers municipaux »*[1] a prévu le respect de la parité à ces élections. Le respect de la parité a été presque parfait aux élections des conseillers des collectivités locales du 29 juin 2014 **(Paragraphe I)**.

Paragraphe I. L'atteinte d'une quasi-parité dans les conseils départementaux et municipaux aux élections locales du 29 juin 2014

La quasi-parité dans les conseils départementaux et municipaux **(II)** a été facilitée par l'intégration des dispositifs paritaires au code électoral **(I)**.

I – Le code électoral et la parité

Une présentation des dispositions relatives à la composition des conseils départementaux, au mode de désignation et à la durée du mandat des conseillers départementaux ainsi qu'au contentieux des élections départementales s'impose d'abord. Elles étaient prévues par le chapitre premier du Titre IV du code électoral du 15 avril 2014 au moment des élections locales du 29 juin 2014. Elles sont désormais prévues par le chapitre premier du Titre V du code électoral du 18 janvier 2017. Les règles sont les mêmes dans les deux codes.

La composition des conseils départementaux et la durée du mandat des conseillers sont fixées par l'article L. 226 du nouveau code dont l'alinéa 1 prévoit que *« les conseillers départementaux sont élus pour cinq (05) ans au suffrage universel direct »*. L'article L. 226 comporte une indication du

---

[1] *Loi n°2014-18 du 15 avril 2014 abrogeant et remplaçant la loi n°2012-01 du 03 janvier 2012 portant code électoral,* exposé des motifs.

nombre de conseillers à élire selon la taille du département mais prévoit en son dernier alinéa que *« le nombre de conseillers départementaux à élire dans chaque département est fixé par décret en tenant compte de l'importance démographique de chaque département ».*

Le mode de scrutin combine le scrutin majoritaire à un tour pour 45% des conseillers et le scrutin proportionnel départemental sur des listes complètes pour les 55% restants (art. L. 227 ali. 1). En vue d'assurer une représentation de chaque commune du département au conseil départemental, *« la liste majoritaire départementale doit obligatoirement comporter pour chacune des communes au minimum un (01) candidat titulaire et un candidat suppléant, inscrits sur la liste électorale de ladite commune »* (art. L. 227 ali. 2).

Pour les deux modes de scrutin, *« la parité homme-femme s'applique à toutes les listes. Les listes de candidatures, titulaires comme suppléants, doivent être alternativement composées de personnes des deux sexes. Lorsque le nombre de membres est impair, la parité s'applique au nombre pair immédiatement inférieur »* (art. L. 228 ali. 2). En vue de pourvoir aux vacances qui pourront intervenir en cours de mandat, un système de suppléance respectant la parité est prévu par l'article L. 230 pour chaque mode de scrutin. Pour les conseillers *« élus au scrutin de liste majoritaire, chaque liste comprend un nombre de suppléants égal au nombre de sièges à pourvoir. En cas de vacance, il est fait appel au suppléant du même sexe placé en tête de la liste dans laquelle la vacance s'est produite».* Pour les conseillers *« élus au scrutin proportionnel, chaque liste comprend un nombre de suppléants égal à la moitié de sièges à pourvoir. Toutefois, au cas où le nombre de conseillers à élire est impair, il est alors augmenté d'une unité pour déterminer avec exactitude la liste des suppléants. En cas de vacance, il est fait appel en priorité au candidat du même sexe non élu placé en tête de la liste dans laquelle la vacance s'est produite. Il sera fait appel ensuite aux candidats suppléants après épuisement des candidats de la liste non élus. »*

Le contentieux des élections départementales est porté en premier ressort devant la Cour d'appel (art. L. 258 al. 1). Aux termes de l'alinéa 2, *« les requêtes doivent être déposées, en deux exemplaires, dans les huit (8) jours qui suivent la proclamation des résultats, à la préfecture ou au greffe de la Cour d'appel. »* L'article L. 260 dispose : *« La cour d'Appel statue en premier ressort dans le délai d'un mois à compter de l'enregistrement de la requête en annulation des opérations électorales au greffe de la cour d'Appel. En cas de renouvellement général des conseillers départementaux, ce délai est porté à trois (03) mois. » « La partie intéressée peut interjeter appel devant la Cour suprême dans* [un délai d'un mois] *à compter du jour de la notification de la décision »* de la Cour d'appel ou de l'expiration des délais qui lui sont impartis (art. L. 260 ali. 3 et 4).

Les dispositions relatives à la composition des conseils municipaux, au mode de désignation et à la durée du mandat des conseillers municipaux ainsi qu'au contentieux des élections municipales étaient prévues par le chapitre premier du Titre V du code électoral du 15 avril 2014 au moment des élections locales du 29 juin 2014. Elles sont prévues maintenant par le chapitre premier du Titre VI du code électoral du 18 janvier 2017.

Les dispositions relatives à la composition des conseils municipaux et à la durée du mandat des conseillers municipaux sont les mêmes que celles des conseils départementaux et des conseillers départementaux. Nous allons donc nous garder de les reproduire. Au besoin, elles sont contenues dans l'article L. 262 du nouveau code électoral. De même, la parité s'applique dans les mêmes conditions (art. L. 263 ali. 1 et L. 264).

Le contentieux est porté devant la Cour d'appel du ressort de la commune *« dans les cinq (5) jours qui suivent la proclamation des résultats, à la préfecture ou au greffe de la Cour d'appel »* (art. L. 297). *« La cour d'Appel statue en premier ressort dans le délai d'un mois à compter de l'enregistrement de la requête en annulation des opérations électorales au greffe de la cour d'Appel. En cas de renouvellement général des conseillers municipaux, ce délai est porté à trois (03) mois »* (art. L. 299 ali. 1). La partie intéressée peut interjeter appel devant la Cour suprême dans un délai d'un mois à compter de la notification de la décision de la Cour d'appel ou de l'expiration des délais qui lui sont impartis (art. L. 299 avant-dernier et dernier alinéa).

Le mode de scrutin combine également le scrutin majoritaire et le scrutin proportionnel mais à des proportions différentes. Aux termes de l'article L. 263 ali. 2, *« les conseillers municipaux sont élus pour moitié au scrutin de liste majoritaire à un tour, sur liste complète, sans panachage ni vote préférentiel et pour l'autre moitié, au scrutin proportionnel avec application du quotient municipal. »*

Appliqués aux élections locales du 29 juin 2014, les dispositifs paritaires ont permis d'atteindre une quasi-parité dans les conseils départementaux et municipaux.

II – La réalisation d'une quasi-parité aux élections municipales et départementales du 29 juin 2014

Dans son rapport, l'observatoire national de la parité a relevé qu' *« aux élections locales de juin 2014, ... la parité a été globalement observée dans l'établissement des listes de candidats »*[1]. Il a seulement souligné que *« du*

---

[1] Observatoire national de la parité, *La parité à l'épreuve des élections départementales et municipales du 29 juin 2014 : enseignements tirés des recours devant les juridictions compétentes,* juillet 2014, p. 6.

fait des pesanteurs socioculturelles et religieuses, une collectivité locale, en particulier, n'a pas tenu compte de la parité et les listes ont tout de même été validées ». « Il s'agit [, dit-il,] *de la commune de Touba »*[1]. En plus de ce cas, Ndèye Lucie Cissé[2] nous a confié que la parité a été respectée dans la commune de Médina Gounass mais au prix d'une stratégie consistant à faire suivre chaque homme par sa femme sur la liste électorale. Cette stratégie pourrait être inspirée par l'idée de préserver seulement une présence figurative des femmes parmi les élus.

De son côté, la CÉNA[3] a estimé que *« si des résistances ont été notées dans la prise en compte de la constitution des listes paritaires d'investiture au niveau de certaines collectivités, c'est parce que les acteurs n'ont pas été suffisamment informés de l'importance du rôle et de la place de la femme dans la gestion participative des affaires locales ».* Pour éviter des situations de ce genre dans l'avenir, elle a recommandé outre de sensibiliser les acteurs concernés de veiller à ce que *« dans l'élaboration des projets de loi et dans leur mise en œuvre, la dimension sociologique...* [de la société sénégalaise] *soit suffisamment intégrée. C'est dire* [, ajoute-t-elle,] *que le succès de tout projet, de toute action, repose sur son intériorisation par la conscience collective et son acceptation par les logiques et dynamiques socioculturelles ».*

Ce point de vue de la CÉNA est partagé par M. Abdoul Aziz Diouf[4] qui estime qu'*« il y a souvent une rupture entre le droit positif et les réalités sociales au Sénégal et en Afrique ».*

Les préoccupations exprimées par la CÉNA n'étaient cependant pas absentes au moment de la légitimation de la parité par les groupes de pression et des discussions des différents projets de loi au Parlement. Au moment de la légitimation, des délégations du COSEF[5] se sont rendues dans plusieurs familles religieuses *« pour échanger avec elles...et recueillir leurs avis et prières ». « Une forte délégation... s'est* [notamment] *rendue à la ville sainte de Touba et fut reçue par le Khalif Mouhamadou Lamine Bara Mbacké ».* Le COSEF n'a cependant pas rendu publique la position des familles religieuses sur la parité.

On comprend alors pourquoi le cas de Touba n'a pas fait l'objet de vives condamnations. Là-dessus, Mme Ndèye Lucie Cissé[6] nous a confié

---

[1] *Ibid.*, p. 6.
[2] Entretien avec Mme Ndèye Lucie Cissé, précité.
[3] La CÉNA, Le rapport sur les élections départementales et municipales du 29 juin 2014, p. 22.
[4] M. Abdoul Aziz DIOUF, Professeur de Droit privé à l'Université Cheick Anta DIOP de Dakar (UCAD). Propos recueillis lors d'un entretien que nous avons eu avec lui le 21 janvier 2015 dans les locaux de l'université.
[5] COSEF, *Combats pour la parité, op. cit.*, p. 44.
[6] Entretien avec Mme NDèye Lucie CISSÉ, précité.

que « *les femmes ont choisi de laisser la situation de Touba pour que l'opinion publique ne pense pas que les femmes militantes sont contre les religieux* ». Le monde politique a également laissé la situation certainement parce qu'aucun parti politique ne veut avoir les religieux sur son dos. Mme Fatou Kiné Camara pense plutôt que la situation de Touba « *a été créée de toutes pièces par des hommes politiques déterminés à trouver des moyens souterrains d'abroger la loi sur la parité.* [Elle estime que] *la détermination et la vigilance de la société civile féminine est telle que les politiques n'osent pas l'affronter ouvertement en se déclarant ouvertement hostiles à la loi sur la parité (à part quelques rares téméraires qui n'ont pas une forte crédibilité politique).* »[1] On ne sait pas trop ce qu'il en est dans le cas de la parité. Quoi qu'il en soit, il semble que des résistances sont possibles dans l'avenir à Médina Gounass, Tivaoune et Niassène[2]. Certains soutiennent cependant que cette hypothèse est peu probable dans la mesure où les confréries n'ont pas le même poids et les mêmes appréciations des rapports homme-femme[3].

En dépit de cette situation, le respect de la parité sur les listes électorales municipales et départementales a permis d'atteindre un taux national de 47,2% de femmes parmi les élus des deux collectivités locales[4]. Ce taux n'inclut pas dix-neuf (19) collectivités locales ayant refusé de livrer des informations sur la répartition par sexe à la fois de leurs conseillers et des membres de leurs exécutifs[5]. On peut estimer cependant qu'elles ont respecté la parité sur les listes électorales parce que le rapport de l'ONP et de la CÉNA[6] n'ont mentionné que la commune de Touba comme ne l'ayant pas respectée à ce stade. Les données ne nous permettent pas non plus de savoir si ce taux est plus élevé dans les communes ou les départements mais le cas de Touba nous incline à penser qu'il l'est plutôt dans les départements. Tout compte fait, il varie d'une région à une autre comme le montre le tableau ci-dessous.

---

[1] Mme Fatou Kiné CAMARA, Professeur de Droit privé à l'Université Cheick Anta Diop de Dakar (UCAD), Secrétaire général de l'Association des juristes sénégalaises, réponse écrite à nos questions sur la parité au Sénégal, reçue le 24 janvier 2015.
[2] C'est M. Omar DIOP, Professeur de Droit public à l'UCAD, qui nous l'a confié lors des échanges que nous avons eu avec lui le 30 janvier 2015 dans les locaux de l'université.
[3] C'est notamment le cas de Oumar Boubacar DIARRA, administrateur à l'ONP. Propos recueillis à l'ONP le 29 janvier 2015.
[4] Unions des associations des élus locaux, *profil genre de collectivités locales,* 2015, p. 6.
[5] *Ibid.*, p. 10.
[6] La CÉNA, *Le rapport sur les élections départementales et municipales du 29 juin 2014.*

Tableau 8 : **Taux régionaux de présence des femmes dans les conseils municipaux et départementaux à l'issue des élections du 29 juin 2014**

Rang	Région	% de femmes	Nombre de femmes
1	Diourbel	48,90%	947/1937
2	Kaolack	48,60%	953/1962
3	Kaffrine	48,10%	788/1639
4	Kolda	48,10%	984/2045
5	Fatick	47,90%	849/1774
6	Ziguinchor	47,80%	692/1448
7	Matam	47,73%	652/1366
8	Sedhiou	47,40%	885/1868
9	Kedougou	47,30%	437/924
10	Saint Louis	47,30%	919/1942
11	Tamba	47,80%	1022/2184
G	Région	% de femmes	Nombre de femmes
12	Louga	46,60%	1221/2620
13	Thiès	46,60%	1277/2740
14	Dakar	46,60	1477/3311
	Ensemble	47,2%	13103/27760

Source : Rapport 2015 de l'UAEL, p. 11.

Ce tableau fait ressortir des disparités entre les régions mais celles-ci résultent non pas seulement de l'élection sur différentes listes des conseillers en nombre impair mais aussi certainement du fait que les hommes sont généralement placés en tête de liste. Il apparaît également que *« ce sont les régions les plus rurales qui arrivent en tête laissant loin derrière celles qui abritent les plus grandes villes du Sénégal (Dakar, Thiès) »*[1]. C'est sûrement la multiplicité des listes dans les grands centres urbains qui explique cela. À l'échelle départementale, le fait que *« les départements essentiellement ruraux et périphériques ... arrivent en tête, au détriment de ceux abritant des grands pôles urbains »*[2] confirme cette hypothèse.

Par ailleurs, s'agissant toujours des collectivités locales, *« le taux national d'élection des femmes dans les instances a triplé de l'ancienne (2009) à l'actuelle mandature (2014), passant de 15,9% à 47,2% »*[3]. Dans

---
[1] Unions des associations des élus locaux (UAEL), *profil genre de collectivités locales,* 2015, p. 10.
[2] *Ibid.*, p. 15.
[3] *Ibid.*, p. 13.

l'ancienne mandature, ce taux variait entre 24,5% pour la région de Dakar et 12% pour celle de Kolda. Dans l'ancienne mandature, la région de Dakar était suivie par celles de Kedougou (19,3%), Thiès (17,7%), Louga (16,1%) et Saint-Louis (16%)[1]. Donc sans obligation de parité ce sont les régions regroupant les grandes villes qui élisent les femmes en grand nombre mais avec l'obligation de parité c'est l'inverse. Il serait intéressant de savoir si cette logique est transposable aux exécutifs.

Paragraphe II. Le bureau et les commissions des collectivités locales : les résistances à la parité

En raison de l'absence dans le CGCT des règles définissant les modalités d'application de la parité aux bureaux et dans les commissions des collectivités locales, le ministre en charge des élections a informé les autorités déconcentrées de l'État qu'elle ne s'appliquait pas à ces organes. Ces autorités ne l'ont donc pas imposée **(I)**. Des recours furent alors intentés devant les juridictions compétentes pour l'annulation de l'élection des membres de certains bureaux. Quatre de ces arrêts seront étudiés en détail dans le titre suivant mais nous allons les présenter. Le premier est l'arrêt du 25 juillet 2014[2] par laquelle la Cour d'appel de Kaolack a validé l'élection sans respect de la parité des membres du bureau du conseil municipal de cette ville au motif que *« la loi n'a pas prévu les modalités pratiques du respect de la parité dans les élections à candidature individuelle comme celles de maire ou d'adjoint au maire »*. Le deuxième est l'arrêt du 21 août 2017[3] de la Cour d'appel de Dakar invalidant l'élection des membres du bureau du conseil municipal de Keur Massar, à l'exception du maire, pour non-respect de la parité au motif que la loi sur parité absolue du 28 mai 2010 et son décret d'application du 16 juin 2011 *« font obligation d'élire au sein du conseil municipal un bureau alternativement composé de personnes des deux sexes »*. Le troisième et le quatrième sont les arrêts de la Cour suprême du 8 janvier 2015 et du 26 février 2015[4]. Par ces arrêts, la Cour suprême

---

[1] *Ibid.*, p. 12.
[2] Cour d'appel de Kaolack, *Décision d'assemblée n°14/14 du 25/07/2014, Recours en annulation de l'élection du bureau du conseil municipal de Kaolack*, Cf. Annexes sur le Sénégal, Annexe 6. Également, In La CÉNA, *Le rapport sur les élections départementales et municipales*, précité, pp.105-108 ; In Observatoire national de la parité, *La parité à l'épreuve des élections départementales et municipales du 29 juin 2014*, précité, pp. 47-50.
[3] Cour d'appel de Dakar, Décision d'assemblée n°77 du 21/08/2014, *Demande d'annulation de l'élection du maire et des adjoints du conseil municipal de la commune de Keur Massar pour violation de la loi sur la parité et de son décret d'application.* Cf. Annexes sur le Sénégal, Annexe 7. Également, In La CÉNA, *Le rapport sur les élections départementales et municipales,* précité, pp. 109-112 ; In Observatoire national de la parité, *La parité à l'épreuve des élections départementales et municipales du 29 juin 2014,* précité, pp. 56-59.
[4] Cour suprême, Chambre administrative, Arrêt n°02 du 8/01/2015, In Observatoire national de la parité, *La parité à l'épreuve des élections départementales et municipales du 29 juin*

donne raison à la Cour d'appel de Dakar en sanctionnant le non-respect de la parité au bureau estimant que « *la notion des listes de candidatures figure malencontreusement dans le décret d'application* [de la loi sur la parité absolue] *pour l'élection des bureaux et commissions et, dès lors s'en servir pour écarter l'application effective de la parité dans les élections à candidatures individuelles, telles que celles du Maire et de ses Adjoints, c'est méconnaître l'esprit des textes susvisés »*. Ces arrêts font désormais jurisprudence **(II)**.

I – Une parité peu appliquée

Les règles relatives à l'élection des membres des bureaux et des commissions du conseil départemental et du conseil municipal sont fixées respectivement au Chapitre III du Titre II et au Chapitre III du Titre III du code général des collectivités territoriales issu de la loi n°2013-10 du 28 décembre 2013.

Pour le département, l'article 31 alinéa 2 du CGCT dispose que « *dans les conditions prévues à l'article 42 du présent code, le conseil élit en son sein un bureau composé d'un président, d'un premier vice-président, d'un second vice-président et de deux secrétaires.* » « *Le président du conseil départemental et les membres du bureau sont élus pour la même durée que le conseil départemental* » (art. 32). Aux termes de l'article 42, le président et les membres du bureau sont élus individuellement « *au scrutin secret et à la majorité absolue des membres du conseil départemental* » aux deux premiers tours ou à la majorité relative au troisième tour. Outre le bureau, « *le conseil départemental forme de droit 4 commissions : 1) Commission des affaires administratives, juridiques et du règlement intérieur ; 2) Commission de l'éducation, de la santé et de la population, des affaires sociales et culturelles, de la jeunesse et des sports ; 3) Commission des finances, du plan et du développement économique ; 4) Commission de l'environnement, de l'aménagement du territoire, des domaines, de l'urbanisme et de l'habitat.* » En cas de besoin, ajoute le même article, le conseil départemental peut aussi mettre en place ou dissoudre d'autres commissions à la demande de son président ou du 1/3 de ses membres. Le code est muet sur la composition des commissions ce qui suppose que chaque conseiller est libre de s'affilier à la commission de son choix. Cette liberté ne devrait cependant pas s'opposer à ce qu'un équilibre numérique soit imposé au moment de leur installation. Dans tous les cas, il revient au conseil départemental de fixer les règles à observer.

2014, précité, pp. 41-46. *Cf.* Annexe sur le Sénégal, Annexe 8. Cour suprême, Chambre administrative, Arrêt n° n°17 du 26 février 2015, In Observatoire national de la parité, *La parité à l'épreuve des élections départementales et municipales du 29 juin 2014*, précité, pp.51-55. *Cf.* Annexe sur le Sénégal, Annexe 9.

Quant à la commune, l'article 92 alinéa 2 du CGCT dispose que le conseil municipal *« élit, en son sein, le maire et un ou plusieurs adjoints. Son bureau est composé du maire et de ses adjoints élus »*. Aux termes de l'article 95, *« l'élection du maire et de ses adjoints a lieu au scrutin secret et à la majorité absolue »* aux deux premiers tours de scrutin ou à la majorité relative au troisième tour. En ce qui concerne le mandat, *« le maire et les adjoints sont élus pour la même durée que le conseil municipal »* (art. 98). L'article 156 donne également pouvoir au conseil municipal de former *« des commissions pour l'étude des questions entrant dans ses attributions »*. Là encore, c'est le conseil municipal qui détermine la composition des commissions.

Avant l'adoption de ce nouveau code, le décret d'application du 16 juin 2011 de la loi sur la parité absolue du 28 mai 2010 avait prévu son application aux bureaux et aux commissions des conseils départementaux et municipaux mais ces dispositions n'y ont pas été intégrées. Les conditions d'application de la parité à ces organes sont donc restées indéfinies. Le ministre de l'Intérieur et de la Sécurité publique en a déduit que la parité ne s'applique pas au bureau et aux commissions. Il a adressé une circulaire[1] dans ce sens aux autorités déconcentrées de l'État (Gouverneurs de Région, Préfets de Département et Sous-préfet d'Arrondissement). Suivant cette circulaire, lesdites autorités déconcentrées n'ont pas fait application de la loi sur la parité absolue au moment de la mise en place des organes dirigeants des départements et des communes. De ce fait, les femmes se sont retrouvées sous représentées dans les bureaux. Ainsi, alors qu'elles représentent 47,2% des conseillers, les bureaux des conseils départementaux et municipaux ne comportaient que 17, 5 % de femmes[2]. La parité n'a été respectée dans le bureau que dans deux (2) départements et cinq (5) communes[3]. Seules treize (13) femmes ont aussi été élues maires et deux (2) présidentes de conseil départemental[4].

L'inapplication de la loi sur la parité absolue à l'élection des membres du bureau et des commissions des départements et des communes a suscité des réactions de la part de nombreux élus. L'ONP a relevé que certaines *« conseillères se sont abstenues d'intenter des recours faute d'avoir eu l'aval de leur parti politique »*[5]. D'autres n'ont pas pu intenter de recours en raison du *« retard de la publication des procès verbaux desdites élections. Il*

---

[1] Ministère de l'Intérieur et de la Sécurité publique, Direction Générale de l'Administration du Territoire, *Circulaire n°00457 du 10 juillet 2014. Cf.* Annexes sur le Sénégal, Annexe 5. Également, In La CÉNA, Le rapport sur les élections départementales et municipales du 29 juin 2014, précité, pp. 100 à 104.
[2] UAEL, *profil genre de collectivités locales,* 2015, p. 6.
[3] *Ibid.*, p. 21.
[4] *Ibid.*, p. 6.
[5] Observatoire national de la parité, *La parité à l'épreuve des élections départementales et municipales du 29 juin 2014,* rapport précité, p. 20.

a même été impossible, pour certains requérants, d'obtenir ces pièces ».[1] L'article 97 du CGCT prévoit pourtant pour les bureaux municipaux que *« les élections sont rendues publiques, au plus tard vingt-quatre heures après la proclamation des résultats, par voie d'affichage à porte de la mairie. Elles sont, dans le même délai, notifiées au représentant de l'État »*. D'autres par contre ont poussé l'affaire en saisissant le juge électoral d'une demande d'annulation de l'élection de certains membres du bureau de leur collectivité. Au total, dix-sept (17)[2] recours ont été intentés devant les cours d'appel de Dakar, Kaolack et Saint-Louis. Ceux-ci ont donné lieu *« dans deux cas sur trois... [à] l'annulation de l'élection des membres des bureaux des collectivités locales concernées »*[3].

Saisie de deux recours l'un contre un arrêt de la Cour d'appel de Dakar et l'autre contre un autre de celle de Kaolack, la Cour suprême est allée dans le même sens que les deux tiers des arrêts en donnant raison à la Cour d'appel de Dakar qui avait annulé l'élection des membres du bureau de la commune de Keur Massar pour non-respect de la parité et en infirmant la décision de la Cour d'appel de Kaolack qui avait validé l'élection des membres du bureau de la commune de Kaolack sans respect de la parité. Le sens de l'arrêt de la Cour suprême qui fait jurisprudence est que la parité s'applique à la fois aux élections au scrutin de listes et aux élections au scrutin uninominal chaque fois qu'il y a plusieurs postes à pourvoir. Les arguments qui ont conduit à cette jurisprudence, l'appréciation qui en a été faite et les suites qui en ont été données méritent qu'on s'y attarde.

Soulignons avant que les requérants ont reçu l'appui des organisations de femmes à travers les formations et la mise à disposition *« des modèles de requête et des services d'avocats »*[4].

II – La jurisprudence de la Cour suprême sur la parité et ses suites

L'ONP a présenté le tableau de la situation des recours ainsi qu'il suit[5]. Six (6) des dix-sept (17) recours pour non-respect de la parité au bureau ont été portés devant la cour d'appel de Dakar, cinq (5) devant la cour d'appel de Kaolack dont trois (3) portent sur un même bureau et six (6) devant la cour d'appel de Saint-Louis. La cour d'appel de Saint-Louis a déclaré cinq (5) des six (6) recours portés devant elle irrecevables pour forclusion et a rejeté le sixième comme mal fondé. La cour d'appel de Kaolack a déclaré les recours

---

[1] *Ibid.*, p. 20.
[2] *Ibid.*, p. 11.
[3] *Ibid.*, p. 10.
[4] *Ibid.*, p. 20.
[5] ONP, *La parité à l'épreuve des élections départementales et municipales du 29 juin 2014*, rapport précité, p. 41 et 16.

portés devant elle mal fondés ce qui amena les requérantes de la commune de Kaolack à interjeter appel devant la Cour suprême. La cour d'appel de Dakar a donné raison dans cinq (5) cas aux requérants en annulant partiellement l'élection des membres des bureaux qui faisaient l'objet de contestation pour non-respect de la parité et a déclaré une requête irrecevable. Des conseillers municipaux d'une des communes, la commune de Keur Massar, interjetèrent alors appel devant la Cour suprême.

Quelques remarques s'imposent avant d'aller à la décision de la Cour suprême. Le tableau de la situation des recours présenté ci-dessus montre une différence entre les positions des cours d'appel saisies. Les cours d'appel de Saint-Louis et de Kaolack ont déclaré les recours recevables portés devant elles mal fondés alors que la cour d'appel de Dakar a déclaré les recours recevables portés devant elle fondés. Cette différence résulte d'interprétation divergente de la loi. En matière d'interprétation, c'est le volontarisme du juge qui prime. Ce fut le cas en espèce. Cependant, pour assouvir l'appétit d'explication du chercheur, on peut émettre deux hypothèses comme pouvant également l'expliquer. La première repose sur le fait que les juges de la cour d'appel de Dakar se trouvant au cœur de la revendication paritaire ont été plus sensibilisés à cette question que ceux de Saint-Louis et de Kaolack. Quant à la seconde, elle a trait à la pression médiatique pouvant s'exercer sur les juges de Dakar du fait de la présence des principales structures et des principaux acteurs du combat pour la parité.

Les recours contre les arrêts des cours d'appel de Dakar et de Kaolack permirent à la Cour suprême de bâtir une jurisprudence innovante sur la parité. Cette jurisprudence éclairante sur la portée de l'objectif de parité dans la vie politique sera étudiée dans le titre suivant. Elle va cependant dans le sens de l'arrêt de la cour d'appel de Dakar selon lequel la parité s'applique à la fois aux élections des membres des assemblées locales qui se déroulent au scrutin de liste et aux élections des membres des exécutifs locaux qui se déroulent au scrutin uninominal.

Là encore, le juge a fait usage de sa liberté d'interprétation. Cependant, les hypothèses formulées pour expliquer les arrêts des cours d'appel demeurent. À celles-ci, on peut ajouter le fait que la section administrative de la Cour suprême à l'origine de la jurisprudence était dirigée à l'époque par une femme membre de l'association des juristes sénégalaises (AJS), structure phare du combat pour la parité. La connaissance de cette hypothèse est importante pour le chercheur mais celle-ci n'est pas déterminante sur le fond d'autant que la décision a été rendue par un collège comportant plus d'hommes que de femmes. En plus, la décision de la cour d'appel de Dakar ainsi que celle que de la Cour suprême a entériné a été rendue par un collège non dirigé par une femme et comportant plus d'hommes que de femmes.

Les suites réservées aux arrêts de la Cour suprême accréditent les deux premières hypothèses. Ainsi, l'ONP[1] a constaté que pour la commune de Keur Massar (Dakar), « *le Bureau du conseil municipal a été renouvelé le 10 août 2015 avec le respect de la parité absolue dans l'élection des autres membres du Bureau (quatre femmes et quatre hommes dans un bureau de huit membres)* ». Par contre, la « *décision de la Cour suprême n'a pas encore été exécutée pour la commune de Kaolack, malgré les rappels par correspondances de l'ONP au Maire et au Préfet* ».

On remarquera qu'il a fallu près de sept (7) mois pour que l'arrêt de la Cour suprême sur la commune de Keur Massar soit exécuté. Cette lenteur s'explique peut-être par un manque d'enthousiasme pour la parité. Le fait que la décision de la Cour suprême sur la commune de Kaolack n'a pas encore été exécutée illustre cela. Il y a lieu donc de remarquer que l'hostilité ne vient pas seulement des milieux religieux. Les effets ne sont cependant pas les mêmes. La résistance des religieux ne peut légitimement prospérer que dans les communes abritant directement les familles régnantes des différentes confréries. Ces communes étant en nombre très limité, le non-respect de la parité en leur sein n'a pas numériquement de grandes conséquences. Tel n'est pas le cas des autorités administratives et politiques dont le comportement, à moins qu'il soit justifié par une opposition vigoureuse dans un chef-lieu de confrérie, va laisser croire aux autorités inférieures que le respect de la parité n'est pas une obligation.

Conclusion du chapitre

Il ressort du développement qui précède que le Sénégal a recouru à une seule loi contraignante pour réaliser la parité dans la vie politique. La loi instituant la parité absolue à toutes les institutions totalement ou partiellement électives énumérées par le décret d'application n'a cependant pas été appliquée comme prévu. Non seulement l'État n'a pas procédé à l'harmonisation des textes indispensable à sa mise en œuvre correcte mais il n'a pas non plus fait intégralement respecter la loi aux élections pour lesquelles les dispositions étaient claires. En plus, les recours que ces dysfonctionnements ont engendrés aboutirent à des décisions de justice tardivement ou non exécutées.

Donc aux exceptionnelles résistances sociales à l'application de la parité s'ajoute la lassitude de l'État de qui émanent les textes qui l'impose. Malgré cette situation, le niveau de parité atteint à l'Assemblée nationale et dans les collectivités locales en une seule élection bat tous les records. Il n'en demeure pas moins qu'elle dénote l'ambiguïté du rapport que certaines

---

[1] *Ibid.*, p. 21.

franges de la population et certaines autorités étatiques peuvent avoir avec certaines lois de l'État.

Conclusion du titre premier

De part et d'autre, la réalisation de l'objectif de parité a rencontré des difficultés mais celles-ci sont de nature différente. En France, elles se mesurent à travers le temps mis dans la mise en œuvre de l'objectif et son niveau actuel de réalisation. Concrètement, le législateur a posé au départ des règles minimales comme s'il doutait de la nécessité d'imposer directement la parité. Il a fallu chaque fois qu'il se convainque de la presque impossibilité d'aller au-delà de ce que la loi impose pour revenir à la charge. Dans certains cas, c'est lui-même qui justifie l'impossibilité d'appliquer la parité quitte à prendre après des mesures sous pression pour la rendre possible. Au Sénégal, l'adoption de la loi sur la parité absolue a été rapide et facile. Les difficultés sont venues après du manque d'harmonisation des textes, du défaut d'application intégrale des dispositions claires de la loi dans toutes les assemblées et du défaut d'exécution des décisions de justice sanctionnant les manquements.

De cette expérience, il ressort que la mise en œuvre du droit fait intervenir des rapports de force qui s'expriment différemment et à différents niveaux d'un pays à un autre. En France, ces rapports se sont exprimés essentiellement en amont et de façon souvent implicite entraînant une évolution régulière mais timide vers l'objectif. Les résistances en aval de l'adoption des textes sont restées dans la légalité ou ont été légalement sanctionnées. Au Sénégal, elles se sont exprimées de façon équilibrée en amont et en aval. L'expression en amont des rapports de force est restée implicite mais réelle en ce qu'elle a conduit l'État à adopter des textes qu'il ne comptait pas ou ne pouvait pas appliquer intégralement. Elle est plus explicite en aval parce qu'aux résistances sociales à l'application de la loi s'ajoute la lassitude de l'État de l'imposer et d'exécuter les sanctions prononcées pour les manquements.

TITRE SECOND
La dynamique paritaire en France et au Sénégal

Ce titre porte sur l'évolution juridique introduite par les nouvelles dispositions constitutionnelles et les lois qu'elles ont occasionnées. Une telle étude nécessite, dans un premier temps, d'interroger la portée desdites dispositions dans leur champ d'application initial et l'évolution qu'elles ont introduites dans ce champ et, dans un second temps, de chercher à savoir si le principe nouveau dont elles sont porteuses a pu être étendu à d'autres domaines. Si oui pourquoi, lesquels et quels sont ses effets dans ces domaines, si non pourquoi ?

La réalisation d'un droit passe par l'adoption des lois par lesquelles le législateur utilise des moyens et techniques antérieurement utilisés à d'autres fins ou expressément créés pour l'occasion. Il en est ainsi des modes de scrutin utilisés en France et au Sénégal pour favoriser la réalisation de l'objectif de parité dans la vie politique. Ils ont été complétés en France par l'instauration des retenues financières sur la dotation des partis et groupements politiques au titre des aides publiques en cas de non-respect de cet objectif aux élections législatives. Au Sénégal, ils ont été complétés par des règles imposant la prise en compte de l'objectif de parité par voie de nomination.

En règle générale, les moyens et techniques mobilisés en faveur de la réalisation d'une disposition constitutionnelle dépendent du contenu et de la teneur de celle-ci, de son degré d'acceptation et de sa pertinence au regard d'autres dispositions. Il revient au législateur de donner un contenu juridique positif aux règles constitutionnelles de portée générale afin que les objectifs pour la réalisation desquels elles ont été posées soient atteints. Les lois de mise en œuvre du législateur font le plus souvent l'objet de contrôle de la part du juge constitutionnel pour vérifier leur conformité à la Constitution.

La mesure du degré d'acceptation d'un principe posé par une règle constitutionnelle est quelque peu aléatoire. Néanmoins, la référence aux contextes de légitimation peut souvent aider à cela. Les éléments de connaissance du degré d'acceptation d'un principe juridique sont relatifs aux arguments mobilisés pour et contre, au poids démographique, idéologique, sociologique et économique des partisans et des adversaires qui influent à la fois sur sa formulation et sa portée. Cependant, le degré d'acceptation n'est pas statique mais mouvant. Ainsi, un principe constitutionnel moyennement accepté au début peut, avec le temps, être largement accepté, bien accepté ou contesté même si cette dernière hypothèse est exceptionnelle en matière de droit civil.

C'est à l'occasion du contrôle de constitutionnalité des lois que le juge constitutionnel détermine la portée d'une disposition constitutionnelle. Cette détermination passe en partie par la mise en relation de cette disposition avec d'autres dispositions constitutionnelles afin de trouver sa juste place en leur sein. Ce faisant, le juge constitutionnel se prononce en son âme et conscience suivant différents modes d'interprétation. Il n'est pas nécessaire dans le cadre de ce travail de rentrer dans les détails des modes d'interprétation du droit. Une brève présentation des modes les plus courants suffit à la compréhension des positions des juges sur la question objet de la présente étude. Ainsi, suivant Marie-Anne Cohendet[1], les modes d'interprétation les plus courants sont : *l'interprétation sémiotique, l'interprétation téléologique, l'interprétation génétique, l'interprétation systémique* et *l'interprétation fonctionnelle.* En la suivant toujours, l'interprétation sémiotique repose sur la référence au sens du texte de droit ; l'interprétation téléologique sur l'objectif visé par l'adoption du texte de droit ; l'interprétation génétique sur l'intention originelle des auteurs du texte de droit ; l'interprétation systémique sur l'éclairage du texte par sa mise en relation avec un autre ou d'autres textes de droit et l'interprétation fonctionnelle sur l'attribution d'une fonction objective spécifique au texte de droit. Il est loisible au juge d'utiliser, dans un cas donné, un seul mode ou de combiner deux ou plusieurs modes d'interprétation. Le choix d'un mode ou la combinaison de deux ou plusieurs modes d'interprétation ne repose pas sur un critère hiérarchique. Il obéit au volontarisme du juge eu égard aux circonstances de l'espèce.

Il arrive que les lois qui ont présidé à l'adoption d'un principe juridique soient également à l'œuvre dans sa mise en œuvre. Il peut s'agir d'opérer un arbitrage entre les différentes positions, d'élargir à des points écartés, de redonner une signification initiale, etc. Cette impression est présente en France et au Sénégal.

En France, l'examen de la première loi sur la parité a permis au Conseil constitutionnel de préciser que la révision constitutionnelle du 8 juillet 1999 par laquelle le principe de parité a été inséré à l'article 3 de la Constitution a eu pour effet de « *permettre au législateur d'instaurer tout dispositif tendant à rendre effectif l'égal accès des femmes et des hommes aux mandats électoraux et fonctions électives* [à la seule condition] *d'assurer la conciliation entre les nouvelles dispositions constitutionnelles et les autres règles et principes de valeur constitutionnelle auxquels le pouvoir constituant n'a pas entendu déroger* »[2]. En clair, le constituant a permis au législateur de déroger à l'universalisme abstrait en vue de favoriser la

---

[1] COHENDET (Marie-Anne) ; avec les contributions de BENETTI (J.), BRUNET (P.), CHAMPEIL-DESPLATS (V.) [et alii.], *Les épreuves en Droit public,* 4ᵉ édition, Paris : LGDJ, Collection Les Méthodes du droit, 2009, pp. 24 à 28.

[2] Conseil constitutionnel, *Décision n° 2000-429 DC du 30 mai 2000, Loi tendant à favoriser l'égal accès des femmes et des hommes aux mandats électoraux et fonctions électives,* J.O.R.F. du 7 juin 2000, p. 8564, considérant 4. *Cf.* Annexe sur la France, Annexe 4.

réalisation concrète de l'objectif de parité dans la vie politique. Le Conseil constitutionnel a constamment rappelé cette position en précisant toutefois « *dans plusieurs décisions que cette règle de parité* [celle issue de la loi constitutionnelle du 8 juillet 1999] *ne concerne que les élections politiques et n'autorise pas le législateur à instaurer pour les candidats aux élections au Conseil supérieur de la magistrature, pour la composition des organes dirigeants des personnes morales de droit public ou privé, ni pour la composition des jurys de concours qui doit rester guidée par la recherche des compétences, des aptitudes et des qualifications, en application de l'article 6 de la Déclaration de 1789* »[1].

Compte tenu du fait que les femmes ne participaient que de façon marginale à l'exercice des responsabilités professionnelles et sociales, des demandes furent élevées pour étendre le champ d'application de la disposition constitutionnelle.

Le constituant a dû leur donner suite en élargissant par la loi constitutionnelle du 23 juillet 2008[2] ladite disposition aux responsabilités professionnelles et sociales. Il en a profité pour déplacer la nouvelle disposition à l'article premier de la Constitution pour rendre sa place conforme à la nouvelle philosophie paritaire. Le dernier alinéa de l'article premier de la Constitution se lit désormais comme suit : « *La loi favorise l'égal accès des femmes et des hommes aux mandats électoraux et fonctions électives, ainsi qu'aux responsabilités professionnelles et sociales* ». Cette extension a entraîné l'adoption des lois favorisant l'objectif de parité dans ces nouveaux domaines dont les effets peuvent être en partie évalués.

Au Sénégal en revanche, le juge constitutionnel n'a pas été sollicité pour examiner la loi sur la parité absolue. Pour rappel, cette loi a prévu une parité absolue aux institutions totalement ou partiellement électives. Il est revenu au juge ordinaire de préciser sa portée à l'occasion de l'examen des contentieux suscités par son application. Celui-ci a estimé que l'obligation s'applique aux institutions politiques et quel que soit le mode de scrutin utilisé. C'est ce qui explique peut-être que la disposition constitutionnelle n'a pas encore été étendue à d'autres domaines.

Il ressort donc que la situation est différente sur certains points dans les deux pays. Ainsi, s'ils ont en commun d'avoir introduit une exception dans l'universalisme en insérant le principe de parité dans leurs constitutions respectives, ils n'ont pas suivi le même rythme et utilisé toujours les mêmes techniques pour favoriser sa réalisation. En outre, le principe a été étendu

---

[1] DRAGO (Guillaume), « Parité et politique », Revue de droit d'Assas, n°2 octobre 2010, pp. 47 et 48.
[2] *Loi constitutionnelle n°2008-724 du 23 juillet 2008 de modernisation des institutions de la Ve République,* J.O.R.F., n°0171 du 24 juillet 2008, p.11890. *Cf.* Annexes sur la France, Annexe 10.

aux responsabilités professionnelles et sociales en France alors qu'il ne s'applique, pour le moment, qu'à la vie politique au Sénégal. Dans l'un et l'autre cas, il y a une corrélation entre le processus de légitimation de la parité et les effets de la mise en œuvre de l'objectif de parité. Les deux situations seront abordées successivement.

Chapitre I - La France : l'extension de la logique paritaire au champ économique et social

Chapitre II - Le Sénégal. La parité, limitée au champ politique

Chapitre I -
La France : l'extension de la logique paritaire au champ économique et social

La revendication de la parité a mobilisé des arguments qui en France ont soit soutenu la philosophie de l'universalisme abstrait contre la parité soit soutenu la parité contre les apories de l'universalisme abstrait. L'universalisme étant dans la philosophie républicaine au fondement du droit et de l'État, il est apparu que la portée théorique des débats a dépassé la seule vie politique. Quant à la demande, elle était elle aussi plus ambitieuse parce qu'elle visait la parité non pas seulement pour l'accès à la seule vie politique mais aussi pour l'accès aux responsabilités professionnelles et sociales. Le projet de loi constitutionnelle n'est cependant pas allé dans ce sens. Il avait un champ d'application limité aux seuls mandats et fonctions politiques et ne mentionnait pas le mot parité dans ses dispositions. Les explications de cette limitation sont de deux ordres. En premier lieu, le remplacement du mot parité résulte d'un compromis politique mais visait à assurer une grande flexibilité à la future disposition constitutionnelle. En second lieu, la limitation à la vie politique a été motivée par le fait que la révision visait seulement à lever l'obstacle posé par le Conseil constitutionnel à l'adoption des mesures favorisant une participation accrue des femmes dans ce domaine.

Les considérations qui viennent d'être rappelées sont donc celles qui sont à l'origine de l'adoption de la disposition constitutionnelle limitée à la vie politique et moins rigoureuse dans sa formulation, dans sa rédaction issue de la loi constitutionnelle n°99-569 du 8 juillet 1999. Cette disposition a introduit une exception dans l'universalisme abstrait dans ce domaine et a clos le débat théorique sur la question de la promotion de l'égalité réelle entre les femmes et les hommes par leur distinction dans le droit. Il semblait donc possible, au regard des arguments avancés pour justifier cette limitation, d'adopter des mesures en faveur d'une telle égalité dans le domaine des responsabilités professionnelles et sociales. Le législateur est allé dans ce sens mais le Conseil constitutionnel s'y est opposé à plusieurs reprises. Face à cette opposition, le constituant a dû revenir à la charge pour étendre la disposition constitutionnelle aux responsabilités professionnelles et sociales et la déplacer à l'article premier de la Constitution par la loi constitutionnelle du 23 juillet 2008[1].

En conséquence de l'extension sus rappelée, une meilleure compréhension de la dynamique paritaire nécessite d'étudier cette question d'abord au niveau des mandats électoraux et fonctions électives, objet

---

[1] *Loi constitutionnelle N°2008-724 du 23 juillet 2008 de modernisation des institutions de la Ve République*, J.O.R.F. du 2 juillet 2008, p. 11 890. *Cf* Annexes sur la France, Annexe 10.

premier de la réforme **(Section I)** et, ensuite, dans les autres domaines témoin d'une plus grande légitimité acquise par la philosophie paritaire comme instrument de promotion de l'égalité réelle entre les femmes et les hommes dans le domaine de l'exercice des responsabilités politiques, professionnelles et sociales **(Section II)**.

Section I. L'interprétation restrictive des dispositions constitutionnelles issues de la loi constitutionnelle de 1999

L'insertion de l'objectif de parité dans la Constitution est une innovation. Avant cette insertion, la philosophie universaliste faisait obligation de rendre le droit aveugle aux différences en vertu du principe d'égalité. Pour ce faire, la loi « *doit être la même pour tous, soit qu'elle protège, soit qu'elle punisse* » (art. 6 de la DDHC).

Tel n'a pas été toujours le cas. Elle a souvent recouru et continue toujours de recourir à des lois qui ne sont pas les mêmes pour tous. De telles lois sont avalisées par le Conseil constitutionnel chaque fois qu'il trouve justifiées les différences de traitement dont elles sont porteuses. Ferdinand Mélin-Soucramanien a retracé l'évolution de la jurisprudence du Conseil constitutionnel sur ce point mais nous ne reprendrons de lui ici que quelques décisions. « *Ainsi, dans la décision* « *Conseils de prud'hommes* », *du 17 janvier 1979, le Conseil a employé, pour la première fois, une formule jurisprudentielle condensant à la fois l'affirmation et les limites du principe d'égalité :* « *...le principe d'égalité ne fait pas obstacle à ce qu'une loi établisse des règles non identiques à l'égard des catégories de personnes se trouvant dans des situations différentes, il n'en est ainsi que lorsque cette non-identité est justifiée par la différence de situations et n'est pas incompatible avec la finalité de cette loi* »[1].

Après cette décision, « *le Conseil constitutionnel a, en quelque sorte,* « *testé* » *différentes expressions dont le contenu était, en fait, assez comparable à celui de la formule actuelle, hormis quelques dissemblances terminologiques.* »[2] C'est à partir de la décision « *Mutualisation de la caisse nationale de crédit agricole* » du 7 janvier 1988 que le Conseil constitutionnel « *a commencé à employer la formule désormais consacrée selon laquelle* «...*le principe d'égalité ne s'oppose ni à ce que le législateur*

---

[1] MELIN-SOUCRAMANIEN (Ferdinand), *Le principe d'égalité dans la jurisprudence du Conseil constitutionnel*, Préface de VEDEL (Georges), Paris ; Marseille : ECONOMICA : Presses universitaires d'Aix-Marseille, Collection Droit public positif, 1997, p. 41 ; Conseil constitutionnel, *Décision n°78-101 DC du 17 janvier 1979, Loi portant modification des dispositions du titre premier du livre V du code du travail relatives aux conseils de prud'hommes,* considérant 3, J.O.R.F. du 19 janvier 1978, p. 173.
[2] MELIN-SOUCRAMANIEN (Ferdinand), *Le principe d'égalité dans la jurisprudence du Conseil constitutionnel, op. cit.*, p. 42.

règle de façon différente des situations différentes ni à ce qu'il déroge à l'égalité pour des raisons d'intérêt général pourvu que, dans l'un et l'autre cas, la différence de traitement qui en résulte soit en rapport avec l'objet de la loi qui l'établit » »[1]. Par la décision du 9 avril 1996, « *Diverses dispositions d'ordre économique et financier* », le Conseil constitutionnel marque un renforcement de sa position précédente. Il a notamment considéré *«que le principe d'égalité ne s'oppose pas à ce que le législateur déroge à l'égalité pour des raisons d'intérêt général pourvu que la différence de traitement qui en résulte soit en rapport direct avec l'objet de la loi qui l'établit »*[2]. Ferdinand Mélin-Soucramanien souligne sur ce point que *« le Conseil constitutionnel exige donc désormais que les différences de traitement soient en « rapport direct »…avec l'objet de la loi qui les établit. Cette évolution de la formule standard utilisée par le juge lorsqu'il applique le principe d'égalité paraît dénoter une volonté manifeste de sa part de resserrer les mailles du filet »*[3].

Depuis cette remarque, la formule du Conseil constitutionnel est restée la même. En témoigne sa décision du 29 septembre 2016, *« Cumul des poursuites pénales pour banqueroute avec la procédure de liquidation judiciaire et cumul des mesures de faillite ou d'interdiction »*[4], dans laquelle elle l'a utilisée.

Au-delà de ce resserrement, le Conseil constitutionnel se montre très rigoureux en matière de contrôle des lois ne prévoyant pas les mêmes dispositions pour tous dans certains domaines. Qu'on nous excuse de reprendre une dernière fois Ferdinand Mélin-Soucramanien qui relève que *« les domaines du droit constitutionnel pénal et de la procédure pénale, d'une part, et du droit constitutionnel électoral, d'autre part, paraissent…être ceux dans lesquels un contrôle strict du respect du principe d'égalité par le législateur est le plus souvent mis en œuvre. Il semble* [,explique-t-il,] *que la raison d'être fondamentale de l'accroissement de la sévérité du juge constitutionnel dans ces domaines particuliers réside principalement dans le fait que dans ceux-ci, plus que dans d'autres, des*

---

[1] *Ibid.*, p. 42 ; Conseil constitutionnel, *Décision n°87-232 du 7 janvier 1988, Loi relative à la mutualisation de la Caisse nationale de crédit agricole,* considérant 10, J.O.R.F. du 10 janvier 1988, p. 482.
[2] Conseil constitutionnel, *Décision n°96-375 du 9 avril 1996, Loi portant diverses dispositions d'ordre économique et financier,* considérant 8, J.O.R.F. du 13 avril 1996, p. 5730.
[3] MELIN-SOUCRAMANIEN (Ferdinand), *op. cit.*, p. 42.
[4] Conseil constitutionnel, *Décision n°2016-573 QPC du 29 septembre 2016, Cumul des poursuites pénales pour banqueroute avec la procédure de liquidation judiciaire et cumul des mesures de faillite ou d'interdiction prononcées dans ce cadre,* considérant 15, J.O.R.F. n°0229 du 1 octobre 2016 texte n° 58.

droits fondamentaux de première importance comme la liberté individuelle ou le droit de suffrage peuvent être en jeu. »[1]

Là encore, la rigueur du juge constitutionnel est toujours de mise. En matière pénale, il a rappelé dans sa décision du 16 septembre 2016, *« Communication des réquisitions du ministère public devant la chambre d'instruction »*, que *« si le législateur peut prévoir des règles de procédure différentes selon les faits, les situations et les personnes auxquelles elles s'appliquent, c'est à la condition que ces différences ne procèdent pas de distinctions injustifiées et que soient assurées aux justiciables des garanties égales, notamment quant au principe du contradictoire et au respect des droits de la défense »*[2]. En matière électorale, la jurisprudence issue des décisions *« Quotas par sexe I et II »* respectivement du 18 novembre 1982 et du 14 janvier 1999 demeure opposable à toute distinction au-delà de la parité.

L'introduction de l'objectif de parité vient donc ouvrir l'un des domaines d'intransigeance du Conseil constitutionnel. C'est une ouverture de taille parce qu'elle consacre une invention juridique. L'invention a été faite d'abord pour la vie politique puis étendue aux responsabilités professionnelles et sociales. Cette section est consacrée à la vie politique. Le Conseil constitutionnel a considéré qu'elle constitue un objectif constitutionnel et qu'elle ne s'appliquait qu'à la vie politique dans sa rédaction issue de la loi constitutionnelle du 8 juillet 1999 **(Paragraphe I)**. Dans ce domaine cependant, les lois intervenues en faveur de sa réalisation ont fait également œuvre d'invention et d'innovation en matière de techniques juridiques **(Paragraphe II)**.

Paragraphe I. L'invention d'un nouvel objectif de valeur constitutionnelle

L'interprétation que donne le Conseil constitutionnel de l'ex-article 3 alinéa 5 issu de la loi constitutionnelle n°99-569 du 8 juillet 1999 est que cette disposition ne constitue qu'un objectif de valeur constitutionnelle et qu'elle ne s'applique qu'à la vie politique.

---

[1] MELIN-SOUCRAMANIEN (Ferdinand), *op. cit.*, p. 136.
[2] *Conseil constitutionnel, Décision n°2016-566 QPC du 16 septembre 2016, Communication des réquisitions du ministère public devant la chambre d'instruction*, considérant 7, J.O.R.F. n°0218 du 18 septembre 2016, texte n° 38.

I – Un objectif à concilier avec les autres règles et principes de valeur constitutionnelle

À la suite de l'adoption de la première loi tendant à favoriser l'égal accès des femmes et des hommes aux mandats électoraux et fonctions électives, des sénateurs saisirent le Conseil constitutionnel dans les conditions fixées à l'article 61 ali. 2 de la Constitution aux fins d'apprécier la constitutionnalité de plusieurs dispositions de ladite loi notamment celles instaurant des mesures paritaires contraignantes aux élections qui ont lieu au scrutin proportionnel à un et à deux tours. Les auteurs de la saisine soutinrent que de telles mesures seraient contraires à l'ex-article 3 ali. 5 de la Constitution selon lequel *« la loi favorise l'égal accès des femmes et des hommes aux mandats électoraux et fonctions électives »* dans la mesure où, selon eux, les dispositions de cet article *« ne sont pas normatives mais objectives »*[1].

Dans sa décision du 30 mai 2000, le Conseil constitutionnel a dit pour droit *« qu'il ressort des dispositions du cinquième alinéa de l'article 3 de la Constitution, éclairées par les travaux préparatoires de la loi constitutionnelle susvisée du 8 juillet 1999, que le constituant a entendu permettre au législateur d'instaurer tout dispositif tendant à rendre effectif l'égal accès des femmes et des hommes aux mandats électoraux et fonctions électives ; qu'à cette fin, il est désormais loisible au législateur d'adopter des dispositions revêtant soit un caractère incitatif, soit un caractère contraignant ; qu'il lui appartient toutefois d'assurer la conciliation entre les nouvelles dispositions constitutionnelles et les autres règles et principes de valeur constitutionnelle auxquels le pouvoir constituant n'a pas entendu déroger »*[2].

Deux éléments ressortent de cette décision. Le premier est que le législateur est libre de prendre la mesure qui lui semble appropriée pour favoriser la réalisation de l'objectif de parité dans une assemblée donnée. Le second est que sa liberté de choix se trouve encadrée par l'obligation qu'il a de concilier la réalisation de cet objectif avec les autres règles et principes de valeur constitutionnelle. Il revient au Conseil constitutionnel d'apprécier le bien-fondé d'une telle conciliation comme il l'a fait dans la décision qui suit.

Le Conseil constitutionnel a été saisi le 14 et 18 mars 2003 par des députés et sénateurs de la constitutionnalité de la procédure d'élaboration et de plusieurs dispositions de la *« Loi relative à l'élection des conseillers régionaux et des représentants au Parlement européen ainsi qu'à l'aide*

---

[1] *Conseil constitutionnel, Décision n° 2000-429 DC du 30 mai 2000, Loi tendant à favoriser l'égal accès des femmes et des hommes aux mandats électoraux et fonctions électives*, considérant 4, J.O.R.F. du 7 juin 2000 p. 8554. *Cf.* Annexe sur la France, Annexe 4.
[2] Conseil constitutionnel, *Décision n° 2000-429 DC du 30 mai 2000*, considérant 7.

publique aux partis politiques ». Deux des griefs soulevés par les auteurs de la saisine rentrent dans le cadre de la présente étude. Le premier a été dirigé contre l'article 9 de la loi déférée en tant qu'il porte atteinte au principe d'égalité dans la mesure où il n'étend pas à l'assemblée de Corse l'obligation d'alternance d'un candidat de chaque sexe sur les listes électorales des sections départementales prévue par l'article 4 pour les élections régionales. Le second a été dirigé contre le Titre II qui prévoie entre autres l'élection des députés au Parlement européen par circonscription.

Les députés soutenaient notamment que la division du territoire national en huit circonscriptions électorales par la loi déférée « *aura... pour effet de réduire le nombre de sièges obtenus par chaque liste en présence ; que nombreuses seront les listes qui n'obtiendront qu'un siège et qu'il en "résultera nécessairement... un déséquilibre important entre hommes et femmes en termes d'élus" ; que, de ce fait, l'écart actuellement constaté au profit des élus masculins pourrait s'en trouver accru ; que la loi méconnaîtrait, à cet égard, le cinquième alinéa de l'article 3 de la Constitution* »[1].

Par décision rendue le 3 avril 2003, le Conseil constitutionnel a soutenu que ce grief n'est pas fondé étant donné « *que les dispositions critiquées n'ont ni pour objet ni, par elles-mêmes, pour effet de réduire la proportion de femmes élues en France au Parlement européen ; que le législateur a maintenu la règle de l'alternance entre candidats féminins et masculins sur les listes de candidats qui prévalait sous l'empire des dispositions précédentes* »[2].

Par contre, il a reconnu suivant en cela les députés et sénateurs requérants que dans la mesure où « *le premier alinéa de l'article L. 346 du code électoral, dans la rédaction que lui donne l'article 4 de la loi déférée, impose, pour les élections régionales, que les listes des candidats des sections départementales soient composées alternativement d'un candidat de chaque sexe ;* [alors] *que l'article 9 de la loi déférée, tout en modifiant sur certains points les règles relatives à l'Assemblée de Corse, n'étend pas ces modalités à l'élection de ladite assemblée* »[3], l'article 9 est contraire au principe d'égalité. Pour autant, il ne le censure pas parce que, dit-il, « *une telle censure méconnaîtrait la volonté du constituant de voir la loi favoriser l'égal accès des femmes et des hommes aux mandats électoraux et fonctions*

---

[1] Conseil constitutionnel, *Décision n° 2003-468 DC du 3 avril 2003, Loi relative à l'élection des conseillers régionaux et des représentants au Parlement européen ainsi qu'à l'aide publique aux partis politiques,* considérant 45, J.O.R.F. du 12 avril 2003, p. 6493. *Cf.* Annexe sur la France, Annexe 7.
[2] *Ibid.*, considérant 46.
[3] *Ibid.*, considérant 22.

électives »[1]. Dans ces conditions, poursuit-il, *« il appartiendra à la prochaine loi relative à l'Assemblée de Corse de mettre fin à cette inégalité »*.

Il ressort de cette décision que la liberté du législateur est également limitée par le fait qu'il ne saurait soumettre des assemblées se trouvant dans des situations comparables à des règles de parité différentes. En plus, l'adoption des règles entraînant une réduction de la proportion des élus de l'un ou l'autre sexe sans desserrement de la règle de parité n'est pas contraire à l'objectif de parité. Il en est d'ailleurs de même lorsqu'une loi entraîne un desserrement du niveau de la contrainte paritaire sans que ce desserrement soit son objet. Le Conseil constitutionnel affirme cette dernière assertion dans sa décision du 24 juillet 2003[2] rendue un peu plus de trois mois après la précédente à l'occasion de l'examen de la *« Loi portant réforme de l'élection des sénateurs »*. Les députés et sénateurs auteurs de la saisine contestaient sur la base de l'ex-article 3 alinéa 5 de la Constitution les dispositions de la loi relevant le seuil d'application du scrutin proportionnel aux départements élisant quatre sénateurs et plus en ce qu'elles réduisaient *« le nombre de sièges auxquels s'applique l'obligation de présenter des listes de candidats composées de femmes et d'hommes à égalité alternée »*[3]. Le Conseil constitutionnel a repris et renforcé les arguments déjà avancés. D'un côté, il considère *« que les dispositions critiquées ne portent pas, par elles-mêmes, atteinte à l'objectif d'égal accès des femmes et des hommes aux mandats électoraux et fonctions électives énoncé à l'article 3 de la Constitution »*[4]. De l'autre, il soutient *« que les dispositions du cinquième alinéa de l'article 3 de la Constitution n'ont pas pour objet et ne sauraient avoir pour effet de priver le législateur de la faculté qu'il tient de l'article 34 de la Constitution de fixer le régime électoral des assemblées »*[5].

Quatre remarques s'imposent du développement qui précède sur la portée du principe d'égal accès. Les deux premières que nous empruntons aux Cahiers du Conseil constitutionnel[6] se présentent comme suit : l'ex-article 3 alinéa 5 de la Constitution *« permet au législateur d'imposer des règles de parité pour l'accès aux mandats électoraux de caractère politique,* [mais] *ne lui impose pas d'imposer »*. Il s'agit donc pour le Conseil

---

[1] Conseil constitutionnel, *Décision n° 2003-468 DC du 3 avril 2003*, précitée, considérant 27.
[2] Conseil constitutionnel, *Décision n° 2003-475 DC du 24 juillet 2003, Loi portant réforme de l'élection des sénateurs,* J.O.R.F. du 31 juillet 2003, p. 13038. *Cf.* Annexes sur la France, Annexe 8.
[3] Conseil constitutionnel, *Décision n° 2003-475 DC du 24 juillet 2003*, précitée, considérant 16.
[4] Conseil constitutionnel, *Décision n° 2003-475 DC du 24 juillet 2003*, précitée, considérant 17.
[5] Conseil constitutionnel, *Décision n° 2003-475 DC du 24 juillet 2003*, considérant 18.
[6] Les Cahiers du Conseil constitutionnel, Cahier n°15, Commentaire des décisions n° 2003-475 DC et n° 2003-476 DC du 24 juillet 2003, *Loi portant réforme de l'élection des sénateurs.*

constitutionnel d'un objectif constitutionnel. En outre, il *« ne saurait être interprété comme restreignant le pouvoir que tire le législateur de l'article 34 de la Constitution de fixer les règles concernant le régime électoral des assemblées parlementaires ».* Toutefois, et c'est la troisième précision, une nouvelle loi ne saurait avoir pour seul but de réduire la proportion de l'un ou l'autre sexe dans la vie politique. La quatrième tient au fait que le législateur doit concilier la recherche de parité avec le respect des autres règles et principes de valeur constitutionnelle.

II – Un champ d'application limité aux mandats et fonctions politiques

En ce qui concerne l'adoption des dispositions relatives à l'égal accès dans d'autres domaines, le Conseil constitutionnel l'a l'écartée dans trois décisions comme contraire à l'ex-article article 3 ali. 5 de la Constitution dans sa rédaction issue de la loi constitutionnelle n°99-569 du 8 juillet 1999.

La première est la décision du 19 janvier 2001[1] portant sur la *« Loi organique relative au statut de la magistrature et au Conseil supérieur de la magistrature ».* Elle a été rendue sur saisine du Premier ministre conformément aux articles 46 et 61 alinéa 1er de la Constitution. La loi déférée comportait un *« article 33, qui modifie l'article 3 de la loi organique du 5 février 1994…relative au Conseil supérieur de la magistrature* [et] *aménage le mode de scrutin régissant l'élection au Conseil supérieur de la magistrature des représentants des magistrats qui n'exercent pas des fonctions de chef de juridiction…* [en introduisant] *la représentation proportionnelle aux deux degrés de l'élection et* [en instaurant]*…des règles de parité entre les candidats de l'un et l'autre sexe. »*[2]

Le Conseil constitutionnel a estimé que *« si, aux termes des dispositions du cinquième alinéa de l'article 3 de la Constitution, dans leur rédaction issue de la loi constitutionnelle n° 99-569 du 8 juillet 1999 : " La loi favorise l'égal accès des femmes et des hommes aux mandats électoraux et fonctions électives ", il résulte tant des travaux parlementaires ayant conduit à leur adoption que de leur insertion dans ledit article que ces dispositions ne s'appliquent qu'aux élections à des mandats et fonctions politiques. »*[3] Par conséquent, il déclare les dispositions de l'article 33 de la loi organique contraires à la Constitution en *« considérant que les règles édictées pour l'établissement des listes de candidats à l'élection à des dignités, places et emplois publics autres que ceux ayant un caractère politique ne peuvent, au*

---

[1] Conseil constitutionnel, *Décision n° 2001-445 DC du 19 juin 2001, Loi organique relative au statut des magistrats et au Conseil supérieur de la magistrature*, J.O.R.F. du 16 juin 2001, p. 10125. *Cf.* Annexe sur la France, Annexe 5.
[2] Conseil constitutionnel, *Décision n° 2001-445 DC du 19 juin 2001*, considérant 56.
[3] Conseil constitutionnel, *Décision n° 2001-445 DC du 19 juin 2001*, considérant 57.

regard du principe d'égalité d'accès énoncé par l'article 6 de la Déclaration de 1789, comporter une distinction entre candidats en raison de leur sexe. »[1]

La deuxième est la décision du 12 janvier 2002 portant sur la « *Loi de modernisation sociale* ». À la suite de l'adoption de cette loi, des députés et sénateurs contestant la procédure d'adoption et le fondement de certaines de ses dispositions la déférèrent au Conseil constitutionnel. Le Conseil constitutionnel a étendu ensuite, de son propre chef, son contrôle aux articles 134 et 137[2] de cette loi. Ces articles « *modifient le code de l'éducation de manière à permettre l'obtention de diplômes par " la validation des acquis de l'expérience…*[et] *confient à un jury le soin de prononcer cette validation* ». Aux termes de l'article 134, la validation des diplômes et titres à finalité professionnelle « *est effectuée par un jury dont la composition garantit une présence significative de représentants qualifiés des professions concernées* ». Quant à « *l'article 137, relatif aux diplômes ou titres délivrés, au nom de l'État, par un établissement d'enseignement supérieur,* [il] *dispose que la validation " est prononcée par un jury dont les membres sont désignés par le président de l'université ou le chef de l'établissement d'enseignement supérieur en fonction de la nature de la validation demandée... Ce jury comprend, outre les enseignants chercheurs qui en constituent la majorité, des personnes compétentes pour apprécier la nature des acquis, notamment professionnels, dont la validation est sollicitée.* » Les deux articles prévoient également « *une représentation équilibrée entre les femmes et les hommes* » dans les différents jurys.

Au regard de ces précisions, le Conseil constitutionnel avance « *qu'en raison de la mission confiée aux jurys prévus par les articles 134 et 137 de la loi déférée, les membres desdits jurys occupent des " dignités, places et emplois publics " au sens de l'article 6 de la Déclaration de 1789* ». Or, cet article dispose que « *tous les citoyens... sont également admissibles à toutes dignités, places et emplois publics selon leur capacité et sans autre distinction que celles de leurs vertus et de leurs talents.* »

Faut-il alors voir une atteinte à la Constitution ? A priori non, dit le Conseil constitutionnel, mais sous certaines conditions. « *Tout d'abord, il n'est pas contraire à l'article 6 de la Déclaration de rechercher une composition équilibrée entre les femmes et les hommes d'un jury (ou, plus généralement, de toute commission ou de tout organe relevant de la « sphère publique »), dès lors que cet équilibre est recherché « à mérites égaux ». Il serait en revanche contraire au principe d'égalité proclamé par l'article 6 de*

---

[1] Conseil constitutionnel, *Décision n° 2001-445 DC du 19 juin 2001,* considérant 58.
[2] Conseil constitutionnel, *Décision n° 2001-455 DC du 12 janvier 2002, Loi de modernisation sociale,* J.O.R.F. du 18 janvier 2002, p. 1053. Les articles 134 et 137 sont examinés aux considérants 112 à 115. *CF.* Annexe sur la France, Annexe 6.

la Déclaration de faire prévaloir la considération du sexe sur celle des compétences, des aptitudes et des qualifications. »[1]

Enfin, la troisième est la décision du 16 mars 2006[2]. Par cette décision, le Conseil constitutionnel achève de se prononcer sur l'applicabilité de l'ex-article 3 al. 5 de la Constitution dans des domaines autres que politique. Saisi par des députés qui contestaient la procédure d'adoption de certains articles de la *« Loi relative à l'égalité salariale entre les femmes et les hommes »*, le Conseil en a profité pour étendre son contrôle à d'autres titres de ladite loi portant *« sur l'accès des femmes à des instances délibératives et juridictionnelles ainsi qu'à la formation professionnelle et à l'apprentissage »*[3].

Après avoir rappelé les dispositions du bloc de constitutionnalité relatives à l'égalité de droit et souligné qu' *« il résulte des travaux préparatoires que...*[l'ex-article 3 alinéa 5 de la Constitution] *ne s'applique qu'aux élections aux mandats et fonctions politiques »*, le Conseil constitutionnel soutient que *« la Constitution ne permet pas que la composition des organes dirigeants ou consultatifs des personnes morales de droit public ou privé soit régie par des règles contraignantes fondées sur le sexe des personnes »*[4]. Par conséquent, il considère *« qu'en imposant le respect de proportions déterminées entre les femmes et les hommes au sein des conseils d'administration et de surveillance des sociétés privées et des entreprises du secteur public, au sein des comités d'entreprise, parmi les délégués du personnel, dans les listes de candidats aux conseils de prud'hommes et aux organismes paritaires de la fonction publique, les dispositions du titre III de la loi déférée sont contraires au principe d'égalité devant la loi »*[5] et les déclare contraire à la Constitution.

La position ferme affichée par le Conseil constitutionnel dans les décisions sus présentées sur le champ d'application de l'ex article 3 alinéa 5 de la Constitution issu de la loi constitutionnelle du 8 juillet 1999 a amené *« le constituant, par la loi constitutionnelle n°2008-724 du 23 juillet 2008, a souhaité ajouter à cet objectif de parité pour les mandats électoraux et fonctions électives, « les responsabilités professionnelles et sociales. »* [6] Il a en même temps déplacé la disposition au dernier alinéa de l'article 1er de la Constitution.

---

[1] Les Cahiers du Conseil constitutionnel, Cahier n° 12, *Commentaire de la décision n° 2001-455 DC du 12 janvier 2002*, Loi de modernisation sociale.
[2] Conseil constitutionnel, *Décision n° 2006-533 DC du 16 mars 2006, Loi relative à l'égalité salariale entre les femmes et les hommes*, J.O.R.F. du 24 mars 2006, p.4446, texte N°6. Cf. Annexe sur la France, Annexe 9.
[3] Conseil constitutionnel, *Décision n° 2006-533 DC du 16 mars 2006*, considérant 11.
[4] Conseil constitutionnel, *Décision n° 2006-533 DC du 16 mars 2006*, considérant 14 et 15.
[5] Conseil constitutionnel, *Décision n° 2006-533 DC du 16 mars 2006*, considérant 16.
[6] DRAGO (Guillaume), *op. cit.*, p. 48.

Ce déplacement est cependant sans effet sur l'application de l'objectif de parité dans la vie politique. Dans ce domaine, l'application de l'objectif de parité a entraîné l'invention des techniques juridiques jusque là inexistantes ou utilisées jusqu'alors à d'autres fins.

Paragraphe II. L'invention et l'usage innovant des techniques visant à réaliser la parité

Les techniques sont indispensables à la réalisation des règles et principes juridiques. Elles constituent des moyens qui permettent d'arriver à leurs fins. Deux sortes de techniques ont été mobilisées en France en faveur de la réalisation de l'objectif de parité dans la vie politique : les modes de scrutin et la retenue sur la dotation du financement public des partis et groupements politiques. S'ils concourent ensemble à la réalisation de cet objectif, ils visent le plus souvent des objectifs différents. D'où l'intérêt de les aborder séparément.

I - Les modes de scrutin

Comme l'a relevé M. Bernard Dolez, « *les modes de scrutin ne sont pas seulement des algorithmes, qui permettent de transformer des voix en sièges. Ce sont aussi des pièces essentielles d'un régime, dont le déplacement, même minime, suffit parfois à modifier l'architecture du régime lui-même.* »[1] En ne les abordant cependant qu'en tant que techniques permettant de transformer des voix en sièges, la pratique montre que les modes de scrutin font l'objet de nombreuses manipulations de la part des acteurs politiques. Ces manipulations sont faites explicitement pour l'atteinte de certains objectifs. Il apparaît ainsi que traditionnellement, « *le choix de la loi électorale obéit en France à deux principes réputés antagonistes : l'équité de la représentation et l'efficacité gouvernementale c'est-à-dire l'absolue nécessité de dégager des majorités solides*»[2]. Le respect du principe d'équité conduit à l'adoption du scrutin proportionnel ; celui de l'efficacité à l'adoption du scrutin majoritaire. À ces deux impératifs, on peut ajouter désormais la réalisation de l'objectif de parité au vu des changements de modes de scrutin intervenus dans ce sens. « *Le scrutin majoritaire peut être à un tour ou à deux tours* »[3] ; uninominal ou de liste. Lorsqu'il est à un tour, le candidat arrivé en tête des suffrages exprimés emporte l'élection. Lorsqu'il est à deux tours, « *un candidat peut-être déclaré élu dès le premier tour, dès lors qu'il emporte sur son nom la majorité absolue des suffrages*

---

[1] DOLEZ (Bernard), « La loi du 11 avril 2003 : petite modification de la règle électorale, grands effets ? », *Revue du droit public – N°4-2003*, p. 957.
[2] ZARKA (Jean-Claude), *Les systèmes électoraux*, Paris : Ellipses, 1996, p. 4.
[3] PAUVERT (Bertrand), *Élections et modes de scrutin*, 2ème édition, Paris ; Budapest : Torino : L'Harmattan, 2006, p. 28.

exprimés (un nombre de votants dont on a défalqué les suffrages non exprimés = blancs et nuls). Si aucun candidat ne satisfait à cette condition au soir du premier tour, on se trouve en situation de ballotage et un second tour de scrutin doit être organisé, auquel ne pourront participer que les mieux placés des candidats du premier tour ; sera alors déclaré élu à l'issue du second tour le candidat arrivé en tête... »[1]. En plus de permettre de dégager une majorité solide, *« le scrutin majoritaire permet une relation très étroite entre l'élu et les électeurs de sa circonscription. Ces derniers peuvent réellement connaître les candidats. Ce faisant, l'influence des formations politiques peut être limitée. »[2]* Partant, il a été traditionnellement utilisé pour affirmer l'ancrage territorial des anciens conseils généraux et permettre l'individualisation des députés. Le scrutin majoritaire n'est cependant pas parfait. *« Son inconvénient réside dans le fait que cet effet* [de la formation d'une majorité solide] *n'est obtenu qu'au pris d'une déformation des résultats bruts de l'élection. Les partis perdants se retrouvent dès lors sous-représentés, tandis que les petits partis risquent de se retrouver exclus de la représentation, ce qui n'est pas souhaitable en démocratie. Il rend aussi difficile l'émergence des nouveaux partis. »[3]*

Contrairement au scrutin majoritaire, *« l'objectif principal du scrutin proportionnel est de permettre la représentation des minorités. Les sièges sont ici repartis entre les différentes listes, de manière proportionnelle aux résultats obtenus par chacune, car il s'agit d'assurer aux différents partis une représentation électorale en rapport avec leur force numérique et qui reflète le vœu des électeurs. »[4]* La représentation proportionnelle se prête également à différent mode de calcul. Toutefois, *« si la représentation proportionnelle permet une parfaite représentativité des élus, elle court toutefois le risque de posséder un effet pervers. En faisant du Parlement* [ou de l'assemblée locale] *un reflet parfaitement identique à des expressions politiques, le risque est donc de rendre le pays* [ou la collectivité territoriale ou encore la communauté] *ingouvernable en raison de l'absence de majorité susceptible de se dégager. De plus cela favorise souvent la constitution de partis ou groupes charnières monnayant chèrement leur soutien au sein des coalitions politiques hétérogènes, cela au détriment de la cohérence de l'action gouvernementale. Enfin, ce mode de scrutin rend l'électeur dépendant des partis politiques. En effet, l'élection ayant lieu au scrutin de liste, c'est le parti qui détermine l'ordre de présentation des candidats et des impératifs internes aux partis tendent alors à l'emporter ; l'électeur n'ayant alors d'autre choix que d'entériner ces choix ou de rejeter la liste en bloc. »[1]*

---

[1] *Ibid.*, P. 28.
[2] Jean-Claude ZARKA, *Les systèmes électoraux, op. cit.*, p. 48.
[3] PAUVERT (Bertrand), *op. cit.*, P. 28.
[4] *Ibid.*, p. 30.
[1] *Ibid.*, p. 30.

Les avantages de chacun de ces modes de scrutin sont nécessaires à la vitalité de la démocratie. C'est pourquoi ils sont le plus souvent combinés. La combinaison entre scrutin majoritaire et scrutin proportionnel aboutit à un mode de scrutin dit mixte. Il y a une grande diversité de scrutins mixtes mais ils visent tous à *« cumuler l'efficacité gouvernementale propre au scrutin majoritaire et la représentation des minorités que permet le scrutin proportionnel. Il s'agit donc d'associer les avantages de ces deux modes de scrutin ou encore de tempérer les défauts de l'un par les qualités de l'autre. »*[1]

Il n'en demeure pas moins qu'aucune manipulation traditionnellement universaliste de ces trois systèmes n'a permis d'intégrer à hauteur de souhait les femmes dans la gestion de la cité. Une porte est désormais ouverte avec l'introduction du principe de parité dans la Constitution grâce à l'action d'un groupe de pression que Pierre Martin[2] a qualifié de *« minorité politique diffuse non isolée et en progression »*. L'important, poursuit-il, est que *« les trois premières caractéristiques de ce groupe de pression, minorité diffuse non isolée, ont pour conséquence un net effet des modes de scrutin sur ses objectifs politiques (le nombre de femmes élues) : les scrutins de liste, de par leur logique distributive, sont nettement moins défavorables que les scrutins uninominaux, où une logique draconienne de sélection de l'unique candidat est dominante. Avec une conséquence importante : les scrutins proportionnels, parce qu'ils sont presque toujours des scrutins de listes, sont nettement plus favorables que les scrutins de type uninominal. »*

Cette affirmation se révèle pratiquement vraie d'autant que, exception faite des élections législatives, le législateur n'a pu imposer le respect de l'objectif de parité qu'aux élections se déroulant au scrutin de liste. Plus important encore, la poursuite de cet objectif peut, à elle seule, justifier le recours à une loi électorale. Il en a, par exemple, été ainsi de la loi du 6 juin 2000 et de la loi du 31 janvier 2007. Dans les cas où la poursuite de cet objectif n'est pas le but premier d'une loi électorale, elle est considérée comme devant figurer parmi les objectifs prioritaires et elle l'est en fait. C'est ainsi qu'en 2010 lors de l'examen du projet de loi relatif à la réforme des collectivités territoriales le Sénat a fixé comme principes que le mode de scrutin des conseillers territoriaux doit *« assurer la représentation des territoires par un scrutin uninominal, l'expression du pluralisme politique et la représentation démographique par un scrutin proportionnel ainsi que la parité »*[1]. La prise en compte de cet objectif a même produit une grande

---

[1] ZARKA (Jean-Claude), op. cit., pp. 53 et suivante.
[2] MARTIN (Pierre), *Les systèmes électoraux et les modes de scrutin,* 3ème édition, Paris : Montchrestien (Clefs/Politique), 2006, p. 137.
[1] Sénat, Session ordinaire de 2009-2010, *Rapport d'information n°509* de M. Hervé MAUREY et M. Pierre-Yves COLLOMBAT *sur les modes de scrutin envisageables pour l'élection des conseillers territoriaux.*

innovation par l'introduction du scrutin binominal pour l'élection des conseillers départementaux par la loi du 17 mai 2013.

Toutefois, bien que l'équité de la représentation, l'efficacité gouvernementale et depuis 2000 la poursuite de l'objectif de parité soient invoquées pendant les discussions qui conduisent à l'adoption des lois électorales, les vrais motifs qui conduisent au choix de tel ou tel mode de scrutin se trouvent ailleurs. En effet, les positions des partis politiques concernant les modes de scrutin sont essentiellement fonction de leurs propres intérêts électoraux. Par exemple, *« le maintien du scrutin uninominal à un tour en Grande-Bretagne résulte d'un consensus entre les deux grands partis qui peuvent ainsi alternativement espérer jouir d'un pouvoir sans partage. »*[1] Comme l'a souligné aussi M. Bernard Dolez dans le cas de la France, la loi du 11 avril 2003 relative à l'élection des conseillers régionaux et des représentants au Parlement européen et à l'aide publique aux partis politiques visait implicitement à favoriser *« la rebipolarisation du système partisan »*[2]. C'est pourquoi, il affirme à juste titre que *« changer la règle, change le jeu »*[3].

L'aveu de François Mitterrand sur les raisons profondes du choix d'un mode de scrutin est assez édifiant. Dans un discours prononcé au IVe congrès national de l'UDSR (Union démocratique et socialiste de la résistance) le 28 octobre 1950 il affirme : *« Je n'y mets point d'élément de doctrine. Le mode de scrutin que je choisis doit résulter d'une option politique [...]. En effet, il y a un certain nombre de points qui nécessite cette opinion. D'abord, quel est l'intérêt de la Nation ? Ensuite, quel est l'intérêt de la majorité à laquelle j'appartiens ? Enfin, quel est l'intérêt de la majorité à laquelle j'adhère ? Et c'est quand j'aurais répondu à ces questions que je déterminerai mon choix. »*[4]

II - La modulation de l'aide publique aux partis et groupements politiques

En France, on assista sous la Ve République à l'augmentation régulière des coûts de la démocratie en raison de *« la forte extension du corps électoral, puis la recrudescence du nombre des élections (locales, nationales, européennes)... [et l'émergence] de nouvelles mais couteuses*

---

[1] MARTIN (Pierre), *op. cit.*, p. 139.
[2] DOLEZ (Bernard), article précité.
[3] DOLEZ (Bernard), « Changer la règle, change le jeu. Les effets du nouveau mode de scrutin », In DOLEZ (Bernard) ; LAURENT (Annie) et PATRIAT (Claude), *op. cit.*, pp. 207-220 ; DOLEZ (Bernard) ; LAURENT (Annie) et PATRIAT (Claude), « Contrepouvoir régional », In DOLEZ (Bernard) ; LAURENT (Annie) et PATRIAT (Claude), *op. cit.*, pp. 7-19.
[4] Cité par ZARKA (Jean-Claude), *op. cit.*, p. 84.

techniques de communication politique, importés des États-Unis »[1]. Dans ces conditions, *« en l'absence d'aides étatiques satisfaisantes, l'unique stratégie pour faire face à l'augmentation des coûts consista à chercher, dans toutes les voies possibles, des capitaux en complément des recettes officielles limitées. Cette solution de facilité incita chacune des grandes formations à établir ses propres réseaux de financement parallèles à partir desquels furent abondés les budgets. »[2]* Fort logiquement, cette situation entraîna des pratiques peu orthodoxes qui ont pour nom *« corruption, commissions, emplois fictifs, financements occultes »[3]* et qui ont fini par éclater au grand jour ternissant au passage l'image du monde politique. Il fallait donc réglementer le système de financement de la vie politique pour mettre fin à ces pratiques et rétablir la confiance au monde politique. La solution trouvée est passée par la réglementation du financement privé et l'établissement d'un système de financement public des partis et groupements politiques assorti des mesures de transparence de leurs comptes. Plusieurs lois ont été adoptées depuis celle du 11 mars 1988[4] pour combler au fur et à mesure les lacunes de la réglementation sur ces différents points. Pour importantes qu'elles soient, nous n'allons aborder ici que celles dont des dispositions portent sur l'aide publique aux partis et groupements politiques et nous tenir à ces seules dispositions pour le besoin de notre étude.

Le jalon du système d'aide publique aux partis et groupements politiques est posé aux articles 8 et 9 de la loi du 11 mars 1988. L'article 8 de cette loi prévoit l'inscription dans le projet de loi de finances de chaque année des crédits pour le financement des partis et groupements politiques. La clé de répartition retenue à l'article 9 est d'attribuer à chaque parti un pourcentage de crédits proportionnel au nombre de parlementaires qui ont déclaré dans le mois qui suit l'ouverture de la première session ordinaire de chaque année s'y inscrire ou s'y rattacher. Ces articles ont été modifiés respectivement par les articles 10 et 11 de la loi du 15 janvier 1990[1] en vue d'améliorer le mode de répartition des crédits. L'article 10 prévoit de diviser le montant des crédits prévus à l'article 8 de la loi du 11 mars 1988 en deux fractions égales réparties comme suit *« : 1° Une première fraction destinée au financement des partis et groupements en fonction de leurs résultats aux élections à l'Assemblée nationale ; 2° Une seconde fraction spécifiquement*

---

[1] TOLINI (Nicolas), Préface de HAMON (Francis), *Le financement des partis politiques*, préface de Francis Hamon, Paris, Dalloz, Collection Bibliothèque parlementaire et constitutionnelle, 200, p. 47.
[2] *Ibid.*, p. 71.
[3] *Ibid.*, p. 185.
[4] *Loi n°88-227 du 11 mars 1988 relative à la transparence financière de la vie politique*, J.O.R.F. du 12 mars 1988, p. 3290.
[1] *Loi n° 90-55 du 15 janvier 1990 relative à la limitation des dépenses électorales et à la clarification du financement des activités politique*, J.O.R.F., n°13 du 16 janvier 1990 p. 639.

destinée au financement des partis et groupements représentés au Parlement. » L'article 11 maintient l'ancienne clé de répartition pour la deuxième fraction et institue une nouvelle pour la première fraction. Ses dispositions sur la répartition de la première fraction sont ainsi libellées : *« La première fraction...est attribuée aux partis et groupements politiques qui ont présenté des candidats dans au moins soixante-quinze circonscriptions lors du plus récent renouvellement de l'Assemblée nationale. Cette condition ne s'applique pas aux partis et groupements politiques n'ayant présenté de candidats aux élections législatives que dans un ou plusieurs départements ou territoires d'outre-mer. La répartition est effectuée proportionnellement au nombre de suffrages obtenus au premier tour de ces élections par chacun des partis et groupements en cause. »* Le mode de répartition des crédits sera une fois de plus amélioré par la loi du 29 janvier 1993[1] dont les articles 14 et 15 modifiant l'article 9 alinéa 1 et 3 de la loi du 11 mars 1988 réservent respectivement *« la première fraction...aux partis et groupements politiques qui ont présenté des candidats dans au moins cinquante circonscriptions lors du plus récent renouvellement de l'Assemblée nationale »* et la seconde fraction aux *« partis et groupements politiques bénéficiaires de la première fraction »*.

Ce qui précède fait clairement ressortir les raisons profondes qui ont poussé à recourir à l'aide publique aux partis et groupements politiques et l'évolution du mode de répartition de cette aide. Cette évolution répond à un double besoin de justice et d'ouverture démocratique afin de permettre une meilleure expression des courants de pensée. À ces attributs traditionnels, il a été ajouté depuis 2000 la réalisation de l'objectif de parité. L'utilisation qui en a été faite dans ce sens et dont on va maintenant retracer prouve, s'il en est besoin, qu'une même technique peut aider à la réalisation de plusieurs objectifs.

En vue de permettre la réalisation de l'objectif de parité à l'Assemblée nationale, l'article 15 de la loi sur la parité du 6 juin 2000 modifiant l'article 9.1 de la loi du 11 mars 1988 relative à la répartition de la première fraction de l'aide publique dispose que *« lorsque, pour un parti ou groupement politique, l'écart entre le nombre de candidats de chaque sexe ayant déclaré se rattacher à ce parti ou groupement, lors du dernier renouvellement de l'Assemblée nationale, conformément au cinquième alinéa de l'article 9, dépasse 2% du nombre total de ces candidats, le montant de la première fraction qui lui est attribué en application des articles 8 et 9 est diminué d'un montant égal à la moitié de cet écart rapporté au nombre total de ses candidats. »* Il précise toutefois que *« cette diminution n'est pas applicable*

---

[1] *LOI n° 93-122 du 29 janvier 1993 relative à la prévention de la corruption et à la transparence de la vie économique et des procédures publiques,* J.O.R.F., n°25 du 30 janvier 1993 p. 1588.

aux partis et groupements politiques ayant présenté des candidats exclusivement outre-mer lorsque l'écart entre le nombre de candidats de chaque sexe qui s'y sont rattachés n'est pas supérieur à un. » La diminution de l'aide publique dans les mêmes conditions a été augmentée « *aux trois quarts de cet écart rapporté au nombre total de ses candidats* » par l'article 5 de la loi du 31 janvier 2007. Elle a, enfin, été relevée « *à 150 % de cet écart rapporté au nombre total de ses candidats, sans que cette diminution puisse excéder le montant total de la première fraction de l'aide* » par l'article 60 de la loi du 4 août 2014.

Par ailleurs, il importe de souligner qu'avant cette dernière loi, la loi du 16 décembre 2010 de réforme des collectivités territoriales[1] avait créé une nouvelle entité appelée Conseil territorial en remplacement des anciens conseils généraux et régionaux dont les membres devraient être élus au scrutin uninominal majoritaire à deux tours. Pour tenir compte de l'objectif de parité au sein de la nouvelle entité, son article 81 modifiant les articles 8 et 9 de la loi du 11 mars 1988 prévoyait de diviser la première fraction de l'aide publique aux partis et groupements politiques en deux parties. « *La première partie, correspondant aux deux tiers de la première fraction* », reconduit le régime antérieur appliqué aux élections à l'Assemblée nationale. « *La seconde partie, correspondant au tiers de la première fraction* », est elle-même divisée en deux parts égales. « *La première part est attribuée aux partis et groupements politiques qui ont présenté, lors du plus récent renouvellement des conseillers territoriaux, des candidats ayant obtenu au moins 1% des suffrages exprimés dans au moins trois cent cinquante cantons répartis entre au moins quinze départements* [ou]...*aux partis et groupements politiques qui n'ont présenté de candidats qu'aux élections pour désigner les membres de l'assemblée délibérante d'une collectivité créée en application du dernier alinéa de l'article 73 de la Constitution, d'une collectivité régie par l'article 74 de la Constitution ou du congrès de la Nouvelle-Calédonie dont les candidats ont obtenu au moins 1% des suffrages exprimés dans l'ensemble des circonscriptions dans lesquelles ces partis et groupements politiques ont présenté des candidats.* » « *La seconde part est attribuée aux partis et groupements politiques bénéficiaires de la première part, proportionnellement au nombre de membres des conseils territoriaux ou de l'assemblée délibérante d'une collectivité créée en application du dernier alinéa de l'article 73 de la Constitution, d'une collectivité régie par l'article 74 de la Constitution ou du congrès de la*

---

[1] Sur cette loi, *Cf.* DOMINGO (Laurent), « La loi de reforme des collectivités territoriales et l'intercommunalité », *La Semaine juridique- éditions administrations et collectivités territoriales, n°2, 10 janvier 2011,* pp. 26-35 ; FLEURY (Benoît), « Le conseiller territorial : le nouvel artisan du couple région-département », *La Semaine juridique- éditions administrations et collectivités territoriales, n°2, 10 janvier 2011,* pp. 43-46.

Nouvelle-Calédonie qui ont déclaré au bureau de leur assemblée, au cours du mois de novembre, y être inscrits ou rattachés. »

Section II. L'extension du droit à l'égal accès des femmes et des hommes aux responsabilités professionnelles et sociales par la révision constitutionnelle de 2008

La révision constitutionnelle par laquelle le principe de parité a été étendu aux responsabilités professionnelles et sociales visait d'autres buts que cette extension. Elle visait à moderniser les institutions de la Ve République par un meilleur contrôle de l'exécutif, un renforcement du Parlement et l'octroi des droits nouveaux aux citoyens[1]. À l'occasion de l'examen du projet de loi constitutionnelle dont elle est l'aboutissement, MM. Noël Mamère et Patrick Braouezec déposèrent en commission à l'Assemblée nationale des amendements séparés tendant à remplacer le terme « favorise » de l'article 3 al. 5 de la Constitution issu de la révision du 8 juillet 1999 par le terme « assure »[2]. Leurs propositions furent repoussées par la commission au motif qu'il revient à la loi de renforcer les acquis des lois intervenues en faveur de la réalisation de l'objectif de parité dans la vie politique. Un autre amendement tendant cette fois-ci à étendre les dispositions de l'article 3 al. 5 de la Constitution aux responsabilités professionnelles et sociales fut déposé en séance publique par Mme Marie-Jo Zimmermann et d'autres membres de la délégation aux droits des femmes[3]. Le rapporteur et la garde des sceaux, Mme Rachida Dati, émirent des avis défavorables à cet amendement. La garde des sceaux a expliqué son refus par le fait que le Gouvernement souhaitait attendre le rapport d'un comité de réflexion placé sous la direction de Simon Veil et chargé *« de déterminer si l'on doit permettre au législateur de mieux garantir l'égal accès des femmes et des hommes aux responsabilités en dehors même de la sphère politique »*[1]. Malgré ces avis, les auteurs de l'amendement l'a maintinrent. Il fut alors soumis à scrutin et adopté à l'article 11 du projet de loi constitutionnelle tendant à modifier l'article 34 de la Constitution[2].

---

[1] Assemblée nationale, Treizième législature, *Projet de loi constitutionnelle, n°820 de modernisation des institutions de la Ve République*, 23 avril 2008.
[2] Assemblée nationale, Treizième législature, *Rapport n°892 du 15 mai 2008* de M. Jean-Luc WARSMANN *sur le Projet de loi constitutionnelle (N°820) de modernisation des institutions de la Ve République*, p. 104.
3 Assemblée nationale, *Compte rendu analytique officiel*, 1ère Séance du mercredi 21 mai 2008, Séance de 15 heures ; http://www.assemblee-nationale.fr/13/cra/2007-2008/162.asp, consulté le 07 août 2017.
1 Assemblée nationale, *Compte rendu analytique officiel*, 3ème Séance du mardi 27 mai 2008, Séance de 21 h 30 ; http://www.assemblee-nationale.fr/13/cra/2007-2008/171.asp, consulté le 07 août 2017.
2 *Ibid.*

Lors de l'examen du projet de loi constitutionnelle en commission au Sénat, le rapporteur approuva l'extension votée par l'Assemblée nationale mais proposa de l'intégrer à l'alinéa 5 de l'article 3 et ramener ensuite l'alinéa à l'article premier de la Constitution. Pour le rapporteur, « *l'affirmation d'un principe d'égalité entre les femmes et les hommes en matière de responsabilités professionnelles et sociales* » trouverait mieux sa place dans cet article que dans l'article 34 définissant « *le domaine de la loi* » et l'article 3 « *relatif à la souveraineté nationale et au suffrage* »[1]. Cette proposition a été adoptée par le Sénat, validée par l'Assemblée nationale en deuxième lecture puis par le Congrès du Parlement.

L'extension ainsi consacrée permet désormais au législateur d'adopter des lois favorisant la parité dans le domaine de l'exercice des responsabilités professionnelles et sociales. Des lois sont intervenues dans ce sens qu'il va falloir présenter maintenant **(Paragraphe I)** et évaluer leurs effets **(Paragraphe II)**.

Paragraphe I. Les lois sur la parité dans les domaines professionnel et social

Depuis la révision constitutionnelle du 23 juillet 2008, quatre lois sont intervenues pour favoriser la parité dans le domaine des responsabilités professionnelles et sociales. La première est la loi du 27 janvier 2011 relative à la représentation équilibrée des femmes et des hommes au sein des conseils d'administration et de surveillance et à l'égalité professionnelle[2]. Elle a été suivie par la loi du 12 mars 2012 relative à l'accès à l'emploi titulaire et à l'amélioration des conditions d'emploi des agents contractuels de la fonction publique, à la lutte contre les discriminations et portant diverses dispositions relatives à la fonction publique[3]. La troisième est la loi du 22 juillet 2013 relative à l'enseignement supérieur et à la recherche[1]. La quatrième est la loi du 4 août 2014 pour l'égalité réelle entre les femmes et les hommes[2].

---

1 Sénat, Session ordinaire de 2007-2008, *Rapport n°387 du 11 juin 2008* de M. Jean-Jacques HYEST *sur le Projet de loi constitutionnelle, adopté par l'Assemblée nationale, de modernisation des institutions de la Ve République*, p. 55.

[2] *Loi n°2011-103 du 27 janvier 2011 relative à la représentation équilibrée des femmes et des hommes au sein des conseils d'administration et de surveillance et à l'égalité professionnelle*, J.O.R.F. n°0023 du 28 février 2011, p. 1680.

[3] *Loi n°2012-347 du 12 mars 2012 relative à l'accès à l'emploi titulaire et à l'amélioration des conditions d'emploi des agents contractuels de la fonction publique, à la lutte contre les discriminations et portant diverses dispositions relatives à la fonction publique*, J.O.R.F. n°0062 du 13 mars 2012, p. 4498.

[1] *Loi n°2013-660 du 22 juillet 2013 relative à l'enseignement supérieur et à la recherche*, J.O.R.F. n°0169 du 23 juillet 2013, p. 12235.

[2] *Loi n°2014-873 du 4 août 2014 pour l'égalité réelle entre les femmes et les hommes*, J.O.R.F. n°0179 du 5 août 2014, p. 12949.

La loi du 27 janvier 2011 a modifié plusieurs dispositions du code de commerce et de la loi du 26 juillet 1983 relative à la démocratisation du secteur public[1] en vue de favoriser la parité au sein du conseil d'administration et de surveillance des sociétés anonymes, du conseil de surveillance des sociétés en commandite par actions et du conseil d'administration et de surveillance de certains établissements publics et industriels de l'État.

Pour les sociétés anonymes et les sociétés en commandite par actions qui relèvent du code de commerce, l'article 5-II alinéa 1 dispose que *« dans les sociétés mentionnées aux chapitres V et VI du titre II du livre II du code de commerce dont les actions sont admises aux négociations sur un marché réglementé, la proportion des administrateurs ou des membres du conseil de surveillance de chaque sexe ne peut être inférieure à 20 % à l'issue de la première assemblée générale ordinaire qui suit le 1er janvier de la troisième année suivant l'année de publication de la présente loi. »* Cette année est 2014. Est pris en compte dans ce calcul, *« le représentant permanent d'une personne morale nommée administrateur ou membre du conseil de surveillance »* desdites sociétés (alinéa 3). Toute nomination intervenue en violation de cette obligation est nulle sauf si elle a pour objet *« de remédier à l'irrégularité de la composition du conseil d'administration ou de surveillance.* [Toutefois, poursuit l'alinéa 4], *cette nullité n'entraîne pas celle des délibérations auxquelles a pris part l'administrateur ou le membre du conseil irrégulièrement nommé. »*

Pour les mêmes sociétés, elle prévoit en ses articles 1-II alinéa 1 (l'article L. 225-18-1 du code), 2-III alinéa 2 (article L. 225-69-1 du code), 4-II alinéa 1 (article L. 226-4-1 du code) que la proportion des membres du conseil d'administration et de surveillance de chaque sexe desdites sociétés *«ne peut être inférieure à 40 % dans les sociétés dont les actions sont admises aux négociations sur un marché réglementé et, à l'issue de la plus prochaine assemblée générale ayant à statuer sur des nominations, dans les sociétés qui, pour le troisième exercice consécutif, emploient un nombre moyen d'au moins cinq cents salariés permanents et présentent un montant net de chiffre d'affaires ou un total de bilan d'au moins 50 millions d'euros. Dans ces mêmes sociétés, lorsque le conseil de surveillance est composé au plus de huit membres, l'écart entre le nombre des membres de chaque sexe ne peut être supérieur à deux. »*

L'article 67-I de la loi du 4 août 2014 a fixé *« le premier des trois exercices consécutifs prévus au premier alinéa des articles L. 225-18-1, L. 225-69-1 et L. 226-4-1 du code de commerce…à compter du 1er janvier de la troisième année suivant l'année de publication »* de cette loi. Le II du

---

[1] *Loi n° 83-675 du 26 juillet 1983 relative à la démocratisation du secteur public*, J.O.R.F du 27 juillet 1983, p. 2326.

même article ramène cinq cents salariés à deux cent cinquante applicable, selon le III, à partir du 1er janvier 2020. Le III précise que pour les *« sociétés de deux cent cinquante à quatre cent quatre-vingt-dix-neuf salariés permanents, le premier des trois exercices consécutifs prévus au même premier alinéa s'entend à compter du 1er janvier 2017 ».*

Le calcul est fait de la même façon que sous l'article 5. Le non-respect de cette obligation entraîne également nullité de la nomination sauf dans le cas mentionné. Là encore, *« cette nullité n'entraîne pas celle des délibérations auxquelles a pris part le membre du conseil irrégulièrement nommé. »* Cette sanction est renforcée pour le conseil d'administration et de surveillance des sociétés anonymes par la suspension du versement de la rémunération que l'assemblée générale peut être amenée à allouer à leurs membres (art.1.VIII et art.2 VII).

En plus, l'article 1-VI prévoit pour les sociétés citées à l'article L. 225-27-1 du code de commerce dont le conseil d'administration doit comprendre des administrateurs représentants les salariés que l'élection de ceux-ci *« a lieu au scrutin de liste à la représentation proportionnelle au plus fort reste et sans panachage. Chaque liste doit comporter un nombre de candidats égal au double de celui des sièges à pourvoir et être composée alternativement d'un candidat de chaque sexe. Sur chacune des listes, l'écart entre le nombre des candidats de chaque sexe ne peut être supérieur à un. »*

L'article 8-I, -II et III dispose enfin que le conseil d'administration et le conseil de surveillance des sociétés anonymes et le conseil de surveillance des sociétés en commandite par actions *« délibèrent annuellement sur la politique de la société en matière d'égalité professionnelle et salariale. Dans les sociétés devant établir le rapport sur la situation comparée des conditions générales d'emploi et de formation des femmes et des hommes dans l'entreprise prévu à l'article L. 2323-57 du Code du travail et dans celles qui mettent en œuvre un plan pour l'égalité professionnelle entre les femmes et les hommes visé par l'article L. 1143-1 du même code, il délibère sur cette base ».*

Pour le secteur public, elle a également modifié, en son article 6, plusieurs dispositions de la loi du 26 juillet 1983 relative à la démocratisation du secteur public. Aux termes de l'article premier de cette loi, elle s'applique aux *« établissements publics industriels et commerciaux de l'État autres que ceux dont le personnel est soumis à un régime de droit public ainsi que les autres établissements publics de l'État qui assurent tout à la fois une mission de service public à caractère administratif et à caractère industriel et commercial lorsque la majorité de leur personnel est soumise aux règles du droit privé ».*

L'article 6-III alinéa 1 de la loi du 27 janvier 2011 dispose que « *la proportion des membres du conseil d'administration ou de surveillance de chaque sexe nommés par décret en application des 1° et 2° de l'article 5 et du dernier alinéa de l'article 6* [de la loi du 26 juillet 1983] *ne peut être inférieure à 20 % à compter de leur premier renouvellement suivant la publication de la présente loi* ». Le même article avait prévu qu'au deuxième renouvellement, cette proportion ne peut être inférieure à 40% mais cette disposition a été modifiée par la loi du 4 août 2014 relative à l'égalité réelle entre les femmes et les hommes[1].

L'article 66-I-2° de cette dernière loi, applicable à compter du deuxième renouvellement de chaque conseil, dispose désormais que « *l'écart entre le nombre de femmes et le nombre d'hommes membres du conseil d'administration ou de surveillance nommés par décret en application des 1° et 2° de l'article 5 et du dernier alinéa de l'article 6 ne peut être supérieur à un.* » La même disposition s'applique aux personnalités qualifiées et représentants nommés de l'État (art.6-I-3°). Quant aux représentants des salariés, ils sont élus au scrutin de liste. Aux termes de l'article 6-I-2° de la loi du 27 janvier 2011 les listes doivent « *être composées alternativement d'un candidat de chaque sexe sans que, sur chacune des listes, l'écart entre le nombre des candidats de chaque sexe ne puisse être supérieur à un* ».

La loi du 12 mars 2012 étend les dispositions de la loi du 27 janvier 2011 présentée supra aux établissements publics non régis par celle-ci. Elle prévoyait dans les mêmes conditions que « *la proportion de personnalités qualifiées de chaque sexe nommées en raison de leurs compétences, expériences ou connaissances administrateurs dans les conseils d'administration, les conseils de surveillance ou les organes équivalents des établissements publics non mentionnés à l'article 1er de la loi n° 83-675 du 26 juillet 1983 relative à la démocratisation du secteur public ne peut être inférieure à 40 %* » à compter du deuxième renouvellement de ces conseils suivant la publication de la loi et 20% à compter de leur premier renouvellement (art. 52).

La loi du 4 août 2014 a modifié cette disposition en imposant 40% au premier renouvellement et 50% au deuxième à compter de la publication de cette loi (art. 65). Lorsque le conseil a été renouvelé depuis la publication de la première loi, cette dernière s'applique directement au renouvellement suivant. Elle prévoyait également qu'à l'exception des représentants syndicaux, les membres des conseils des différentes fonctions publiques (fonction publique de l'État, fonction publique territoriale et fonction publique hospitalière), les membres représentant l'administration ou l'autorité territoriale au sein des commissions administratives paritaires

---

[1] *Loi n° 2014-873 du 4 août 2014 pour l'égalité réelle entre les femmes et les hommes*, J.O.R.F n°0179 du 5 août 2014, p. 12949.

instituées auprès de ces fonctions publiques, les *« membres des jurys et des comités de sélection constitués pour le recrutement ou la promotion des fonctionnaires relevant »* des mêmes fonctions publiques doivent comporter au moins 40% de personnes des deux sexes à partir respectivement de leur prochain renouvellement à compter de la publication de la loi du 31 décembre 2013 et du 1er janvier 2015 (art. 53,54 et 55). Elle prévoyait enfin, sous certaines conditions et précisions par décret en Conseil d'État, que les nominations à certains emplois supérieurs de l'État, des collectivités territoriales, des EPCI de plus de 80 000 habitants et de la fonction publique hospitalière doivent concerner au moins 20 % de personnes de chaque sexe *« pour les nominations prononcées en 2013 et 2014 et à 30 % pour celles prononcées de 2015 à 2017 »* puis 40% (art. 6).

La loi du 4 août 2014 a également modifié cette disposition en remplaçant 2017 par 2016 (art.68-I). Le non-respect de cette obligation, précise l'article, expose la collectivité fautive à une contribution versée à *« l'établissement public mentionné à l'article 116 de la loi n° 86-33 du 9 janvier 1986 »*. Il s'agit du centre national de gestion du ministère en charge de la santé. Afin d'évaluer le respect des dispositions ci-dessus présentées, le Gouvernement doit présenter chaque année un rapport devant les conseils et comités techniques des structures concernées (art.51 et 52).

La loi du 22 juillet 2013 a modifié plusieurs dispositions du code de l'éducation et du code de la recherche pour favoriser la parité au sein des structures de l'enseignement supérieur et de la recherche.

Les modifications du code de la recherche concernent seulement deux articles. L'article 92-II de la loi modifie l'article L. 114-3-3 de ce code par une disposition selon laquelle le haut conseil à l'évaluation de la recherche et de l'enseignement supérieur est composé de trente membres nommés par décret et comprenant autant d'hommes que de femmes. Son article 95 crée *« un Conseil stratégique de la recherche placé auprès du Premier ministre et comprenant autant de femmes que d'hommes »*.

Les modifications du code de l'éducation sont par contre nombreuses. On peut, en nous en tenant à l'essentiel et sans suivre l'ordre de la loi, les présenter sommairement. Tout d'abord, l'article 60-2° de la loi organise l'élection des membres des conseils des établissements publics à caractère scientifique, culturel et professionnel prévue au titre premier du livre VII de la troisième partie de ce code. La rédaction de l'article L. 719-1 dudit code résultant de cet article organise l'élection des membres des conseils de ces établissements autres que les personnalités extérieures et le président de l'établissement au scrutin de liste en précisant que *« chaque liste de candidats est composée alternativement d'un candidat de chaque sexe »*. L'article 61 de la loi réserve la détermination des modalités de désignation des personnalités extérieures à un décret auquel il revient de fixer *« les conditions dans lesquelles est assurée la parité entre les femmes et les hommes ».* Ensuite, l'article 47-2° de la loi modifiant l'article L. 712-3 du même code dispose que *« les personnalités extérieures à l'établissement »* désignées membres du conseil d'administration de l'université *« comprennent autant de femmes que d'hommes ».* En plus, l'article 50-IV de la loi modifie l'article L. 712-6-1 du même code par une disposition selon laquelle lorsque le conseil académique, *« examine en formation restreinte des questions individuelles relatives aux enseignants-chercheurs, autres que les professeurs des universités, il est composé à parité d'hommes et de femmes et à parité de représentants des professeurs des universités et des autres enseignants-chercheurs, dans des conditions précisées par décret ».* L'article 106 de la loi modifiant l'article L. 822-1 de ce code dispose aussi que *« les élections des représentants étudiants aux conseils d'administration du Centre national et des centres régionaux des œuvres universitaires ont lieu au scrutin de liste. Chaque liste de candidatures doit être composée alternativement d'un candidat de chaque sexe. La désignation des représentants des personnels aux conseils d'administration du centre national et des centres régionaux du réseau des œuvres est effectuée, respectivement, par le ministre chargé de l'enseignement supérieur et le recteur d'académie sur proposition des organisations syndicales représentatives, qui s'assurent d'une participation égale entre femmes et hommes. »* Enfin, l'article 75, énonce à l'article L. 952-6-1 que *« lorsqu'un emploi d'enseignant-chercheur est créé ou déclaré vacant, les candidatures des personnes dont la qualification est reconnue par l'instance nationale prévue à l'article L. 652-6-1 sont soumises à l'examen d'un comité de sélection créé par délibération du conseil académique ou, pour les établissements qui n'en disposent pas, du conseil d'administration, siégeant en formation restreinte aux représentants élus des enseignants-chercheurs, des chercheurs et des personnels assimilés ».*

Cette loi s'applique à l'élection des membres du conseil d'administration, du conseil académique et du président d'université suivant l'échéance *«du mandat des représentants élus des personnels du conseil d'administration en exercice à la date de* [sa] *publication »* (art. 116-II de la loi). Elle s'applique aux mêmes élections dans les établissements publics à caractère scientifique *« dans un délai d'un an à compter de l'approbation des nouveaux statuts de la communauté d'universités et établissements »* (article 117-I). Le II du même article précise toutefois que *« les établissements publics de coopération scientifique Agreenium, Condorcet et ParisTech restent régis, pendant cinq années à compter de la publication de la présente loi, par la section 2 du chapitre IV du titre IV du livre III du code de la recherche, dans sa rédaction antérieure à la publication de la présente loi ».*

La loi du 4 août 2014 pour l'égalité réelle entre les femmes et les hommes étendit l'objectif de parité à presque tous les domaines qui n'avaient pas encore fait l'objet de réglementation et renforça la réglementation existante dans des domaines déjà régis. Son titre Ier comporte diverses *« dispositions relatives à l'égalité entre les femmes et les hommes dans la vie professionnelle »* mais celles-ci ne seront pas développées dans le cadre de la présente étude. On peut tout au plus mentionner l'article 16 qui a modifié les articles *« 8 de l'ordonnance n° 2005-649 du 6 juin 2005 relative aux marchés passés par certaines personnes publiques ou privées non soumises au code des marchés publics*[1] *; 4 de l'ordonnance n° 2004-559 du 17 juin 2004 sur les contrats de partenariat*[2] *et 38 de la loi n° 93-122 du 29 janvier 1993 relative à la prévention de la corruption et à la transparence de la vie économique et des procédures publiques*[3] *»*.

Ces textes ont été abrogés par l'*« Ordonnance n° 2015-899 du 23 juillet 2015 relative aux marchés publics »*[4]. L'article 45 de cette ordonnance interdit *« les personnes qui, au 31 décembre de l'année précédant celle au cours de laquelle a lieu le lancement de la procédure de passation du marché public, n'ont pas mis en œuvre l'obligation de négociation prévue à l'article L. 2242-5 du Code du travail»* de soumissionner. L'article L. 2242-5 du Code du travail prévoit notamment une *« négociation annuelle sur la rémunération, le temps de travail et le partage de la valeur ajoutée dans l'entreprise »*. Son titre V, intitulé *« Dispositions visant à mettre en œuvre l'objectif constitutionnel de parité »,* comporte trois chapitres en faveur de la réalisation de cet objectif. Les dispositions du chapitre I sur le financement des partis et groupements politiques ont été déjà étudiées. Pour cette raison, elles ne seront pas reprises. Celles des autres chapitres méritent en revanche attention.

Le chapitre II comprend les articles 61 et 62. L'article 62 relatif à l'élection des conseillers communautaires ne sera pas repris. Quant à l'article 61, il dispose que *« préalablement aux débats sur le projet de budget »*, le maire d'une commune de plus de 20 000 habitants, le/la président(e) d'un établissement public de coopération intercommunale à fiscalité propre de même habitant, le/la président(e) du conseil régional, le/la président(e) du conseil général, *« présente un rapport sur la situation en matière d'égalité*

---

[1] *Ordonnance n° 2005-649 du 6 juin 2005 relative aux marchés passés par certaines personnes publiques ou privées non soumises au code des marchés publics,* J.O.R.F n°131 du 7 juin 2005, p. 10014.
[2] *Ordonnance n° 2004-559 du 17 juin 2004 sur les contrats de partenariat,* J.O.R.F n°141 du 19 juin 2004, p. 10994.
[3] *Loi n° 93-122 du 29 janvier 1993 relative à la prévention de la corruption et à la transparence de la vie économique et des procédures publiques,* J.O.R.F n°25 du 30 janvier 1993 p.1588.
[4] *Ordonnance n° 2015-899 du 23 juillet 2015 relative aux marchés publics,* J.O.R.F. n°0169 du 24 juillet 2015 p.12602.

entre les femmes et les hommes intéressant le fonctionnement de la commune », de l'EPCI, du département et de la région, *« les politiques qu'elle* [ou qu'il] *mène sur son territoire et les orientations et programmes de nature à améliorer cette situation. Le contenu de ce rapport et les modalités de son élaboration sont fixés par décret. »*

Le chapitre III intitulé *« Dispositions relatives à l'égal accès des femmes et des hommes aux responsabilités professionnelles et sportives »* comporte des dispositions variées mais seules celles qui n'ont pas été présentées le seront ici.

L'article 71 modifie plusieurs articles du C.G.C.T. par une disposition selon laquelle *« lorsqu'un organisme est appelé à désigner plus d'un membre du conseil* [conseil économique et social régional et ses équivalents en Corse et en Outre-mer], *il procède à ces désignations de telle sorte que l'écart entre le nombre des hommes désignés, d'une part, et des femmes désignées, d'autre part, ne soit pas supérieur à un. La même règle s'applique à la désignation des personnalités qualifiées. »* L'article 72 modifiant l'article L. 1431-3 du même code énonce que *« le conseil d'administration* [de l'établissement public de coopération culturelle et environnementale prévu à l'article L. 1431-1 du même code] *est composé de telle sorte que l'écart entre le nombre des hommes désignés, d'une part, et des femmes désignées, d'autre part, ne soit pas supérieur à 1. »*

Les articles 69, 70 et 73 prévoient respectivement à l'article L. 713-16 du code de commerce, l'article L. 511-7 du code rural et de la pêche maritime et l'article 8 du code de l'artisanat une suppléance du candidat par une personne de sexe différent à la chambre de commerce et d'industrie de la région, un candidat de chaque sexe par groupe entier de trois candidats aux chambres départementales et régionales d'agriculture et une alternance d'un candidat de chaque sexe sur les listes électorales des sections *« des chambres de métiers et de l'artisanat départementales, des chambres de métiers et de l'artisanat de région et des chambres régionales de métiers et de l'artisanat ».*

Au niveau des fédérations sportives, l'article 63 modifie plusieurs dispositions du code du sport en prévoyant désormais que les statuts des fédérations sportives favorisent la parité dans les instances dirigeantes de chaque fédération, dans les conditions prévues au même article. Il dispose notamment que *« lorsque la proportion de licenciés de chacun des deux sexes est supérieure ou égale à 25 % »* ou *« lorsque la proportion de licenciés d'un des deux sexes est inférieure à 25 %, »* les statuts prévoient respectivement *« les conditions dans lesquelles est garantie dans les instances dirigeantes une proportion minimale de 40 % des sièges pour les personnes de chaque sexe »* et *« les conditions dans lesquelles est garantie dans les instances dirigeantes de la fédération une proportion minimale de sièges pour les personnes de chaque sexe pouvant prendre en compte la répartition par sexe des licenciés, sans pouvoir être inférieure à 25 %* ».

Au niveau de l'Institut de France ainsi que l'Académie française, l'Académie des inscriptions et belles-lettres, l'Académie des sciences, l'Académie des beaux-arts et l'Académie des sciences morales et politiques, l'article 64 prévoit que lors des élections des nouveaux membres et lors des élections aux fonctions statutaires, « *les membres veillent…à assurer une représentation équilibrée entre les femmes et les hommes* ».

Par ailleurs, aux termes des articles 74-II et III et 76-I, II et III, « *dans les conditions prévues à l'article 38 de la Constitution, le Gouvernement est autorisé à prendre par ordonnance les mesures relevant du domaine de la loi nécessaires pour favoriser l'égal accès des femmes et des hommes au sein* » 1) de la plupart des conseils, conseils supérieurs, conseils nationaux, régionaux, interdépartementaux et départementaux des ordres professionnels, 2) des conseils d'administration de mutuelle mentionnés au premier alinéa de l'article L. 114-16 du code de la mutualité, 3) des autorités administratives indépendantes et des autorités publiques indépendantes dans un délai de douze mois à compter de la date de promulgation de la présente loi.

En plus, l'article 75 modifiant plusieurs articles du code de la sécurité sociale dispose pour l'essentiel que « *le conseil et les conseils d'administration des caisses nationales et de l'agence centrale mentionnés aux articles L. 221-3, L. 222-5, L. 223-3 et L. 225-3 et la commission mentionnée à l'article L. 221-5 comprennent autant de femmes que d'hommes. Lorsque le nombre de membres est impair, l'écart entre les hommes et les femmes n'est pas supérieur à un. Un décret en Conseil d'État détermine les conditions dans lesquelles il est procédé aux désignations pour garantir cet objectif* ». En cas de désignations avec suppléance, « *le suppléant appelé à remplacer le titulaire qui siège au sein du conseil d'administration ou du conseil d'une caisse nationale est du même sexe que celui-ci.* »

Enfin, aux termes de l'article 74-I, « *lorsqu'une personne est appelée, en application d'une loi ou d'un décret, à désigner un ou plusieurs membres au sein des commissions et instances consultatives ou délibératives placées directement auprès du Premier ministre, des ministres ou de la Banque de France, mentionnées à l'article 112 de la loi de finances pour 1996 (n° 95-1346 du 30 décembre 1995), dont la composition est collégiale, elle doit faire en sorte que, après cette désignation, parmi tous les membres en fonction dans le collège de cet organisme désignés par elle, l'écart entre le nombre de femmes et le nombre d'hommes se soit réduit, par rapport à ce qu'il était avant la décision de désignation, d'autant qu'il est possible en vue de ne pas être supérieur à un.* »

Paragraphe II. Les effets des lois sur la parité dans les domaines professionnel et social

Les lois tendant à favoriser l'objectif de parité dans le domaine des responsabilités professionnelles et sociales sont pour le moment d'évaluation difficile. En effet, seules les deux premières lois prévues initialement pour s'appliquer progressivement jusqu'en 2017 ont déjà fait l'objet d'évaluation partielle. Les deux dernières ont commencé à s'appliquer mais il est trop tôt de les évaluer efficacement. Néanmoins, on peut partir de l'ensemble des lois pour montrer ce qu'elles ont de commun et de différent avec celles intervenues dans la vie politique (**I**) avant de présenter le résultat partiel de la mise en œuvre des deux premières (**II**).

I – Particularité des lois sur la parité dans les domaines professionnel et social

Il y a lieu de constater d'abord qu'elles ont en commun avec les lois intervenues dans la vie politique de prévoir des règles devant être, dans la plupart des cas, graduellement renforcées. Par exemple, les dispositions de la loi du 17 janvier 2011 modifiant le code de commerce s'appliquent en deux étapes aux sociétés dont les actions sont admises en négociation sur un marché réglementé et celles d'au moins 500 salariés présentant un chiffre d'affaires de 50 millions d'euros. On a vu que ce seuil a été abaissé aux entreprises d'au moins deux cent cinquante salariés applicable à partir de 2020 par la loi du 4 août 2014. Les dispositions de la même loi portant sur le secteur public et celles de la loi du 12 mars 2012 s'appliquent suivant le même processus.

Toutefois, à la différence de celles-ci, les étapes de leur mise en œuvre sont fixées dès le départ bien qu'elles ont, dans certains cas, fait l'objet de modification. Ce choix a été certainement guidé par l'expérience de l'application des lois sur la parité dans la vie politique. Ensuite, on retrouve dans les deux domaines deux sanctions communes pour non-respect des obligations légales. Il s'agit de la nullité de la nomination ou de l'élection et les pénalités financières bien que ces dernières diffèrent de celles qui s'appliquent à la vie politique. On peut néanmoins mentionner comme différence l'interdiction de soumissionner.

Au-delà de ces constats, une mise en relation des lois intervenues dans les deux domaines fait ressortir des différences entre elles. La première de ces différences est la plus grande diversité des techniques utilisées pour favoriser la parité dans le domaine des responsabilités professionnelles et sociales. Ainsi, aux techniques déjà utilisées dans la vie politique (modes de scrutin et sanctions financières) les dernières lois ajoutent l'évaluation de l'impact sur l'égalité entre les femmes et les hommes des politiques publiques, la présentation des rapports sur la mise en œuvre des lois, la délibération par le conseil d'administration et de surveillance sur la politique d'égalité professionnelle et salariale de la société et les nominations.

Il importe de préciser cependant que les sanctions financières prévues par les dernières lois sont d'une plus grande diversité. Il y a celles qui exposent la personne physique illégalement désignée à la privation de ses indemnités et imposent à la personne morale dans les organes de laquelle la désignation est intervenue de ne pas les verser d'une part et, d'autre part, celles qui obligent la personne morale n'ayant pas respecté l'obligation de verser des pénalités financières à une autre personne morale.

La deuxième de ces différences est la sanction du non-respect des obligations. Les élections et nominations irrégulières, on l'a déjà dit, sont déclarées nulles et sanctionnées financièrement dans certains cas. Le non-respect de certaines obligations entraîne également l'interdiction de soumissionner mais la situation est toute autre pour le non-respect des autres obligations. Ainsi, le non-respect de l'obligation de présentation par le Gouvernement de rapports sur la mise en œuvre des lois n'est pas assorti de sanctions juridiques. Il n'y a comme moyen de contrainte sur le Gouvernement que l'interpellation parlementaire et les appels au respect des organes de suivi tel que le HCEFH, les médias et les organismes intéressés par la question. De même, le non-respect de l'obligation de présenter un rapport sur l'impact des politiques publiques locales sur l'égalité entre les femmes et les hommes n'est pas assorti de sanctions juridiques. Il n'y a que les rapports de force au sein des assemblées locales qui permettent de faire respecter cette obligation. Il n'y a donc théoriquement que les nominations et les élections qui peuvent être efficacement sanctionnées.

Aux remarques qui précèdent, on peut ajouter que le respect des lois sur la parité dans la vie politique peut être contrôlé et même assuré plus efficacement, du moins pour le moment, que celui des lois qui s'appliquent aux responsabilités professionnelles et sociales. Il en est ainsi parce que le non-respect de la parité sur une liste électorale aux élections des membres des assemblées locales et des assemblées parlementaires soumises à cette obligation entraîne le rejet en amont de la liste. Aussi, le non-respect de la parité à l'élection des membres d'un exécutif local entraîne l'annulation en aval de l'élection. De même, le non-respect de la parité aux élections législatives entraîne des sanctions financières en aval de ces élections. En revanche, le contrôle du respect de la parité est plus difficile dans les sociétés et établissements publics en raison non seulement de l'absence d'instance de centralisation des informations mais aussi de l'organisation de certaines de ces structures.

Sur le premier point, le HCEFH a constaté que *« les lois* [celles notamment du 17 janvier 2011 et du 12 mars 2012] *n'ont pas intégré des dispositions relatives aux modalités de leur mise en œuvre et à la mise en place d'un dispositif de suivi, devant comprendre, pour être efficace, à la fois un instrument de mesure et une instance pour le traitement des données. »*[1] Partant de ce constat, il ajoute que « *sans possibilité de mesurer la mise en œuvre, la question de l'effectivité même des sanctions prévues peut être remise en question.* [Et de s'interroger], *en effet, si aucun suivi n'est formellement prévu, qui peut légalement faire valoir l'irrégularité de la composition d'un conseil et la mobilisation des sanctions « financières » qu'elle implique ? »*[2] Cette interrogation est importante car elle touche le second point. En l'absence de contrôle en amont, il faut en aval que l'irrégularité soit contestée pour qu'elle soit réellement sanctionnée. Le fonctionnement du monde économique fait qu'une telle contestation est peu probable. Si elle est faite, la sanction sera prononcée mais comme les délibérations auxquelles a participé la personne irrégulièrement désignée restent valables celle-ci reviendra seulement à confirmer la nullité de la désignation et la suspension du versement des indemnités ou le versement des pénalités.

Il n'empêche qu'en dépit de cette situation les lois peuvent être respectées par leurs destinataires. Si tel est le cas, c'est que la culture de la parité a acquis une plus grande légitimité sociale. L'évaluation partielle des deux premières lois semble attester cela.

II - La mise en œuvre des lois du 27 janvier 2011 et du 12 mars 2012

Bien que les deux lois et celles qui les ont suivies n'ont pas prévu de dispositif de suivi de leur mise en œuvre, elles ont fait l'objet d'évaluation. Dans le secteur privé, le suivi a été « *principalement réalisé par des structures privées, parfois sur commande publique (Palmarès d'Ethics and Board, par exemple) »*[3]. Dans le secteur public, « *l'agence des Participations de l'État (APE) publie chaque année dans son rapport la part des femmes dans les conseils des entreprises dans son portefeuille et le Contrôle général Économique et Financier (CGEFI) a déjà réalisé une enquête dans quelques établissements publics entrant dans le champ de leur mission »*[1].

---

[1] HCEFH, *Vers un égal accès des femmes et des hommes aux responsabilités professionnelles : la part des femmes dans les conseils d'administration et de surveillance. Rapport intermédiaire d'évaluation de la mise en œuvre des lois du 27 janvier 2011 et du 12 mars 2012,* p. 57.
[2] *Ibid.*, p. 57.
[3] *Ibid.*, p. 6.
[1] *Ibid.*, p. 7.

Les études réalisées montrent qu'en 2015 « *aucune donnée chiffrée n'est compilée et accessible pour assurer le suivi des dispositions législatives concernant les entreprises publiques, les établissements publics administratifs* »[1]. Les données disponibles indiquent qu'en 2013 « *parmi les Établissements Publics à caractère Industriel et Commercial (EPIC) et les Établissements Publics Administratifs (EPA) et autres sociétés entrant dans le périmètre du Contrôle Général Économique et Financier (CGEFI), les femmes représentent 25% des membres des conseils des organismes soumis à la loi de janvier 2011 et 29% des membres des conseils des organismes soumis à la loi de mars 2012* »[2].

Les données sont en revanche plus disponibles pour le secteur privé. Dans ce domaine, les études réalisées font état d'un triplement de la part des femmes dans les conseils des entreprises du CAC40 de 2009 à 2015[3]. Cependant, la progression est plus importante pour les entreprises cotées que pour les entreprises non cotées[4]. Elle l'est aussi pour les entreprises du CAC40 que pour les entreprises de Société des bourses françaises (SBF120)[5].

Tableau 8 : Part des femmes dans les conseils des entreprises cotées et non cotées en 2015

		Nombre d'entreprises concernées	Nombre d'entreprises étudiées	% d'entreprises étudiées	% de femmes dans les conseils	% de femmes, tenant compte de la taille des conseils (+de 8 membres ou 8 membres ou -)	Nombre de postes à devoir être pourvus par des femmes d'ici 2017 (projection sur l'ensemble des entreprises concernées)
CAC40		40	32[3]	80%	34,1%		48[6]
SBF120 (y compris CAC40)		120	97[3]	81%	32,0%		150
Entreprises cotées sur Euronext Paris (y compris CAC40 et SBF120)	Compartiment A (Big Cap)	150	124[4]	83%	30,2%	30,4%	630
	Compartiment B (Mid Cap)	125	82[4]	66%	26,2%	27,4%	
	Compartiment C (Small Cap)	245	147[4]	60%	26,7%	29,4%	
Total des entreprises cotées		520[1]	353	68%	27,8%	29,3%	
Entreprises non cotées de 500 salarié.e.s et plus et 50 millions de chiffre d'affaires et plus		397[2]	297[5]	75%	14,2%		635[7]
Total		917[7]	650	71%			1265

Source : HCEFH, HCEFH, *Vers un égal accès des femmes et des hommes aux responsabilités professionnelles...*, précité, p. 14.

---

[1] *Ibid.*, p.17.
[2] *Ibid.*, p. 17.
[3] *Ibid.*, p. 14.
[4] *Ibid.*, p. 14.
[5] *Ibid.*, p. 14.

La différence observée dans les entreprises cotées et non cotées n'est pas valable pour les représentants de l'État au sein de ces entreprises dans lesquelles l'État a une participation. Le pourcentage de femmes parmi les représentants de l'État dans ces entreprises est de 31% en 2015 pour l'une et l'autre catégorie[1].

Conclusion du chapitre

Au-delà de l'exception introduite dans l'universalisme abstrait, la mise en œuvre de l'objectif de parité a entraîné un bouleversement considérable de l'ordre juridique français. Dans cet ordre juridique, les lois électorales étaient très hétérogènes et ne se prêtaient que partiellement à la greffe des leviers favorisant la réalisation de cet objectif. En conséquence, le législateur a imposé des lois favorisant la parité aux élections qui s'y prêtaient et les étendre successivement aux autres élections après harmonisation des lois qui les régissent. Il y eut alors plusieurs modifications des modes de scrutin. Il n'y en a pas eu à l'Assemblée nationale mais l'argent y a été utilisé comme moyen de contrainte.

Par ailleurs, à la suite de la censure par le Conseil constitutionnel de plusieurs lois procédant à l'extension de l'objectif de parité en dehors de la vie politique, le constituant a étendu cet objectif aux responsabilités professionnelles et sociales. Cette extension est essentiellement le fruit d'un activisme militant et parlementaire. Cet activisme est d'abord alimenté par la volonté clairement affichée, même si l'idée a été rejetée par la suite, d'aller dans ce sens au moment de la révision constitutionnelle du 8 juillet 1999. Il l'est aussi par le fait que le discours autour de la demande de parité a entraîné une déconstruction générale de la philosophie juridique qui structure les rapports sociaux de sexes.

---

[1] HCEFH, *Vers un égal accès des femmes et des hommes aux responsabilités professionnelles...*, précité, p. 17.

Chapitre II -
Sénégal. La parité, limitée au champ politique

Au Sénégal, le projet de loi constitutionnelle portait seulement sur la vie politique et ne mentionnait pas le mot parité dans ses dispositions. La loi constitutionnelle à laquelle il a abouti consacre également la légitimation d'un principe jusqu'alors incompatible avec l'universalisme abstrait qui oblige de rendre le droit aveugle aux différences.

Comme en France, l'universalisme peut s'accommoder au Sénégal de traitements différents pour lutter contre les inégalités. Cette faculté est reconnue par la Constitution mais au-delà de cette reconnaissance elle demeure en cas de nécessité. Seulement, certains domaines y échappaient comme l'accès à la vie politique (art. 3 de la Constitution) et aux dignités, places et emplois publics (art. 6 de la DDHC). La ratification de la CEDAW par l'État du Sénégal et son introduction dans le bloc de constitutionnalité consacre la légitimation du recours à cette faculté pour lutter contre les inégalités dont sont victimes les femmes dans tous les domaines. Tel n'a pas été l'avis du Conseil constitutionnel sénégalais dans sa décision du 27 avril 2007 sur la loi instituant la parité sur la liste des candidats au scrutin de représentation proportionnelle pour les élections législatives. D'où la révision constitutionnelle pour permettre l'adoption des mesures favorisant la parité. Dans les autres domaines, le Conseil constitutionnel ne devrait pas s'opposer à l'usage de la faculté en faveur des femmes.

Tout compte fait, l'introduction de l'objectif de parité dans la Constitution consacre une innovation. Il en est ainsi parce que jadis le combat pour l'égalité était un combat pour l'indistinction alors que maintenant il peut également être un combat pour la distinction. Toutefois, il s'agit dans le premier cas de l'égalité de droit dont on pensait qu'elle était la seule garantie contre les distinctions juridiques porteuses d'inégalités de fait. Dans le second cas, il s'agit de l'égalité réelle ou de fait dont l'atteinte n'est pas forcément garantie par l'égalité de droit. D'où la possibilité exceptionnellement offerte de déroger à l'égalité de droit imposant l'indistinction en recourant à la distinction pour assurer l'égalité de fait. C'est parce que la parité va au-delà de l'exception traditionnellement admise qu'elle est une innovation.

En raison de l'explication fournie ci-dessus, l'objectif de parité n'a pas été étendu au-delà de la vie politique au Sénégal. Les effets de son application sont réels dans ce domaine **(Section I)**. Dans les autres domaines, il est impossible de l'invoquer mais des mesures palliatives peuvent être adoptées en attendant sur la base de la CEDAW. Cette Convention permet l'adoption des mesures de discrimination positive en faveur des femmes pour mettre fin aux inégalités de fait dont elles sont victimes **(Section II)**.

Section I. La diffusion progressive de la logique paritaire dans l'ensemble du champ politique

La portée de la loi sur la parité absolue a été précisée par le juge chargé des élections au Sénégal **(Paragraphe I)**. La mise en œuvre de la parité y a entraîné également l'invention et l'usage innovant des techniques au service de la parité **(Paragraphe II)**.

Paragraphe I. La loi sur la parité absolue face au juge

Précisons d'emblée que la disposition constitutionnelle selon laquelle « *la loi favorise l'égal accès des hommes et des femmes aux mandats et fonctions* » n'a pas été déclarée par le Conseil constitutionnel du Sénégal objectif de valeur constitutionnel. On a souligné plus avant que l'unique loi adoptée pour sa mise en œuvre n'a pas été soumise à son examen. On l'affirme donc au regard des arguments qui ont prévalus à la fois au moment de la légitimation de la révision constitutionnelle et de l'adoption de la loi sur la parité absolue **(I)**. La portée de la loi sur la parité absolue a été précisée par le juge ordinaire. La position de la Cour suprême sur la portée de cette loi est tellement audacieuse qu'elle mérite qu'on s'y attarde **(II)**.

I – La Cour suprême, au secours de la parité

Après les élections départementales et municipales du 29 juin 2014, la presque totalité des autorités déconcentrées de l'État n'ont pas fait respecter la loi sur la parité absolue à l'élection des membres du bureau des collectivités concernées. En fait, la circulaire du ministre de l'Administration territoriale les invitait à ne pas le faire. Malgré cela, les élections ont donné lieu à des contestations devant le juge chargé des élections locales. Nous avons vu que deux des arrêts rendus, l'un par la cour d'appel de Kaolack et l'autre par celle de Dakar, ont été portés devant la section administrative de la Cour suprême qui a statué sur elles dans le même sens. Une meilleure compréhension de la position des différentes juridictions nécessite d'analyser d'abord les arrêts des cours d'appel et, ensuite, ceux de la Cour suprême qui font désormais jurisprudence. Pour ce faire, nous allons suivre l'ordre utilisé par l'ONP[1].

---

[1] Observatoire national de la parité, *La parité à l'épreuve des élections départementales et municipales du 29 juin 2014*, précité, pp. 9-16.

a) Arrêt de la Cour d'appel de Kaolack du 25 juillet 2014 validant l'élection sans respect de la parité des membres du bureau du conseil municipal de Kaolack

À la suite de la mise en place du bureau du conseil municipal de Kaolack composé de neuf (9) personnes, sept (7) hommes et deux (2) femmes dont le maire, trois conseillères municipales, Benda Diane, Soukhana Seynabou Mbacke et Ndeye Lobé Lam, saisirent la Cour d'appel de Kaolack par requêtes séparées en date du 21 juillet 2014 de recours en annulation de l'élection des membres dudit bureau pour non-respect de la parité.

Le maire et ses adjoints ont objecté que la loi sur la parité absolue et son décret d'application s'appliquent au scrutin de liste mais pas aux élections à candidatures individuelles. Par conséquent, ils ont demandé le rejet des requêtes. Ils ont été suivis par le ministère public qui a estimé que le principe d'égalité des citoyens l'emporte *« en l'absence de disposition légale, sur les textes prévoyant la parité »*.

La Cour d'appel de Kaolack a, à son tour, suivi les « objectants » en rejetant les requêtes comme mal fondées. Pour arriver à cette solution, la Cour a fait d'abord remarquer que les textes sur la parité n'ont été intégrés au code électoral que pour les scrutins de liste. Elle a ensuite souligné que *« la loi n'a pas prévu les modalités pratiques du respect de la parité dans les élections à candidature individuelle comme celles de maire ou d'adjoint au maire »*. Partant, elle conclut *« qu'en l'absence d'une législation spéciale applicable à ces élections, les principes constitutionnelles de la liberté des candidatures et du libre accès des citoyens à la gestion du service public doivent primer sur les dispositions sur la parité »*.

Non contentes de cet arrêt, les plaignantes interjetèrent appel devant la Cour suprême. Des conseillers municipaux de la commune de Keur Massar firent de même contre une décision en sens contraire de la Cour d'appel de Dakar.

b) Arrêt de la Cour d'appel de Dakar du 21 août 2014 invalidant l'élection des membres du bureau du conseil municipal de Keur Massar à l'exception du maire pour non-respect de la parité

La Cour d'appel de Dakar a été saisie le 24/07/2014 par Amadou Barry, conseiller municipal, d'une *« demande d'annulation de l'élection du maire et des adjoints du conseil municipal de la commune de Keur Massar pour violation de la loi sur la parité et de son décret d'application »*. Le conseil municipal de cette commune avait mis en place le 21 juillet 2014 un bureau composé de huit (8) membres, sept (7) hommes et une (1) femme se trouvant en sixième position. Allant dans le même sens que celui de la Cour d'appel de Kaolack, *« le ministère public a conclu au rejet de la requête comme mal fondée estimant qu'il s'agit de l'élection d'un membre d'un bureau qui pouvait faire appel invariablement aux candidats des deux sexes sans considération de la parité, l'élection étant par essence libre »*.

Allant dans le sens inverse, la Cour d'appel a estimé que *« l'article 1er de la loi n°2010-11 du 28 mai 2010 instituant la parité absolue homme-femme...et l'article 2 du décret 2011-819 du 16 juin 2011 portant application de ladite loi, font obligation d'élire au sein du conseil municipal un bureau alternativement composé de personnes des deux sexes »*. Constatant ensuite que la parité n'a pas été respectée dans le bureau, elle conclut qu'à l'exception du maire l'élection des autres membres du bureau est entachée d'irrégularité. En définitive, elle *« annule l'élection des autres membres du bureau du conseil municipal de la commune de Keur Massar pour non-respect de la parité. »*

C'est alors que des conseillers municipaux de ladite commune saisirent la Cour suprême d'une demande tendant à infirmer l'arrêt de la Cour d'appel de Dakar. Ce recours et celui intenté contre l'arrêt de la Cour d'appel de Kaolack vont permettre à la Cour suprême de bâtir une jurisprudence sur la parité.

c) Arrêts n°2 du 8 janvier 2015 et n°17 du 26 février 2015 de la Cour suprême sur les arrêts de la Cour d'appel de Kaolack et de Dakar

L'arrêt du 8 janvier 2015 fait suite à une requête en date du 30 septembre 2014 de Mbenda Ndiaye, Sokhna Seynabou Mbacke et Ndeye Lobé Lam, conseillères municipales de la commune de Kaolack. Elles saisirent la Cour suprême d'une demande tendant à infirmer « l'arrêt n° 14 du 25 juillet 2014 de l'Assemblée générale de la Cour d'appel de Kaolack qui a rejeté leur demande tendant à l'annulation de l'élection des membres du bureau du conseil municipal de Kaolack, pour non-respect de la parité ».

La Cour suprême a d'abord rappelé les dispositions de l'article 1er et 2 de la loi instituant la parité absolue homme-femme et l'article 2 de son décret d'application qui inclut dans les institutions concernées par l'application de la parité le bureau et les commissions du conseil municipal. Ensuite, elle a précisé que *« la loi suscitée favorise l'égal accès des hommes et des femmes aux mandats électoraux et fonctions électives afin de corriger la sous-représentation des femmes au sein des responsabilités de la vie politique »*. Ces précisions faites, elle a estimé que *« la notion des listes de candidatures figure malencontreusement dans le décret d'application pour l'élection des bureaux et commissions et, dès lors s'en servir pour écarter l'application effective de la parité dans les élections à candidatures individuelles, telles que celles du Maire et de ses Adjoints, c'est méconnaître l'esprit des textes susvisés ».*

Se référant par la suite à la composition du bureau, elle a constaté que le maire est une femme et son premier adjoint un homme mais que l'alternance est rompue à partir du deuxième adjoint. Par conséquent, elle conclut que *« ce bureau, n'ayant pas respecté la parité à partir de l'élection du 2ᵉ Adjoint, il y a lieu, statuant à nouveau, d'ordonner la reprise de l'élection de ses membres, le Maire et le 1ᵉʳ Adjoint n'étant pas concernés par cette mesure ».*

L'arrêt du 26 février 2015 rendu sur saisine d'Ousmane Thiouf et six (6) autres conseillers municipaux de la commune de Keur Massar permit à la Cour suprême d'asseoir sa jurisprudence sur la parité. Les conseillers demandaient l'infirmation de l'arrêt n°77 du 21/08/2014 de la Cour d'appel de Dakar pour violation du code électoral et de la loi sur la parité absolue.

Sur la violation de la loi sur la parité absolue, la Cour a repris les arguments développés sous l'arrêt du 8 janvier 2015. Elle conclut ensuite que *« c'est à bon droit que la Cour d'appel ayant retenu, que ces textes font obligation d'élire au sein du conseil municipal un bureau alternativement composé de personnes des deux sexes, a annulé l'élection des membres du bureau du conseil municipal de Keur Massar, à l'exception de celle du maire Moustapha Mbengue, une seule femme figurant parmi les huit Adjoints du maire du bureau élu ; Qu'il y a lieu de confirmer l'arrêt ».*

Avec ces arrêts, le respect de la parité passe désormais à la fois par l'alternance d'un candidat de chaque sexe sur les listes électorales aux élections des membres des conseils des collectivités territoriales et par l'élection alternée d'un candidat de chaque sexe aux élections des membres du bureau des mêmes collectivités. Pour rappel, le législateur a laissé sous silence la question de l'application de la parité aux élections des membres du bureau lors de la modification des textes le régissant alors que cette modification est intervenue après l'adoption des textes sur la parité. Cette attitude est peut-être la manifestation de la volonté de laisser un moment ces élections hors du champ d'application de la parité. Cette hypothèse est d'autant plus plausible que les élections des membres du bureau a lieu au scrutin uninominal alors que la loi sur la parité absolue ne mentionne que les listes de candidatures comme devant être composées alternativement des personnes des deux sexes (art. 2).

La circulaire du ministre n'a donc fait que suivre la volonté du législateur. Cependant, si le juge estime qu'il faut aller au-delà de l'application textuelle de la loi pour que son but soit atteint, il use de sa liberté d'interprétation.

Comme la loi sur la parité absolue n'a pas été soumise à l'examen du Conseil constitutionnel, on ne sait pas ce qu'il aurait dit sur la portée de la disposition constitutionnelle qu'elle vise à réaliser. Néanmoins, on peut partir de certaines hypothèses pour affirmer qu'elle constitue également un objectif de valeur constitutionnelle à réaliser dans la vie politique.

II – L'invention d'un nouvel objectif de valeur constitutionnelle ?

À défaut de connaître la position du Conseil constitutionnel sur la portée de la disposition constitutionnelle relative à l'égal accès des hommes et des femmes aux mandats et fonctions, on peut partir des hypothèses pour dire ce qu'il en aurait pensé. Deux hypothèses peuvent être émises. La première est relative au cadre de légitimation de la révision constitutionnelle et la seconde à la position du Conseil constitutionnel français sur la disposition jumelle.

Nous référant au cadre de légitimation de la révision constitutionnelle, on se rend compte que la disposition constitutionnelle ne constitue qu'un objectif de valeur constitutionnelle devant être réalisé dans la vie politique. Elle constitue d'abord un objectif parce qu'en réponse aux sénateurs qui en commission ont déploré l'absence du mot garantie à la place de favorise, *« le ministre d'État a précisé que la Constitution pose le principe c'est pourquoi elle dit « la loi favorise », mais* [qu'] *au préalable l'égalité du genre est acquise »*[1]. *« C'est* [, ajoute-t-il,] *plutôt une volonté de promouvoir la femme qui explique cette expression « la loi favorise l'égal accès des femmes et des hommes » »*[2].

Elle ne s'applique également qu'à la vie politique. Il en est ainsi d'abord parce que la révision constitutionnelle a été faite, comme l'a justement rappelé la Cour suprême dans les deux arrêts précités, *« afin de corriger la sous-représentation des femmes au sein des responsabilités de la vie politique »*. Ensuite, la révision constitutionnelle n'a été faite que pour lever l'obstacle que constitue la philosophie de l'indivisibilité de la souveraineté nationale et du peuple à l'adoption des mesures distinctives permettant de favoriser une participation accrue des femmes à la vie politique. Ceci est d'autant plus vrai que le bloc de constitutionnalité sénégalais permet l'adoption des mesures de discrimination positive en faveur des femmes dans les autres domaines.

---

[1] *Rapport du vendredi 23 novembre 2007 de la Commission des lois, de la décentralisation, du travail et des droits humains sur le Projet de loi constitutionnelle n°1/2007 modifiant les articles 7, 63, 68, 71 et 82 de la Constitution*, p. 5. BN : Rapport remis sans numéro par Mamadou Aïssa NDIAYE, ancien directeur législatif du Sénat.
[2] *Ibid.*

Paragraphe II. **Les outils juridiques au service de la parité et leur usage au Sénégal**

Le droit est un instrument au service d'une finalité. L'égalité de droit était pensée comme le seul instrument permettant de réaliser et de garantir l'égalité entre les individus. Pour cette raison, elle a été posée en principe général du droit. Tout a été mis en œuvre pour que toutes les lois s'y conforment. Ce n'est que lorsqu'il est apparu que l'affirmation du même droit pour tous ne permet pas forcément de réaliser et de garantir l'égalité entre les individus que la nécessité d'y déroger par l'adoption des lois distinctives s'est imposée. Ces lois visent à réaliser ce que le droit abstrait n'a pu réaliser : l'égalité mais cette fois-ci concrètement c'est-à-dire l'égalité de fait ou réelle et non plus l'égalité de droit. Elles doivent cependant s'inscrire dans un droit concret dérogatoire au droit abstrait pour être valables. D'où les révisions constitutionnelles en France et au Sénégal pour introduire dans la Constitution l'objectif de parité. Pour réaliser cet objectif, il faut des lois dotées des moyens efficaces de contrainte. Le législateur sénégalais a imposé de respecter l'alternance entre candidats de chaque sexe sur les listes électorales aux élections qui se déroulent au scrutin de liste et la « nomination correction » du déséquilibre entre personnes des deux sexes élus sénateurs. La jurisprudence impose elle l'élection alternée des candidats des deux sexes aux élections des membres des exécutifs des collectivités locales qui se déroulent au scrutin uninominal. Il n'a pas en revanche imposé de sanction financière comme l'a fait son homologue français. Il est important de savoir pourquoi **(II)** une fois que les techniques qu'il a utilisées seront analysées **(I)**.

I – Les techniques utilisées au Sénégal

La mise en œuvre de l'objectif de parité n'a pas encore entraîné de modification de mode de scrutin au Sénégal. La loi sur la parité absolue a prévu que les listes de candidatures sont composées alternativement d'un candidat de chaque sexe sous peine d'irrecevabilité. Au cas où la liste est impaire, la parité s'applique au nombre pair immédiatement inférieur. Lorsqu'un seul poste est à pourvoir dans une circonscription notamment aux élections législatives, le législateur sénégalais a prévu l'élection d'un suppléant de sexe différent.

Une disposition aussi simple que celle de la loi sur la parité absolue a pu être facilement étendue aux élections des conseillers des collectivités locales et aux élections des députés à l'Assemblée nationale parce que toutes ces élections ont lieu au scrutin de liste majoritaire et proportionnelle. Les élections au bureau et dans les commissions des collectivités locales ayant lieu au scrutin uninominal n'ont pas été soumises à son respect. Il en est de même de l'élection d'un sénateur par département et de la désignation d'une partie des sénateurs par voie de nomination. Le problème à ces deux niveaux a été résolu par la jurisprudence qui impose l'élection alternée d'un candidat de chaque sexe au scrutin uninominal pour le premier et la correction du déséquilibre entre la proportion d'hommes et de femmes élus sénateurs par voie de nomination.

Pour le Sénat, précisons d'abord qu'il a été rétabli par la loi constitutionnelle du 12 février 2007[1]. L'article 9 de cette loi a ajouté un (1) à l'article 60 de la Constitution qui précise en son ali. 1 que *« le Sénat assure la représentation des collectivités locales de la République et des Sénégalais établis hors du Sénégal »*. Aux termes de l'ali. 2, *« le nombre des sénateurs représentants les collectivités locales de la République ne peut être inférieur au tiers des membres du Sénat. Ces représentants sont élus au suffrage universel direct dans chaque département dans les conditions déterminées par une loi organique... »* L'alinéa 3 ajoute qu'*« une partie des sénateurs est nommée par le Président de la République après avis du Président de l'Assemblée nationale et du Premier ministre »*. Suivant l'alinéa 4, *« le mandat des sénateurs est de cinq ans »*. La disposition qui nous intéresse le plus est celle de l'alinéa 6 selon laquelle *« deux cinquièmes au moins des sénateurs sont des femmes »*. Les conditions dans lesquelles cette obligation sera assurée devront normalement être précisées par une loi organique à laquelle renvoie le dernier alinéa pour fixer *« le nombre des sénateurs, leurs indemnités, les conditions d'éligibilité, le régime des inéligibilités et des incompatibilités »*.

La loi constitutionnelle du 12 février créant un Sénat a été modifiée et complétée par la loi constitutionnelle du 25 mai 2007 relative au Sénat[1] mais les dispositions de l'article 9 sus présentées sont demeurées inchangées. La loi organique du 22 mars 2007 relative au Sénat[2] définit à l'article LO. 188-1 du code électoral le nombre et la répartition des sénateurs comme suit : *« Le nombre de sénateurs est fixé à cent ainsi répartis : - trente-cinq sénateurs élus dans les départements ; - soixante-cinq sénateurs nommés par le Président de la République parmi lesquels quatre représentent les Sénégalais de l'extérieur. »* Les trente-cinq sénateurs sont élus en raison d'un sénateur par département *« au scrutin uninominal majoritaire à un tour sur une liste comprenant un titulaire et un suppléant »* (art. LO. 188-2). Le *« collège électoral* [est] *composé : 1° des députés ; 2° des conseillers*

---

[1] *Loi constitutionnelle n°2007-06 du 12 février 2007 créant un Sénat*, J.O.R.S. n°6332 du 10 mars 2007.
[1] *Loi constitutionnelle n° 2007-26 du 25 mai 2007 relative au Sénat*, J.O.R.S. n°6353 du samedi 30 juin 2007.
[2] *Loi organique n° 2007-23 du 22 mai 2007relative au Sénat*, J.O.R.S n°6353 du samedi 30 juin 2007.

régionaux ; 3° des conseillers municipaux et des conseillers ruraux » (art. LO. 188-3).

Au moment de la désignation des sénateurs, la Constitution n'avait pas encore été révisée pour y introduire l'objectif de parité. Le principe était donc acquis que *« deux cinquièmes au moins des sénateurs sont des femmes »* mais les modalités de sa réalisation n'avaient pas été déterminées. De sorte, les trente-cinq (35) sénateurs élus dans les départements lors des élections du 19 août 2007 sont très majoritairement des hommes. La décision du Conseil constitutionnel[1] ne porte pas mention du sexe des sénateurs élus mais la lecture des prénoms nous permet d'affirmer avec une marge d'erreur de moins ou plus un que six (6) des trente-cinq (35) sont des femmes. L'absence des noms des suppléants sur cette liste ne nous permet pas non plus de vérifier leur répartition par sexe. Il ressort donc que la présence parmi les sénateurs de 40% de femmes[2] sous la législature (2007-2012) résulte de la volonté libre du Président de la République qui a voulu donner tout son sens à l'article 9 al. 6 de la loi constitutionnelle créant un Sénat en en nommant en grand nombre.

L'institution, par le code électoral issu de la loi du 3 janvier 2012 précitée, de l'obligation pour le Président de la République de favoriser la parité par voie de nomination n'a pas été expérimentée en raison de la suppression du Sénat. La mesure prévue à cet effet prévoyait que *« la liste des sénateurs nommés doit corriger la disparité résultant de l'élection pour assurer l'égalité du genre au sein du Sénat »*. Cette mesure se conçoit dans la mesure où la loi sur la parité absolue concerne les institutions totalement ou partiellement électives. Tel ne semble pas être le cas pour les postes nominatifs dans les institutions qui ne sont pas totalement ou partiellement électives à moins que ça soit une invitation et non une obligation. Pour ce qui concerne la mesure qui avait été prévue, on ne peut pas présumer du résultat que son application aurait permis d'atteindre. Tout aurait dépendu de la volonté du Président de la République qui avait la charge de procéder à ces nominations.

Il ne reste donc plus que deux techniques pour favoriser la parité : la technique de l'élection de liste composée alternativement d'un candidat de chaque sexe et la technique de l'élection alternée d'un candidat de chaque sexe au scrutin uninominal pour l'élection des membres des bureaux des collectivités locales. La première est expressément prévue par les textes mais la seconde résulte d'une jurisprudence. La première a été utilisée avec succès aux dernières élections des conseillers des collectivités locales, des députés à

---

[1] Conseil constitutionnel, *Affaire n°8-E-2007 du 28 août 2007*, J.O.R.S. numéro spécial 6363 du samedi 28 août 2007.
[2] COSEF, *Combats pour la parité : La campagne "Avec la parité consolidons la démocratie"*, *op. cit.,* p. 30.

l'Assemblée nationale et des conseillers du Haut conseil des collectivités locales. Elle l'a été aussi aux élections des membres du bureau de l'Assemblée nationale depuis la loi du 28 août 2015. Quant à la seconde, elle n'a pu l'être aux bureaux et dans les commissions des collectivités locales lors des dernières élections. C'est à la suite de la décision de la Cour suprême annulant l'élection des membres du bureau du conseil municipal de la commune de Keur Massar à l'exception de celle du maire qu'un nouveau bureau a été mis en place conformément à la technique de l'élection alternée. Les prochaines élections locales permettront de l'appliquer à grande échelle si le mode de désignation à ces instances n'a pas changé entre-temps.

II – Le rejet des pénalités financières

Selon Fatou Kiné Camara[1], le recours à des pénalités financières a été proposé par *« ceux qui sont hostiles à la parité...comme étant la bonne solution »* pour la faire respecter mais ils ne furent pas suivis. Ces personnes, précise-t-elle, voulaient *« saper sa force obligatoire (notamment en faisant sanctionner son non respect, non pas par l'irrecevabilité de la liste mais, par le paiement d'une amende... »*.

En fait, si cette solution avait été retenue, elle se serait révélée inefficace dans la mesure où il n'existe pas au Sénégal de système de financement public des partis politiques. Il importe de constater cependant que depuis *« la libération totale du paysage partisan sénégalais par la révision constitutionnelle du 6 mai 1981, les partis politiques ont, dans leur grande majorité, attiré l'attention des régulateurs du régime sur la nécessité de procéder à une distribution équitable des ressources publiques par l'allocation de moyens financiers et matériels devant permettre aux partis politiques de mieux répondre aux impératifs de la démocratie »*[1]. Conscient de cette nécessité et, de façon générale, de la nécessité du renforcement de la démocratie, le Président de la République, Abdou Diouf, exposa dans son message à la Nation du 31 décembre 1998 sa vision des choses. Le Président de la République : *« A mes yeux, l'unité nationale risque d'être fragile sans la consolidation de l'État de droit, c'est-à-dire, en définitive, sans le renforcement de la démocratie. C'est la raison pour laquelle après les diverses mesures institutionnelles que j'ai fait adopter, année après année, le financement public des partis politiques et le statut de l'opposition, qui sont en cours d'étude, viendront conforter la vie démocratique en la rendant plus effective et plus transparente. »*[2] Ce discours fait suite à la nomination par décret n°98-657 du 7 août 1998 de Monsieur El Hadj Mbodj

---

[1] CAMARA (Fatou Kiné), Réponse à nos questions sur la parité, précité.
[1] MBODJ (El Hadj), Le Médiateur, *Statut de l'opposition et financement des partis politiques, Rapport au Président de la République*, Dakar, mars 1999, p. 59.
[2] Cité par MBODJ (El Hadj), *op. cit.*, p. X.

en qualité de Médiateur en vue de conduire des réflexions sur le statut de l'opposition et le financement des partis politiques. Jugeant le bien fondé de la reforme dont il avait la charge de conduire les réflexions préalables, le Médiateur affirme d'une part que *« sans reconnaissance légale de l'opposition, gage du pluralisme, point de démocratie »* et, d'autre part que *« si la sincérité d'une élection est conditionnée par le respect des règles légales de dévolution du pouvoir, elle est aussi fonction d'une répartition équilibrée des ressources électorales, c'est-à-dire des moyens par lesquels un candidat peut agir sur l'électorat »*[1].

Afin donc de renforcer la vitalité de la démocratie sénégalaise et moraliser la vie politique, le Médiateur a, entre autres, proposé dans son rapport de mettre en place un système de financement de la vie politique assorti de contrôle et de sanction. Le système qu'il a proposé devrait permettre l'institution d'un financement public des partis politiques et l'amélioration du financement privé.

Les modalités de constitution et de répartition du financement public ont fait l'objet de propositions détaillées dont les plus importantes méritent attention. Pour la constitution, le Médiateur propose qu'il soit *« l'apanage exclusif de l'État. En conséquence, aucun subside ne doit, directement ou indirectement, être versé à un parti politique par une collectivité locale, une entreprise publique ou une personne morale de droit privé soumise au contrôle de la Cour des comptes »*[1]. Comme la constitution d'un tel financement nécessite des fonds, il suggère que *« l'État devrait créer un Fonds d'aide aux partis politiques alimenté par : - la dotation allouée aux partis inscrite dans la loi de finance de l'année ; - les cautions non remboursées des partis politiques ; - les pénalités et amendes versées par les partis politiques ; - les contributions des personnes morales de droit privé de nationalité étrangère, le cas échéant. »*[2] Pour la répartition, il propose que *« l'attribution de l'aide publique devra tenir compte de la représentativité parlementaire et/ou électorale des partis. »*[3] Il faut pour cela la diviser en deux fractions. *« Ainsi* [, précise-t-il,] *une première fraction correspondant à 40% de la dotation du Fonds d'aide, pourrait être versée à tout parti politique représenté à l'Assemblée nationale. Un montant de base sera alloué à chaque député et versé dans le compte de son parti. En principe, dès l'ouverture de la session budgétaire, chaque député doit faire connaître le parti politique auquel il souhaite faire bénéficier la part du financement qui lui est allouée. Le rattachement financier d'un parlementaire à un parti politique donné peut ne pas tenir compte de son étiquette partisane ou de*

---

[1] MBODJ (El Hadj), *op. cit.*, pp. 6-7.
[1] *Ibid.*, p. 115.
[2] *Ibid.*, p. 117.
[3] *Ibid.*, p. 117.

son appartenance à un groupe parlementaire déterminé. »[1] Cependant, il trouve *« souhaitable que soit prise en compte, pour la désignation des partis bénéficiaires, la répartition des sièges telle qu'elle résulte de la décision du Conseil constitutionnel proclamant les résultats définitifs, et qui serait valable pendant toute la durée de la législature afin de décourager la transhumance qui altère la volonté exprimée par le corps électoral ».*[2] Enfin, poursuit-il, *« la seconde fraction du Fonds d'aide aux partis politiques (60%) pourrait être attribuée en fonction de la représentativité électorale, c'est-à-dire en fonction des suffrages valides obtenus par chaque parti lors du plus récent renouvellement de l'Assemblée nationale »*[3].

Quant au financement privé, il était la seule source de financement des partis politiques. Il comprenait seulement les cotisations, dons et legs des adhérents et sympathisants nationaux des partis politiques et les bénéfices réalisés à l'occasion des manifestations[4]. Le médiateur estime sous certaines réserves que *« toutes les personnes morales de droit privé de nationalité sénégalaise (entreprises, banques, sociétés, syndicats, associations, etc.) pourraient être autorisées à faire des dons aux partis et candidats, pour autant que ces dons sont conformes à leur objet social »*[5].

Depuis la publication en 1999 du rapport du Médiateur, il n'y a que la loi constitutionnelle du 5 avril 2016 qui a ouvert la voie au financement public des partis et groupements politiques en introduisant à l'article 4 de la Constitution une disposition selon laquelle *« les règles de constitution, de suspension et de dissolution des partis politiques, les conditions dans lesquelles ceux-ci exercent leurs activités et bénéficient d'un financement public sont déterminées par la loi ».*

Section II. Vers une extension de la parité aux responsabilités sociales et professionnelles ?

La Constitution sénégalaise à laquelle sont intégrés la DDHC de 1789 et des instruments juridiques internationaux adoptés par l'Organisation des Nations Unies et l'Organisation de l'unité africaine (actuellement l'Union africaine) dispose en son article premier alinéa 1 que *« la République du Sénégal…assure l'égalité devant la loi de tous les citoyens sans distinction d'origine, de race, de sexe, de religion ».* Aux termes de l'article 7 alinéa 4, *« tous les êtres humains sont égaux devant la loi. Les hommes et les femmes sont égaux en droit ».* La République assure cette égalité en vertu du

---

[1] *Ibid.*, p. 117.
[2] *Ibid.*, pp. 117-118.
[3] *Ibid.*, p. 118.
[4] *Ibid.*, p. 91.
[5] *Ibid.*, p. 119.

principe posé à l'article premier de la DDHC selon lequel « *les hommes naissent et demeurent libres et égaux en droits...* » en veillant à ce que la loi soit « *la même pour tous, soit qu'elle protège, soit qu'elle punisse* » (art. 6 de la DDHC).

Les articles ci-dessus cités doivent néanmoins être mis en relation avec une disposition du préambule selon laquelle « *le Peuple du Sénégal souverain... proclame...le rejet et l'élimination, sous toutes leurs formes, de l'injustice, des inégalités et des discriminations* ». Cette disposition peut d'abord être comprise comme s'opposant à toute distinction juridique pour éviter de créer des situations d'injustice, d'inégalité et de discrimination. Elle peut également être comprise comme fondant le recours à des mesures positives pour lutter contre les injustices, les inégalités et les discriminations. Sans se référer à cette disposition, le juge constitutionnel sénégalais admet généralement le recours à des mesures de discriminations positives. C'est seulement lorsque de telles mesures portent sur des distinctions expressément interdites par la Constitution qu'il s'y oppose comme il l'a fait dans la décision du 27 avril 2007[1].

Il importe de revenir sur la notion de discrimination positive pour plus de détails. « *Selon Ferdinand Mélin-Soucramanien, la discrimination positive peut s'entendre de toute* « *différenciation juridique de traitement, créée de manière temporaire, dont l'autorité normative affirme expressément qu'elle a pour but de favoriser une catégorie déterminée de personnes physiques ou morales au détriment d'une autre afin de compenser une inégalité de fait préexistante entre elles* »[1]. Pour Gwénaële Calves[2], « *discriminer positivement, c'est traiter différemment ceux qui sont différents ou* « *donner plus à ceux qui ont moins* ». Il explique que par la discrimination positive, « *on cherche tantôt à tenir compte d'une inégalité de situation, tantôt à résorber cette inégalité de situation.* » Donc, la discrimination positive, poursuit-il, « *consiste à créer juridiquement une discrimination pour rééquilibrer, dans les faits, des situations d'inégalités structurelles entre différents groupes sociaux* ».

Les mesures de discrimination positive ont la particularité d'être temporaires et spéciales. Pour le premier aspect, « *le caractère temporaire de la discrimination positive est inhérent à sa définition de mesure de* « *rattrapage* » *et à son statut dérogatoire du droit commun de l'égalité.* »[3]

---

[1] FALL (Ismaïla Madior), commentaire sous Conseil constitutionnel, Décision N°97/2007- Affaire N°1/C/2007, In FALL (Ismaïla Madior), rassemblés et commentés sous la direction de, *op. cit.*, pp. 523-528.
[1] Cité par DAVID (Franck), *La notion de discrimination positive en droit public français*, Thèse de doctorat en Droit public, Université de Poitiers, 2001, p.37.
[2] CALVES (Gwénaële), *La discrimination positive,* Paris : PUF, Collection Que sais-je ?, 2010, p. 3 et suivante.
[3] Ibid., p. 40 et suivantes.

Pour le second aspect, ces mesures sont spéciales en ce sens qu'elles *« sont applicables aux femmes et d'autres groupes faisant l'objet d'une discrimination, pour lesquelles des mesures supplémentaires ou « spéciales » s'avèrent nécessaires pour vivre dans la société en tant que membres participants et concurrents. »*[1] Il y a lieu de préciser aussi que *« le terme « mesures »* [dans la CEDAW mais aussi de façon générale en matière de discrimination positive] *couvre un large éventail de politiques, de pratiques et d'instruments législatifs, exécutifs, administratifs et réglementaires. Car la « Convention vise les aspects discriminatoires des configurations sociales et culturelles passées et présentes qui entravent l'exercice par les femmes de leurs libertés et de leurs droits fondamentaux. Elle a pour objet d'éliminer toutes les formes de discrimination à l'égard des femmes, notamment les causes et conséquences de leur inégalité de facto ou réelle. Par conséquent, les mesures temporaires spéciales envisagées dans la Convention constituent un moyen « d'instaurer l'égalité de facto ou réelle, plutôt qu'une exception aux règles de la non-discrimination et de l'égalité » »*[2].

Historiquement, les États ont recours aux mesures de discrimination positive pour corriger *« les inégalités dont sont victimes certaines minorités. Aux États-Unis où elles sont très développées, ces mesures sont connues sous l'appellation d'affirmative action ; en Inde, on parle de politique de réservation »*[1]. Il est cependant très vite apparu avec l'exclusion, généralement de fait, des femmes dans la vie politique et publique que les victimes des discriminations ne sont pas forcément des minorités « numériques ». Aussi, l'histoire a montré que la discrimination peut résulter d'un texte (États-Unis, France...) mais elle résulte plutôt aujourd'hui des situations d'inégalités structurelles entre différents groupes.

Pour favoriser une participation accrue des femmes à l'exercice des responsabilités dans les autres domaines, le législateur sénégalais a donc la possibilité de recourir aux mesures de discrimination positive sur la base de l'article 4 al. 1 de la CEDAW. Le juge constitutionnel ne peut invoquer contre de telles mesures le principe de souveraineté prévue à l'article 3 de la Constitution parce que ce principe n'a aucun rapport avec les autres domaines. Il ne peut non plus invoquer le principe d'égalité contenu dans l'article 7 de la Constitution, 6 de la DDHC et 3 de la Charte africaine des

---

[1] TSUJIMURA (Miyoko) ; LOCHAK (Danièle), Sous la direction de, *Égalité des sexes : La discrimination positive en action. Une analyse comparative France, Japon, Union européenne et États-Unis,* Paris : Société de législation comparée, 2006, p. 24.
[2] *Ibid.*, p. 24.
[1] PERREOL (Gilles), « Discrimination positive et altérité », In MOUCHTOURIS (Antigone), Sous la direction, *Discrimination. Construction sociale*, Perpignan : Presses universitaires de Perpignan, Collection Études, 2010, pp. 13-27.

Droits de l'Homme et des Peuples sauf à vider l'article 4 al.1 de la CEDAW de son sens.

La circonscription des mesures de discrimination positive dans le temps interdit cependant au législateur de maintenir celles-ci en vigueur une fois que les objectifs poursuivis par leur adoption seraient atteints. En outre, les mesures de discrimination positive en faveur spécifiquement des femmes doivent s'inscrire impérativement dans le cadre de la CEDAW. Toute référence à l'article 7 al. 5 de la Constitution sur « *l'égal accès des hommes et des femmes aux mandats et fonctions* » pourrait amener le juge constitutionnel à les censurer au motif que cette disposition ne vise que les mandats et fonctions politiques.

Afin donc d'inscrire les mesures favorisant une participation accrue des femmes à l'exercice des responsabilités dans les autres domaines dans le cadre de l'article 7 alinéa 5 de la Constitution, une extension de cet article est nécessaire.

Conclusion du chapitre

Mise à part l'exception introduite dans l'universalisme abstrait, la mise en œuvre de l'objectif de parité n'a pas entraîné un bouleversement considérable de l'ordre juridique sénégalais. Dans cet ordre juridique, les dispositions des lois électorales régissant l'accès aux principales assemblées se prêtaient largement à la greffe des dispositions favorisant la réalisation de cet objectif. Par contre, les dispositions relatives à l'élection des membres des bureaux des différentes assemblées ne se prêtaient pas automatiquement à une telle greffe. Le législateur n'y prend pas garde parce qu'il adopte une seule loi applicable à toutes les institutions sans procéder par la suite à une harmonisation des textes indispensable à sa bonne application. Cette situation entraîna l'inapplication de la parité aux élections qui ne s'y prêtaient pas. C'est après que le tir a été rectifié par le législateur pour le bureau de l'Assemblée nationale et par le juge pour les bureaux des collectivités locales.

Par ailleurs, il n'y a eu aucune initiative pour étendre l'objectif de parité au-delà de la vie politique. Plusieurs facteurs peuvent expliquer cela. La nature du discours autour de la demande de parité et l'absence de volonté clairement affichée d'aller dans ce sens au moment de la révision constitutionnelle peuvent être un premier élément d'explication. On peut y ajouter le facteur temps d'autant que la loi sur la parité absolue n'a été appliquée qu'une seule fois aux différentes élections. À ceux-là s'ajoute le fait qu'en l'absence de volonté politique de l'exécutif, les initiatives parlementaires en matière à la fois de proposition de loi et d'amendement sont d'usage plus timide.

Conclusion du titre second

L'affirmation constitutionnelle de l'objectif de parité consacre aussi bien en France qu'au Sénégal la légitimation d'un principe jusqu'alors incompatible avec l'universalisme abstrait qui oblige de rendre le droit aveugle aux différences. Avant cette affirmation, les mesures de discrimination positive étaient autorisées dans les deux pays mais celles-ci ne pouvaient intervenir dans certains domaines expressément fermés, souvent même à double tour, par la Constitution. La nouveauté consiste en l'ouverture de l'un de ces domaines dans une toute nouvelle direction.

Sur l'ordre juridique, les effets de la mise en œuvre de l'objectif de parité dans la vie politique diffèrent dans les deux pays. Ainsi, le bouleversement a été plus important en France où l'ordre juridique était très hétérogène en raison des considérations multiples. Il l'a été moins au Sénégal en raison d'une meilleure prédisposition de l'ordre juridique.

De plus, l'objectif de parité a été étendu aux responsabilités professionnelles et sociales en France alors qu'il ne l'a pas été au Sénégal. L'extension en France a été facilitée par la structure du discours paritaire précédant la révision constitutionnelle et par l'expression d'un plus grand volontarisme d'aller dans ce sens au moment et après cette révision. L'absence de demande d'extension au Sénégal résulte également de la structure du discours paritaire précédant la révision constitutionnelle et de l'absence d'un volontarisme affiché au moment et après cette révision.

CONCLUSION DE LA SECONDE PARTIE

Comme dans l'affirmation constitutionnelle du principe de parité, l'action militante a été déterminante dans sa mise en œuvre. En France, l'évolution vers la parité a été grandement favorisée par l'attention permanente des femmes politiques et des femmes militantes au travers entre autres des rapports et des initiatives législatives. Au Sénégal, les rapports et les interventions médiatiques ont permis de maintenir la pression tout comme la mise à disposition de services d'avocat par l'Association des juristes sénégalaises a permis le bon aboutissement de certains recours pour non-respect de la parité.

Au-delà de ce constat, l'étude de la mise en œuvre de l'objectif de parité en France et au Sénégal nous permet de formuler deux lois pouvant régir la réalisation du droit en général.

Première loi, la réalisation du droit est fonction de la structure de l'ordre juridique interne, du choix d'opportunité des acteurs politiques et des rapports de force qui se jouent dans chaque État. Une meilleure prédisposition de l'ordre juridique interne augure une harmonisation plus facile des textes comme ce fut le cas au Sénégal. Il faut cependant que les rapports de force le permettent parce que ceux-ci peuvent s'avérer être un facteur accélérateur ou ralentisseur que l'ordre juridique soit prédisposé ou pas. Il n'y a pas de terrain particulier de jeu des rapports de force. Pour rappel, il est apparu qu'au moment de la mise en œuvre de l'objectif de parité, ceux-ci ce sont exprimés plus en amont en France et de façon équilibrée au Sénégal mais de manière plus expressive en aval. Le choix d'opportunité des acteurs politiques est également un autre facteur accélérateur ou ralentisseur. Il a joué comme facteur ralentisseur en France parce qu'au-delà de l'hétérogénéité de l'ordre juridique les acteurs n'ont pas cru nécessaire au début de tout abattre pour la parité. C'est d'ailleurs le cas encore. Tout compte fait, le maître mot « parité » a été repris et hissé en objectif ultime dans les deux pays.

Deuxième loi, l'effectivité d'un droit est souvent fonction du processus qui a conduit à son affirmation. Plus le discours de légitimation a été ouvert et enraciné plus le champ d'application du droit est susceptible d'une extension plus rapide comme ce fut le cas en France. Moins le discours de légitimation a été ouvert et enraciné plus lente sera la demande d'extension du champ d'application.

CONCLUSION GÉNÉRALE

De l'étude qui précède se dégage une première conclusion valable à la fois en France et au Sénégal, mais dont le niveau de validité varie selon les pays concernés. Elle est relative à l'importance de l'action militante dans l'affirmation et la réalisation du droit de l'égal accès des femmes et des hommes à la vie politique. Cette conclusion correspond au principe que Rudolf Von Jhering a posé en introduction à son chef d'œuvre, *« La lutte pour le droit »*[1], et par lequel nous avons commencé l'introduction générale de cette thèse. Selon ce principe, le droit s'acquiert et se conserve par la lutte. Sans doute.

Rudolf Von Jhering a également raison de poser comme principe guidant le résultat de la lutte pour le droit que *« comme dans toute lutte, ce n'est pas le poids des raisons, mais la puissance relative des forces mises en présence qui fait pencher la balance et qui produit souvent le même résultat que celui du parallélogramme des forces, savoir une déviation de la ligne droite, dans le sens de la diagonale »*[2]. Seulement, l'expression *« forces mises en présence »* doit être entendue au sens large comme englobant non seulement les forces en opposition mais aussi les considérations factuelles qui entrent en jeu.

À cette conclusion s'ajoute une première remarque relative à l'identité des processus par lesquels les deux pays ont voulu, dans un premier temps, résoudre le problème de sous représentation des femmes dans la vie politique, les obstacles constitutionnels opposés à l'adoption des premières lois et les révisions constitutionnelles intervenues pour lever ces obstacles. Nous avons démontré qu'en dépit de l'existence des solutions alternatives, le Conseil constitutionnel du Sénégal s'est inscrit, dans sa décision du 27 avril 2007[3], sur la ligne argumentative que le Conseil constitutionnel français a développée dans sa décision du 18 novembre 1982[4]. Par la suite, le constituant sénégalais a repris la disposition de base du projet de loi constitutionnelle français dans la loi constitutionnelle du 7 août 2008[5].

La remarque précédente confirme le constat de mimétisme reproché aux pays francophones d'Afrique noire dans la production et l'interprétation de la plupart des dispositions constitutionnelles. Cependant, elle est tempérée par quatre autres remarques dont la présentation nécessite un regroupement

---

[1] JHERING (Rudolf Von), *op. cit.*, p. 1.
[2] *Ibid.*, p. 8.
[3] FALL (Ismaïla Madior), Commentaire sous Décision N°97/2007-Affaires N°1/C/2007 du 27 avril 2007, In FALL (Ismaïla Madior), *Rassemblés et commentés sous la direction de, op. cit.*, p.525.
[4] Conseil constitutionnel, *Décision n° 82-146 DC du 18 novembre 1982*, précitée.
[5] Loi Constitutionnelle du 7 août 2008, texte précité.

binaire sur l'affirmation et la réalisation du droit appelant chacun une conclusion.

Sur l'affirmation du droit, le constat de mimétisme est tempéré par deux remarques. Les deux sont relatives, d'une part, à la spécificité des arguments théories mobilisés en soutien ou en contestation de la demande de parité et, d'autre part, à la spécificité de certaines considérations factuelles qui ont joué en faveur des révisions constitutionnelles.

De ces remarques, se dégage une deuxième conclusion relative à l'affirmation du droit. Pour qu'un droit soit affirmé, il faut d'abord qu'il soit légitimé[1]. Le discours entourant la légitimation du droit reflète les réalités profondes de l'État et de la société dans lesquels il s'incère. Il s'inscrit généralement dans un double registre : théorique et factuel. Cependant, la dimension théorique est fonction de l'ancrage théorique des principes sur le fondement desquels le droit est revendiqué ou contesté. Elle est importante si les principes qui y font obstacle ou sur le fondement desquels la revendication est élevée ont un ancrage théorique fort comme nous l'avons démontré pour la France. Elle l'est moins si ces principes ne résultent que de la reproduction d'un droit idéologiquement pensé ailleurs et/ou si des solutions pratiques existent comme nous l'avons démontré pour le Sénégal.

En plus, les références à l'extérieur alimentent le plus souvent l'affirmation du droit. Ces références servent de baromètre pour la prise de conscience et de source morale de légitimation dans un pays où le droit en jeu résulte d'une construction endogène. Elles ont été ainsi en France. Elles servent à la fois de source morale de légitimation et de source matérielle de contrainte dans un pays où le droit en jeu résulte en partie d'une construction exogène. Elles ont été ainsi au Sénégal.

Au demeurant, il est important de légitimer ou de délégitimer théoriquement une revendication juridique mais il faut aussi avoir présent à l'esprit que les acteurs politiques n'obéissent pas qu'à la raison. Ils ont aussi des intérêts à préserver qui ne sont d'ailleurs pas que matériels. Georges Ripert a été plus complet sur ce point. Il écrit : « *L'erreur du positiviste est de ne retenir que la lutte des intérêts matériels ; elle conduit le marxisme à la croyance d'une évolution fatale. Les intérêts matériels ne comptent pas seuls dans la création du droit, les idées morales ont leur force, la religion a*

---

[1] Nous convenons ici avec Liora ISRAËL, tout en prenant pour valable aussi pour la légitimation, qui affirme que pour contester un droit paré d'une légitimité démocratique il faut lui « *opposer d'autres formes de droit. Une première source réside dans l'invocation des principes supérieurs en droit, qu'il s'agisse par exemple de principes constitutionnels ou de principes de droit international reconnus par des traités ou les conventions* […]. *Une seconde modalité de contestation du droit consiste à mobiliser des principes jugés supérieurs, appuyés sur des formes de légitimité diverses (ancienneté, moralité, non-discrimination etc. ».* ISRAËL (Liora), *L'arme du droit*, Paris : Presses de la Fondation Nationale des sciences politiques, 2009, p. 95.

la sienne et aussi l'idéologie. Dans un pays de vieille civilisation comme la France, la tradition pèse sur le droit. Les idées ont parfois plus de force que les intérêts matériels et les idéologies plus puissantes que la raison. »[1]

En d'autres lieux, l'opposition entre les tenants des différentes considérations est très rude et inconciliable mais elle se fait un peu plus diplomatique et conciliante au Parlement[2]. Ils s'accordent le plus souvent en raison des considérations factuelles qui ont une dimension unificatrice plus importante. Ce fut le cas dans les deux pays.

Sur la réalisation du droit, le constat de mimétisme est tempéré aussi par deux remarques. La première fait ressortir une différence dans la mise en œuvre des dispositions constitutionnelles. Quant à la deuxième, elle concerne les effets de leur mise en œuvre. Les lois intervenues dans ce sens ont été plus nombreuses et ont entraîné un bouleversement juridique plus considérable en France en raison de l'hétérogénéité de l'ordre juridique et des considérations multiples. Elles l'ont été moins au Sénégal par choix des acteurs et en raison d'une plus grande prédisposition de l'ordre juridique.

Par ailleurs, conformément au souhait de départ de permettre également l'adoption des mesures favorisant la parité dans l'accès aux responsabilités professionnelles et sociales, une extension constitutionnelle est intervenue dans ce sens en France. Elle a été suivie des mesures de mise en œuvre dans les domaines visés. Par contre, au Sénégal où un tel souhait n'a pas été exprimé au départ, aucune extension n'est intervenue.

De là, se dégage une troisième conclusion faisant ressortir que le processus et les mécanismes de réalisation du droit sont fonction de la structure de l'ordre juridique interne, du choix d'opportunité des acteurs politiques, des rapports de force qui se jouent dans chaque État et, dans une certaine mesure, du processus qui a conduit à son affirmation.

En somme, il s'avère que la pratique du droit est fonction des contingences internes de chaque pays. Par contingences, il faut entendre l'ensemble des facteurs interdépendants qui gouvernement un pays donné à un moment donné. Ces facteurs sont ordonnés par un ensemble de données d'ordre juridique, historique, politique, économique, social, idéologique, etc.

La diversité des données qui gouvernent cette pratique rend celle-ci insaisissable à l'échelle d'une seule discipline. Pour l'étudier efficacement, il faut ratisser large ou faire intervenir les spécialistes de plusieurs disciplines. C'est pourquoi, nous avons été amenés à élargir le champ de notre étude sans pour autant prétendre ni à l'exhaustivité ni à l'efficacité. Cependant, cela nous a permis de mettre en lumière l'importance du non-droit dans l'éclairage et la connaissance du droit.

---

[1] RIPERT (Georges), *op. cit.*, p. pp. 85-86.
[2] *Ibid.*, p. 116.

En outre, il apparaît aussi que la meilleure façon d'améliorer la connaissance du droit est d'en étudier la pratique. L'étude de la pratique du droit s'entend comme celle de l'ensemble des facteurs par la jonction desquels l'idée d'ériger une norme a émergé, les mécanismes par lesquels l'initiative qui découle de cette idée a été érigée en norme ainsi que les manifestations de cette norme ou les situations qui en découlent et celles qu'elle engendre. Les différentes étapes de ce processus sont le plus souvent interconnectées en ce sens que chaque étape est alimentée au moins par quelques éléments structurants de l'étape précédente. Ce mécanisme commence dès l'initiative à partir de laquelle les acteurs se nourrissent des facteurs qui ont structuré l'ordre antérieur pour l'amélioration duquel elle a émergé ou pour la sauvegarde duquel elle est contestée.

En définitive, les conclusions qui précèdent, sous réserve de certains aspects de la deuxième et du dernier aspect de la troisième, s'imposent comme une loi générale. Les deuxième et troisième conclusions ne valent dans certains aspects que pour les lois étudiées. La diversité des lois interdit de les systématiser à moins que des études ultérieures viennent les confirmer. De telles études doivent non seulement porter sur d'autres catégories de lois mais aussi sur des lois de différents pays.

ANNEXES

I - ANNEXES SUR LA FRANCE
Décisions du Conseil constitutionnel et lois constitutionnelles dans l'ordre chronologique

II - ANNEXES SUR LE SÉNÉGAL
Arrêts et décisions des juridictions, lois, décret et circulaire dans l'ordre chronologique ainsi que la liste des personnes citées en enquête de terrain

I - ANNEXES SUR LA FRANCE
Décisions du Conseil constitutionnel et lois constitutionnelles dans l'ordre chronologique

Annexe 1:
Conseil constitutionnel, *Décision n° 82-146 DC du 18 novembre 1982*, « Quotas par sexe I »

Annexe 2 :
Conseil constitutionnel, *Décision n° 98-407 DC du 14 janvier 1999*, « Quotas par sexe II »

Annexe 3 :
Loi constitutionnelle n° 99-569 du 8 juillet 1999 relative à l'égalité entre les femmes et les hommes

Annexe 4 :
Conseil constitutionnel, *Décision n°2000-429 DC du 30 mai 2000*, « Quotas par sexe III »

Annexe 5 :
Conseil constitutionnel, *Décision n° 2001-445 DC du 19 juin 2001*, « Quotas par sexe IV »

Annexe 6 :
Conseil constitutionnel, *Décision n° 2001-455 DC du 12 janvier 2002*, « Quotas par sexe V »

Annexe 7 :
Conseil constitutionnel, *Décision n°2003-468 DC du 3 avril 2003*, « Quotas par sexe VI »

Annexe 8 :
Conseil constitutionnel, *Décision n°2003-475 DC du 24 juillet 2003*, « Quotas par sexe VII »

Annexe 9 :
Conseil constitutionnel, *Décision n° 2006-533 DC du 16 mars 2006*, « Quotas par sexe VIII »

Annexe 10 :
Loi constitutionnelle n° 2008-724 du 23 juillet 2008 de modernisation des institutions de la Ve République

Annexe 1 :
Conseil constitutionnel, *Décision n° 82-146 DC du 18 novembre 1982, Loi modifiant le code électoral et le code des communes et relative à l'élection des conseillers municipaux et aux conditions d'inscription des Français établis hors de France sur les listes électorales*

« **Quotas par sexe I** » (Extrait)

Le Conseil constitutionnel,
Saisi le 23 octobre 1982 par MM Claude Labbé et autres, députés à l'Assemblée nationale, dans les conditions prévues à l'article 61, alinéa 2, de la Constitution, du texte de la loi modifiant le code électoral et le code des communes et relative à l'élection des conseillers municipaux et aux conditions d'inscription des Français établis hors de France sur les listes électorales, telle qu'elle a été adoptée par le Parlement, et, notamment, du nouvel article L 262 du code électoral tel qu'il résulte de son article 4.
Saisi également d'une demande d'examen de la conformité à la Constitution d'autres dispositions de cette loi par une lettre de M Alain Tourret, demeurant à Mault, Calvados, en date du 23 octobre 1982 ;
Vu la Constitution ;
Vu l'ordonnance du 7 novembre 1958 portant loi organique sur le Conseil constitutionnel, notamment les articles figurant au chapitre II du titre II de ladite ordonnance ;
Ouï le rapporteur en son rapport ;
Sur la recevabilité de la demande de M. Tourret :
1. Considérant qu'aux termes de l'article 61 de la Constitution les lois peuvent être déférées au Conseil constitutionnel, avant leur promulgation, par le Président de la République, le Premier ministre, le président de l'Assemblée nationale, le président du Sénat ou soixante députés ou soixante sénateurs ; que cette désignation des autorités habilitées à soumettre au Conseil l'examen de la conformité à la Constitution du texte d'une loi adoptée par le Parlement avant sa promulgation, interdit cette saisine à toute

autre personne ; qu'il suit de là que la demande de M. Alain Tourret est irrecevable ;

Sur la conformité de la loi à la Constitution :

En ce qui concerne les dispositions de l'article L. 262 du code électoral, tel qu'il résulte de l'article 4 de la loi :

2. Considérant que pour les communes de 3500 habitants et plus les conseillers municipaux sont élus au scrutin de liste à deux tours ; qu'aux termes de l'article L. 262 du code électoral, tel qu'il résulte de l'article 4 de la loi soumise à l'examen du Conseil : Au premier tour de scrutin, il est attribué à la liste qui a recueilli la majorité absolue des suffrages exprimés un nombre de sièges égal à la moitié du nombre des sièges à pourvoir, arrondi, le cas échéant, à l'entier supérieur lorsqu'il y a plus de quatre sièges à pourvoir et à l'entier inférieur lorsqu'il y a moins de quatre sièges à pourvoir ... Si aucune liste n'a recueilli la majorité absolue des suffrages exprimés au premier tour, il est procédé à un deuxième tour. Il est attribué à la liste qui a obtenu le plus de voix un nombre de sièges égal à la moitié du nombre des sièges à pourvoir, arrondi, le cas échéant, à l'entier supérieur, lorsqu'il y a plus de quatre sièges à pourvoir et à l'entier inférieur lorsqu'il y a moins de quatre sièges à pourvoir .

3. Considérant que, selon les députés auteurs de la saisine, le fait que le nombre des sièges attribués à la liste venant en tête soit égal à la moitié des sièges à pourvoir, arrondi, lorsqu'il s'agit d'un nombre impair, au chiffre inférieur quand il y a moins de quatre sièges à pourvoir et au chiffre supérieur quand il y en a plus, serait contraire au principe d'égalité, aucune différence de situation ne justifiant l'application de ces règles différentes ;

4. Considérant qu'il appartient au législateur de poser la règle d'attribution du siège restant après division par deux du nombre total des sièges à pourvoir dont une moitié est attribuée à la liste parvenue en tête et l'autre répartie à la proportionnelle lorsque ce nombre total est impair ; qu'aucun principe de valeur constitutionnelle n'impose que la règle appliquée soit identique quel que soit le nombre total des sièges à pourvoir mais que le principe d'égalité exige seulement que la même règle soit appliquée à chaque fois que le nombre de sièges à répartir est le même ; que la loi soumise à l'examen du Conseil constitutionnel répond à cette exigence et, dès lors, ne méconnaît pas le principe d'égalité devant la loi ;

En ce qui concerne les dispositions de l'article L. 260 bis du code électoral, tel qu'il résulte de l'article 4 de la loi :

5. Considérant qu'en vertu de l'article 4 de la loi soumise à l'examen du Conseil, les conseillers municipaux des villes de 3500 habitants et plus sont élus au scrutin de liste ; que les électeurs ne peuvent modifier ni le contenu ni l'ordre de présentation des listes et qu'en vertu de l'article L. 260 bis : Les listes de candidats ne peuvent comporter plus de 75 p. 100 de personnes du même sexe ;

6. Considérant qu'aux termes de l'article 3 de la Constitution : La souveraineté nationale appartient au peuple qui l'exerce par ses représentants et par la voie du référendum. Aucune section du peuple ni aucun individu ne peut s'en attribuer l'exercice. Le suffrage peut être direct ou indirect dans les conditions prévues par la Constitution. Il est toujours universel, égal et secret. Sont électeurs, dans les conditions déterminées par la loi, tous les nationaux français majeurs des deux sexes, jouissant de leurs droits civils et politiques. Et qu'aux termes de l'article 6 de la Déclaration des droits de l'homme et du citoyen : Tous les citoyens étant égaux aux yeux de la loi sont également admissibles à toutes dignités, places et emplois publics, selon leur capacité et sans autre distinction que celles de leurs vertus et de leurs talents

7. Considérant que du rapprochement de ces textes il résulte que la qualité de citoyen ouvre le droit de vote et l'éligibilité dans des conditions identiques à tous ceux qui n'en sont pas exclus pour une raison d'âge, d'incapacité ou de nationalité, ou pour une raison tendant à préserver la liberté de l'électeur ou l'indépendance de l'élu ; que ces principes de valeur constitutionnelle s'opposent à toute division par catégories des électeurs ou des éligibles ; qu'il en est ainsi pour tout suffrage politique, notamment pour l'élection des conseillers municipaux ;

8. Considérant qu'il résulte de ce qui précède que la règle qui, pour l'établissement des listes soumises aux électeurs, comporte une distinction entre candidats en raison de leur sexe, est contraire aux principes constitutionnels ci-dessus rappelés ; qu'ainsi, l'article L. 260 bis du code électoral tel qu'il résulte de l'article 4 de la loi soumise à l'examen du Conseil constitutionnel doit être déclaré contraire à la Constitution ;

9. Considérant que doivent être déclarées contraires à la Constitution, par voie de conséquence, les dispositions qui, aux articles L. 265 et L. 268 du code électoral, font application de la règle posée à l'article L. 260 bis ;

En ce qui concerne les autres dispositions de la loi :

10. Considérant qu'en l'espèce il n'y a lieu pour le Conseil constitutionnel de soulever d'office aucune autre question de conformité à la Constitution de la loi soumise à son examen,

Décide :

Article premier :

La demande de M Alain Tourret est irrecevable.

Article 2 :

Sont déclarées contraires à la Constitution les dispositions de l'article 4 de la loi modifiant le code électoral et le code des communes et relative à l'élection des conseillers municipaux et aux conditions d'inscription des Français établis hors de France sur les listes électorales, qui introduisent dans le code électoral un article L 260 bis.

Est également déclarée contraire à la Constitution l'adjonction du mot "sexe" à l'article L 265 ainsi que des mots "et L 260 bis" aux articles L 265 et L 268 du code électoral.

Article 3 :
Les autres dispositions de la loi soumise à l'examen du Conseil constitutionnel sont déclarées conformes à la Constitution.
Article 4 :
La présente décision sera publiée au Journal officiel de la République française.

Annexe 2 :
Conseil constitutionnel, *Décision n° 98-407 DC du 14 janvier 1999, Loi relative au mode d'élection des conseillers régionaux et des conseillers à l'Assemblée de Corse et au fonctionnement des conseils régionaux*

« Quotas par sexe II » (Extrait)

Le Conseil constitutionnel a été saisi, le 24 décembre 1998, par MM Paul Girod et autres, sénateurs, et par MM Philippe Douste-Blazy et autres, députés, dans les conditions prévues à l'article 61, alinéa 2, de la Constitution de la conformité à celle-ci de la loi relative au mode d'élection des conseillers régionaux et des conseillers à l'Assemblée de Corse et au fonctionnement des conseils régionaux ;
Le Conseil constitutionnel, […]
1. Considérant que les députés défèrent au Conseil constitutionnel la loi relative au mode d'élection des conseillers régionaux et des conseillers de l'Assemblée de Corse et au fonctionnement des conseils régionaux, et notamment les articles 3, 4, 13, 20, 22, 23 et 27 ; que les sénateurs contestent pour leur part les articles 3, 4, 13, 16, 17, 20, 21, 22, 23, 24 et 27 ;
- SUR L'OBLIGATION D'ASSURER LA PARITE ENTRE CANDIDATS FEMININS ET MASCULINS ENONCEE PAR LES ARTICLES 4 ET 17 :
10. Considérant que le deuxième alinéa de l'article L. 346 du code électoral dans sa rédaction issue de l'article 4 de la loi déférée, dispose que : "Chaque liste assure la parité entre candidats féminins et masculins" ; que l'article 17 complète l'article L. 370 du même code afin d'étendre cette obligation aux élections à l'Assemblée de Corse ;
11. Considérant que les sénateurs requérants estiment ces dispositions contraires à l'article 3 de la Constitution, à l'article 6 de la Déclaration des droits de l'homme et du citoyen de 1789, ainsi qu'à la chose jugée par le Conseil constitutionnel dans sa décision susvisée du 18 novembre 1982 ;
12. Considérant que, en l'état, et pour les motifs énoncés dans la décision susvisée du 18 novembre 1982, la qualité de citoyen ouvre le droit de vote et l'éligibilité dans des conditions identiques à tous ceux qui n'en sont exclus ni pour une raison d'âge, d'incapacité ou de nationalité, ni pour une raison tendant à préserver la liberté de l'électeur ou l'indépendance de l'élu, sans que puisse être opérée aucune distinction entre électeurs ou éligibles en

raison de leur sexe ; que, par suite, les dispositions contestées doivent être déclarées contraires à la Constitution ;
Décide :
Article premier :
Le troisième alinéa de l'article 4, l'article 17 et l'article 24 sont déclarés contraires à la Constitution.
Article 2 :
Les autres dispositions contestées sont déclarées conformes à la Constitution.
Article 3 :
La présente décision sera publiée au Journal officiel de la République française.
Délibéré par le Conseil constitutionnel dans sa séance du 14 janvier 1999, où siégeaient : MM Roland DUMAS, président, Georges ABADIE, Michel AMELLER, Jean-Claude COLLIARD, Yves GUÉNA, Alain LANCELOT, Mme Noëlle LENOIR, M Pierre MAZEAUD et Mme Simone VE

Annexe 3 :
Loi constitutionnelle n° 99-569 du 8 juillet 1999 relative à l'égalité entre les femmes et les hommes

Le Congrès a adopté,
Le Président de la République promulgue la loi dont la teneur suit :
Article 1er
L'article 3 de la Constitution du 4 octobre 1958 est complété par un alinéa ainsi rédigé :
« La loi favorise l'égal accès des femmes et des hommes aux mandats électoraux et fonctions électives. »
Article 2
L'article 4 de la Constitution est complété par un alinéa ainsi rédigé :
« Ils contribuent à la mise en œuvre du principe énoncé au dernier alinéa de l'article 3 dans les conditions déterminées par la loi. »
La présente loi sera exécutée comme loi de l'État.
Fait à Paris, le 8 juillet 1999.
Jacques Chirac
Par le Président de la République :
Le Premier ministre,
Lionel Jospin
La ministre de l'Emploi et de la Solidarité,
Martine Aubry
Le garde des Sceaux, ministre de la Justice
Elisabeth Guigou
La secrétaire d'État aux droits des femmes et à la formation professionnelle,
Nicole Péry

Annexe 4 :
Conseil constitutionnel, *Décision n°2000-429 DC du 30 mai 2000, Loi tendant à favoriser l'égal accès des femmes et des hommes aux mandats électoraux et fonctions électives*
« Quotas par sexe III » (Extrait)

Le Conseil constitutionnel a été saisi, le 5 mai 2000, par MM. Josselin de ROHAN et autres, sénateurs, dans les conditions prévues à l'article 61, alinéa 2, de la Constitution, de la conformité à celle-ci de la loi tendant à favoriser l'égal accès des femmes et des hommes aux mandats électoraux et fonctions électives ;

LE CONSEIL CONSTITUTIONNEL, […]

1. Considérant que les sénateurs auteurs de la saisine défèrent au Conseil constitutionnel la loi tendant à favoriser l'égal accès des femmes et des hommes aux mandats électoraux et fonctions électives en arguant d'inconstitutionnalité les articles 1er à 10, 15 et 18 à 20 de la loi ; que les articles 2, 3, 5, 6, 7 et 8 seraient selon eux contraires à l'article 6 de la Déclaration des droits de l'homme et du citoyen de 1789 et à l'ensemble de l'article 3 de la Constitution ; que l'article 15 instituerait une sanction non conforme au principe de nécessité des peines ; qu'enfin, les articles 1er, 4, 10, 18, 19 et 20 seraient issus d'amendements adoptés selon une procédure irrégulière ;

- SUR LES ARTICLES 2, 3 ET 5 À 8 :

2. Considérant que les articles 2, 3 et 5 à 8 de la loi déférée modifient des dispositions du code électoral relatives aux élections municipales dans les communes visées au chapitre III du titre IV du livre Ier du code électoral, aux élections sénatoriales dans les départements où le mode de scrutin est la représentation proportionnelle, aux élections régionales, à l'élection des conseillers à l'Assemblée de Corse, à celle des représentants au Parlement européen et aux élections cantonales dans la collectivité territoriale de Saint-Pierre-et-Miquelon ; que pour l'ensemble des élections en cause, il résulte des modifications opérées que, "sur chacune des listes, l'écart entre le nombre des candidats de chaque sexe ne peut être supérieur à un" ;

3. Considérant qu'il résulte des articles 3 et 7 de la loi que, pour celles de ces élections ayant lieu au scrutin de liste à un seul tour, "chaque liste est composée alternativement d'un candidat de chaque sexe" ; qu'en application des articles 2, 5, 6 et 8, s'agissant des élections ayant lieu au scrutin de liste à deux tours, "au sein de chaque groupe entier de six candidats dans l'ordre de présentation de la liste doit figurer un nombre égal de candidats de chaque sexe" ;

4. Considérant que les auteurs de la requête font valoir que les dispositions constitutionnelles nouvelles résultant de la loi constitutionnelle susvisée "n'ont pas abrogé d'autres dispositions de la Constitution notamment l'ensemble de l'article 3 de la Constitution et l'article 4 avant modification" ;

que les dispositions issues de la réforme constitutionnelle de 1999 " ne sont pas normatives mais objectives " ; que, dans la mesure où elles ne fixent qu'un objectif, elles ne sauraient justifier de mesures contraignantes ou pénalisantes ; qu'en conséquence, en imposant pour les élections se déroulant au scrutin proportionnel à deux tours un " quota proche de 50 % pour chaque sexe " et en conduisant "à l'instauration d'une véritable obligation de quotas" pour les élections au scrutin proportionnel à un tour, le législateur aurait instauré un dispositif contraire aux articles 3 et 4 de la Constitution, ainsi qu'à l'article 6 de la Déclaration des droits de l'homme et du citoyen de 1789; qu'il aurait par ailleurs méconnu les décisions du Conseil constitutionnel n° 82-146 DC du 18 novembre 1982 et n° 98-407 DC du 14 janvier 1999 ;

5. Considérant qu'aux termes du dernier alinéa de l'article 3 de la Constitution : " La loi favorise l'égal accès des femmes et des hommes aux mandats électoraux et fonctions électives " ; qu'il résulte du second alinéa de l'article 4 de la Constitution que les partis et groupements politiques "contribuent à la mise en œuvre du principe énoncé au dernier alinéa de l'article 3 dans les conditions déterminées par la loi" ;

6. Considérant, en premier lieu, que rien ne s'oppose, sous réserve des prescriptions des articles 7, 16 et 89 de la Constitution, à ce que le pouvoir constituant introduise dans le texte de la Constitution des dispositions nouvelles qui, dans les cas qu'elles visent, dérogent à des règles ou principes de valeur constitutionnelle ; qu'il en est ainsi des dispositions précitées qui ont pour objet et pour effet de lever les obstacles d'ordre constitutionnel relevés par le Conseil constitutionnel dans les décisions susmentionnées ; qu'en conséquence, les requérants ne sauraient utilement se prévaloir de l'autorité de chose jugée attachée auxdites décisions ;

7. Considérant, en second lieu, qu'il ressort des dispositions du cinquième alinéa de l'article 3 de la Constitution, éclairées par les travaux préparatoires de la loi constitutionnelle susvisée du 8 juillet 1999, que le constituant a entendu permettre au législateur d'instaurer tout dispositif tendant à rendre effectif l'égal accès des femmes et des hommes aux mandats électoraux et fonctions électives ; qu'à cette fin, il est désormais loisible au législateur d'adopter des dispositions revêtant soit un caractère incitatif, soit un caractère contraignant ; qu'il lui appartient toutefois d'assurer la conciliation entre les nouvelles dispositions constitutionnelles et les autres règles et principes de valeur constitutionnelle auxquels le pouvoir constituant n'a pas entendu déroger ;

8. Considérant que les dispositions critiquées de la loi déférée fixant des règles obligatoires relatives à la présence de candidats de chaque sexe dans la composition des listes de candidats aux élections se déroulant au scrutin proportionnel entrent dans le champ des mesures que le législateur peut désormais adopter en application des dispositions nouvelles de l'article 3 de la Constitution ; qu'elles ne méconnaissent aucune des règles ni aucun des

principes de valeur constitutionnelle auxquels la loi constitutionnelle susvisée n'a pas entendu déroger ;
- SUR L'ARTICLE 15 :
9. Considérant que l'article 15 modifie l'article 9-1 de la loi susvisée du 11 mars 1988 relative à la transparence financière de la vie politique, afin de déterminer de nouvelles règles de calcul de la première fraction de l'aide allouée aux partis politiques ;
10. Considérant qu'en application des articles 8 et 9 de la loi précitée, cette fraction, réservée aux partis et groupements ayant présenté des candidats dans au moins cinquante circonscriptions lors du plus récent renouvellement de l'Assemblée nationale, est répartie entre les bénéficiaires proportionnellement au nombre de suffrages recueillis au premier tour de ces élections par chacun des partis et groupements en cause ; qu'en vue d'effectuer cette répartition, les candidats à l'élection des députés indiquent, dans leur déclaration de candidature, le parti ou groupement auquel ils se rattachent ;
11. Considérant qu'il résulte de l'article 9-1 nouveau que, lorsque, pour un parti ou groupement politique, l'écart entre le nombre de candidats de chaque sexe ayant déclaré se rattacher à ce parti ou groupement dépasse 2 % du nombre total desdits candidats, le montant de cette fraction " est diminué d'un pourcentage égal à la moitié de cet écart rapporté au nombre total de ces candidats " ;
12. Considérant que les sénateurs requérants font grief à cet article de méconnaître le principe de la nécessité des peines énoncé par l'article 8 de la Déclaration des droits de l'homme et du citoyen de 1789 ; qu'ils font valoir à cet égard que " la sanction financière prévue... peut revêtir un caractère manifestement disproportionné au regard de l'objectif fixé par les articles 3 et 4 de la Constitution " ;
13. Considérant que le dispositif ainsi instauré ne revêt pas le caractère d'une sanction mais celui d'une modulation de l'aide publique allouée aux partis et aux groupements politiques en application des articles 8 et 9 de la loi du 11 mars 1988 ; qu'il est destiné à inciter ces partis et groupements à mettre en œuvre le principe d'égal accès des femmes et des hommes aux mandats électoraux, conformément aux dispositions des articles 3 et 4 de la Constitution ; que, par suite, le grief tiré de la méconnaissance du principe de la nécessité des peines est inopérant ;
14. Considérant en revanche que le même article dispose dans son avant-dernier alinéa : " Les crédits issus de cette diminution reçoivent une nouvelle affectation dans la loi de finances", et en son dernier alinéa : " Un rapport est présenté chaque année au Parlement sur l'utilisation des crédits issus de cette diminution... " ; que ces dispositions combinées constituent une injonction adressée soit au Gouvernement, soit au Parlement, de procéder à l'affectation et à l'utilisation des crédits correspondants ; que, s'agissant de l'affectation en loi de finances, une loi ordinaire ne pouvait contenir une telle injonction sans

méconnaître le droit d'initiative réservé au Gouvernement, en matière de lois de finances, par les dispositions des articles 39, 40 et 47 de la Constitution ; que le législateur ne pouvait davantage faire obstacle aux prérogatives du Gouvernement en matière d'exécution de la loi de finances, tant pour procéder à l'annulation de tout crédit devenant sans objet en cours d'année que pour modifier par virement la répartition des dotations entre les chapitres budgétaires, dans les conditions et limites prévues respectivement par les articles 13 et 14 de l'ordonnance du 2 janvier 1959 susvisée ;

15. Considérant, en conséquence, qu'il y a lieu pour le Conseil constitutionnel de déclarer non conformes à la Constitution l'avant-dernier alinéa de l'article 15 de la loi déférée et, dans son dernier alinéa, les mots : "sur l'utilisation des crédits issus de cette diminution et" ; que la diminution de l'aide aura nécessairement pour effet de rendre sans objet les crédits correspondants ;

Décide:

Article premier :

Sont déclarées contraires à la Constitution les dispositions suivantes de la loi tendant à favoriser l'égal accès des femmes et des hommes aux mandats électoraux et fonctions électives :

1° L'article 1er ;
2° L'article 4 ;
3° L'article 9 ;
4° A l'article 10, les mots : « 1er et » ;
5° L'avant-dernier alinéa de l'article 15 et, au dernier alinéa du même article, les mots : « sur l'utilisation des crédits issus de cette diminution et » ;
6° Les articles 18, 19 et 20.

Article 2 :

La présente décision sera publiée au Journal officiel de la République française.

Délibéré par le Conseil constitutionnel dans sa séance du 30 mai 2000, où siégeaient : MM. Yves GUÉNA, Président, Georges ABADIE, Michel AMELLER, Jean-Claude COLLIARD, Alain LANCELOT, Mme Noëlle LENOIR, M. Pierre MAZEAUD et Mmes Monique PELLETIER et Simone VEIL.

Annexe 5 :
Conseil constitutionnel, *Décision n° 2001-445 DC du 19 juin 2001, Loi organique relative au statut des magistrats et au Conseil supérieur de la magistrature*
« Quotas par sexe IV » (Extrait)

Le Conseil constitutionnel a été saisi, le 31 mai 2001, par le Premier ministre, conformément aux dispositions des articles 46 et 61, alinéa 1er, de la Constitution, de la loi organique relative au statut des magistrats et au Conseil supérieur de la magistrature.

LE CONSEIL CONSTITUTIONNEL, […]

4. Considérant, en outre, que dans l'exercice de sa compétence, le législateur organique doit se conformer aux règles et principes de valeur constitutionnelle ; qu'en particulier, doivent être respectés non seulement le principe de l'indépendance de l'autorité judiciaire et la règle de l'inamovibilité des magistrats du siège, comme l'exige l'article 64 de la Constitution, mais également le principe proclamé par l'article 6 de la Déclaration des droits de l'homme et du citoyen, selon lequel tous les citoyens étant égaux aux yeux de la loi, ils " sont également admissibles à toutes dignités, places et emplois publics, selon leur capacité, et sans autre distinction que celle de leur vertus et de leurs talents " ; qu'il résulte de ces dispositions, s'agissant du recrutement des magistrats, en premier lieu, qu'il ne doit être tenu compte que des capacités, des vertus et des talents ; en deuxième lieu, que les capacités, vertus et talents ainsi pris en compte doivent être en relation avec les fonctions de magistrats et garantir l'égalité des citoyens devant la justice ; enfin, que les magistrats doivent être traités de façon égale dans le déroulement de leur carrière ;

- SUR LE CHAPITRE IV :

55. Considérant que le chapitre IV intitulé " dispositions relatives au Conseil supérieur de la magistrature " comporte les articles 33 à 35 ;

En ce qui concerne l'organisation des élections au Conseil supérieur de la magistrature :

56. Considérant que l'article 33, qui modifie l'article 3 de la loi organique du 5 février 1994 susvisée relative au Conseil supérieur de la magistrature, aménage le mode de scrutin régissant l'élection au Conseil supérieur de la magistrature des représentants des magistrats qui n'exercent pas des fonctions de chef de juridiction ; qu'à cet égard, il introduit la représentation proportionnelle aux deux degrés de l'élection et instaure des règles de parité entre les candidats de l'un et l'autre sexe ; que l'article 34 rend les dispositions de l'article 33 applicables lors du prochain renouvellement du Conseil supérieur de la magistrature ;

57. Considérant que si, aux termes des dispositions du cinquième alinéa de l'article 3 de la Constitution, dans leur rédaction issue de la loi constitutionnelle n° 99-569 du 8 juillet 1999 : " La loi favorise l'égal accès des femmes et des hommes aux mandats électoraux et fonctions électives ", il résulte tant des travaux parlementaires ayant conduit à leur adoption que de leur insertion dans ledit article que ces dispositions ne s'appliquent qu'aux élections à des mandats et fonctions politiques ;

58. Considérant que les règles édictées pour l'établissement des listes de candidats à l'élection à des dignités, places et emplois publics autres que ceux ayant un caractère politique ne peuvent, au regard du principe d'égalité d'accès énoncé par l'article 6 de la Déclaration de 1789, comporter une distinction entre candidats en raison de leur sexe ; que, dès lors, les dispositions de l'article 33 de la loi organique, qui introduisent une distinction selon le sexe dans la composition des listes de candidats aux élections au Conseil supérieur de la magistrature, sont contraires à la Constitution ;

59. Considérant que les autres dispositions de l'article 33 sont séparables des précédentes et n'appellent pas de critique quant à leur conformité à la Constitution ;

Décide :

Article premier :

Sont déclarés contraires à la Constitution :

au troisième alinéa du I de l'article 33 de la loi organique relative au statut des magistrats et au Conseil supérieur de la magistrature, les mots «, le nom du candidat d'un sexe donné devant être, sur cette liste, obligatoirement suivi de celui du candidat de l'autre sexe dans la limite du nombre de noms qu'elle comporte », au quatrième alinéa du II du même article, les mots « , les deux sexes devant y être représentés », au troisième alinéa du III du même article, les mots « parmi des candidats du même sexe que celui du membre dont le siège est devenu vacant ».

Article 2 :

Sous les réserves d'interprétation qui précèdent, les autres dispositions de la loi organique examinée sont déclarées conformes à la Constitution.

Article 3 :

La présente décision sera publiée au Journal officiel de la République française.

Délibéré par le Conseil constitutionnel dans sa séance du 19 juin 2001, où siégeaient : MM. Yves GUÉNA, Président, Michel AMELLER, Jean-Claude COLLIARD, Olivier DUTHEILLET de LAMOTHE, Pierre JOXE et Pierre

MAZEAUD, Mmes Monique PELLETIER, Dominique SCHNAPPER et Simone VEIL.

Annexe 6 :
Conseil constitutionnel, *Décision n° 2001-455 DC du 12 janvier 2002, Loi de modernisation sociale*
« Quotas par sexe V » (Extrait)

Le Conseil constitutionnel a été saisi, dans les conditions prévues à l'article 61, alinéa 2, de la Constitution, de la loi de modernisation sociale, le 20 décembre 2001, par MM. Josselin de ROHAN et autres, sénateurs, et, le même jour, par MM. Jean-Louis DEBRÉ et autres, députés ;
LE CONSEIL CONSTITUTIONNEL, […]
1. Considérant que les auteurs des saisines défèrent au Conseil constitutionnel la loi de modernisation sociale, en mettant en cause la régularité de la procédure ayant conduit à son adoption, ainsi que la conformité à la Constitution de son titre II et, en particulier, de ses articles 96, 97, 100, 101, 106, 107, 108, 112, 113, 118, 119 et 128 ; qu'en outre, les sénateurs requérants critiquent, en tout ou partie, ses articles 40, 48, 49, 158, 159, 162, 169, 170 et 217 et les députés requérants son article 98 ;
- SUR LES ARTICLES 134 ET 137 :
112. Considérant que les articles 134 et 137 modifient le code de l'éducation de manière à permettre l'obtention de diplômes par " la validation des acquis de l'expérience " ; qu'ils confient à un jury le soin de prononcer cette validation ; qu'ainsi, l'article 134, relatif aux diplômes et titres à finalité professionnelle, dispose que " la validation est effectuée par un jury dont la composition garantit une présence significative de représentants qualifiés des professions concernées " ; que l'article 137, relatif aux diplômes ou titres délivrés, au nom de l'État, par un établissement d'enseignement supérieur, dispose que la validation " est prononcée par un jury dont les membres sont désignés par le président de l'université ou le chef de l'établissement d'enseignement supérieur en fonction de la nature de la validation demandée... Ce jury comprend, outre les enseignants chercheurs qui en constituent la majorité, des personnes compétentes pour apprécier la nature des acquis, notamment professionnels, dont la validation est sollicitée " ;
que les modalités d'application de ces dispositions sont renvoyées par les deux articles 134 et 137 à un décret en Conseil d'État ;
113. Considérant qu'aux termes de l'article 134, la composition du jury "concourt à une représentation équilibrée entre les femmes et les hommes" ; que, de même, aux termes de l'article 137 : " les jurys sont composés de façon à concourir à une représentation équilibrée entre les femmes et les hommes " ;
114. Considérant qu'en vertu de l'article 6 de la Déclaration de 1789 : " Tous les citoyens... sont également admissibles à toutes dignités, places et emplois

publics selon leur capacité et sans autre distinction que celles de leurs vertus et de leurs talents " ;
115. Considérant qu'en raison de la mission confiée aux jurys prévus par les articles 134 et 137 de la loi déférée, les membres desdits jurys occupent des "dignités, places et emplois publics" au sens de l'article 6 de la Déclaration de 1789 ; que les articles 134 et 137, qui reprennent la formulation retenue par la loi susvisée du 9 mai 2001 relative à l'égalité professionnelle, ne fixent qu'un objectif de représentation équilibrée entre les femmes et les hommes ; qu'ils n'ont pas pour objet et ne sauraient avoir pour effet de faire prévaloir, lors de la constitution de ces jurys, la considération du genre sur celle des compétences, des aptitudes et des qualifications ; que, sous cette réserve, les articles 134 et 137 n'appellent aucune critique quant à leur conformité à la Constitution ;
Délibéré par le Conseil constitutionnel dans ses séances des 11 et 12 janvier 2002, où siégeaient : MM. Yves GUÉNA, Président, Michel AMELLER, Jean-Claude COLLIARD, Olivier DUTHEILLET de LAMOTHE, Pierre JOXE, Pierre MAZEAUD, Mmes Monique PELLETIER, Dominique SCHNAPPER et Simone VEIL.

Annexe 7 :
Conseil constitutionnel, *Décision N°2003-468 DC du 3 avril 2003, Loi relative à l'élection des conseillers régionaux et des représentants au Parlement européen ainsi qu'à l'aide publique aux partis politiques*
« Quotas par sexe VI » (Extrait)

Le Conseil constitutionnel a été saisi, dans les conditions prévues à l'article 61, deuxième alinéa, de la Constitution, de la loi relative à l'élection des conseillers régionaux et des représentants au Parlement européen ainsi qu'à l'aide publique aux partis politiques, le 14 mars 2003, par MM. Jean-Marc AYRAULT et autres, députés, et le 18 mars 2003, par M. Claude ESTIER et autres, sénateurs ;
LE CONSEIL CONSTITUTIONNEL, [...]
1. Considérant que les auteurs des saisines défèrent au Conseil constitutionnel la loi relative à l'élection des conseillers régionaux et des représentants au Parlement européen ainsi qu'à l'aide publique aux partis politiques ; qu'ils contestent plus particulièrement la procédure d'élaboration et d'adoption de la loi, les dispositions relatives à l'élection des conseillers régionaux, ainsi que celles relatives aux membres du Parlement européen ;
- Sur les dispositions relatives à l'élection des membres du parlement européen :
En ce qui concerne le grief tiré d'une atteinte au principe de parité :

45. Considérant que les députés requérants font valoir que la création de circonscriptions aura également pour effet de réduire le nombre de sièges obtenus par chaque liste en présence ; que nombreuses seront les listes qui n'obtiendront qu'un siège et qu'il en "résultera nécessairement... un déséquilibre important entre hommes et femmes en termes d'élus" ; que, de ce fait, l'écart actuellement constaté au profit des élus masculins pourrait s'en trouver accru ; que la loi méconnaîtrait, à cet égard, le cinquième alinéa de l'article 3 de la Constitution ;

46. Considérant que les dispositions critiquées n'ont ni pour objet ni, par elles-mêmes, pour effet de réduire la proportion de femmes élues en France au Parlement européen ; que le législateur a maintenu la règle de l'alternance entre candidats féminins et masculins sur les listes de candidats qui prévalait sous l'empire des dispositions précédentes ; que, par suite, le grief manque en fait ;

47. Considérant qu'il n'y a lieu, pour le Conseil constitutionnel, de soulever d'office aucune question de conformité à la Constitution,

Décide :

Article premier :

Sont déclarés contraires à la Constitution, au a) du 2° de l'article 4 de la loi relative à l'élection des conseillers régionaux et des représentants au Parlement européen ainsi qu'à l'aide publique aux partis politiques, les mots : « " 5 % du total des suffrages exprimés " et », « respectivement » et « " 10 % du nombre des électeurs inscrits" et ».

Article 2 :

Sous les réserves énoncées aux considérants 18 et 19, les autres dispositions de la même loi critiquées par l'une ou l'autre saisine ne sont pas déclarées contraires à la Constitution.

Article 3 :

La présente décision sera publiée au Journal officiel de la République française.

Délibéré par le Conseil constitutionnel dans sa séance du 3 avril 2003, où siégeaient : MM. Yves GUÉNA, Président, Michel AMELLER, Jean-Claude COLLIARD, Olivier DUTHEILLET de LAMOTHE, Pierre JOXE, Pierre MAZEAUD, Mmes Monique PELLETIER, Dominique SCHNAPPER et Simone VEIL

Annexe 8 :

Conseil constitutionnel, *Décision n°2003-475 DC du 24 juillet 2003, Loi portant reforme de l'élection des sénateurs*

« Quotas par sexe VII » (Extrait)

LE CONSEIL CONSTITUTIONNEL, [...]
1. Considérant que les auteurs des deux saisines défèrent au Conseil constitutionnel la loi portant réforme de l'élection des sénateurs et mettent en cause en particulier la conformité à la Constitution de ses articles 1er, 5 et 6 ; que les sénateurs requérants critiquent en outre son article 7 ;
SUR LES ARTICLES 5 et 6 RELATIFS AU SEUIL D'APPLICATION DE LA REPRÉSENTATION PROPORTIONNELLE :
12. Considérant que, conformément aux septième et huitième alinéas de l'article 34 de la Constitution, la loi fixe les règles concernant le régime électoral des assemblées parlementaires ; qu'aux termes du cinquième alinéa de son article 3 : "La loi favorise l'égal accès des femmes et des hommes aux mandats électoraux et fonctions électives" ; que son article 4 dispose : "Les partis et groupements politiques concourent à l'expression du suffrage... - Ils contribuent à la mise en œuvre du principe énoncé au dernier alinéa de l'article 3 dans les conditions déterminées par la loi" ;
13. Considérant qu'il ressort des dispositions du cinquième alinéa de l'article 3 de la Constitution, éclairées par les travaux préparatoires de la révision constitutionnelle dont il est issu, que le constituant a entendu permettre au législateur d'instaurer tout dispositif tendant à rendre effectif l'égal accès des femmes et des hommes aux mandats électoraux et fonctions électives ; qu'à cette fin, il est désormais loisible au législateur d'adopter des dispositions revêtant soit un caractère incitatif, soit un caractère contraignant ; qu'il lui appartient toutefois d'assurer la conciliation entre les nouvelles dispositions constitutionnelles et les autres règles et principes de valeur constitutionnelle auxquels le pouvoir constituant n'a pas entendu déroger ;
14. Considérant que, sur le fondement des dispositions précitées de l'article 3 de la Constitution, le premier alinéa de l'article L. 300 du code électoral prévoit : "Dans les départements où les élections ont lieu à la représentation proportionnelle, chaque liste de candidats doit comporter deux noms de plus qu'il y a de sièges à pourvoir. Sur chacune des listes, l'écart entre le nombre des candidats de chaque sexe ne peut être supérieur à un. Chaque liste est composée alternativement d'un candidat de chaque sexe" ;
15. Considérant que les articles 5 et 6 modifient respectivement les articles L. 294 et L. 295 du code électoral pour porter de trois à quatre le nombre de sénateurs par département à partir duquel l'élection a lieu non plus au scrutin majoritaire à deux tours, mais à la représentation proportionnelle à la plus forte moyenne ;

16. Considérant que les députés et les sénateurs requérants reprochent à ces dispositions d'être contraires à l'article 3 de la Constitution, en réduisant "d'autant le nombre de sièges auxquels s'applique l'obligation de présenter des listes de candidats composées de femmes et d'hommes à égalité alternée";

17. Considérant, d'une part, que les dispositions critiquées ne portent pas, par elles-mêmes, atteinte à l'objectif d'égal accès des femmes et des hommes aux mandats électoraux et fonctions électives énoncé à l'article 3 de la Constitution ;

18. Considérant, d'autre part, que les dispositions du cinquième alinéa de l'article 3 de la Constitution n'ont pas pour objet et ne sauraient avoir pour effet de priver le législateur de la faculté qu'il tient de l'article 34 de la Constitution de fixer le régime électoral des assemblées ;

19. Considérant, dès lors, que le moyen tiré d'une atteinte à l'article 3 de la Constitution doit être rejeté ;

Décide :

Article premier :

L'article 7 de la loi portant réforme de l'élection des sénateurs est déclaré contraire à la Constitution.

Article 2 :

Les articles 1er à 6 de la même loi ne sont pas contraires à la Constitution.

Article 3 :

La présente décision sera publiée au Journal officiel de la République française.

Délibéré par le Conseil constitutionnel dans sa séance du 24 juillet 2003, où siégeaient : MM. Yves GUÉNA, Président, Michel AMELLER, Jean-Claude COLLIARD, Olivier DUTHEILLET de LAMOTHE, Pierre JOXE, Pierre MAZEAUD, Mmes Monique PELLETIER, Dominique SCHNAPPER et Simone VEIL.

Annexe 9 :
Conseil constitutionnel, *Décision n° 2006-533 DC du 16 mars 2006, Loi relative à l'égalité salariale entre les femmes et les hommes* « Quotas par sexe VIII » (Extrait)

Le Conseil constitutionnel a été saisi, dans les conditions prévues à l'article 61, deuxième alinéa, de la Constitution, de la loi relative à l'égalité salariale entre les femmes et les hommes, le 23 février 2006, par M. Jean-Marc AYRAULT et autres, députés ;

LE CONSEIL CONSTITUTIONNEL, […]

1. Considérant que les requérants défèrent au Conseil constitutionnel la loi relative à l'égalité salariale entre les femmes et les hommes ; qu'ils contestent la conformité à la Constitution de la procédure suivie pour l'adoption de ses articles 14 et 30 ;

- SUR LES TITRES III ET IV :

11. Considérant que les titres III et IV de la loi déférée portent sur l'accès des femmes à des instances délibératives et juridictionnelles ainsi qu'à la formation professionnelle et à l'apprentissage ;

En ce qui concerne le titre III intitulé : " Accès des femmes à des instances délibératives et juridictionnelles " :

12. Considérant que l'article 1er de la Déclaration de 1789 proclame : "Les hommes naissent et demeurent libres et égaux en droits. Les distinctions sociales ne peuvent être fondées que sur l'utilité commune" ; que l'alinéa 3 du Préambule de la Constitution du 27 octobre 1946 précise : " La loi garantit à la femme, dans tous les domaines, des droits égaux à ceux de l'homme " ; qu'en vertu de l'article 1er de la Constitution : " La France... assure l'égalité devant la loi de tous les citoyens sans distinction d'origine, de race ou de religion... " ;

13. Considérant qu'aux termes de l'article 6 de la Déclaration de 1789 : "...Tous les citoyens... sont également admissibles à toutes dignités, places et emplois publics, selon leur capacité, et sans autre distinction que celle de leurs vertus et de leurs talents " ; que le deuxième alinéa de l'article 3 de la Constitution dispose qu'" aucune section du peuple " ne peut s'attribuer l'exercice de la souveraineté nationale ;

14. Considérant que, si aux termes du cinquième alinéa du même article 3 : "La loi favorise l'égal accès des femmes et des hommes aux mandats électoraux et fonctions électives", il résulte des travaux parlementaires que cet alinéa ne s'applique qu'aux élections à des mandats et fonctions politiques ;

15. Considérant que, si la recherche d'un accès équilibré des femmes et des hommes aux responsabilités autres que les fonctions politiques électives n'est pas contraire aux exigences constitutionnelles rappelées ci-dessus, elle ne saurait, sans les méconnaître, faire prévaloir la considération du sexe sur celle des capacités et de l'utilité commune ; que, dès lors, la Constitution ne permet pas que la composition des organes dirigeants ou consultatifs des personnes morales de droit public ou privé soit régie par des règles contraignantes fondées sur le sexe des personnes ;

16. Considérant qu'il s'ensuit qu'en imposant le respect de proportions déterminées entre les femmes et les hommes au sein des conseils d'administration et de surveillance des sociétés privées et des entreprises du secteur public, au sein des comités d'entreprise, parmi les délégués du personnel, dans les listes de candidats aux conseils de prud'hommes et aux organismes paritaires de la fonction publique, les dispositions du titre III de la loi déférée sont contraires au principe d'égalité devant la loi ; qu'il y a lieu en conséquence de les déclarer contraires à la Constitution ; qu'il en est de même des autres dispositions du titre III, en raison de leur caractère inséparable des précédentes ;

En ce qui concerne le titre IV intitulé : "Accès à la formation professionnelle et à l'apprentissage" :

17. Considérant que les dispositions du titre IV de la loi déférée doivent être également examinées au regard du treizième alinéa du Préambule de la Constitution de 1946 aux termes duquel : " La Nation garantit l'égal accès de l'enfant et de l'adulte à l'instruction, à la formation professionnelle et à la culture " ;

18. Considérant que les dispositions du titre IV qui visent à favoriser un accès équilibré des femmes et des hommes aux différentes filières de formation professionnelle et d'apprentissage, en invitant les régions à prendre en compte cet objectif pour établir le plan régional de développement des formations professionnelles ou pour élaborer des contrats fixant les objectifs de développement des formations professionnelles initiales et continues, ne méconnaissent pas les exigences constitutionnelles précitées ; que, toutefois, elles ne sauraient avoir pour effet de faire prévaloir la considération du sexe sur celle des capacités ; que, sous cette réserve, le titre IV n'est pas contraire à la Constitution ;

19. Considérant qu'il n'y a lieu, pour le Conseil constitutionnel, de soulever d'office aucune autre question de conformité à la Constitution,

Décide :

Article premier.- Sont déclarés contraires à la Constitution les articles 9, 14, 18, 21 à 26, 30 et 31 de la loi relative à l'égalité salariale entre les femmes et les hommes.

Article 2.- Sous la réserve énoncée au considérant 18, les articles 27 et 29 de la même loi ne sont pas contraires à la Constitution.

Article 3.- La présente décision sera publiée au Journal officiel de la République française.

Délibéré par le Conseil constitutionnel dans sa séance du 16 mars 2006, où siégeaient : M. Pierre MAZEAUD, Président, MM. Jean-Claude COLLIARD, Olivier DUTHEILLET de LAMOTHE et Valéry GISCARD d'ESTAING, Mme Jacqueline de GUILLENCHMIDT, MM. Pierre JOXE et Jean-Louis PEZANT, Mme Dominique SCHNAPPER, M. Pierre STEINMETZ et Mme Simone VEIL.

Annexe 10 :
Loi constitutionnelle n° 2008-724 du 23 juillet 2008 de modernisation des institutions de la Ve République

Extrait

Le Congrès a adopté,

Le Président de la République promulgue la loi dont la teneur suit :

Article 1

I. — L'article 1er de la Constitution est complété par un alinéa ainsi rédigé : « La loi favorise l'égal accès des femmes et des hommes aux mandats électoraux et fonctions électives, ainsi qu'aux responsabilités professionnelles et sociales. »

II. — Le dernier alinéa de l'article 3 de la Constitution est supprimé.

Fait à Paris, le 23 juillet 2008.

Nicolas Sarkozy

Par le Président de la République :
Le Premier ministre,
François Fillon
La garde des Sceaux, ministre de la Justice
Rachida Dati
Le secrétaire d'État chargé des relations avec le Parlement,

Roger Karoutchi

II - ANNEXES SUR LE SÉNÉGAL

Arrêts et décisions des juridictions, lois, décret et circulaire dans l'ordre chronologique ainsi que la liste des personnes citées en enquête de terrain

Annexe 1 :
Conseil constitutionnel, *Décision du 27 avril 2007, AFFAIRE N°1/C/2007, Loi instituant la parité dans la liste des candidats au scrutin de représentation proportionnelle pour les élections législatives*

Annexe 2 :
Loi constitutionnelle n° 2008-30 du 7 août 2008 modifiant les articles 7, 63, 68, 71, et 82 de la Constitution

Annexe 3 :
Loi n° 2010-11 du 28 mai 2010 instituant la parité absolue Homme-Femme

Annexe 4 :
DÉCRET n° 2011-819 du 16 juin 2011 portant application de la Loi instituant la Parité absolue Homme-Femme

Annexe 5 :
Ministère de l'Intérieur, *Circulaire du 10 juillet 2014*

Annexe 6 :
Cour d'appel de Kaolack, *Arrêt n°14/14 du 25 juillet 2014, Recours en annulation de l'élection du bureau du conseil municipal de Kaolack*

Annexe 7 :
Cour d'appel de Dakar, *Arrêt n°77 du 21 août 2014, Demande d'annulation de l'élection du maire et des adjoints du conseil municipal de la commune de Keur Massar pour violation de la loi sur la parité et de son décret d'application*

Annexe 8 :
Cour suprême, *ARRÊT n°02 du 8 janvier 2015, « Invalidation de l'arrêt n° 14 du 25 juillet 2014 de l'Assemblée générale de la Cour d'appel de Kaolack »*

Annexe 9 :
COUR suprême, *ARRÊT n°17 du 26 février 2015, « Validation de l'arrêt n°77 rendu le 21 août 2014 par l'Assemblée générale de la Cour d'appel de Dakar »*

Annexe 10 :
Liste des personnes citées en enquête de terrain

Annexe 1 :
Conseil constitutionnel, Décision du 27 avril 2007, AFFAIRE n°1/C/2007, *Loi instituant la parité dans la liste des candidats au scrutin de représentation proportionnelle pour les élections législatives*

AFFAIRE N°1/C/2007 DEMANDEURS : 12 DEPUTES SÉANCE DU 27 AVRIL 2007 MATIÈRE CONSTITUTIONNELLE	DÉCISION LE CONSEIL CONSTITUTIONNEL, Vu la requête présentée par Mesdames Aminata MBENGUE NDIAYE, Oulimata DIOME CISSE et Messieurs Amath DANSOKHO, Mamadou DIOP, Wagane FAYE, Famara SARR, Khalifa Ababacar SALL, Thiédel DIALLO, Abdoulaye BA, Opa DIALLO, Etienne SARR et Djibril SOW, tous députés à l'Assemblée nationale, enregistrée au greffe du Conseil le 2 avril 2007 et tendant à faire déclarer inconstitutionnelle la loi n° 23/2007 du 27 mars 2007 ;

Vu la Constitution, notamment en son article 74 ;
Vu la loi organique n° 92-23 du 30 mai 1992, modifiée par la loi organique n° 99-71 du 17
février 1999 ;
Vu les pièces produites et jointes au dossier ;
Le rapporteur ayant été entendu en son rapport ;
1. CONSIDERANT que les requérants demandent au Conseil de déclarer contraires à la Constitution les dispositions de la loi n° 23/2007 du 27 mars 2007 modifiant l'article L 146 du code électoral qui instituent la parité dans la liste des candidats au scrutin de représentation proportionnelle pour les élections législatives ;
2. CONSIDERANT qu'à l'appui de leur demande, les requérants soutiennent que la loi contestée viole, d'une part, le Préambule de la Constitution qui proclame : « L'accès de tous les citoyens, sans discrimination, à l'exercice du pouvoir à tous les niveaux ; ... à tous les services publics » et, d'autre part, l'article premier de la Constitution qui dispose : « La République du Sénégal... assure l'égalité devant la loi de tous les citoyens sans distinction de race, de sexe, de religion... » ;
3. CONSIDERANT qu'il résulte de l'article premier suscité que toute discrimination fondée sur le sexe est expressément exclue ; que le principe d'égal accès au pouvoir, bien que de valeur constitutionnelle, ne saurait déroger à cette règle ;
4. CONSIDERANT qu'au surplus selon l'article 3 de la Constitution : « La souveraineté nationale appartient au peuple sénégalais qui l'exerce par ses

représentants ou par la voie du référendum.
Aucune section du peuple, ni aucun individu, ne peut s'attribuer l'exercice de la souveraineté.
Le suffrage peut être direct ou indirect. Il est toujours universel, égal et secret… » et qu'aux termes de l'article 6 de la Déclaration des droits de l'homme et du citoyen : « Tous les citoyens étant égaux, sont également admissibles à toutes dignités, places et emplois publics, selon leur capacité, et, sans autre distinction que celle de leurs vertus et de leurs talents » ;
5. CONSIDERANT qu'il résulte de ce qui précède que la qualité de citoyen qui ouvre le droit d'être candidat aux élections politiques, sous réserve des incapacités prévues par le code électoral, est indivisible ; que les candidats sont égaux devant le suffrage universel ; que les principes de valeur constitutionnelle ci-dessus rappelés s'opposent à toute division par catégories des citoyens éligibles ; que, dès lors, la loi qui impose une distinction entre candidats en raison de leur sexe est contraire à la Constitution ;
DÉCIDE
Article premier.- La loi n° 23/2007 du 27 mars 2007 est déclarée non conforme à la Constitution.
Article 2.- La présente décision sera publiée au Journal officiel de la République du Sénégal.
Délibéré par le Conseil en sa séance du 27 avril 2007 à laquelle siégeaient :
Madame Mireille NDIAYE, Président,
Messieurs Babacar KANTE, Vice-président,
Mamadou Kikou NDIAYE, membre,
Siricondy DIALLO, membre,
Chimère Malick DIOUF, membre,
Avec l'assistance de Maître Ndèye Maguette MBENGUE, Greffier en chef ;
En foi de quoi la présente décision a été signée par la Présidente, le Vice-président, les autres membres et le Greffier en chef.

Le Président	Le Vice-président
Mireille NDIAYE	Babacar KANTE
Membre	Membre
Mamadou Kikou NDIAYE	Siricondy DIALLO
Membre	Le Greffier en chef
Chimère Malick DIOUF	Ndèye Maguette MBENGUE

Annexe 2 :
Loi constitutionnelle n° 2008-30 du 7 août 2008 modifiant les articles 7, 63, 68, 71, et 82 de la Constitution

(Extrait)

Le Congrès a adopté à la majorité des trois cinquièmes des membres le composant en sa séance du mercredi 23 juillet 2008.
Le Président de la République promulgue la loi constitutionnelle dont la teneur suit :
Article unique. - Les articles 7, 63, 68, 71 et 82 de la Constitution du 22 janvier 2001 sont modifiés ainsi qu'il suit :
1°) Il est inséré après l'alinéa 4 de l'article 7 de la Constitution un nouvel alinéa ainsi conçu :
« La loi favorise l'égal accès des femmes et des hommes aux mandats et fonctions ».
La présente loi constitutionnelle sera exécutée comme loi de l'État.
Fait à Dakar, le 7 août 2008.
[/Abdoulaye WADE.
Par le Président de la République :
Le Premier Ministre,
Cheikh Hadjibou SOUMARE./]

Annexe 3 :
Loi n° 2010-11 du 28 mai 2010 instituant la parité absolue Homme-Femme

Exposé des motifs non reproduit

L'Assemblée nationale a adopté, en sa séance du vendredi 14 mai 2010 ;
Le Sénat a adopté, en sa séance du mercredi 19 mai 2010 ;
Le Président de la République promulgue la loi dont la teneur suit :
Article premier. - La parité absolue homme-femme est instituée au Sénégal dans toutes les institutions totalement ou partiellement électives.
Art. 2. - Les listes de candidatures sont alternativement composées de personnes des deux sexes.
Lorsque le nombre de membres est impair, la parité s'applique au nombre pair immédiatement inférieur.
Les listes de candidatures doivent être conformes aux dispositions ci-dessus sous peine d'irrecevabilité.
Art. 3. - Les conditions d'application de la présente loi seront définies et précisées par décrets.
Art. 4. - La présente loi et ses décrets d'application seront insérés au Code électoral.

La présente loi abroge toutes dispositions contraires.
La présente loi sera exécutée comme loi de l'État.
Fait à Dakar, le 28 mai 2010.
Abdoulaye WADE.
Par le Président de la République :
Le Premier Ministre,
Souleymane Ndéné NDIAYE.

Annexe 4 :
DÉCRET n° 2011-819 du 16 juin 2011 portant application de la Loi instituant la Parité absolue Homme-Femme

Rapport de présentation non reproduit

Le Président de la République,
Vu la Constitution, notamment en ses articles 43 et 67 ;
Vu la loi n° 2010- 11 du 28 mai 2010 instituant la parité absolue Homme-Femme ;
Vu le décret n° 2011- 634 du 17 mai 2011 portant répartition des services de l'État et du contrôle des établissements publics, des sociétés nationales et des sociétés à participation publique entre la Présidence de la République, la Primature et les ministères ;
Sur le rapport du ministre d'État, ministre de la Culture, du Genre et du Cadre de Vie ;
Décrète :

Article premier. Conformément à la loi n° 2010-11 du 28 mai 2010 instituant la parité absolue Homme- Femme dans toutes les institutions totalement ou partiellement électives, les listes de candidature à l'élection dans lesdites institutions sont, alternativement, composées de personnes des deux sexes, sous peine d'irrecevabilité.

Art. 2. - Les institutions totalement ou partiellement électives concernées sont :
- les Conseils régionaux, municipaux et ruraux ainsi que leurs Bureaux et Commissions ;
- le Sénat, son Bureau et ses Commissions ;
- l'Assemblée nationale, son Bureau et ses Commissions,
- le Bureau du Congrès du Parlement ;
- le Bureau du Conseil Économique et Social et ses Commissions.

Pour tout poste de sénateur, député, ou conseiller vacant, le remplaçant doit être du même sexe.

Sur les listes de candidatures, la mention du sexe de chaque candidat doit être précisée, à la suite de son nom.

Art. 3. - La loi instituant la parité s'applique à tout parti politique légalement constitué, toute coalition de partis politiques et à toutes les listes de candidatures indépendantes.

La totalité des listes présentées par chaque parti, coalition de partis ou candidature indépendante est déclinée au prorata du nombre d'hommes et de femmes potentiellement éligibles.

Lorsque le nombre de candidats sur les listes est impair, la parité s'applique au nombre pair immédiatement inférieur.

Pour chaque élection, les partis politiques, les coalitions de partis politiques et les listes de candidatures indépendantes ont l'obligation d'investir un nombre égal d'hommes et de femmes, toutes listes confondues.

Art. 4. - Le présent décret abroge toutes dispositions contraires.

Art. 5. - Le ministre d'État, ministre de l'Intérieur, le ministre d'État, Garde des Sceaux, ministre de la Justice, le ministre d'État, ministre de la Culture, du Genre et du Cadre de Vie, le ministre de la Décentralisation et des Collectivités locales et le ministre chargé des Relations avec les Institutions sont chargés, chacun en ce qui le concerne, de l'exécution du présent décret qui sera publié au Journal officiel.

Fait à Dakar, le 16 juin 2011
Abdoulaye WADE.
Par le Président de la République :
Le Premier Ministre,
Souleymane Ndéné NDIAYE.

Annexe 5 :
Ministère de l'Intérieur, *Circulaire du 10 juillet 2014*

RÉPUBLIQUE DU SÉNÉGAL
Un Peuple-Un but-Une foi
MINISTÈRE DE L'INTÉRIEUR
ET DE L'ADMINISTRATION PUBLIQUE
DIRECTION GÉNÉRALE   Dakar, le 10 juillet 2014
DE L'ADMINISTRATION TERRITORIALE
Le Ministre,
 Abdoulaye Daouda DIALLO

CIRCULAIRE
Extrait

À
Madame et Messieurs les Gouverneurs de Région
Mesdames et messiers les préfets de Département
Mesdames et Messiers les Sous-préfets d'Arrondissement

Objet : Installation des membres des conseils élus à l'issue des élections départementales et municipales du 29 juin 2014 et élection des nouveaux conseils

4- Déroulement de l'élection
4-1 Composition des bureaux

La composition du bureau diffère suivant le type de Conseil. Ainsi, le bureau du Conseil départemental est composé d'un président, d'un premier vice-président, d'un second vice-président et de deux secrétaires élus.

Quant à celui du Conseil municipal ou du Conseil de ville, il compte le maire et les adjoints dont le nombre est fonction de la taille démographique de la commune. Ainsi, aux termes de l'article 93 du CGCL, le nombre d'adjoints est ainsi déterminé :

- Commune de 1000 à 2300 habitants : 1 adjoint
- Commune de 2501 à 10.000 habitants : 2 adjoints
- Commune d'une population supérieure à 10.000 habitants : 1 adjoint par tranche supplémentaire de 30.000 habitants sans que le nombre ne puisse dépasser 10.

Toutefois, il y a lieu de préciser que la loi n'impose pas le respect de la parité homme/femme dans la composition du bureau.

De même, les exécutifs locaux et les membres des bureaux des conseils des collectivités locales doivent savoir lire et écrire. La modification du Code général des collectivités locales a supprimé la référence à la langue officielle.

4-6 Publication des résultats

Les élections sont rendues publiques, au plus tard vingt-quatre (24) heures après la proclamation des résultats, par voie d'affiche à la porte de la mairie et à la préfecture concernant le bureau du Conseil départemental.

Pour mémoire, les parents de sang (ascendant et descendants, frères et sœurs) ne peuvent siéger ensemble au sein du conseil municipal que sous réserve du respect de ces deux conditions suivantes :

- ils doivent être élus sur des listes différentes ;
- leur nombre ne peut dépasser deux.

Au-delà de ce nombre, sont considérés comme élus, les deux premiers dans l'ordre du tableau tel qu'il est déterminé par l'article 92 du Code général des collectivités locales (CGCL).

Toutefois, en vertu des dispositions de l'article L. 234 du code électoral, les conjoints et alliés au même degré ne peuvent simultanément être membres d'un même conseil municipal.

Cependant, pour les alliés, l'affinité prend fin soit en cas décès de la personne qui la produisait et des enfants issus de son union, soit en cas de divorce s'il n'existe plus d'enfants vivants.

Annexe 6 :
Cour d'appel de Kaolack, *Arrêt n°14/14 du 25 juillet 2014, Recours en annulation de l'élection du bureau du conseil municipal de Kaolack*

RÉPUBLIQUE DU SÉNÉGAL **Un Peuple-Un But-Une Foi** Arrêt N°14/14 Du 25.07.2014 **AFFAIRE** Mbenda NDIAYE Sokhna Seynabou MBACKE Ndèye Lobé LAM **Contre** Bureau Conseil municipal Kaolack **Matière électorale** **Objet : Recours en annulation de l'élection du bureau du Conseil municipal de Kaolack** **Décision : Voir dispositif**	**Cour d'Appel de Kaolack** **ASSEMBLÉE GÉNÉRALE DU 25 JUILLET 2014** **MATIÈRE ÉLECTORALE** **Entre** -Mbenda NDIAYE ; -Sokhna Seynabou MBACKE ; -Ndeye Lobé LAM ; Comparant et concluant en personne ; **Requérantes :** **D'une part,** **Et :** -Mariama SARR : Maire de la Commune de Kaolack (femme) ; -Thierno DIEYE : 1er adjoint (homme) ; -Mamadou Sallou DIALLO : 2ème adjoint (homme) ; -Diokel GADIAGA : 3ème adjoint (homme) ; -El Hadji Cheikh NDAO : 4ème adjoint (homme) ; -Elimane Madiaye CISSE : 5ème adjoint (homme) ; -Djiby SY : 6ème adjoint (homme) ; -Aïssatou DRAME : 7ème adjoint (femme) ; -Mamadou Mouhamed NDIAYE : 8ème adjoint (homme) ; Comparant et concluant par l'organe de Me Ibrahima BEYE, Avocat à la Cour **Requis** **D'autre part ;** Sans que les présentes qualités puissent nuire, ni préjudicier en rien aux droits et intérêts respectifs des parties en cause ;
Par requêtes séparées en date du 21 juillet 2014, les dames Mbenda NDIAYE, Sokhna Seynabou MBACKE et Ndèye Lobé LAM ont saisi la Cour d'Appel de Kaolack, statuant en assemblée générale, en matière	

électorale en son audience du 24 juillet 2014 d'un recours en annulation de l'élection des membres du bureau du conseil municipal de Kaolack pour non-respect de la parité ;

Sur ce, notification du recours a été faite aux requis conformément aux dispositions des articles L 220 et L 254 du code électoral en date du 22 juillet 2014 ;

À la suite, une citation à comparaître a été servie aussi bien aux requérantes qu'aux requis pour voir la Cour statuer sur le mérite dudit recours en son assemblée générale du 24 juillet 2014 tenue sous la présidence de Monsieur Henri Grégoire DIOP, Premier président de la Cour d'Appel de Kaolack, et à laquelle siégeaient Messieurs :

-Sidya BODIAN, Papa Ibrahima NDIAYE, Mamadou GUEYE, Néné NIANG, Babacar DIOUF et Chérif Seydou CISSÉ : Présidents de Chambre ;
-El Hadji Amadou DIOUF, Papa Malick SANOKHO, Ousmane GUEYE, Léopold NDAO et Omar LY : Conseillers ;

En présence de Monsieur le Substitut Général Théophile TURPIN et avec l'assistance de Me Ibrahima DIOP, Greffier ;

Advenue cette date, l'assemblée générale, après avoir instruit l'affaire en débats contradictoires, a ordonné la jonction des procédures avant de la mettre en délibéré pour un arrêt rendu le 25 juillet 2014 ;

À la date indiquée, l'assemblée générale de la Cour vidant son délibéré a statué en ces termes ;

L'assemblée générale de la Cour,
-Vu les requêtes introduites ;
-Vu les pièces à l'appui ;
-Oui le conseiller en son rapport ;
Oui les parties en leurs observations orales ;
-Le ministère public entendu ;
Et après en avoir délibéré conformément à la loi ;

Considérant que par requêtes séparées reçues le 21/07/2014 par l'administrateur du greffe de la cour d'appel de Kaolack, Ndéye Lobé LAM, Sokhna Seynabou MBACKE et Mbenda NDIAYE ont saisi la juridiction de céans de demandes d'annulation de l'élection du maire de Kaolack et de ses adjoints pour défaut de respect de la parité prévue par la loi 2010-11 du 28/05/2010 et son décret d'application ;

Considérant que les requêtes ont été introduites dans les délais prévus par l'article 99 du code général des collectivités locales ; qu'il échet de les déclarer recevables ;

Considérant que toutes les trois demandes ont le même objet ; à savoir l'annulation de l'élection du maire de Kaolack et de ses adjoints ;

Que pour une bonne administration de la justice, il échet d'ordonner leurs jonctions pour y statuer par une même et seule décision ;

Considérant que les requérantes ont soutenu, à l'audience, que l'élection du bureau du conseil municipal de Kaolack n'a pas respecté la parité prévue par

les textes précités ;
Que la loi N°2010-11 du 28/05/2010 et son décret d'application N°2011-819 du 16/06/2011 disposent que la parité absolue s'applique à toutes les instances partiellement ou totalement électives dont le conseil municipal ;
Qu'elles ont déclaré que pour un total de 09 postes à pourvoir, seules deux femmes ont été élues sans respect de l'ordre indiqué par la loi ;
Qu'elles ont sollicité l'annulation de ladite élection ;
Considérant que la maire et ses adjoints ont soutenu, par le biais de leur conseil, que la loi sur la parité pose un problème d'application pratique en ce qui concerne le bureau municipal ;
Que pour un scrutin de liste elle est applicable mais pour les candidatures individuelles elle ne l'est pas ;
Que s'agissant de l'élection du maire et de ses adjoints, les candidatures sont libres et individuelles ; que dans ce cas le non-respect de la parité ne doit pas être sanctionné par l'annulation de l'élection ;
Qu'ils ont sollicité le rejet des requêtes ;
Considérant que le ministère public a déclaré, à l'audience, que le principe constitutionnel de l'égalité des citoyens devant les charges publiques et leur l'égal accès à la gestion du service public doivent l'emporter, en l'absence d'une disposition légale, sur les textes prévoyant la parité ; que seule une loi d'application pratique peut justifier une discrimination entre les citoyens ;
Qu'il a requis le rejet des requêtes ;
Considérant que la loi N°2010-11 du 28/05/2010 et son décret d'application N°2011-819 du 16/06/2011 prévoient la parité absolue sur les listes de candidatures et dans les assemblées partiellement ou totalement électives dont le conseil municipal ;
Que l'intégration des textes sur la parité au code électoral, prévue par la loi précitée, ne l'a été que pour les scrutins de liste ;
Que la loi n'a pas prévu les modalités pratiques du respect de la parité dans élections à candidature individuelle comme celles de maire ou d'adjoint au maire ;
Qu'en l'absence d'une législation spéciale applicable à ces élections, les principes constitutionnels de la liberté des candidatures et du libre accès des citoyens à la gestion du service public doivent primer sur les dispositions générales sur la parité ;
Considérant qu'en l'espèce, il résulte des déclarations des requérantes, elles-mêmes, à l'audience, que les candidatures ont été librement et individuellement présentées par des hommes et des femmes aux différents postes à pourvoir ;
Que c'est à l'issue d'un scrutin libre et démocratique que le maire et ses 08 adjoints ont été élus ;
Qu'à défaut d'une législation spéciale sur la parité applicable à ce scrutin à candidature individuelle, les requérantes ne sont pas fondées à le faire annuler en invoquant les textes sur la parité ; Considérant qu'il s'infère de ce

qui précède que les requêtes ne sont pas fondées ; qu'il échet de les rejeter ;
Par ces motifs
Statuant publiquement, contradictoirement, en assemblée générale, en matière électorale en premier et dernier ressort ;
-Déclare les requêtes recevables ;
-Ordonne leurs jonctions ;
-Les rejette comme mal fondées ;
Ainsi fait, jugé et prononcé les jour, mois et an que dessus ;
ET ONT SIGNÉ
Henri Grégoire DIOP, Président ; Sidya BODIAN, Papa Ibrahima NDIAYE, Mamadou GUEYE, Néné NIANG, Babacar DIOUF, Chérif Seydou CISSE, El Hadji Amadou DIOUF, Papa Malick SANOKHO, Ousmane GUEYE, Léopold NDAO, Oumar LY ; Ibrahima DIOP ; Greffier

Annexe 7 :
Cour d'appel de Dakar, *Arrêt n°77 du 21 août 2014, Demande d'annulation de l'élection du maire et des adjoints du conseil municipal de la commune de Keur Massar pour violation de la loi sur la parité et de son décret d'application*

RÉPUBLIQUE DU SÉNÉGAL Un Peuple-Un But-Une foi .... **COURD D'APPEL DE DAKAR** .... **Arrêt N°77** **Demandeur :** Amadou BARRY Conseiller Municipal de la Commune de Keur Massar **ET** **Objet :** Demande d'annulation de l'élection du maire et des adjoints du conseil municipal de la commune de Keur Massar pour violation de la loi sur la parité et de son décret d'application ; **Rapporteur :** Papa Makaïré NDIAYE	**ASSEMBLÉE GÉNÉRALE** **Du 21/08/2014** Monsieur Amadou BARRY Conseiller Municipal de la Commune de Keur Massar ; **Demandeur** **LES FAITS :** Suivant requête en date du 24/07/2014, Monsieur Amadou BARRY conseiller municipal de la commune de Keur Massar, a sollicité l'annulation de l'élection du maire et des adjoints du conseil municipal de la commune de Keur Massar, pour violation de la loi sur la parité et de son décret d'application ; Cette requête inscrite sous le numéro 87, l'affaire a été enrôlé à l'Assemblée Générale du 14/08/2014 ; L'affaire fut appelée et renvoyée au 18/08/2014 date à laquelle elle a été utilement retenue ; Monsieur Papa Makayéré NDIAYE a fait le rapport de l'affaire ;

Le Ministère public a été entendu en ses réquisitions ;
Les débats ont été clos et l'affaire mise en délibéré au 21/08/2014 ;
Sur quoi la Cour, après en avoir délibéré conformément à la loi, a statué ainsi qu'il suit :
La Cour, réunie en Assemblée Générale régulièrement constituée ;
Vu la requête en date du 24/07/2014 ;
Oui Monsieur Papa Makayéré NDIAYE en son rapport,
Oui le Ministère public en ses réquisitions ;
Après en avoir délibéré conformément à la loi :
Considérant que suivant requête en date du 24 juillet 2014 adressé à Monsieur le Premier Président de la Cour d'Appel de Dakar, enregistré au greffe de ladite Cour le 25 juillet 2014, Amadou Barry, conseiller municipal

à la commune de KEUR MASSAR, a sollicité l'annulation de l'élection du maire et de ses adjoints de ladite commune pour violation de la loi sur la parité et son décret d'application ;

SUR LA FORME

Considérant qu'aux termes des dispositions combinées des articles 99 du code général des collectivités locales et L. 253 du code électoral, tout électeur ou candidat peut demander devant la Cour d'Appel de son ressort l'annulation des élections du maire et de ses adjoints pour violation des conditions et formes prescrites par le code électoral ;

Qu'il en résulte que la requête, introduite par Amadou Barry, en sa qualité de conseiller municipal, dans les forme et délai prévus par la loi, doit être déclarée recevable ;

AU FOND

Faits et les prétentions des parties

Considérant qu'au soutien de sa requête introductive d'instance, monsieur Amadou BARRY a exposé que le 21 juillet 2014, le conseil municipal de KEUR MASSAR s'est réuni et a élu un bureau composé de huit membres dans lequel ne figure qu'une seule femme, la nommé Marie Luise SY occupant le poste de 6ème adjoint ;

Que le requérant a en outre soutenu que la loi n°2010-11 du 28 mai 2010 instituant la parité absolue homme femme, dispose en son article premier, que « *la parité absolue homme femme est instituée dans toutes les institutions totalement ou partiellement électives* » ;

Considérant que le ministère public a conclu au rejet de la requête comme mal fondée estimant qu'il s'agit d'une élection d'un membre d'un bureau qui pouvait faire appel invariablement aux candidats des deux sexes sans considération de la parité, l'élection étant par essence libre ;

SUR CE ;

Considérant que les articles 99 du code général des collectivités locales, LO.25 et L.253 du code électoral permettent à tout électeur ou à tout candidat à une élection municipale de réclamer, devant la cour d'appel du ressort, l'annulation des élections du maire et de ses adjoints ;

Que s'ils sont élus dans les conditions fixées aux articles 92 à 98 du code général des collectivités locales, il y a lieu de relever que l'article 1er de la loi n°2010-11 du 28 mai 2010 instituant la parité absolue homme femme dans toutes les élections totalement ou partiellement électives et l'article 2 du décret n°2011-819 du 16 juin 2011 portant application de ladite loi, font obligation d'élire au sein du conseil municipal un bureau alternativement composé de personnes des deux sexes ;

Que toutefois, en l'espèce, au vu des pièces du dossier notamment du procès-verbal d'élection du maire et de ses adjoints de la commune de KEUR MASSAR en date du 21 juillet 2014 ainsi que des documents d'identification des personnes élues qui y sont annexés, on dénombre une seule femme parmi les huit élus du bureau constitués dans l'ordre de

Moustapha MBENGUE (maire de sexe masculin), Ousmane THIOUF (premier adjoint de sexe masculin), Maixent KABOU (deuxième adjoint de sexe masculin), Mamadou DIOUF (troisième adjoint de sexe masculin), Karfa DIOUF (quatrième adjoint de sexe masculin), Omar SYLLA (cinquième adjoint de sexe masculin), Marie Louise SY (sixième adjoint de sexe féminin), et Ousmane CISSÉ (septième adjoint de sexe masculin) ;

Qu'il s'en infère que la parité absolue homme femme n'a pas été respectée lors de l'élection du bureau du conseil municipal de KEUR MASSAR lequel n'est pas alternativement composé de personnes de sexes différents ;

Considérant que cela étant, l'élection de Moustapha MBENGUE, se faisant en premier, n'est pas entachée d'irrégularité en ce que le maire peut être de l'un ou de l'autre sexe conformément aux dispositions des articles 92 et suivants du code général des collectivités locales ;

Qu'il s'en suit que l'élection des membres du bureau du conseil municipal de la commune de KEUR MASSAR, autre que celle du Maire qui a été régulièrement élu, est entachée d'irrégularité pour violation de la loi instituant la parité ;

PAR CES MOTIFS

Statuant publiquement, contradictoirement, en Assemblée Générale, en matière électorale et en premier ressort ;

EN LA FORME

Reçoit la requête introduite par le sieur Amadou BARRY conseiller municipal de la commune de KEUR MASSAR ;

AU FOND

Déclare régulière l'élection du maire Moustapha MBENGUE de la commune de KEUR MASSAR ;

Annule l'élection des autres membres du bureau du conseil municipal de la commune de KEUR MASSAR pour non-respect de la loi sur la parité ;

Ainsi fait, jugé et prononcé par l'Assemblée Générale de la Cour d'Appel de Dakar régulièrement composée sous la présidence de Monsieur Demba KANDJI, Premier Président, étaient présents : Maïmouna SOW, Papa Makayéré NDIAYE, Ousmane KANE, Amadou Hamady DIALLO, Fatou Binetou NDOYE, Abdou Khadre NDIAYE, Présidents de chambre ; Abdoulaye NDIAYE, Secrétaire Général, Adama SARR, Souleymane SY, Ndèye Marie SOW, Aïssatou BA DIALLO, Malang CISSÉ, Mamadou Lamine DIEDHIOU, Henriette DIOP TALL, Mamady DIANE, Ahmed FALL, Tahir KA, Amadou Moustapha FALL, Younousse KANE et Khokhane SENE, Conseillers en présence de Monsieur Lansana Diaby SIBY, Procureur Général, Monsieur Mame Cor NDOUR, Avocat Général, Messiers El Hadji Gormack TALL, Alioune SARR et Abdou Karim DIOP, Substituts Généraux avec l'assistance de Maître Ndèye Marième DIENG, Administrateur des Greffes, les jour, mois et an que dessus.

ET ONT SIGNÉ,

Le Premier Président   L'Administrateur des Greffes

Annexe 8 :
Cour suprême, *Arrêt n°02 du 8 janvier 2015*, « Invalidation de l'arrêt n° 14 du 25 juillet 2014 de l'Assemblée générale de la Cour d'appel de Kaolack »

ARRÊT N°02 du 8/01/15 J/407/RG/14 30/9/14 Administrative ------- - **Mbenda Ndiaye, Sokhna Seynabou Mbacké et Ndéye Lobé Lam** (*Me Alassane Cissé*) Contre : -**Conseil Municipal de Kaolack** -Ministre chargé des Élections (*Directeur général des Élections, Agent judiciaire de l'État*) **PRÉSENTS :** Fatou Habibatou Diallo, Président de chambre, Président, Abdoulaye Ndiaye, Amadou Bal, Waly Faye, Sangoné Fall, **Conseillers,**	**RÉPUBLIQUE DU SÉNÉGAL** **AU NOM DU PEUPLE SÉNÉGALAIS** ---------------- **COUR SUPRÊME** ---------------- CHAMBRE ADMINISTRATIVE ---------------- -A l'audience publique ordinaire du jeudi huit janvier de l'an deux mille quinze ; ENTRE : - **Mbenda Ndiaye, Sokhna Seynabou Mbacké et Ndéye Lobé Lam** demeurant toutes à Kaolack, mais élisant domicile en l'étude de Maître Alassane Cissé, avocat à la cour, 103, Avenue Peytavin, Immeuble Air France, couloir B, 5ème étage à Dakar, **D'UNE PART :** ET : -**Conseil Municipal de Kaolack,** pris en la personne de son Maire, en ses bureaux, sis audit conseil ; - Ministre de l'Intérieur, représenté par : Le Directeur général des élections en ses bureaux sis à la Place Washington à Dakar; L'Agent judiciaire de l'État, en ses bureaux sis au Ministère de l'Économie et des Finances, building Peytavin, Avenue de la République x Carde à Dakar ; **D'AUTRE PART ;** **Vu** la requête reçue le 30 septembre 2014 au greffe central de la Cour suprême, par laquelle Mbenda Ndiaye, Sokhna Seynabou Mbacke et Ndeye Lobé Lam, élisant domicile en l'étude Maître Alassane Cissé, avocat à la cour, sollicitent l'infirmation de l'arrêt n° 14 du 25 juillet 2014 de l'Assemblée générale de la Cour d'appel de Kaolack qui a rejeté leur demande tendant à l'annulation de l'élection des membres du bureau du conseil municipal de Kaolack, pour non-respect de la parité ;

RAPPORTEUR : Sangoné Fall, **PARQUET GÉNÉRAL:** Matar Ndiaye; **GREFFIER :** Cheikh Diop AUDIENCE : 8 Janvier 2015 MATIÈRE : Électorale **RECOURS :** Appel	**Vu** la loi organique n°2008-35 du 8 août 2008 sur la Cour suprême ; **Vu** la loi n°2010-11 du 28 mai 2010 instituant la parité absolue homme-femme ; **Vu** la loi n° 2013-10 du 28 décembre 2013 portant Code général des Collectivités locales ; **Vu** la loi n°2014-18 du 15 avril 2014 portant code électoral (partie législative) ; **Vu** le décret n°2011-819 du 16 juin 2011 portant application de la loi n°2010-11 du 28 mai 2010 instituant la parité absolue homme-femme ; **Vu** les lettres du 1er octobre 2014 de l'Administrateur des greffes portant notification de la requête ; **Vu** le mémoire en défense du ministre de l'Intérieur reçu au greffe le 7 octobre 2014 ; **Vu** le mémoire en réponse de Mbenda Ndiaye et autres reçu au greffe le 24 octobre 2014 ; **Vu** le reçu du 1er octobre 2014 attestant de la consignation de l'amende ; **Vu** l'arrêt attaqué ; **Vu** les autres pièces du dossier ; **Ouï** Monsieur Sangoné Fall, Conseiller référendaire, en son rapport ; **Ouï** Monsieur Matar Ndiaye, Avocat général, en ses conclusions, tendant au rejet du recours ; **Après en avoir délibéré conformément à la loi** ; **Considérant qu'**à la suite des élections municipales du 29 juin 2014, le bureau du Conseil municipal de Kaolack a été installé le 18 juillet 2014 par le représentant de l'État ; **Que** les Conseillères municipales Mbenda Ndiaye, Sokhna Seynabou Mbacke et Ndeye Lobé Lam, ont alors formé un recours en annulation de l'élection du bureau constitué pour non-respect de la parité devant la Cour d'appel de Kaolack ; **Considérant que** par l'arrêt n°14 rendu le 25 juillet 2014, la Cour d'appel de Kaolack réunie en assemblée générale a rejeté leur requête ; **Que** c'est contre cette décision que Mbenda Ndiaye et deux autres ont formé appel en développant un moyen unique ; **Sur la recevabilité du mémoire en défense du ministre de l'Intérieur :**

Considérant que les requérantes soulèvent l'irrecevabilité du mémoire en défense du ministre de l'Intérieur au motif qu'il n'est pas partie dans la procédure puisque seul le Conseil municipal de Kaolack est intimé dans la cause ;

Considérant qu'il résulte des dispositions combinées des articles 76 de la loi organique sur la Cour suprême et L 255 du code électoral que le ministre de l'Intérieur est une des parties défenderesses dans le contentieux des élections municipales porté en appel devant la Cour suprême ;

Qu'il y a lieu en conséquence de déclarer recevable le mémoire en défense que le ministre de l'Intérieur a versé dans la procédure ;

Sur le moyen unique tiré de la violation de la loi n°2010-11 du 28 mai 2010 instituant la parité absolue homme-femme et de son décret d'application n°2011-819 du 16 juin 2011, en ce que l'arrêt attaqué a retenu que la loi n'a pas prévu les modalités pratiques du respect de la parité dans les élections à candidatures individuelles comme celles du maire et d'adjoints au maire et qu'en l'absence d'une législation spéciale applicable à ces élections, les principes constitutionnels de la liberté de candidature et du libre accès des citoyens à la gestion du service public doivent primer sur les dispositions générales sur la parité, alors que l'article 1er de cette loi dispose que « *la parité homme-femme est instituée au Sénégal dans toutes les institutions totalement ou partiellement électives* » et que l'article 2 du décret d'application énumère les institutions totalement ou partiellement électives parmi lesquelles figurent le conseil municipal, son bureau et ses commissions ;

Considérant qu'aux termes des articles 1er et 2 de la loi n°2010-11 du 28 mai 2010 instituant la parité : « *La parité absolue homme-femme est instituée au Sénégal dans toutes les institutions totalement ou partiellement électives. Les listes de candidatures sont alternativement composées de personnes des deux sexes* » ;

Considérant que de l'article 2 du décret d'application de la loi sus référencée, indique que le Conseil municipal, son bureau et ses commissions figurent parmi les institutions totalement ou partiellement électives ;

Considérant que la loi sus-citée favorise l'égal accès des hommes et des femmes aux mandats électoraux et fonctions électives afin de corriger la sous-représentation des femmes au sein des responsabilités de la vie politique ;

Considérant que la notion des listes de candidatures figure malencontreusement dans le décret d'application pour l'élection des bureaux et commissions et, dès lors s'en servir pour écarter l'application effective de la parité dans les élections à candidatures individuelles, telles que celles du Maire et de ses Adjoints, c'est méconnaître l'esprit des textes susvisés ;

Qu'ainsi encourt l'infirmation, l'arrêt entrepris qui pour écarter l'application de la loi et rejeter le recours de Mbenda Ndiaye et autres, a retenu que le texte n'a pas prévu les modalités pratiques du respect de la parité dans les élections à candidatures individuelles et qu'il n'existe pas de législation spéciale sur la parité applicable à ce scrutin ;

Considérant qu'il résulte des pièces du dossier que le bureau du Conseil municipal de Kaolack, installé le 18 juillet 2014, est composé ainsi qu'il suit :

- Mariama Sarr, Maire de la Commune de Kaolack (femme) ;
- Thierno Dièye, 1er Adjoint (homme) ;
- Mamadou Saliou Diallo, 2e Adjoint (homme) ;
- Diokel Gadiaga, 3e Adjoint (homme) ;
- El Hadji Cheikh Ndao, 4e Adjoint (homme) ;
- Elimane Madiaye Cissé, 5e Adjoint (homme) ;
- Djiby Sy, 6e Adjoint (homme) ;
- Aïssatou Dramé, 7e Adjointe (femme) ;
- Mamadou Mouhamed Ndiaye, 8e Adjoint (homme) ;

Considérant que ce bureau, n'ayant pas respecté la parité à partir de l'élection du 2e Adjoint, il y a lieu, statuant à nouveau, d'ordonner la reprise de l'élection de ses membres, le Maire et le 1er Adjoint n'étant pas concernés par cette mesure ;

PAR CES MOTIFS :

Infirme l'arrêt n°14 du 25 juillet 2014 de l'Assemblée générale de la Cour d'appel de Kaolack ;

	Statuant à nouveau, ordonne la reprise de l'élection des membres du bureau du Conseil municipal de Kaolack ; **Dit** que le Maire et le 1er Adjoint ne sont pas concernés par cette élection ; **Ordonne** la restitution de l'amende consignée ; Ainsi fait, jugé et prononcé par la Cour suprême, Chambre administrative, en son audience publique ordinaire tenue les jours, mois et an que dessus et où étaient présents : Fatou Habibatou Diallo, Président de chambre, Président, Abdoulaye Ndiaye, Amadou Bal, Waly Faye, Sangoné Fall, Conseillers, Cheikh Diop, Greffier ; En foi de quoi le présent arrêt a été signé par le Président de Chambre, Président, les Conseillers et le Greffier. **Le Président de Chambre, Président, Fatou Habibatou Diallo** **Les Conseillers : Abdoulaye Ndiaye, Amadou Bal, Waly Faye Sangoné Fall; Le Greffier : Cheikh Diop**

Annexe 9 :
Cour suprême, *Arrêt n°17 du 26 février 2015*, « Validation de l'arrêt n°77 rendu le 21 août 2014 par l'Assemblée générale de la Cour d'appel de Dakar »

ARRÊT N°17 Du 26/02/2015 J/474/RG/14 19/11/14 J/483/RG/14 **Administrative** .... **Ousmane Thiouf, Maixant Polidor, Aurélien Kabuu, Mamadou Diouf, Karfa Diouf, Omar Sylla, Maris Louise Sy et Ousmane Cissé** (Mes Thioub & Ndour,	RÉPUBLIQUE DU SÉNÉGAL AU NOM DU PEUPLE SENEGALAIS ---------------- COUR SUPRÊME ---------------- CHAMBRE ADMINISTRATIVE ---------------- À l'audience publique ordinaire du jeudi vingt-six février de l'an deux mille quinze ; **ENTRE :** -Ousmane Thiouf, Maixant Polidor, Aurélien Kabou, Mamadou Diouf, Karfa Diouf, Omar Sylla, Marie Louise Sy et **Ousmane Cissé, conseillers municipaux de la commune de Keur Massar,** demeurant tous à Keur Massar, quartier Darou Missette, ayant pour conseils : Mes Thioub & Ndour, avocats à la

Me Bassirou Ngom)
Contre :
-Ministère chargé des élections
(Directeur général des Élections, Agent judiciaire de l'État)
-Amadou Barry
PRÉSENTS :
Fatou Habibatou Diallo
Président de chambre, Président,
Abdoulaye Ndiaye
Amadou Bal,
Waly Faye,
Sangoné Fall,
Conseillers,
RAPPORTEUR :
Fatou Habibatou Diallo
PARQUET GÉNÉRAL :
Youssoufa Diaw Mbodj
GREFFIER :
Cheikh Diop
AUDIENCE :
26 février 2015
MATIÈRE
Électorale
RECOURS :
Appel

cour, 71 Avenue Peytavin à Dakar ;
Maître Bassirou Ngom, avocat à la cour, Liberté VI Extension Petit Rond Point Camp Pénal n°18 Immeuble Maïmouna 3ème étage à Dakar ;
D'UNE PART ;
ET :
-Ministère de l'Intérieur, représenté par :
Directeur général des élections en ses bureaux sis à Place Washington à Dakar,
L'Agent judiciaire de l'État en ses bureaux, en ses bureaux sis au Ministère de l'Économie et des Finances, building Peytavin, Avenue de la République x Carde à Dakar
-Amadou Barry, Conseiller municipal de la commune de Keur Massar ;
D'AUTRE PART
Vu la requête reçue au greffe central de la Cour suprême le 19 novembre 2014, par laquelle Ousmane Thiouf, Maixant Polidor, Aurélien Kabou, Mamadou Diouf, Karfa Diouf, Omar Sylla, Marie Louise Sy et Ousmane Cissé, Conseillers municipaux de la commune de Keur Massar, ayant tous domicile élu en l'étude de Maîtres Thioub et Ndour, avocats à la cour, sollicitent l'infirmation de l'arrêt n°77 rendu le 21 août 2014 par l'Assemblée générale de la Cour d'appel de Dakar dans la cause les opposant à Amadou Barry et au Ministère de l'Intérieur ;
Vu la seconde requête reçue au greffe central de la Cour suprême le 26 novembre 2014, par laquelle Ousmane Thioup ou Thiouf et les six autres Conseillers municipaux de la commune de Keur Massar, tous élisant domicile en l'Étude de Maître Bissirou Ngom, Avocat à la Cour, sollicitent la cassation de l'arrêt n°77 rendu le 21 août 2014 par l'Assemblée générale de la Cour d'appel de Dakar dans la cause les opposant à Amadou Barry et au Ministère de l'Intérieur ;
Vu la loi organique n°2008-35 du 7 août 2008 sur la Cour suprême ;
Vu la loi N°2010-11 du 28 mai 2010 instituant la parité absolue homme-femme;
Vu la loi N°2013-10 du 28 décembre 2013 portant Code général des Collectivités locales ;

Vu la loi N°2014-18 du 15 avril 2014 abrogeant et remplaçant la loi n°2012-01 du 3 janvier 2012 portant code électoral (partie législative) ;
Vu le décret N°2011-819 du 16 juin 2011 portant application de la loi n°2010-11 du 28 mai 2010 instituant la parité absolue homme-femme ;
Vu les lettres du 20 et 26 novembre 2014 de l'Administrateur du greffe portant notification de la requête ;
Vu les deux mémoires en défense du ministre de l'Intérieur reçus au greffe respectivement les 8 et 16 décembre 2014 ;
Vu les reçus du 24 novembre et 3 décembre 2014 attestant de la consignation des amendes ;
Vu l'arrêt attaqué ;
Vu les autres pièces du dossier ;
Oui Mme Fatou Habibatou Diallo, Présidente de la Chambre, en son rapport ;
Oui Monsieur Youssoupha Diaw Mbodj, Premier Avocat général, en ses conclusions tendant à l'infirmation de l'arrêt ;
Après en avoir délibéré conformément à la loi ;
Considérant qu'à la suite des élections municipales du 29 juin 2014, la commune de Keur Massar a élu son Conseil municipal et mis en place le bureau ; qu'un des Conseillers municipaux, Amadou Barry, a alors introduit un recours auprès de la Cour d'appel de Dakar, pour demander l'annulation de l'élection du bureau, pour non-respect de la parité ;
Considérant que par l'arrêt n°77 rendu 21 août 2014, la Cour d'appel réunie en assemblée générale a validé l'élection du Maire et annulé celle des autres membres du bureau pour non-respect de la parité ;
Que c'est contre cette décision que les Conseillers municipaux Ousmane Thiouf et six autres ont interjeté appel ;
Sur la jonction ;
Considérant que les deux requêtes inscrites, sous les n° J/474/RG14 et J/483/RG/14 présentent un lien de connexité évident, puisqu'introduites par les mêmes parties avec des

conseils différents, dans la même cause et avec le même objet ; qu'il y a lieu pour une bonne administration de la justice d'en ordonner la jonction pour qu'il soit statué sur le tout par un seul et même arrêt ;
Sur la recevabilité de la requête d'Amadou Barry ;
Considérant que les appelants concluent à l'irrecevabilité de la requête d'Amadou Barry devant la Cour d'appel pour violation des dispositions de l'article 1-2 al 1 du code de procédure civile et L 253 du code électoral en ce qu'il n'était candidats à aucun des postes du bureau municipal et ne peut exciper d'un intérêt à agir, n'étant pas une femme ;
Considérant que l'article L 253 du code électoral relatif au contentieux des élections municipales, permet à tout électeur, ou à tout candidat à une élection municipale, de pouvoir réclamer l'annulation des opérations électorales ;
Considérant que la qualité d'électeur et de candidat à une élection municipale de Amadou Barry ne pouvant être contestée puisqu'il a été élu Conseiller municipal de la commune de Keur Massar, son intérêt à agir était certain et c'est à bon droit que son recours a été déclaré recevable ;
Sur le fond :
Considérant que les appelants sollicitent l'infirmation de l'arrêt pour :
-violation de l'article L 254 du code électoral et des droits de la défense, en ce que, le Greffier en chef de la Cour d'appel n'a pas communiqué la requête aux Conseillers dont l'élection est contestée ;
-violation de la loi n°2010-11 du 28 mai 2010 instituant la parité aux motifs que :

- L'article 2 de ladite loi qui institue la parité à toutes les institutions totalement ou partiellement électives, vise l'institution que constitue le Conseil municipal dont les listes doivent être paritaires et non le bureau, qui n'est pas

une institution en tant que telle et dont les membres, comme le Maire, sont élus individuellement et de manière totalement libre,
- L'article 2 de la loi vise les listes de candidatures, alors que l'élection du Maire et de ses Adjoints est une élection nominale pour un poste donné et pour lequel tout Conseiller peut présenter sa candidature, l'application de la parité pour cette élection débouchant nécessairement sur une situation rocambolesque où il ne peut y avoir d'élection,

-défaut de motifs, en ce que la Cour d'appel en validant l'élection du Maire et en déclarant irrégulière celle de ses Adjoints n'a pas suffisamment motivé sa décision, puisque si la parité était appliquée, le deuxième et le quatrième adjoints seraient des hommes ce qui est le cas en l'espèce ;

Considérant que le Ministre chargé des élections conclut à ce qu'il soit statué ce que de droit sur la recevabilité de la requête et sur son bien-fondé ;

Considérant qu'aux termes des articles 1er et 2 de la loi n°2010-11 du 28 mai 2010 instituant la parité : « La parité absolue homme-femme est instituée au Sénégal dans toutes les élections totalement ou partiellement électives. Les listes de candidatures sont alternativement composées de personnes des deux sexes. » ;

Considérant que l'article 2 du décret d'application de ladite loi, indique que le Conseil municipal, son bureau et ses commissions figurent parmi les institutions totalement ou partiellement électives ;

Considérant que la loi susvisée favorise l'égal accès des hommes et des femmes aux mandats électoraux et fonctions électives afin de corriger la sous-représentation des femmes au sein des responsabilités de la Vie politique ;

Considérant que la notion de listes de

candidatures figure malencontreusement dans le décret d'application pour l'élection des bureaux et commissions et, dès lors, s'en prévaloir pour demander que la parité ne soit pas appliquée dans les élections à candidatures individuelles, telles que celles du Maire et de ses Adjoints, c'est méconnaître l'esprit des textes susvisés ;

Qu'ainsi, c'est à bon droit que la Cour d'appel ayant retenu, que ces textes font obligation d'élire au sein du Conseil municipal un bureau alternativement composé de personnes des deux sexes, a annulé l'élection des membres du bureau du Conseil municipal de Keur Massar, à l'exception de celle du Maire Moustapha Mbengue, une seule femme figurant parmi les huit Adjoints du Maire du bureau élu ;

Qu'il y a lieu de confirmer l'arrêt ;

PAR CES MOTIFS :

Ordonne la jonction des procédures inscrites sous les n° J/474/RG14 et J/483/RG/14 ;

Confirme en toutes ses dispositions l'arrêt n°77 rendu le 21 août 2014 par l'assemblée générale de la Cour d'appel de Dakar ;

Dit que les amendes consignées sont acquises au Trésor public :

Ainsi fait, jugé et prononcé par la Cour suprême, Chambre administrative, en son audience publique ordinaire tenue les jours, mois et an que dessus et où étaient présents :

Fatou Habibatou Diallo, Président de chambre, Président,

Abdoulaye Ndiaye, Amadou Bal, Waly Faye, Sangoné Fall,

Conseillers,

Cheikh Diop, Greffier ;

En foi de quoi le présent arrêt a été signé par le président de chambre, Président, les Conseillers et le Greffier.

Annexe 10 :
Liste des personnes citées en enquête de terrain

N°	Prénom et nom	Qualité
1	M. Abdoul Aziz DIOUF	Professeur de Droit privé, Université Cheick Anta DIOP de Dakar
2	Mme Fatou Kiné CAMARA	Professeur de Droit privé, Université Cheick Anta DIOP de Dakar ; Secrétaire général de l'Association des juristes sénégalaises (AJS)
3	Mme NDèye Lucie CISSE	Présidente du Conseil sénégalais des femmes (COSEF) ; Députée à l'Assemblée nationale ; Présidente de la commission de l'Urbanisme, de l'Habitat, de l'Équipement et des Transports
4	M. Omar DIOP	Professeur de Droit public, Université Cheick Anta DIOP de Dakar
5	M. Oumar Boubacar DIARRA (avec l'autorisation de son supérieur hiérarchique M. Oumar SARR)	Administrateur à l'Observatoire national de la parité

SOURCES PRINCIPALES

I – Sources normatives

a) France

Loi n° 83-675 du 26 juillet 1983 relative à la démocratisation du secteur public, J.O.R.F du 27 juillet 1983, p. 2326.

Loi n° 90-55 du 15 janvier 1990 relative à la limitation des dépenses électorales et à la clarification du financement des activités politique, J.O.R.F., n°13 du 16 janvier 1990 p. 639.

LOI n° 93-122 du 29 janvier 1993 relative à la prévention de la corruption et à la transparence de la vie économique et des procédures publiques, J.O.R.F., n°25 du 30 janvier 1993 p. 1588.

Loi constitutionnelle n°99-569 du 8 juillet 1999 relative à l'égalité entre les femmes et les hommes, J.O.R.F., n°157 du 9 juillet 1999, p. 10175.

Loi n°2000-493 du 6 juin 2000 tendant à favoriser l'égal accès des femmes et des hommes aux mandats électoraux et fonctions électives, J.O.R.F. n°131 du 7 juin 2000, p. 8560.

Loi n°2000-612 du 4 juillet 2000 tendant à favoriser l'égal accès des femmes et des hommes aux mandats de membre des assemblées de province et du congrès de la Nouvelle-Calédonie, de l'assemblée de la Polynésie française et de l'assemblée territoriale des Îles Wallis-et-Futuna, J.O.R.F. n°154 du 5 juillet 2000, p. 10127.

Loi no 2000-641 du 10 juillet 2000 relative à l'élection des sénateurs, J.O.R.F. n°159 du 11 juillet 2000, p. 10472.

La loi n°2003-327 du 11 avril 2003 relative à l'élection des conseillers régionaux et des représentants au Parlement européen ainsi qu'à l'aide publique aux partis politiques, J.O.R.F. n°87 du 12 avril 2003, p. 6488.

Loi n° 2003-697 du 30 juillet 2003 portant réforme de l'élection des sénateurs, J.O.R.F. n°175 du 31 juillet 2003, p. 13017.

Loi n° 2013-702 du 2 août 2013 relative à l'élection des sénateurs, J.O.R.F. n°179 du 3 août 2013, p. 13258.

Loi n°2003-1201 du 18 décembre 2003 relative à la parité entre hommes et femmes sur les listes de candidats à l'élection des membres de l'Assemblée de Corse, J.O.R.F. n°293 du 19 décembre 2003, p. 21678.

Loi n° 2007-128 du 31 janvier 2007 tendant à promouvoir l'égal accès des femmes et des hommes aux mandats électoraux et fonctions électives, J.O.R.F. n°27 du 1 février 2007, p. 1941.

Loi n° 2008-175 du 26 février 2008 facilitant l'égal accès des femmes et des hommes au mandat de conseiller général, J.O.R.F. n°0049 du 27 février 2008, p. 3370.

Loi constitutionnelle N°2008-724 du 23 juillet 2008 de modernisation des institutions de la Ve République, J.O.R.F. du 2 juillet 2008, p. 11 890.

Loi n°2012-347 du 12 mars 2012 relative à l'accès à l'emploi titulaire et à l'amélioration des conditions d'emploi des agents contractuels de la fonction publique, à la lutte contre les discriminations et portant diverses dispositions relatives à la fonction publique, J.O.R.F. n°0062 du 13 mars 2012, p. 4498.

Loi n° 2013-403 du 17 mai 2013 relative à l'élection des conseillers départementaux, des conseillers municipaux et des conseillers communautaires, et modifiant le calendrier électoral, J.O.R.F. n°0114 du 18 mai 2013, p. 8242.

Loi n°2013-660 du 22 juillet 2013 relative à l'enseignement supérieur et à la recherche, J.O.R.F. n°0169 du 23 juillet 2013, p. 12235.

Loi n°2014-125 du 14 février 2014 interdisant le cumul de fonctions exécutives locales avec le mandat de député et sénateur, J.O.R.F. n°0040 du 16 février 2014, p. 2703.

Loi n°2014-126 du 14 février 2014 interdisant le cumul de fonctions exécutives locales avec le mandat de représentant au Parlement européen, J.O.R.F. n°0040 du 16 février 2014, p. 2705.

Loi n° 2014-873 du 4 août 2014 pour l'égalité réelle entre les femmes et les hommes, J.O.R.F. n°0179 du 5 août 2014, p. 12949.

Ordonnance n° 2015-899 du 23 juillet 2015 relative aux marchés publics, J.O.R.F. n°0169 du 24 juillet 2015 p.12602.

b) Sénégal

Loi n° 2002-20 du 15 mai 2002 modifiant et complétant le règlement intérieur de l'Assemblée nationale, J.O.R.S. N° 6053 du SAMEDI 29 JUIN 2002

Loi constitutionnelle n° 2007-06 du 12 février 2007 créant un Sénat

Loi organique n° 2007-23 du 22 mai 2007 relative au Sénat, J.O.R.S n°6353 du samedi 30 juin 2007

Loi constitutionnelle n° 2007-26 du 25 mai 2007 relative au Sénat, J.O.R.S. n°6353 du samedi 30 juin 2007.

Loi constitutionnelle n°2008-30 du 7 août 2008, modifiant les articles 7, 63, 68, 71 et 82 de la Constitution, J.O.R.S. n°6420 du 8 août 2008.

Loi 2010-11 du 28 mai 2010, instituant la parité absolue homme-femme, J.O.R.S. n°6544 du 4 septembre 2010.

Décret n°2011-819 du 16 juin 2011 portant application de la Loi instituant la parité absolue homme-femme, J.O.R.S. n°6544 du 17 septembre 2011.

Loi n°2012-01 du 3 janvier 2012 abrogeant et remplaçant la loi n°92-16 du 07 février 1992 relative au code électoral, modifiée, J.O.R.S. n°6636 du mardi 3 janvier 2012.

Décret n°2012-548 du 29 mai 2012 portant convocation du corps électoral pour l'élection des députés à l'Assemblée nationale, J.O.R.S. n°6666 du mardi 29 mai 2012.

Loi n°2012-16 du 28 septembre 2012 portant révision de la Constitution, J.O.R.S. n°6688 numéro spécial du vendredi 28 septembre 2012.

Décret n°2013-53 du 11 janvier 2013 fixant la répartition des membres du Conseil économique, social et environnemental, J.O.R.S. n°6729 du samedi 25 mai 2013

Décret n°2013-308 du 27 février 2013 modifiant et complétant certaines dispositions des articles premier, 2 et 3 du décret n°2013-53 du 11 janvier 2013 fixant la répartition des membres du Conseil économique, social et environnemental, J.O.R.S. n°6745 du samedi 24 août 2013.

Décret n°2013-479 du 12 avril 2013 portant nomination des membres du Conseil économique, social et environnemental, J.O.R.S. n°6731 du samedi 1er juin 2013.

Décret n°2013-732 du 28 mai 2013 portant Règlement intérieur du Conseil économique, social et environnemental, J.O.R.S. n°6739 du samedi 20 juillet 2013.

Loi n°2014-18 du 15 avril 2014 abrogeant et remplaçant la loi n°2012-01 du 03 janvier 2012 portant code électoral

Loi n° 2015-19 du 18 août 2015 modifiant la loi n° 2002-20 du 15 mai 2002, modifiée, portant Règlement intérieur de l'Assemblée nationale, J.O.R.S. n° 6871 du vendredi 21 août 2015

Loi constitutionnelle n°2016-10 du 05 avril 2016, J.O.R.S. n°6926 du jeudi 07 avril 2016.

Loi organique n° 2016-24 du 14 juillet 2016 relative à l'organisation et au fonctionnement du Haut conseil des collectivités territoriales, J.O.R.S. n° 6946 du vendredi 15 juillet 2016.

Loi organique n° 2016-25 du 14 juillet 2016 modifiant le Code électoral et relative à l'élection des Hauts conseillers, J.O.R.S. ° 6946 du vendredi 15 juillet 2016.

Décret n° 2016-1027 du 27 juillet 2016 portant répartition des sièges au scrutin majoritaire départemental pour l'élection des Hauts conseillers, J.O.R.S. n° 6950 du jeudi 28 juillet 2016.

Décret n°2016-1639 du 20 octobre 2016 portant nomination de membres du Haut conseil des collectivités territoriales (HCCT).

Décret n° 2017-442 du 15 mars 2017 portant répartition des sièges de députés à élire au scrutin majoritaire départemental à l'occasion des élections législatives du 30 juillet 2017, J.O.R.S. n° 6998 du samedi 16 mars 2017.

II – Sources jurisprudentielles

a) France

Conseil constitutionnel, *Décision n°82-146 DC du 18 novembre 1982, Loi modifiant le code électoral et le code des communes et relative à l'élection des conseillers municipaux et aux conditions d'inscription des Français établis hors de France sur les listes électorales*, J.O.R.F. du 19 novembre 1982, p. 3475.

Conseil constitutionnel, *Décision n° 98-407 DC du 14 janvier 1999, Loi relative au mode d'élection des conseillers régionaux et des conseillers à l'Assemblée de Corse et au fonctionnement des conseillers régionaux*, J.O.R.F. du 20 janvier 1999, p. 1028.

Conseil constitutionnel, *Décision n°91-290 DC du 09 mai 1991, Loi portant statut de la collectivité territoriale de Corse*, J.O.R.F. du 14 mai 1991, p. 6350.

Conseil constitutionnel, *Décision n°2000-428 DC du 4 mai 2000, Loi organisant une consultation pour de la population de Mayotte*, J.O.R.F. du 10 mai 2000, p. 6976.

Conseil constitutionnel, *Décision n°2000-435 DC du 7 décembre 2000, Loi d'orientation pour l'outre-mer*, J.O.R.F. du 16 décembre 2000, p. 19830.

Conseil constitutionnel, *Décision n°99-412 DC du 15 juin 1999, Charte européenne des langues régionales ou minoritaires*, J.O.R.F. du 18 juin 1999, p. 8964.

Conseil constitutionnel, *Décision n° 98-407 DC du 14 janvier 1999, Loi relative au mode d'élection des conseillers régionaux et des conseillers à l'Assemblée de Corse et au fonctionnement des Conseils régionaux*, J.O.R.F. du 20 janvier 1999, p. 1028.

Conseil constitutionnel, *Décision n° 2000-429 DC du 30 mai 2000, Loi tendant à favoriser l'égal accès des femmes et des hommes aux mandats électoraux et fonctions électives*, J.O.R.F. du 7 juin 2000, p. 8564.

Conseil constitutionnel, *Décision n°87-232 du 7 janvier 1988, Loi relative à la mutualisation de la Caisse nationale de crédit agricole*, J.O.R.F. du 10 janvier 1988, p. 482.

Conseil constitutionnel, *Décision n°96-375 du 9 avril 1996, Loi portant diverses dispositions d'ordre économique et financier*, J.O.R.F. du 13 avril 1996, p. 5730.

Conseil constitutionnel, *Décision n°2016-573 QPC du 29 septembre 2016, Cumul des poursuites pénales pour banqueroute avec la procédure de liquidation judiciaire et cumul des mesures de faillite ou d'interdiction prononcées dans ce cadre*, J.O.R.F. n°0229 du 1 octobre 2016 texte n°58.

Conseil constitutionnel, *Décision n°2016-566 QPC du 16 septembre 2016, Communication des réquisitions du ministère public devant la chambre d'instruction,* J.O.R.F. n°0218 du 18 septembre 2016, texte n° 38.

Conseil constitutionnel, *Décision n° 2003-468 DC du 3 avril 2003, Loi relative à l'élection des conseillers régionaux et des représentants au Parlement européen ainsi qu'à l'aide publique aux partis politiques,* J.O.R.F. du 12 avril 2003, p. 6493.

Conseil constitutionnel, *Décision n° 2003-475 DC du 24 juillet 2003, Loi portant réforme de l'élection des sénateurs,* J.O.R.F. du 31 juillet 2003, p. 13038.

Conseil constitutionnel, *Décision n° 2001-445 DC du 19 juin 2001, Loi organique relative au statut des magistrats et au Conseil supérieur de la magistrature,* J.O.R.F. du 16 juin 2001, p. 10125.

Conseil constitutionnel, *Décision n° 2001-455 DC du 12 janvier 2002, Loi de modernisation sociale,* J.O.R.F. du 18 janvier 2002, p. 1053.

Conseil constitutionnel, *Décision n° 2006-533 DC du 16 mars 2006, Loi relative à l'égalité salariale entre les femmes et les hommes,* J.O.R.F. du 24 mars 2006, p. 4446, texte N°6.

b) Sénégal

Conseil constitutionnel, *Décision N°97/2007-Affaires n°1/C/2007 du 27 avril 2007, Loi instituant la parité dans la liste des candidats au scrutin de représentation proportionnelle pour les élections législatives.*

Conseil constitutionnel, *Décision n°2/E/2016 du 14 septembre 2016 portant proclamation des résultats définitifs des élections des Hauts conseillers du 4 septembre 2016.*

Conseil constitutionnel, *Décision n°5/E/2017 du 14 août 2017 portant proclamation des résultats définitifs des élections législatives du 30 juillet 2017.*

Conseil constitutionnel, *Décision N°11/93 – Affaire n°2/C/93 du 23 juin 1993, Rabat d'arrêt.*

Conseil constitutionnel, *Décision N°15/94 – Affaire n°2/C/94 du 27 juillet 1994, Modification du statut des magistrats.*

Cour d'appel de Kaolack, *Décision d'assemblée n°14/14 du 25/07/2014, Recours en annulation de l'élection du bureau du conseil municipal de Kaolack.*

Cour d'appel de Dakar, *Décision d'assemblée n°77 du 21/08/2014, Demande d'annulation de l'élection du maire et des adjoints du conseil municipal de la commune de Keur Massar pour violation de la loi sur la parité et de son décret d'application.*

Cour suprême, Chambre administrative, *Arrêt n°02 du 8/01/2015, Invalidation de l'arrêt n° 14 du 25 juillet 2014 de l'Assemblée générale de la Cour d'appel de Kaolack.*

Cour suprême, Chambre administrative, Arrêt n° n°17 du 26 février 2015, *Validation de l'arrêt n°77 rendu le 21 août 2014 par l'Assemblée générale de la Cour d'appel de Dakar.*

BIBLIOGRAPHIE GÉNÉRALE

I - Ouvrages généraux et spéciaux

a) Ouvrages généraux

ALLAND (Denis) ; RIALS (Stéphane), Sous la direction de, *Dictionnaire de la culture juridique*, Paris : Lamy : Presses universitaires de France, Collection Quadrige. Disco poche, 2003, XXV-1649 p.

AVRIL (Pierre) ; GICQUEL (Jean) ; GICQUEL (Jean-Éric), *Droit parlementaire*, Issy-les-Moulineaux, LGDJ Lextenso éditions, Collection Domat Droit public, 5ème édition, 2014, 398 p.

BADIE (Bertrand), *L'État importé : Essai sur l'occidentalisation de l'ordre politique,* Paris : Fayard, Collection L'Espace du politique, 1992, 334 p.

CALVES (Gwénaële), *La discrimination positive,* 3ème édition mise à jour, Paris : Presses universitaires de France, Collection Que sais-je ?, 2010, 126p.

CHAGNOLAUD (Dominique), Textes réunis par, *Les 50 ans de la Constitution : 1958-2008,* Paris : Litec ; Lexis Nexis, 2008, XX-392 p.

CISSÉ (Khayrou), Préface de SECK (Mamadou), *Dictionnaire bibliographique et événementiel des Députés du Sénégal (1914-2012)*, Tome I, Dakar, Éditions Araigné, 2014 ?, 326 p.

CLINCHAMPS (Nicolas) ; Préface de GICQUEL (Jean), *Parlement européen et droit parlementaire : essai sur la naissance du droit parlementaire de l'Union européenne,* Paris : LGDJ, 2006, XVIII-776 p.

COHENDET (Marie-Anne) ; avec les contributions de BENETTI (J.), BRUNET (P.), CHAMPEIL-DESPLATS (V.) [et al.], *Les épreuves en Droit public,* Paris : LGDJ, collection Les Méthodes du droit, 4e édition, 2009, 287p.

Conseil constitutionnel, *La déclaration des droits de l'homme et du citoyen et la jurisprudence, Colloque des 25 et 26 mai 1989 au Conseil constitutionnel,* Paris : Presses universitaires de France, Collection Recherches politiques, 1989, 259 p.

CUNIBERTI (Gilles), *Grands systèmes de droit contemporains. Introduction au droit comparé,* Issy-les-Moulineaux : LGDJ - Lextenso, Collection Manuel, 2015, 418 p.

DANTONEL-COR (Nadine), *Droit des collectivités territoriales*, Rosny-sous-Bois : Bréal, Collection Lexifac Droit, 3e édition 2007, 288 p.

DARBON (Dominique) et GAUDUSSON (Jean du Bois de), Sous la direction de, *La création du droit en Afrique,* Paris : Karthala, Collection Hommes et sociétés, 1997, 496 p.

DIAGNE (Pathé) *Pouvoir politique traditionnel en Afrique occidentale : Essais sur les Institutions politiques précoloniales,* Paris : Présence africaine, 1967, 294 p.

DIARRA (Abdoulaye), *Démocratie et droit constitutionnel dans les pays francophones d'Afrique noire : le cas du Mali depuis 1960,* Paris : Ed. Karthala, Collection Hommes et sociétés, 2010, 371 p.

DIOP (Abdoulaye-Bara), *La société wolof : tradition et changement : les systèmes d'inégalité et de domination,* Paris, Karthala, Collection Hommes et sociétés, 2012, 355 p.

DIOP (Mayhemout), *Histoire des classes sociales dans l'Afrique de l'Ouest. II. Le Sénégal,* Paris : François Maspero, Collection "Les textes à l'appui/sociologie", 1972, 260 p.

DOLEZ (Bernard) ; LAURENT (Annie) et PATRIAT (Claude), Sous la direction de ; Préface de PATRIAT (François), *Le vote rebelle : les élections régionales de mars 2004,* Dijon, Éditions universitaires de Dijon, Collection Institutions, 2005, 275 p.

DOLEZ (Bernard) ; LAURENT (Annie), Sous la direction de, *Le vote des villes : les élections des 11 et 18 mars 2001,* Paris : Presses de Sciences po, Collection Chroniques électorales, 2002, 352 p.

DRAGO (Roland), Sous la direction de, *La confection de la loi/ Rapport du groupe de travail de l'Académie des sciences morales et politiques,* Paris, Presses universitaires de France, Collection Cahier des Sciences morales et politiques, 2005, X-308 p.

FALL (Ismaïla Madior), Rassemblés et commentés sous la direction de, Préface de KANTÉ (Babacar), *Les décisions et avis du Conseil constitutionnel du Sénégal,* Dakar, CREDILA, 2008, 565 p.

FALL (Ismaïla Madior), Réunis et présentés par, Préface de MBODJ (El Hadji) ; Postface de SALL (Alioune), *Textes constitutionnels du Sénégal de 1959 au 15 mai 2007,* Dakar, CREDILA, 2007, 257 p.

FATIN-ROUGE STEFANINI (Marthe) ; GAY (Laurence) ; VIDAL-NAQUET (Ariane), Sous la direction de, *L'efficacité de la norme juridique : Nouveau vecteur de légitimité ?,* Bruxelles : Bruylant, Collection À la croisé des droits, 2012, 352 p.

FAVOREU (Louis) et PHILIP (Loïc), avec la collaboration de GHEVONTIAN (Richard) et ROUX (André), GAIA (Patrick) et MELIN-SOUCRAMANIEN (Ferdinand), *Les grandes décisions du Conseil constitutionnel,* Paris : Dalloz, $15^{\text{ème}}$ édition, 2009, XXXVI-863 p.

GAMBARO (Antonio) ; SACCO (Rodolfo), Louis VOGEL, *Traité de droit comparé : Le droit de l'occident et d'ailleurs,* Paris : LGDJ - Lextenso éditions, 2011, X-455 p.

GAUDUSSON (Jean du Bois de) ; CONAC (Gérard) et DESSOUCHES (Christine), *Les constitutions africaines publiées en langue française,* Tome 2, Paris ; Bruxelles : La documentation française ; Bruylant, Collection Retour aux textes, 1998, 458 p.

GAZIBO (Mamoudou), Coordonné par ; avec les contributions de BAUDAIS (Virginie) et CHAUZAL (Grégory) ; BOTIVEAU (Raphaël)…et ali, *Partis politiques d'Afrique : retours sur un objet délaissé,* Paris : Karthala, 2007.

HAMON (Francis) ; TROPER (Michel), *Droit constitutionnel,* 31ème édition, Paris : LGDJ - Lextenso éditions, 2009, 914 p.

HESSELING (Gerti), Traduit par MIGINIAC (Catherine), *Histoire politique du Sénégal. Institutions, droit et société,* Paris : Karthala, Collection Hommes et sociétés; Lieden : Africa-Stadiecentrum, 1985, 437 p.

JHERING (Rudolf Von), Présentation d'Olivier JOUANJAN, [traduction et préface par Octave De MEULENEARE], *La lutte pour le droit,* Paris : Dalloz, Collection Bibliothèque Dalloz, 2006, XXXIII-XXXII-113 p.

KAMTO (Maurice), Préface de ISOART (Paul) et de CONAC (Gérard), *Pouvoir et droit en Afrique noire. Essai sur les fondements du constitutionnalisme dans les États d'Afrique noire francophone,* Paris : L.G.D.J., 1987, 545 p.

KEÏTA (Aoua), *Femme d'Afrique : la vie d'Aoua Keïta racontée par elle-même,* Paris : Présence africaine, 1975, 397 P.

KOUASSIGNAN (Guy Adjété), *Quelle est ma loi ? Tradition et modernité dans le droit privé de la famille en Afrique noire francophone,* Paris : A. Pedone, 1974, 311 p.

LUCHAIRE (François) ; CONAC (Gérard) ; PRETOT (Xavier), Sous la direction de, *La constitution de la République française. Analyses et commentaires,* Paris, ECONOMICA, 3e édition, 2008, VI-2126 p.

MAGASSOUBA (Moriba), *L'Islam au Sénégal : Demain les mollahs ?* Paris, Karthala, Collection Les Afriques, 1985, 219 p.

MANE (Mamadou), *Les valeurs culturelles des confréries musulmanes au Sénégal,* Dakar, UNESCO, décembre 2011, 57 p.

MARTIN (Pierre), *Les systèmes électoraux et les modes de scrutin,* 3ème édition, Paris : Montchrestien, Collection Clefs/Politique, 2006, 156 p.

MATHIEU (Bertrand), Sous la direction de, *1958-2008 : Cinquantième anniversaire de la Constitution française,* Paris : Dalloz, 2008, XI-802 p.

MBODJ (El Hadj), Le Médiateur, *Statut de l'opposition et financement des partis politiques,* Rapport au Président de la République, Dakar, mars 1999, 244 p.

MEKKI (Mustapha), Sous la direction de, en collaboration avec DEBOUZY (Olivier) ; FAGES (Fabrices) ; HIROU (Nathalie) ; LAPOUTERLE (Jean) et LECLERF (Gery), *Les forces et l'influence normative des groupes d'intérêt : Identification, utilité et encadrement,* Paris, Gazette du Palais, Lextenso éd., 2011, 217 p.

MONTESQUIEU, Présentation par Victor Goldschmidt, *De l'esprit des lois I*, Paris : Garnier-Flammarion, 1976, 507 p.

MONTESQUIEU, Présentation par Victor Goldschmidt, *De l'esprit des lois II*, Paris : Garnier-Flammarion, 1976, 638 p.

PAUVERT (Bertrand), *Élections et modes de scrutin,* 2ème édition, Paris ; Budapest : Torino : L'Harmattan, 2006, 94 p.

REGENT (Frédéric) ; NIORT (Jean-François) et SERVA (Pierre), Sous la direction de, *Les colonies, la Révolution française, la loi,* Rennes : Presses universitaires de Rennes, Collection Histoire, 2014, 297 p.

RIDEAU (Joël), *Droit institutionnel de l'Union européenne,* Paris : LGDJ, Collection Manuel, 6ème édition, 2010, 1464 p.

RIPERT (Georges), *Les forces créatrices du droit*, Paris : Librairie générale de droit et de jurisprudence, deuxième édition, 1955, VII-431 p.

SACCO (Rodolfo), avec la collaboration de GUADAGNI (Marco) ; ALUFFI BECK-PECCOZ (Roberta) ; CASTELLANI (Luca) ; Traduit de l'italien par CANNARSA (Michel), *Le droit africain. Anthropologie et droit positif,* Paris : Dalloz, Collection à droit ouvert, 2009, X-566.

SAURON (Jean-Luc), *Le Parlement européen. Tout savoir en 30 questions,* Paris : Gualino - Lextenso éditions, 2009, 175 p.

SECK (Abdourahamane), Préface de TRIAUD (Jean-Louis), *La question musulmane au Sénégal,* Paris, Éditions Karthala, Collection Hommes et sociétés, 2010, 254 p.

SINDJOUN (Luc), *Les grandes décisions de la justice constitutionnelle africaine. Droit constitutionnel jurisprudentiel et politique constitutionnelle au prisme des systèmes politiques africains,* Bruxelles : Bruylant, 2009, XIV-598 p.

TAL (Tamari), *Les castes de l'Afrique occidentale : Artisans et musiciens endogames*, Nanterre : Société d'ethnologie, Collection Sociétés africaines, 1997, 463 p.

TOLINI (Nicolas), Préface de HAMON (Francis), *Le financement des partis politiques,* préface de Francis Hamon, Paris, Dalloz, Collection Bibliothèque parlementaire et constitutionnelle, 2007, XIII-517 p.

ZARKA (Jean-Claude), *Les systèmes électoraux,* Paris : Ellipses, 1996, 123p.

b) Ouvrages spéciaux

ACHIN (Catherine) et alii, *Sexes, genre et politique,* Paris : ECONOMICA, Collection Études politiques, 2007, 184 p.

ACHIN (Catherine) ; LÉVÊQUE (Sandrine), *Femmes en politique,* Paris, La Découverte, Collection REPÈRES, 2006, 122 p.

AGACINSKI (Sylviane), *Politique de sexe, précédé de mise au point sur la mixité,* Paris : Éditions du Seuil, Collection Points, 2002, 219 p.

AMAR (Micheline), Textes réunis par, *Le piège de la parité : arguments pour un débat,* Paris : Hachette littérature, Collection Pluriel, 1999, 251 p.

ASSIE-LUMUMBA (NDri Thérèse), *Les Africaines dans la vie politique : Femmes baoulé de Côte d'Ivoire,* Pars, L'Harmattan, Collection Points de vue, 1996, 207 p.

ATTAL-GALY (Yaël), Préface de MOUTOUH (Hugues), *Droits de l'homme et catégories d'individus,* Paris : LGDJ, Collection Bibliothèque de droit public, 2003, XII-638 p.

BADINTER (Élisabeth), présentées par, *Paroles d'hommes (1790-1793) : Condorcet, Prudhome, Guyomar...,* Paris : P.O.L., 1989, 185 p.

BALLMER-CAO (Thanh-Huyen) ; MOTTIER (Véronique) et SGIER (Léa), *Genre et politique : Débats et perspectives,* Paris : Éditions GALLIMARD, 2000, 542 p.

BARD (Christine) ; BAUDELOT (Christian) ; MOSSUZ-LAVAU (Janine), Sous la direction de, *Quand les femmes s'en mêlent : genre et pouvoir,* Paris : Éditions La Martinière, 382 p.

BATAILLE (Philippe) ; GASPARD (Françoise), *Comment les femmes changent la politique : et pourquoi les hommes résistent,* Paris : La Découverte, 1999, 201 p.

COLAS (Dominique) ; EMERI (Claude) ; GILBERBERG (Jacques), Sous la direction de, *Citoyenneté et nationalité : perspectives et France et au Québec,* Paris : Presses universitaires de France, Collection Politique d'aujourd'hui, 1991, VIII-505 p.

Conseil d'État, *Sur le principe d'égalité,* Paris : La Documentation française, 1998, 245 p.

COOPER (Frederick), *Français et Africains ? Être citoyen au temps de la décolonisation ;* Traduit de l'anglais par JEANMOUGIN (Christian), Paris : Payot, 2014, 633 p.

COSEF, *Combats pour la parité : Actes du Séminaire d'élaboration d'un modèle de loi sur la parité,* Dakar, COSEF/AECID, 2011, 173 p.

COSEF, *Combats pour la parité : La campagne "Avec la parité consolidons la démocratie",* Dakar, COSEF/AECID, 2011, 90 p.

DELPHY (Christine), *Un universalisme si particulier : féminisme et exception française : 1980-2010,* Syllepse, Collection "Nouvelles questions féministes", 2010, 348 p.

DIOP (Cheikh Anta), *L'unité culturelle de l'Afrique noire : Domaines du patriarcat et du matriarcat dans l'Antiquité classique,* Paris : Présence africaine, 1959, 219 p.

DJIBO (Hadiza), *La participation des femmes africaines à la vie politique : les exemples du Sénégal et du Niger,* Paris : L'Harmattan, Collection Sociétés africaines et diaspora, 2001, 419 p.

GASPARD (Françoise) ; SERVAN-SCHREIBER (Claude) ; Le GALL (Anne), *Au pouvoir citoyennes ! : Liberté, égalité, parité,* Paris : Seuil, 1992, 184 p.

GENEVIÈVE (Fraisse), *Muse de la raison. La démocratie exclusive et la différence des sexes,* Aix-en-Provence, 1989, Alinéa, 226 p.

GÉNISSON (Catherine), *La parité entre les femmes et les hommes,* Rapport au Premier ministre de l'Observatoire de la parité entre les femmes et les hommes, La Documentation française, 2003, p

HENNETTE-VAUCHEZ (Stéphanie) ; MÖSCHEL (Mathias) ; ROMAN (Diane), Sous la direction de, *Ce que le genre fait au droit* : [Actes d'une journée d'étude, Nanterre, 19 septembre 2012/ organisée par le groupe de recherche REGINE, Recherches et études sur le genre et les inégalités dans les normes en Europe], Paris : Dalloz, Collection À droit ouvert, 2013, 269p.

HÉRITIER (Françoise), *Masculin-féminin, dissoudre la hiérarchie,* Paris : Odile Jacob, 2002, 443 p.

LARCHER (Silyane), Préface BALIBAR (Étienne), *L'autre citoyen,* Paris : Armand Colin, 2014, 383 p.

LE COUR GRANDMAISON (Olivier), *Les citoyennetés en révolution : 1789-1794,* Paris : Presses universitaires de France, Collection Recherches politiques, 1992, 313 p.

LÉPINARD (Eléonore), *L'égalité introuvable. La parité, les féministes et la République,* Paris : Presses des Sciences Po, Collection académique, 2007, 293 p.

LOSCHAK (Danièle), *Le droit et les paradoxes de l'universalité,* Paris : Presses universitaires de France, Collection Les Voies du droit, 2010, 254 p.

MARQUES-PEREIRA (Bérengère), *La citoyenneté politique des femmes,* Paris : A. Colin, Collection Compact. Civis), 2003, 215 p.

MARTIN (Jacqueline), Sous la direction de, Préface de CRESSON (Édith), *La parité : enjeux et mise en œuvre,* Toulouse : Presses universitaires du Mirail, 1998, 300 p.

MELIN-SOUCRAMANIEN (Ferdinand), *Le principe d'égalité dans la jurisprudence du Conseil constitutionnel,* Préface de VEDEL (Georges), Paris ; Marseille : ECONOMICA : Presses universitaire d'Aix-Marseille, Collection droit public positif, 1997, 397 p.

MOSSUZ-LAVAU (Janine), *Femmes/hommes pour la parité,* Paris : Presses de Science Po, Collection La Bibliothèque du citoyen, 1998, 139 p.

MOUCHTOURIS (Antigone), Sous la direction, *Discrimination. Construction sociale,* Perpignan : Presses universitaires de Perpignan, Collection Études, 2010, 213 p.

ROSANVALLON (Pierre), *La démocratie inachevée : histoire de la souveraineté du peuple en France,* Paris : Éditions Gallimard, Collection Folio Histoire, 2000, 440 p.

ROSANVALLON (Pierre), *Le sacre du citoyen : histoire du suffrage universel en France,* Paris : Gallimard, Collection Folio. Histoire, 1992, 640p.

SAADA (Emmanuelle), Préface de NOIRIEL (Gérard), *Les enfants de la colonie. Les métis de l'Empire français entre sujétion et citoyenneté,* Paris : La Découverte, Collection Espace de l'histoire, 2007, 333 p.

SCOTT (Joan Wallach) ; Traduit de l'anglais par RIVIÈRE (Claude), *La parité !: l'universalisme et la différence des sexes,* Paris : Albin Michel, Collection Bibliothèque Albin Michel des idées, 2005, 254 p.

SÉNAC-SLAWINSKI (Réjane), *La parité,* Paris : Presses universitaires de France, Collection Que sais-je ?, 2008, 127 p.

SINEAU (Mariette), *Femmes et pouvoir sous la Ve République : de l'exclusion à l'entrée dans la course présidentielle,* 2e édition, Paris : Presses de Sciences Po, 2011, 324 p.

SINEAU (Mariette), *Parité. Le Conseil de l'Europe et la participation des femmes à la vie politique,* Strasbourg, Éditions du Conseil de l'Europe, 2004, 96 p.

Société africaine de culture, Préface de HIE NIA (Jules), *La civilisation de la femme dans la tradition africaine, Colloque d'Abidjan, 3-8 juillet 1972,* Paris, Présence africaine, 1975, 606 p.

TSUJIMURA (MIYOKO) et LOCHAK (Danièle), Sous la direction de, Avant-propos de CAPITANT (David), *Égalité des sexes : La discrimination positive en action. Une analyse comparative (France, Japon, Union européenne et États-Unis),* Paris : Société de législation comparée, 2006, 344 p.

WEIL (Patrick) et DUFOIX (Stéphane), Sous la direction de, *L'esclavage, la colonisation, et après...,* Paris : PUF, 2005, VIII-627 p.

II - Thèses et mémoires

AMELOT(Adélaïde), *La loi des femmes. La Parité au Sénégal : représentations, enjeux et stratégies,* Thèse de doctorat en Sciences politiques, Université Paris Est, 2011, 581 p.

BERENI (Laure), *De la cause à la loi. Les mobilisations pour la parité politique en France (1992-2000),* Thèse de doctorat en Science politique, Université Paris 1 Panthéon – Sorbonne, 2007, 539 p.

DAVID (Franck), *La notion de discrimination en droit public français,* Thèse de doctorat en Droit public, Université de Poitiers, 2001, 611 p.

DEMBÉLÉ (Tambadian), *L'impact de la loi n°2010-1563 du 16 décembre 2010 de reforme des collectivités territoriales sur l'égal accès des hommes et des femmes aux mandats électoraux et fonctions électives,* Mémoire de Master 2 en Droit public interne et européen, Université paris 13, 2011, 80p.

JULIE (Hardy), *Les Sénégalaises et la vie politique sous la colonisation, de 1944-1960,* Mémoire de master en Histoire, Université Paris 1 Panthéon Sorbonne, 2006, 86 p.

MANIÈRE (Laurent), *Le Code de l'indigénat en Afrique-Occidentale française et son application : le cas du Dahomey,* Thèse de doctorat en « Dynamiques comparées des sociétés en développement », Université Paris 7 Denis-Diderot, 2007, 572 p.

N'DIAYE (Marième), *La politique constitutive au sud : refonder le droit de la famille au Sénégal et au Maroc*, Thèse de doctorat en Science politique, Université Montesquieu Bordeaux IV, 2012, 639 p.

RICHARD (Vincent), *Le droit et l'effectivité. Contribution à l'étude d'une notion,* Thèse de doctorat en Droit privé, Université paris 2 Panthéon Assas, 2003, 2 volumes, 608 p.

SIDIBÉ (Oumou), *Le rôle des femmes dans l'Union Soudanaise du Rassemblement Démocratique Africain (US-RDA) dans la lutte pour l'Indépendance et pour le Code du mariage au Mali,* Mémoire de Master en Histoire, Université Paris Panthéon-Sorbonne, 2010, 99 p.

SOMALI (Kossi), *Le parlement dans le nouveau constitutionnalisme en Afrique : Essai d'analyse comparée à partir des exemples du Bénin, du Burkina Faso et du Togo,* Thèse de doctorat en Droit public, Université de Lille 2 – Droit et Santé, 2008, 495 p.

THARAUD (Delphine) ; *Contribution à une théorie générale des discriminations positives*, Thèse de doctorat en Droit privé, Université de Limoges, 2006, 609 p.

TOUSCOZ (Jean), *Le principe d'effectivité dans l'ordre international,* Thèse pour le doctorat en Droit, Université d'Aix-Marseille, 1962, 374 p.

III - Articles et contributions

a) Articles et contributions généraux

BOULLE (Pierre H.), « Élaboration et pratique de la législation sur les Noirs en France au cours du XVIIIème siècle », In REGENT (Frédéric) ; NIORT (Jean-François) et SERVA (Pierre), Sous la direction de, *Les colonies, la Révolution française, la loi,* Rennes : Presses universitaires de Rennes, 2014, pp. 21-40.

CHABAS (J.), *La justice indigène en Afrique Occidentale Française,* Paris : Société des journaux et publications du centre, 1954, p. 17.

DELLEY (Jean-Daniel) et FLÜCKIGER (Alexandre), La légistique : une élaboration méthodique de la législation, In DRAGO (Roland), Sous la direction de, *La confection de la loi/ Rapport du groupe de travail de l'Académie des sciences morales et politiques,* Paris, Presses universitaires de France, 2005, pp. 83-96.

DIOP (Momar-Coumba), « Le Sénégal à la croisée des chemins », In GAZIBO (Mamoudou), coordonné par ; avec les contributions de BAUDAIS (Virginie) et CHAUZAL (Grégory) ; BOTIVEAU (Raphaël)… et ali, *Partis politiques d'Afrique : retours sur un objet délaissé* ; « Politique africaine », n°104, décembre 2006, pp. 103-126.

DOLEZ (Bernard) ; LAURENT (Annie) et PATRIAT (Claude), « Contrepouvoir régional », In DOLEZ (Bernard) ; LAURENT (Annie) et PATRIAT (Claude), Sous la direction de ; Préface de PATRIAT (François), *Le vote rebelle : les élections régionales de mars 2004,* Dijon, Éditions universitaires de Dijon, Collection Institutions, 2005, pp. 7-19.

DOLEZ (Bernard), « Changer la règle, change le jeu. Les effets du nouveau mode de scrutin », In DOLEZ (Bernard) ; LAURENT (Annie) et PATRIAT (Claude), Sous la direction de ; Préface de PATRIAT (François), *Le vote rebelle : les élections régionales de mars 2004,* Dijon, Éditions universitaires de Dijon, Collection Institutions, 2005, pp. 207-220.

DOLEZ (Bernard), « La loi du 11 avril 2003 : petite modification de la règle électorale, grands effets ? », *Revue du droit public – N°4-2003,* p. 957-959.

DOMINGO (Laurent), « La loi de reforme des collectivités territoriales et l'intercommunalité », *La Semaine juridique- éditions administrations et collectivités territoriales, n°2, 10 janvier 2011,* pp. 26-35.

DRAGO (Guillaume), « commentaire sous l'article 3 de la constitution de 1958 », In LUCHAIRE (François) ; CONAC (Gérard) ; PRETOT (Xavier), Sous la direction de, *La constitution de la République française. Analyses et commentaires,* Paris : ECONOMICA, 3e édition, 2008, pp. 179-216.

DRAGO (Roland), Droit comparé, In ALLAND (Denis) et RIALS (Stéphane), Sous la direction de, *Dictionnaire de la culture juridique,* Paris :

Lamy : Presses universitaires de France, Collection Quadrige. Disco poche), 2003, pp. 453-457.

DURELLE-MARC (Yann-Arzel), « Sur la question coloniale durant la Constituante : l'idéal libéral à l'épreuve des colonies », In REGENT (Frédéric) ; NIORT (Jean-François) et SERVA (Pierre), Sous la direction de, *Les colonies, la Révolution française, la loi,* Rennes : Presses universitaires de Rennes, 2014, pp. 51-67.

GAUDUSSON (Jean du Bois de), « Les nouvelles constitutions africaines et le mimétisme », In DARBON (Dominique) et GAUDUSSON (Jean du Bois de), Sous la direction de, *La création du droit en Afrique,* Paris : Karthala, Collection Hommes et sociétés, 1997, pp.309-312.

HELENON (Véronique), « Races, statut juridique et colonisation : Antillais et Africains dans les cadres administratifs des colonies françaises d'Afrique », In WEIL (Patrick) et DUFOIX (Stéphane), Sous la direction de, *L'esclavage, la colonisation, et après...,* Paris : PUF, 2005, pp. 229-243.

LEMAIRE (Félicien), « La notion de peuple dans la Constitution de 1958 », In CHAGNOLAUD (Dominique), Textes réunis par, Préface de BALLADUR (Édouard), *Les 50 ans de la Constitution : 1958-2008,* Paris : Litec ; Lexis Nexis, 2008, p. 43-59.

NIORT (Jean-François) et RICHARD(Jérémy), « De la Constitution de l'an VIII au rétablissement de l'esclavage (1802) et à l'application du Code civil dans les colonies françaises (1805) : le retour d'un droit réactionnaire sous le régime napoléonien », In REGENT (Frédéric) ; NIORT (Jean-François) et SERVA (Pierre), Sous la direction de, *Les colonies, la Révolution française, la loi,* Rennes : Presses universitaires de Rennes, 2014, pp. 165-177.

PIERRE-CAPS (Stéphane), « La souveraineté, expression de la singularité de la république », In MATHIEU (Bertrand), Sous la direction de, *1958-2008 : Cinquantième anniversaire de la Constitution française,* Paris : Dalloz, 2008, p. 161-170.

REGENT (Frédéric), « Droit et pratique de la liberté générale en Guadeloupe (1794-1802) », In REGENT (Frédéric) ; NIORT (Jean-François) et SERVA (Pierre), Sous la direction de, *Les colonies, la Révolution française, la loi,* Rennes : Presses universitaires de Rennes, 2014, pp. 125-145.

ROUX (André), « Une république une et diverse ? », In MATHIEU (Bertrand), Sous la direction de, *1958-2008 : Cinquantième anniversaire de la Constitution française,* Paris : Dalloz, 2008, p.147-160.

VEDEL (Georges), « La place de la Déclaration de 1789 dans le « bloc de constitutionnalité » », In Conseil constitutionnel, *La déclaration des droits de l'homme et du citoyen et la jurisprudence, Colloque des 25 et 26 mai*

1989 au Conseil constitutionnel, Paris : Presses universitaires de France, Collection « Recherches politiques », 1989, pp. 35-64.

b) Articles et contributions spéciaux

BADINTER (Élisabeth), « Non aux quotas des femmes », In AMAR (Micheline), Textes réunis par, *Le piège de la parité : arguments pour un débat,* Paris : Hachette littérature, Collection Pluriel, 1999, p. 18-22.

BERENI (Laure) et LÉPINARD (Eléonore), « ''Les femmes ne sont pas une catégorie''. Les stratégies de légitimation de la parité en France », *Revue française de science politique,* V.54, N°1, 2004, pp. 71-98.

BORELLA (François), « Nationalité et citoyenneté », In COLAS (Dominique) ; EMERI (Claude) ; GILBERBERG (Jacques), Sous la direction de, *Citoyenneté et nationalité : perspectives et France et au Québec,* Paris : Presses universitaires de France, Collection Politique d'aujourd'hui, 1991, pp.209-229.

BORELLA (François), « Nationalité et citoyenneté », In COLAS (Dominique) ; EMERI (Claude) ; GILBERBERG (Jacques), Sous la direction de, *Citoyenneté et nationalité : perspectives en France et au Québec,* Paris : Presses universitaires de France, Collection politique d'aujourd'hui, 1991, pp. 209-229.

BROSSIER (Marie), « Les débats sur le droit de la famille au Sénégal. Une mise en cause des fondements de l'autorité légitime ? » *Politique africaine,* 2004/4, N°96, pp.78-98.

CAMARA (Fatou Kiné), « La goutte d'eau qui fait déborder le vase : la décision du Conseil constitutionnel du 27 avril 2007 », *Walfadjri quotidien* du 4 mai 2007.

CAMARA (Fatou Kiné), « La parité au Sénégal : entre modèle autochtone et modèle importé », *Revue internationale de droit africain (EDJA),* janvier-février-mars 2009a, N°80, pp. 63-80.

DEMICHEL (Francine), « À parts égales : contribution au débat sur la parité. », *Recueil Dalloz,* n°95 du 21 mars 1996.

DERVILLE (Grégory), « La parité inachevée », In DOLEZ (Bernard) ; LAURENT (Annie) et PATRIAT (Claude), Sous la direction de ; Préface de PATRIAT (François), *Le vote rebelle : les élections régionales de mars 2004,* Dijon, Éditions universitaires de Dijon, Collection Institutions, 2005, pp. 221-229.

DIAW (Aminata), « La parité : une question bien sénégalaise », In COSEF, *Combats pour la parité : Actes du Séminaire d'élaboration d'un modèle de loi sur la parité,* Dakar, COSEF/AECID, 2011, pp. 43-52.

DIONE (Maurice Soudieck), « Parité, État de droit et démocratie : réponse à Fatou Kiné CAMARA », contribution publiée progressivement dans *Walfjri quotidien* du lundi 14, mardi 15, mercredi 16 et vendredi 18 mai 2007.

DRAGO (Guillaume), « Parité et politique », *Revue de droit d'Assas,* n°2 octobre 2010, pp. 45-50.

FALL (Ismaïla Madior), commentaire sous Décision N°97/2007-Affaires N°1/C/2007 du 27 avril 2007, Parité sur les listes de candidats aux élections législatives, In FALL (Ismaïla Madior), Rassemblés et commentés sous la direction de, Préface de KANTÉ (Babacar), *Les décisions et avis du Conseil constitutionnel du Sénégal,* Dakar, CREDILA, 2008, p.523-528.

FLEURY (Benoît), « Le conseiller territorial : le nouvel artisan du couple région-département », *La Semaine juridique- éditions administrations et collectivités territoriales, n°2, 10 janvier 2011,* pp. 43-46.

GARRIGOU (Alain), « Le brouillon du suffrage universel. Archéologie du décret du 5 mars 1848 », In : Genèses, 6, 1991. *Femmes, genre, histoire,* Sous la direction de AGRI (Susanna) et VARIKAS (Éléni), pp.161-178.

GASPARD (Françoise), « De la parité : genèse d'un concept, naissance d'un mouvement », *Nouvelles questions féministes,* 1994, vol. 15, N°4, pp. 39-44.

GASPARD (Françoise), « Le genre et les travaux sur la citoyenneté en France », In BARD (Christine) ; BAUDELOT (Christian) ; MOSSUZ-LAVAU (Janine), Sous la direction de, *Quand les femmes s'en mêlent : genre et pouvoir,* Paris : Ed. La Martinière, pp. 105-126.

JULLIARD (Jacques), « Les femmes ne sont pas des produits laitiers », In AMAR (Micheline), Textes réunis par, *Le piège de la parité : arguments pour un débat,* Paris : Hachette littérature, Collection Pluriel, 1999, p. 58-61.

KRIEGEL (Blandine), « Parité et principe d'égalité », In Conseil d'État, *Sur le principe d'égalité,* Paris : La Documentation française, 1998, pp. 133-142.

LOCHAK (Danièle), « La notion de discrimination dans le droit français et le droit européen », In TSUJIMURA (MIYOKO) et LOCHAK (Danièle), Sous la direction de, Avant-propos de CAPITANT (David), *Égalité des sexes : La discrimination positive en action. Une analyse comparative (France, Japon, Union européenne et États-Unis),* Paris, Société de législation comparée, 2006, pp. 39-60.

LOSCHAK (Danièle), « Les hommes politiques, les « sages »(?)…et les femmes (à propos de la décision du Conseil constitutionnel du 18 novembre 1982) », *Droit social,* N°2-février 1983, pp. 131-137.

MAES DIOP (Louise Marie), « Une représentation politico-économique des femmes est-elle possible ? », In *Combats pour la parité : Actes du Séminaire d'élaboration d'un modèle de loi sur la parité,* Dakar, COSEF/AECID, 2011, pp. 37-41.

MILLARD (Éric) et ORTIZ (Laure), « Parité et représentation politique », In MARTIN (Jacqueline), Sous la direction de, *La parité : enjeux et mise en œuvre,* Toulouse : Presses universitaires du Mirail, 1998, pp. 189-203.

PERREOL (Gilles), Discrimination positive et altérité, In MOUCHTOURIS (Antigone), Sous la direction, *Discrimination. Construction sociale*, Perpignan : Presses universitaires de Perpignan, 2010, pp. 13-27.

PERRIN (Bernard), « Collectivités territoriales. Les nouvelles dispositions relatives aux scrutins locaux », *Revue administrative,* n°395 du 01/09/2013, pp. 523-537.

PIAN (Francis), « Conditions d'accès aux mandats locaux et réforme des élections locales », *Revue Lamy des Collectivités Territoriales,* n°96/décembre 2013, pp. 43-48.

SALL (Aminata), « Abdoulaye Wade et ses projets pour les femmes : Entre parité et financement des associations », In Momar-Coumba DIOP, dir., *Le Sénégal sous Abdoulaye Wade : Le sopi à l'épreuve du pouvoir,* Paris ; Dakar, Karthala ; CRES, 2013, pp. 382-408.

SÉNAC-SLAWINSKI (Réjane), « Évaluation des lois sur les quotas et sur la parité », In BARD (Christine) ; BAUDELOT (Christian) ; MOSSUZ-LAVAU (Janine), Sous la direction de, *Quand les femmes s'en mêlent : genre et pouvoir,* Paris : Ed. La Martinière, pp. 142-170.

SERVAN-SCHREIBER (Claude), La parité, histoire d'une idée, état des lieux, In MARTIN (Jacqueline), Sous la direction de, Préface de CRESSON (Édith), *La parité : enjeux et mise en œuvre,* Toulouse : Presses universitaires du Mirail, 1998, pp. 35-40.

SOW (Fatou), « La Cinquième Conférence régionale africaine des femmes de Dakar », *Recherches féministes* n°81 (1995), pp. 175-183.

SOW SIDIBÉ (Amsatou), « Pourquoi une loi sur la parité au Sénégal ? », In COSEF, *Combats pour la parité : Actes du Séminaire d'élaboration d'un modèle de loi sur la parité,* Dakar, COSEF/AECID, 2011, pp. 53-56.

THIAW (Issa Laye), « Le matriarcat, source de l'acquisition des biens et de légitimation des pouvoirs politiques dans le Sénégal d'autrefois », In *Combats pour la parité : Actes du Séminaire d'élaboration d'un modèle de loi sur la parité,* Dakar, COSEF/AECID, 2011, p. 25-36.

TRAT (Josette), « La loi pour la parité : une solution en trompe-œil », *Nouvelles questions féministes,* V.16, N°2, 1995, pp. 129-138.

VARIKAS (Éléni), « Une représentation en tant que femme ? Réflexions critiques sur la demande de la parité des sexes », *Nouvelles questions féministes,* V.16, N°2, 1995, pp. 81-128.

VOGEL-POSLSKY (Éliane), « Genre et droit : les enjeux de la parité », *Cahiers du GEDISST*, 1996, N°17.

IV – Rapports et comptes rendus

a) France

Assemblée nationale, Treizième législature, *Rapport n°2512* du 12 mai 2010 de M. Bruno LE ROUX *sur la proposition de loi (n°2422) visant à renforcer l'exigence de parité des candidatures aux élections législatives.*

Assemblée nationale, Onzième législature, *Discussion en séance publique, 3ème séance du mardi 15 décembre 1998, Compte rendu analytique.*

Assemblée nationale, Compte rendu analytique officiel, Séance du mercredi 21 mai 2008, 1ère séance, Séance de 15 heures.

Assemblée nationale, *Compte rendu analytique officiel, Séance du mardi 27 mai 2008, 3ème séance, Séance de 21 h 30.*

Assemblée nationale, *Compte rendu de la réunion du Bureau du 2 juillet 2009.*

Assemblée nationale, Douzième législature, *Rapport n°3558* du 10 janvier 2007 de M. Sébastien HUYGHE *sur le projet de loi (n°3525), adopté par le Sénat, après déclaration d'urgence, tendant à promouvoir l'égal accès des femmes et des hommes aux mandats électoraux et fonctions électives.*

Assemblée nationale, Onzième législature, *Discussion en séance publique, 2ème séance du mardi 15 décembre 1998, Compte rendu analytique.*

Assemblée nationale, Onzième législature, *Rapport n°1240* du 2 décembre 1998 de Mme Catherine TASCA *sur le projet de loi constitutionnelle (985) relatif à l'égalité entre les femmes et les hommes.*

Assemblée nationale, Onzième législature, *Rapport n°1377* du 10 février 1999 de Mme Catherine TASCA *sur le projet de loi constitutionnelle, MODIFIE PAR LE SENAT, relatif à l'égalité entre les femmes et les hommes.*

Assemblée nationale, Quatorzième législature, *Rapport n°s 700 et 701* du 6 février 2013 de M. Pascal POPELIN *sur* [divers projets de loi].

Assemblée nationale, treizième législature, *Rapport d'information n°2507* du 11 mai 2010 de CROZON (Pascale) *sur la proposition de loi (n°2422)* de M. Bruno LE ROUX et plusieurs de ses collègues *visant à renforcer l'exigence de parité des candidatures aux élections législatives.*

Assemblée nationale, Treizième législature, *Rapport n°892* du 15 mai 2008 de M. Jean-Luc WARSMANN *sur le Projet de loi constitutionnelle (N°820) de modernisation des institutions de la Ve République.*

Assemblée nationale, XIe législature, *journal des débats, séance du vendredi 14 mai 2010.*

Congrès du Parlement, *Compte rendu analytique officiel*, 2ème séance du lundi 28 juin 1999.

HCEFH, *Parité en politique : entre progrès et stagnations. Évaluations des lois dites de parité dans le cadre des élections de 2014 : municipales et communautaires, européennes, sénatoriales,* février 2015, 144 p.

HCEFH, *Vers un égal accès des femmes et des hommes aux responsabilités professionnelles : la part des femmes dans les conseils d'administration et de surveillance. Rapport intermédiaire d'évaluation de la mise en œuvre des lois du 27 janvier 2011 et du 12 mars 2012,* 116 p.

OPFH, *Élections sénatoriales de 2011 : les chiffres clés de la parité,* octobre 2011, 8 p.

OPFH, *La parité en politique,* Rapport à Monsieur le Premier ministre, janvier 2000, 22 p.

OPFH, *Parité : une progression timide et inégalement partagée. Évolution quantitative des dispositifs paritaires après les élections législatives des 10 et 17 juin 2012,* Tome 1, Juillet 2012, 52 p.

OPFH, *Réforme des collectivités territoriales : Effets induits sur la parité des projets de loi n°6 relatif à l'élection des conseillers territoriaux et au renforcement de la démocratie locale,* février 2011, 24 p.

Sénat, *Compte-rendu de la réunion du Bureau du mercredi 7 octobre 2009.*

Sénat, Session ordinaire 1998-1999, *Comptes rendus des débats,* Séance du 26 janvier 1999

Sénat, Session ordinaire de 1998-1999, *Compte rendu des auditions du mardi 19 janvier 1999,* Annexe au Rapport n°156 du 20 janvier 1999.

Sénat, Session ordinaire de 1998-1999, Rapport n°156 de M. Guy CABANEL *sur le projet de loi constitutionnelle,* ADOPTÉ PAR L'ASSEMBLÉE NATIONALE, *relatif à l'égalité entre les femmes et les hommes,* Annexe au procès-verbal de la séance du 20 janvier 1999.

Sénat, Session ordinaire de 1998-1999, Rapport n°247 de M. Guy CABANEL *sur le projet de loi constitutionnelle, ADOPTÉ AVEC MODIFICATIONS PAR L'ASSEMBLÉE NATIONALE EN DEUXIÈME LECTURE, relatif à l'égalité entre les femmes et les hommes,* Annexe au procès-verbal de la séance du 3 mars 1999.

Sénat, Session ordinaire de 1999-2000, *Rapport d'information n°215* du 9 février 2000 de Mme Danièle POURTAUD *sur : - le projet de loi, adopté par l'Assemblée nationale après déclaration de la procédure d'urgence, tendant à favoriser l'égal accès des femmes et des hommes aux mandats électoraux et fonctions électives ; - le projet de loi organique, adopté par l'Assemblée nationale, tendant à favoriser l'égal accès des femmes et des hommes aux mandats de membre des assemblées de province et du congrès de la Nouvelle-*

Calédonie, de l'assemblée de la Polynésie française et de l'assemblée territoriales des îles Wallis et Futuna.

Sénat, Session ordinaire de 1999-2000, *Rapport n°231 du 23 février 2000* de M. Guy CABANEL (Guy) sur [divers projets et propositions de loi].

Sénat, Session ordinaire de 2006-2007, *Rapport d'information N°95* du 29 novembre 2006 de Mme Catherine TROENDLE *sur le projet de loi n°93 (2006-2007) tendant à promouvoir l'égal accès des femmes et des hommes aux mandats électoraux et fonctions électives et* [sur plusieurs propositions de loi relatives à la parité].

Sénat, Session ordinaire de 2007-2008, *Rapport n°387* du 11 juin 2008 de M. Jean-Jacques HYEST *sur le Projet de loi constitutionnelle, adopté par l'Assemblée nationale, de modernisation des institutions de la Ve République.*

Sénat, Session ordinaire de 2009-2010, *Rapport d'information n°509* de M. Hervé MAUREY et de M. Pierre-Yves COLLOMBAT *sur les modes de scrutin envisageables pour l'élection des conseillers territoriaux.*

ZIMMERMANN (Marie-Jo), *Effets directs et indirects de la loi du 6 juin 2000 : Un bilan contrasté. Bilan général des avancées et obstacles de la loi dite sur la parité,* Rapport à Monsieur le Premier Ministre de l'OPFH, mars 2005, 85 p.

b) Sénégal

Assemblée nationale, Xème législature, *Journal des débats*, Première session extraordinaire de l'année 2007, Compte rendu in extenso, Séance du mardi 27 mars 2007.

Assemblée nationale, XIème législature, *Rapport* de M. Seydou DIOUF *sur le Projet de loi constitutionnelle n°40/2007 modifiant les articles 7, 63, 68, 71 et 82 de la Constitution.*

LA CÉNA, *Rapport sur les élections législatives du 1er juillet 2012*, 264 p.

LA CÉNA, *Rapport sur les élections départementales et municipales du 29 juin 2014,* 146 p.

ONP, *La parité à l'épreuve des élections départementales et municipales du 29 juin 2014. Enseignements tirés des recours devant les juridictions compétentes,* juillet 2015, 57 p.

ONP, *Rapport d'étude sur l'application de la loi sur la parité absolue Homme-femme au Sénégal,* janvier 2014, 29 p.

Sénat, *Rapport fait au nom de la commission des lois, de la décentralisation, du travail et des droits humains sur le Projet de loi constitutionnelle n°40/2007 modifiant les articles 7, 63, 68, 71 et 82 de la Constitution.*

UAEL, *profil genre de collectivités locales,* 2015, 29 p.

V - Sites internet

a) France

Pour l'accès au droit,
https://www.legifrance.gouv.fr/
Pour l'accès aux anciens numéros du Journal officiel
http://gallica.bnf.fr/ark:/12148/cb34378481r/date
Assemblée nationale,
http://www.assemblee-nationale.fr/
Sénat,
http://www.senat.fr/
Conseil constitutionnel,
http://www.conseil-constitutionnel.fr/
Haut conseil à l'égalité entre les Femmes et les Hommes (HCEFH),
http://www.haut-conseil-egalite.gouv.fr/hce/presentation-et-missions/
Digithèque de Matériaux juridiques et politiques (Université de Perpignan),
http://mjp.univ-perp.fr/

b) Sénégal

Assemblée nationale,
http://www.assemblee-nationale.sn/
Journal officiel de la République du Sénégal,
http://www.jo.gouv.sn/
Conseil Économique Social et Environnemental (CESE),
http://www.cese.gouv.sn/
Gouvernement,
https://www.gouv.sn/
Présidence de la République,
http://www.presidence.sn/
Observatoire national de la parité (ONP),
http://www.onp.gouv.sn/

TABLE DES MATIÈRES

PRÉFACE 7
PRINCIPAUX SIGLES ET ABRÉVIATIONS..................................9
SOMMAIRE..11
INTRODUCTION GÉNÉRALE 13
      I - De la revendication au droit et à ses suites en France 17
      II - De la revendication au droit et à ses suites au Sénégal 30
      III - Approche méthodologique 39
      IV - Hypothèses de travail 41

PREMIÈRE PARTIE
LE PRINCIPE D'ÉGAL ACCÈS DES FEMMES ET DES HOMMES AUX MANDATS ET FONCTIONS ÉLECTIFS EN FRANCE ET AU SÉNÉGAL...45

TITRE PREMIER
LA PARITÉ EN DÉBAT, EN FRANCE PUIS AU SÉNÉGAL........................49

Chapitre I - La France. Universalisme versus communautarisme et essentialisme 51

Section I. L'invocation de l'universalisme contre la parité 52
    Paragraphe I. L'invocation de l'universalisme comme garantie contre le communautarisme 53
      I – La théorie universaliste au fondement de la République.....54
      II – Les républicains universalistes contre la parité par crainte du communautarisme 59
    Paragraphe II. L'invocation de l'universalisme comme garantie contre l'essentialisme..61
      I – Une altérité féminine incompatible avec la citoyenneté ?...64
      II – Les féministes universalistes contre la parité 67

Section II. La « demande » de parité en dépit de l'attachement à l'universalisme 70
    Paragraphe I. Les républicains universalistes pour la parité 74
      I – La dénonciation du faux universalisme républicain 75
      II – La fausse crainte du communautarisme 76

Paragraphe II. Les féministes différencialistes pour la parité 79
   I – Le droit et la prise en compte de la différence des sexes..... 80
   II – La défense de la parité comme moyen de réalisation de l'universalisme véritable 82
Conclusion du Chapitre.. 84

Chapitre II - Le Sénégal. Universalisme versus tradition et « droit positif » 87
  Section I. La décision du Conseil constitutionnel, au prisme de l'histoire sociale du Sénégal 87
   Paragraphe I. Les fondements historiques du « différencialisme » au Sénégal 89
    I – L'inégalité des rapports sociopolitiques dans la société traditionnelle 90
     Les géér..91
     Les ñeeño..92
     Les jaam...93
    II – L'inégalité des rapports sociopolitiques pendant la période coloniale...95
   Paragraphe II. L'affirmation de l'universalisme au Sénégal 100
    I – L'affirmation de l'universalisme en Afrique noire francophone 102
    II – La Portée de l'universalisme au Sénégal........................... 107
  Section II. La décision du Conseil constitutionnel, obstacle au progrès de la parité au Sénégal 108
   Paragraphe I. Une production mimétique contestée de la décision du Conseil constitutionnel 109
    I – Un ancrage constitutionnel avéré des mesures de discrimination positive en faveur des femmes........................ 109
    II – Une interprétation limitative des mesures en faveur des femmes.. 112
   Paragraphe II. La « demande » de parité face aux règles traditionnelles de partage du pouvoir au Sénégal 116
    I – L'affirmation de la conformité de la parité aux valeurs traditionnelles.. 117
    II – La dénonciation de l'extranéité des entraves à la parité... 119
  Conclusion du chapitre.. 122

Conclusion du titre premier *122*

TITRE SECOND
LA CONSÉCRATION CONSTITUTIONNELLE DU PRINCIPE DE PARITÉ EN FRANCE, PUIS AU SÉNÉGAL..125

Chapitre I - La consécration constitutionnelle du principe de parité en France...131

   Section I. Un débat vif, qui bouscule les clivages politiques...........133

      Paragraphe I. La rhétorique des adversaires de la réforme 133

         I – La crainte du communautarisme..134

         II - Le rejet des conceptions essentialistes 137

      Paragraphe II. La rhétorique des partisans de la réforme 138

         I – Dénoncer la lecture masculine du principe universaliste ..138

         II – Admettre la différence des sexes..140

   Section II. L'adoption de la révision...142

      Paragraphe I. La vérité des chiffres 144

      Paragraphe II. Le rappel des engagements internationaux de la France 148

   Conclusion du chapitre 150

Chapitre II - La consécration constitutionnelle du principe de parité au Sénégal..153

   Section I. Le débat au Parlement : un échange d'arguments convenus 156

      Paragraphe I. L'Islam contre la parité ?......................................156

         I – La résurgence de vieux clivages 157

         II – Un discours conciliant..159

      Paragraphe II. La parité, une exigence démocratique et juridique ? 161

   Section II. Le rôle prépondérant du Président de la République 163

      Paragraphe I. La parité : un projet présidentiel porté par les femmes..163

      Paragraphe II. Une majorité parlementaire sous l'emprise du Président de la République..166

   Conclusion du chapitre 170

   Conclusion du titre second *171*

CONCLUSION DE LA PREMIÈRE PARTIE 173

SECONDE PARTIE
LA MISE EN ŒUVRE DES DISPOSITIFS PARITAIRES EN FRANCE ET AU SÉNÉGAL 175

TITRE PREMIER
LES AVANCÉES DE LA PARITÉ DANS LE CHAMP POLITIQUE 177

Chapitre I - Les progrès de la parité en France 179

Section I. Les progrès rapides de la parité dans les assemblées locales 179

Paragraphe I. Le bloc communal : une parité à mi-chemin 180

I – Le niveau communal : les progrès de la parité à la faveur de l'extension du scrutin de liste aux petites communes 183

a) La parité dans les communes de 3 500 habitants et plus : les effets des lois du 6 juin 2000 et du 31 janvier 2007 187

b) L'extension de la parité dans les communes de 1 000 habitants et plus : la loi du 17 mai 2013 189

II – Le niveau intercommunal : la parité inachevée 191

Paragraphe II. Le département et la région : une parité-presque-parfaite 194

I – La région : une collectivité pionnière 194

a) Des assemblées désormais paritaires 195

b) Des exécutifs paritaires depuis la loi du 31 janvier 2007 197

II – Les départements : le scrutin binominal à deux tours, par essence paritaire 198

Section II. Des avancées plus modestes dans les assemblées parlementaires 202

Paragraphe I. L'Assemblée nationale : le scrutin uninominal à deux tours, un frein puissant au progrès de la parité 203

I – L'inefficacité des sanctions financières prévues par la loi du 6 juin 2000 204

II – L'inefficacité des sanctions financières instituées par la loi du 31 janvier 2007 207

III – L'efficacité relative des sanctions financières instituées par la loi du 14 août 2014 209

    Paragraphe II. Le Sénat : une assemblée toujours masculine 210

    Paragraphe III. Le Parlement européen : la parité à la faveur de la représentation proportionnelle 213

  Conclusion du chapitre … 215

Chapitre II - Les progrès de la parité au Sénégal 217

  Section I. Les institutions nationales : une situation contrastée 221

    Paragraphe I. La parité approchée à l'Assemblée nationale 222

      I – Les modalités électorales 222

        a) Règles relatives à l'élection des députés 222

        b) Règles relatives à l'élection des membres du Bureau de l'Assemblée nationale 224

      II – Les chiffres de la parité à l'Assemblée nationale et à son Bureau 226

    Paragraphe II. Le CESE et le HCCT, loin de la parité 229

      I – L'absence de contraintes paritaires au Conseil économique, social et environnemental 229

        a) L'absence de contraintes paritaires aux élections des membres du bureau et des commissions du CESE 229

        b) L'absence de parité au bureau et dans les commissions du CESE 232

      II – La soumission partielle du Haut conseil des collectivités territoriales au respect de la parité 233

  Section II. Les institutions locales : la parité inachevée 235

    Paragraphe I. L'atteinte d'une quasi-parité dans les conseils départementaux et municipaux aux élections locales du 29 juin 2014 235

      I – Le code électoral et la parité 235

      II – La réalisation d'une quasi-parité aux élections municipales et départementales du 29 juin 2014 237

    Paragraphe II. Le bureau et les commissions des collectivités locales : les résistances à la parité 241

      I – Une parité peu appliquée 242

      II – La jurisprudence de la Cour suprême sur la parité et ses suites 244

  Conclusion du chapitre… 246

Conclusion du titre premier 247

TITRE SECOND

LA DYNAMIQUE PARITAIRE EN FRANCE ET AU SÉNÉGAL....................249

Chapitre I - La France : l'extension de la logique paritaire au champ économique et social..*253*

    Section I. L'interprétation restrictive des dispositions constitutionnelles issues de la loi constitutionnelle de 1999...........254

        Paragraphe I. L'invention d'un nouvel objectif de valeur constitutionnelle...256

            I – Un objectif à concilier avec les autres règles et principes de valeur constitutionnelle...257

            II – Un champ d'application limité aux mandats et fonctions politiques...260

        Paragraphe II. L'invention et l'usage innovant des techniques visant à réaliser la parité 263

            I - Les modes de scrutin..263

            II - La modulation de l'aide publique aux partis et groupements politiques..266

    Section II. L'extension du droit à l'égal accès des femmes et des hommes aux responsabilités professionnelles et sociales par la révision constitutionnelle de 2008 270

        Paragraphe I. Les lois sur la parité dans les domaines professionnel et social 271

        Paragraphe II. Les effets des lois sur la parité dans les domaines professionnel et social..280

            I – Particularité des lois sur la parité dans les domaines professionnel et social...280

            II - La mise en œuvre des lois du 27 janvier 2011 et du 12 mars 2012 282

    Conclusion du chapitre.. 284

Chapitre II - Sénégal. La parité, limitée au champ politique *285*

    Section I. La diffusion progressive de la logique paritaire dans l'ensemble du champ politique 286

        Paragraphe I. La loi sur la parité absolue face au juge 286

            I – La Cour suprême, au secours de la parité 286

a) Arrêt de la Cour d'appel de Kaolack du 25 juillet 2014 validant l'élection sans respect de la parité des membres du bureau du conseil municipal de Kaolack 287

b) Arrêt de la Cour d'appel de Dakar du 21 août 2014 invalidant l'élection des membres du bureau du conseil municipal de Keur Massar à l'exception du maire pour non respect de la parité.. 287

c) Arrêts n°2 du 8 janvier 2015 et n°17 du 26 février 2015 de la Cour suprême sur les arrêts de la Cour d'appel de Kaolack et de Dakar.. 288

II – L'invention d'un nouvel objectif de valeur constitutionnelle ? 290

Paragraphe II. Les outils juridiques au service de la parité et leur usage au Sénégal... 291

I – Les techniques utilisées au Sénégal.................................. 291

II – Le rejet des pénalités financières 294

Section II. Vers une extension de la parité aux responsabilités sociales et professionnelles ? 296

Conclusion du chapitre 299

Conclusion du titre second *300*

CONCLUSION DE LA SECONDE PARTIE 301

CONCLUSION GÉNÉRALE 303

ANNEXES.. 307

I - ANNEXES SUR LA FRANCE : Décisions du Conseil constitutionnel et lois constitutionnelles dans l'ordre chronologique 307

Annexe 1 : Conseil constitutionnel, Décision n° 82-146 DC du 18 novembre 1982, Loi modifiant le code électoral et le code des communes et relative à l'élection des conseillers municipaux et aux conditions d'inscription des Français établis hors de France sur les listes électorales « Quotas par sexe I » (Extrait) 308

Annexe 2 : Conseil constitutionnel, Décision n° 98-407 DC du 14 janvier 1999, Loi relative au mode d'élection des conseillers régionaux et des conseillers à l'Assemblée de Corse et au fonctionnement des conseils régionaux « Quotas par sexe II » (Extrait).. 311

Annexe 3 : Loi constitutionnelle n° 99-569 du 8 juillet 1999 relative à l'égalité entre les femmes et les hommes 312

Annexe 4 : Conseil constitutionnel, Décision n°2000-429 DC du 30 mai 2000, Loi tendant à favoriser l'égal accès des femmes et des hommes aux mandats électoraux et fonctions électives « Quotas par sexe III » (Extrait)...... 313

Annexe 5 : Conseil constitutionnel, Décision n° 2001-445 DC du 19 juin 2001, Loi organique relative au statut des magistrats et au Conseil supérieur de la magistrature « Quotas par sexe IV » (Extrait)... 317

Annexe 6 : Conseil constitutionnel, Décision n° 2001-455 DC du 12 janvier 2002, Loi de modernisation sociale « Quotas par sexe V » (Extrait) 319

Annexe 7 : Conseil constitutionnel, Décision N°2003-468 DC du 3 avril 2003, Loi relative à l'élection des conseillers régionaux et des représentants au Parlement européen ainsi qu'à l'aide publique aux partis politiques« Quotas par sexe VI » (Extrait) 320

Annexe 8 : Conseil constitutionnel, Décision n°2003-475 DC du 24 juillet 2003, Loi portant reforme de l'élection des sénateurs « Quotas par sexe VII » (Extrait)...................... 322

Annexe 9 : Conseil constitutionnel, Décision n° 2006-533 DC du 16 mars 2006, Loi relative à l'égalité salariale entre les femmes et les hommes « Quotas par sexe VIII » (Extrait) 323

Annexe 10 : Loi constitutionnelle n° 2008-724 du 23 juillet 2008 de modernisation des institutions de la Ve République 326

II - ANNEXES SUR LE SÉNÉGAL : Arrêts et décisions des juridictions, lois, décret et circulaire dans l'ordre chronologique ainsi que la liste des personnes citées en enquête de terrain ... 327

Annexe 1 : Conseil constitutionnel, Décision du 27 avril 2007, AFFAIRE n°1/C/2007, Loi instituant la parité dans la liste des candidats au scrutin de représentation proportionnelle pour les élections législatives 328

Annexe 2 : Loi constitutionnelle n° 2008-30 du 7 août 2008 modifiant les articles 7, 63, 68, 71, et 82 de la Constitution 330

Annexe 3 : Loi n° 2010-11 du 28 mai 2010 instituant la parité absolue Homme-Femme 330

Annexe 4 : DÉCRET n° 2011-819 du 16 juin 2011 portant application de la Loi instituant la Parité absolue Homme-Femme 331

Annexe 5 : Ministère de l'Intérieur, Circulaire du 10 juillet 2014 332

Annexe 6 : Cour d'appel de Kaolack, Arrêt n°14/14 du 25 juillet 2014, Recours en annulation de l'élection du bureau du conseil municipal de Kaolack 334

Annexe 7 : Cour d'appel de Dakar, Arrêt n°77 du 21 août 2014, Demande d'annulation de l'élection du maire et des adjoints du conseil municipal de la commune de Keur Massar pour violation de la loi sur la parité et de son décret d'application 338

Annexe 8 : Cour suprême, Arrêt n°02 du 8 janvier 2015, « Invalidation de l'arrêt n° 14 du 25 juillet 2014 de l'Assemblée générale de la Cour d'appel de Kaolack » 341

Annexe 9 : Cour suprême, Arrêt n°17 du 26 février 2015, « Validation de l'arrêt n°77 rendu le 21 août 2014 par l'Assemblée générale de la Cour d'appel de Dakar » 345

Annexe 10 : Liste des personnes citées en enquête de terrain 351

SOURCES PRINCIPALES 353

   I – Sources normatives 353

      a) France 353

      b) Sénégal 354

   II – Sources jurisprudentielles 356

      a) France 356

      b) Sénégal 357

BIBLIOGRAPHIE GÉNÉRALE 359

   I - Ouvrages généraux et spéciaux 359

      a) Ouvrages généraux 359

      b) Ouvrages spéciaux 363

   II - Thèses et mémoires 366

   III - Articles et contributions 367

      a) Articles et contributions généraux 367

      b) Articles et contributions spéciaux 369

   IV – Rapports et comptes-rendus 372

    a) France...372
    b) Sénégal..374
V - Sites internet 375
    a) France...375
    b) Sénégal..375

Politique
aux éditions L'Harmattan

Dernières parutions

RÉFORMER L'ADMINISTRATION ET RÉFORMER L'ÉTAT
Jalons historiques et juridiques
Sous la direction de Sébastien Evrard
Le thème de la réforme est un élément permanent du discours politique et un enjeu essentiel du débat démocratique : ceux qui n'ont pas le pouvoir en font un objectif de leur programme qui justifie leur combat ; ceux qui détiennent l'autorité prônent la réforme et le changement pour justifier leur maintien au pouvoir. Ces contributions traitent des réformes dans le temps et l'espace, réformes rêvées, réformes tentées, inachevées ou réussies de la République romaine aux Révolutions arabes d'aujourd'hui.
(Coll. Questions contemporaines, 26.00 euros, 252 p.)
ISBN : 978-2-343-05789-7, ISBN EBOOK : 978-2-336-37445-1

LE TOURNANT ENVIRONNEMENTAL DE LA POLITIQUE AGRICOLE COMMUNE
Débats et coalitions en France, en Hongrie et au Royaume-Uni
Ansaloni Matthieu
Après avoir retracé, à l'échelle européenne, la définition des mesures agroenvironnementales, l'auteur compare les politiques agroenvironnementales menées dans différents pays d'Europe. L'analyse suggérée repose sur une vaste enquête empirique, conjuguant les méthodes sociologiques et ethnographiques. Cet ouvrage propose une lecture originale d'une politique européenne : il considère ses changements aux échelles européenne, nationale et régionale et les analyse à travers l'examen des débats publics qui les ont générés.
(Coll. Logiques politiques, 37.50 euros, 372 p.)
ISBN : 978-2-343-05906-8, ISBN EBOOK : 978-2-336-37403-1

RENAÎTRE, OU DISPARAÎTRE
Borel Félicien
L'auteur approfondit ici quelques idées sur des sujets majeurs. La nature qui nous entoure est notre seul habitat. Il est important de réfléchir sur les périls qui la menacent. Les responsables qui conduisent leur pays arrivent à des carrefours où il faut choisir les bonnes voies. Il convient aussi de préparer l'avenir par une éducation appropriée et de nous préoccuper de notre langue. Notre civilisation se trouve aujourd'hui face à un avenir incertain : elle peut renaître ou risquera de disparaître.
(Coll. Questions contemporaines, 30.00 euros, 300 p.)
ISBN : 978-2-343-04388-3, ISBN EBOOK : 978-2-336-36094-2

NATION (LA) OU LE CHAOS
Manifeste pour le renouveau
Myard Jacques
Notre pays est-il condamné à voir croître jour après jour le nombre de chômeurs et de ceux qui partent tenter ailleurs leur chance ? Jusqu'à quand acceptera-t-il de laisser à Bruxelles et à l'Amérique le soin de décider à sa place ? Faut-il jeter la Nation aux orties ? L'auteur démasque derrière les maux de la France les renoncements, les pièges et les chimères, qui, de l'euro à la

repentance, lacèrent notre pacte social. Il appelle à un renouveau qui partira d'une nation fière et confiante en ses atouts.
(16.50 euros, 160 p.)
ISBN : 978-2-343-04846-8, ISBN EBOOK : 978-2-336-36251-9

DE LA COLÈRE EN L'OCCIDENT FANTÔME
Essai
Teixeira Vincent
L'Occident n'a cessé de bruire de colères, masquant sa volonté de puissance sous la bannière de «la civilisation». Mais son devenir récent inquiète, tant la domination techno-industrielle, l'hyperconsommation, la religion du progrès s'avèrent aussi aventureuses qu'empoisonnées. Aux mutilations de la planète s'ajoutent la domestication des esprits. La colère ne devrait-elle pas renouer avec les pouvoirs de la parole, comme contre-poison et refus de consommer le monde ?
(12.00 euros, 106 p.)
ISBN : 978-2-343-04859-8, ISBN EBOOK : 978-2-336-36192-5

CONTRAT (LE) CITOYEN
Essai sur la réduction des inégalités politiques et socio-économiques pour un monde meilleur
Diouf Lamine Diack
L'auteur préconise la mise en œuvre à l'échelle planétaire d'une politique de concertation et de collaboration entre les peuples pour mettre en place des solutions justes et durables. Seuls les citoyens peuvent ressusciter le droit, la vertu et la solidarité. Ce livre, en plus de rafraîchir la mémoire en revisitant l'histoire de la République de l'Antiquité à nos jours ainsi que les textes des grands penseurs, est fondateur du XXIe siècle et utile pour un futur meilleur.
(24.00 euros, 240 p.)
ISBN : 978-2-296-99887-2, ISBN EBOOK : 978-2-336-36026-3

MISÈRE DE LA DÉMOCRATIE
Pour une réingénierie de la politique
Cognard Alain
Après un siècle de guerres planétaires, un siècle de pillage et d'escroquerie prend racine. Comment les peuples pourront-ils reprendre la main et retrouver un intérêt commun dans la poursuite d'une aventure humaine devenue si fragile ? La réponse tient dans le développement spectaculaire des compétences des individus et des groupes qui peuvent aujourd'hui commencer une réingénierie de la politique et évincer ceux qui profitent du système au lieu de le réformer.
(Coll. Questions contemporaines, 24.00 euros, 230 p.)
ISBN : 978-2-343-04171-1, ISBN EBOOK : 978-2-336-36126-0

C'ÉTAIT LA DÉMOCRATIE
Anthologie commentée de textes sur la démocratie antique, ses réussites et ses dérives
Ségur Philippe
Voici une présentation attractive et commentée de la démocratie athénienne à travers les textes d'historiens, de philosophes, d'orateurs, de tragédiens, de poètes comiques de l'Antiquité : Eschyle, Sophocle, Euripide, Aristophane, Hérodote, Thucydide, Platon, Isocrate, Aristote, Eschine, Démosthène. On comprend combien leur approche de la politique était moderne et à quel point certaines difficultés de l'époque sont proches de celles que nous connaissons aujourd'hui.
(Coll. Logiques Juridiques, 14.00 euros, 140 p.)
ISBN : 978-2-343-04441-5, ISBN EBOOK : 978-2-336-35984-7

POUVOIRS, IMPOSTURES
Du mensonge à l'encontre des peuples
Péruisset-Fache Nicole
Afin d'accepter sa condition, notre espèce a, au cours de sa longue histoire, eu recours aux dieux censés gouverner les affaires humaines. Néanmoins, au fil du temps et des progrès techniques et scientifiques, des substituts matériels tels que l'argent, la consommation, et l'omniprésence des médias de masse les ont remplacés. Recours aux dieux ou à des substituts sont sous-tendus par les

pratiques d'imposture des puissants à l'encontre des peuples. Ce sont ces pratiques des puissants que cette analyse tente de mettre en lumière pour, si possible, permettre de les déjouer.
(Coll. Questions contemporaines, 22.00 euros, 224 p.)
ISBN : 978-2-343-04788-1, ISBN EBOOK : 978-2-336-36091-1

MER (LA) ROUGE OU L'ÉPREUVE DU DEUX
Ramond Michèle
Le monde actuel nous alarme par ses divisions intolérables et criminelles. Injustices, inégalités, sexisme, misogynie, homophobie, haine de l'autre, meurtres et guerres tous azimuts imposent jour après jour le fantôme d'un Dieu Deux terrifiant et cruel. Cet essai examine l'état divisé de notre société mais il s'efforce aussi de trouver des remèdes à ses maux : dans ces moments de grâce il rencontre les propositions de la littérature et il se transforme parfois en une rencontre amoureuse sur les bords de la Mer Rouge.
(Coll. Créations au féminin, 16.50 euros, 168 p.)
ISBN : 978-2-343-04738-6, ISBN EBOOK : 978-2-336-36183-3

DES ÉTATS *DE FACTO*
Abkhazie, Somaliland, République turque de Chypre nord...
Bonnot Maurice
Anomalies du système international, les États de facto, autoproclamés, non reconnus, existent malgré le vide juridique dans lequel ils sont relégués, tels l'Abkhazie, le Haut-Karabagh, le Kossovo, l'Ossétie du Sud, la République turque de Chypre nord, la Transnistrie, la RASD (République Arabe Sahraouie Démocratique). Nombre de leurs aspects sont d'une normalité avérée, loin des clichés de terres laissées à l'anarchie que certains se plaisent à opposer aux États souverains, ordonnés et stables.
(27.00 euros, 264 p.)
ISBN : 978-2-343-04074-5, ISBN EBOOK : 978-2-336-36121-5

PEUPLES AUTOCHTONES ET INDUSTRIES EXTRACTIVES
Mettre en œuvre le consentement, libre, préalable, informé
Sous la direction de Cathal Doyle et Jill Carino.
Trois organisations britanniques de la société civile ont établi, avec des représentants autochtones, un consortium pour le développement d'un projet visant à rendre effectif, dans l'industrie minière, le consentement préalable, libre et informé (FPIC en anglais, CPLI en français). Le présent rapport doit servir de base pour le dialogue. Il comprend à la fois des éléments de droits, le point de vue des autochtones, des études de cas aux Philippines, Canada, Panama et identifie les principaux enjeux et perspectives.
(Coédition GITPA / IWGIA France, Coll. Questions autochtones, 20.00 euros, 186 p.)
ISBN : 978-2-343-04698-3, ISBN EBOOK : 978-2-336-35993-9

OCÉAN ALERTE ROUGE
Chroniques d'un désastre annoncé
de Pompignan Nathalie, Albanel Constance – Préface de Bertrand de Lesquen
L'océan occupe 70% de la surface de notre planète. Vaste, on le croit indestructible. Il ne l'est pas. Désormais nous le savons, sa santé est en péril : immenses zones marines mortes, continent de plastique, disparition de récifs coralliens... A partir de données scientifiques et d'études reconnues, ce livre dresse un état des lieux des menaces, des risques et des actions collectives en cours sur le sujet.
(26.00 euros, 258 p.)
ISBN : 978-2-343-03817-9, ISBN EBOOK : 978-2-336-35675-4

FIN (LA) DU CAPITAL
Pour une société d'émancipation humaine
Prone André – Préface de Samir Amin
L'interventionnisme militaire, l'accaparement par les grandes puissances internationales des terres et des ressources des pays tiers, la montée des néofascismes, la profondeur de la crise généralisée,

tout cela mène l'auteur à faire l'hypothèse de la fin du capital et de l'imminence d'une nouvelle phase historique. À partir de cette probabilité signifiante, il approfondit la matrice écomuniste dans le prolongement de la pensée marxienne, tout en recherchant le meilleur moyen d'ouvrir la voie à une société d'émancipation humaine.
(Coll. Questions contemporaines, 15.00 euros, 154 p.)
ISBN : 978-2-343-03950-3, ISBN EBOOK : 978-2-336-35369-2

UNE NOUVELLE SOCIÉTÉ SOLIDAIRE
Par un nouveau contrat social
Pittet Ignace
Pour sortir de la crise morale, politique, économique et écologique mondiale, voici une proposition sérieuse d'un projet de société élaboré à partir du Solidarisme des années 1900. L'auteur nous convie à réaliser ensemble ce projet à l'image d'une construction de la maison de nos rêves, une maison solide, aux lignes harmonieuses et dans laquelle il fera bon vivre.
(24.00 euros, 272 p.)
ISBN : 978-2-343-03306-8, ISBN EBOOK : 978-2-336-35216-9

COMMENT EN FINIR AVEC LA FAIM EN TEMPS DE CRISES
Commençons dès maintenant !
Trueba Ignacio, MacMillan Andrew
Texte traduit de l'anglais et édité par Mathias Maetz ; préface de José Graziano sa Silva
Parmi les sept milliards de personnes vivant au monde, plus de la moitié mange mal et un milliard n'a pas assez de nourriture, deux milliards sont en surpoids ou obèses. Près d'un tiers de la nourriture produite est gaspillée, dont une grande part est jetée par les consommateurs vivant en «Occident». Ceux qui ont le plus besoin de nourriture ne peuvent pas s'en procurer. Notre système alimentaire mondial est en désordre. Comment rendre meilleur le monde pour ses habitants ?
(13.50 euros, 122 p.)
ISBN : 978-2-343-03396-9, ISBN EBOOK : 978-2-336-35286-2

MACHIAVEL OU L'ILLUSION RÉALISTE
Bertrand Maurice
L'œuvre politique de Machiavel nous concerne aujourd'hui de façon directe parce qu'elle expose la théorie de l'asservissement des peuples et que nous sommes toujours asservis. Les formes de notre servitude ont changé, mais les méthodes qui permettent à une infime minorité de l'imposer sont toujours les mêmes. La vision du monde de Machiavel continue d'imposer une philosophie de résignation. Détruire le «faux réalisme» qui nous empêche d'y voir clair est une tâche très urgente.
(Coll. Questions contemporaines, 14.00 euros, 156 p.)
ISBN : 978-2-343-03664-9, ISBN EBOOK : 978-2-336-35215-2

DÉRAISON D'ÉTAT
Déshérence des villes
Lefebvre Jean-Pierre
Malgré sa dégénérescence au Nord, le capitalisme inégalitaire tire des milliards d'êtres humains du Sud du sous-développement. Mais la planète épuisée n'a plus les moyens de suivre cette voie. L'auteur relit Hegel, Proudhon, Henri Lefebvre, Bourdieu, Castoriadis, Onfray, Badiou, Laval, Dardot, Harribey... pour réenvisager les logiciels d'un après capitalisme viable.
(Coll. Questions contemporaines, 39.00 euros, 400 p.)
ISBN : 978-2-343-03599-4, ISBN EBOOK : 978-2-336-35285-5

Structures éditoriales du groupe L'Harmattan

L'Harmattan Italie
Via degli Artisti, 15
10124 Torino
harmattan.italia@gmail.com

L'Harmattan Hongrie
Kossuth l. u. 14-16.
1053 Budapest
harmattan@harmattan.hu

L'Harmattan Sénégal
10 VDN en face Mermoz
BP 45034 Dakar-Fann
senharmattan@gmail.com

L'Harmattan Mali
Sirakoro-Meguetana V31
Bamako
syllaka@yahoo.fr

L'Harmattan Cameroun
TSINGA/FECAFOOT
BP 11486 Yaoundé
inkoukam@gmail.com

L'Harmattan Togo
Djidjole – Lomé
Maison Amela
face EPP BATOME
ddamela@aol.com

L'Harmattan Burkina Faso
Achille Somé – tengnule@hotmail.fr

L'Harmattan Côte d'Ivoire
Résidence Karl – Cité des Arts
Abidjan-Cocody
03 BP 1588 Abidjan
espace_harmattan.ci@hotmail.com

L'Harmattan Guinée
Almamya, rue KA 028 OKB Agency
BP 3470 Conakry
harmattanguinee@yahoo.fr

L'Harmattan Algérie
22, rue Moulay-Mohamed
31000 Oran
info2@harmattan-algerie.com

L'Harmattan RDC
185, avenue Nyangwe
Commune de Lingwala – Kinshasa
matangilamusadila@yahoo.fr

L'Harmattan Maroc
5, rue Ferrane-Kouicha, Talaâ-Elkbira
Chrableyine, Fès-Médine
30000 Fès
harmattan.maroc@gmail.com

L'Harmattan Congo
67, boulevard Denis-Sassou-N'Guesso
BP 2874 Brazzaville
harmattan.congo@yahoo.fr

Nos librairies en France

Librairie internationale
16, rue des Écoles – 75005 Paris
librairie.internationale@harmattan.fr
01 40 46 79 11
www.librairieharmattan.com

Lib. sciences humaines & histoire
21, rue des Écoles – 75005 Paris
librairie.sh@harmattan.fr
01 46 34 13 71
www.librairieharmattansh.com

Librairie l'Espace Harmattan
21 bis, rue des Écoles – 75005 Paris
librairie.espace@harmattan.fr
01 43 29 49 42

Lib. Méditerranée & Moyen-Orient
7, rue des Carmes – 75005 Paris
librairie.mediterranee@harmattan.fr
01 43 29 71 15

Librairie Le Lucernaire
53, rue Notre-Dame-des-Champs – 75006 Paris
librairie@lucernaire.fr
01 42 22 67 13